亀井憲樹 [著]

はじめての
実験経済学

Introduction to Experimental Economics

やさしくわかる
意思決定の特徴

Ohmsha

本書に掲載されている会社名・製品名は、一般に各社の登録商標または商標です。

本書を発行するにあたって、内容に誤りのないようできる限りの注意を払いましたが、本書の内容を適用した結果生じたこと、また、適用できなかった結果について、著者、出版社とも一切の責任を負いませんのでご了承ください。

　本書は、「著作権法」によって、著作権等の権利が保護されている著作物です。本書の複製権・翻訳権・上映権・譲渡権・公衆送信権（送信可能化権を含む）は著作権者が保有しています。本書の全部または一部につき、無断で転載、複写複製、電子的装置への入力等をされると、著作権等の権利侵害となる場合があります。また、代行業者等の第三者によるスキャンやデジタル化は、たとえ個人や家庭内での利用であっても著作権法上認められておりませんので、ご注意ください。
　本書の無断複写は、著作権法上の制限事項を除き、禁じられています。本書の複写複製を希望される場合は、そのつど事前に下記へ連絡して許諾を得てください。

出版者著作権管理機構
（電話 03-5244-5088, FAX 03-5244-5089, e-mail: info@jcopy.or.jp）

JCOPY ＜出版者著作権管理機構 委託出版物＞

は　し　が　き

　経済学における仮説の妥当性や人々の行動及び意思決定原理を、実験を通じて明らかにする分野が「実験経済学」である。実験経済学は、特に 2000 年以降飛躍的に伸びている。経済実験（実験室内実験）では、被験者をコンピュータールーム（ラボ）に集め、分析したい経済取引を模したタスクやゲームをプレイさせることで行動データを収集し、観測された行動パターンから仮説の妥当性を検証する。経済学の中で最もサイエンスに近い手法である。

　実験経済学の手法は、需要と供給で決まる市場メカニズムの検証、株の取引などの資産市場における投資行動の解明、人々の選好や社会における協力行動の考察、フリーライド問題や効率的な制度遂行に関する公共経済学や政治経済学の問いの探求、雇用者と被雇用者の間の契約や職場におけるモラル・ハザード特性の解明などの労働経済学や組織の経済学での適用など、経済学の様々な領域の実証手段として使用されている。実験結果の蓄積は「行動経済学」という分野の出現にも見られる。行動経済学は、実験や実証分析を基に明らかになった現実の人々の行動特性と経済理論の間の乖離を縮めるべく、心理学や人々の行動特性に関する知見から経済学の各領域を修正する試みであり、実験経済学と密接に関わりながら発展している。

　本書では、経済実験の手法を概説すると共に、実験が適用された多くの事例を紹介することで、経済学（特に、実験と関係の深いミクロ経済学の基礎）と、経済学の前提を現実の人に当てはめる際の限界を学ぶ。また、人々の行動分析にゲーム理論が有益であるため、ゲーム理論の基礎もあわせて学ぶ。

　本書で扱う項目は、実験手法が頻繁に適用され最も多く検証が試みられたトピックスのうち、実験経済学のエッセンスと人の行動原理を直感的に理解できるものとした。本書を通じて、読者がより専門的な学習を始める前に身につけておくべき知識をマスターできることを期待している。

　本書は、筆者の慶應義塾大学経済学部での講義ノートを基に、実験事例として筆者の研究結果の一部も組み入れて執筆したものである。実験経済学に関する大学等での入門的教科書として使われることを想定しているが、本書は、一般読者にも有益なように、わかりやすい直観的な説明に努める。例えば社会人であれば、自身が関わる市場での経済変数（例：取引価格）の決まり方、取引先や競合の行動の特性、そして彼らの行動の分析に経済学を適用する際の注意点を知ることができるだろう。一方で本書の特徴として、学術的正確さを追求し、最近の実験研究も紹介することで実験経済学研究の潮流と頑健な結果がわかるように配慮する。

本書の読者には、経済学の前提知識を求めない。実験の適用例を学ぶ際に必要な経済学の概念は本文中で説明する。従って、経済学を学んだことがなくとも、本書を読むことで、現実事象を経済学的思考で考える方法とツールを学ぶと共に、それが現実の人の意思決定をどの程度説明できるのか知ることができる。

また、高校レベル以上の数学をできるだけ使わないことも本書の特徴である。具体的には、高校で学ぶ確率の概念と1変数関数の1階微分（例：1変数 x の関数 $f(x)$ における $\frac{df(x)}{dx}$）、そして、多変数関数の1階偏微分（例：2変数 x, y の関数 $f(x, y)$ における $\frac{\partial f(x, y)}{\partial x}$）がわかれば十分である。偏微分 $\frac{\partial f(x, y)}{\partial x}$ は、変数 x のみに着目しそれ以外の変数は所与（定数）として、関数の値が x の変化に対してどう変わるかを示すもので、$\frac{df(x)}{dx}$ と同じ形で解釈可能である。その他の数学記号は必要な解説を本文中に加えた。従って本書は、一般読者にも読みやすくなっているが、ゲームにおけるプレイヤーの最適な行動を学ぶ際には、利得表などの図表を基にどの戦略が利益に結び付くか手を動かして考えると理解が一層深まるだろう。

なお、行動経済学に関する多くの書籍と本書の違いは、いわゆる心理学実験を扱わない点、そして、個人の意思決定より、他者との関わりがあるグループ内での人々の意思決定に焦点を当てる点である。例えば、意思決定環境やフレーミングを変えることで人々の自由意思に基づく行動を変えさせようとする「ナッジ」や、意思決定の際の先入観や無意識に生まれる認識のひずみを表す「（認知）バイアス」は、広く認知され重要なトピックスであるが、コラムや付録で触れるに留めた。

本書の構成は、次の通りである。

まず1章で、実験の手法、歴史、実験を設計する際に考慮すべき点を整理する。2～3章は、経済学で最初に学ぶ「市場メカニズム」（取引価格が需要曲線と供給曲線の交点で決まる原理）の妥当性を検証した実験事例を学ぶ。2章は価値に不確実性のない財（具体例として、製品、果物）、3章は不確実性を伴う財（具体例として、株などの金融資産）に関する市場実験を学ぶ。

2～3章で扱う経済取引は、（自身の意思決定が価格に影響を与えない）経済主体のプライス・テイカーの仮定を置いたものである。それに対して4～11章では、経済主体間の戦略的状況を考察する。まず、4～8章は、ゲーム理論のフレームワークの概説と実験事例の紹介である。実験事例は、経済学の分野別にまとめる方法と、経済取引構造を基に理論を軸にまとめる方法がある。本書では後者の方法を用いる。その理由は、経済主体間の戦略的取引はゲーム理論を用いてクリーンな形に整理でき、また、学術文献においても戦略的状況の有無とゲーム構造で実験結果や行動効果を整理することが自然であるためである。4～7章では経済主体が同時に意

思決定するゲーム、8 章では経済主体に異なる役割や手番に順序があり逐次的に意思決定するゲームを扱う。例えば、社会や集団で普遍的に存在する「協力」と「非協力」の衝突を表す囚人のジレンマ、複数人間のジレンマの典型例であるフリーライド問題、均衡が複数存在する協調ゲームなどの実験事例・行動事実を学ぶ。

　2～8 章で人々の意思決定が経済理論から乖離する場合が多いことを学ぶが、その乖離を理論的に説明する試みが経済学にはある。9 章では例として、人々の不平等を嫌う選好などの社会的選好という利己的でない選好を学ぶ。簡単な数式を用いて経済学における定式化を試みるが、数学的議論が苦手な読者は 9 章を飛ばしても構わない。

　10～11 章は、4～9 章での議論を踏まえた応用である。例として、労働経済学・組織の経済学（10 章）と公共経済学・政治経済学（11 章）における概念の検証に経済実験が適用された事例を紹介する。

　なお、これまでに世界各地の研究グループによって行われた経済実験事例は膨大であり、適用範囲の裾野も広い。全ての事例や研究を本書で扱うことは不可能である。取り上げる実験事例は全体のほんの一部であることを付記する。関連して、取り上げた実験事例は米国で行われたものが多く、本書で使用した通貨単位「ドル」「セント」はいずれも「米ドル」「米セント」を意味することも付記する。

　本書原稿について、橋立洋祐氏（上智大学助教）、西畑壮哉氏・今井樹氏（慶應義塾大学大学院生）から有益なコメントを頂いた。ゲーム理論の記述について藤原グレーヴァ香子教授（慶應義塾大学）から詳細なコメントを、また、ギフト・エクスチェンジに関する最近の実験文献についてセバスチャン・クベ教授（ボン大学）から有意義なコメントを頂いた。オーム社編集局の皆様には、本書の執筆に関する企画の提案を持ってきていただいてから、企画詳細の打合せや執筆にあたり、きめ細やかなサポートをいただき大変お世話になった。記して謝意を表したい。

　我々の社会・経済生活は他者との関わりの下で成り立つ。本書は実験事例の紹介を通して経済取引の構造別に人々の行動原理を分析しており、現実の経済的出来事を読み解く際に取引構造で事象を分類することで、本書で学ぶ内容を適用できる。読者にとって、世の中の人々の意思決定や行動メカニズムに対する多面的かつ構造的な理解の一助となることを期待する。また、本書を足掛かりにして興味をもった読者が、さらに実験経済学を学びたいと思い他の書物に裾野を広げれば、本望である。

　2024 年 10 月

亀井　憲樹

目　　次

1 章　はじめに　　　　　　　　　　　　　　　　　　　　　　　　1

1.1 実験経済学とは何か？ ……………………………………………… 1
　1 データ、実験手法の長所・短所と種類　　5
　2 経済実験の目的　　11

1.2 実験の設計にあたり考慮するポイント ………………………… 13
　1 実験における制御　　13
　2 実験の各要素と考慮すべき点　　14

1.3 実験室内実験の実施について ………………………………… 20

2 章　競争市場メカニズム　　　　　　　　　　　　　　　　　　23

2.1 完全競争と均衡 …………………………………………………… 23
　1 需要曲線　　24
　2 供給曲線　　26
　3 競争均衡　　28

2.2 市場メカニズム実験の設定とチェンバリンによる結果 ……… 31
　1 実験デザインの例　　31
　2 チェンバリンによる実験結果　　33

2.3 スミスによるダブル・オークション実験 …………………… 34

2.4 実験結果の頑健性とインテリジェンスの必要性 …………… 37
　1 結果の頑健性の高さ　　38
　2 ゼロ・インテリジェンス　　40

3 章　資産市場とバブル　　　　　　　　　　　　　　　　　　44

3.1 不確実性資産の価値 ……………………………………………… 44
　1 リスク選好　　45
　2 確実性等価と取引価格の理論的範囲　　48

3.2 金融バブル …………………………………………………………… 49
　1 標準的な実験デザインと実験結果　　49
　2 経験の効果　　52

目 次 ● *vii*

3 未経験トレーダーの投資行動　53

3.3 デリバティブ、先物取引とバブル ┄┄┄┄┄┄┄┄┄┄ 57

　　1 空売り（ショート）　58

　　2 先物取引　59

付録　実験室内実験でリスク選好を人々から抽出する方法の例 ┄┄┄ 59

4 章　ゲーム理論の考え方と支配可解ゲーム　　62

4.1 ゲーム理論の前提と同時手番ゲーム ┄┄┄┄┄┄┄┄┄ 62

4.2 支配戦略と支配可解ゲーム ┄┄┄┄┄┄┄┄┄┄ 64

4.3 推測ゲーム（美人投票ゲーム）┄┄┄┄┄┄┄┄┄┄ 68

　　1 ゲームの設定と実験事実　69

　　2 意思決定単位―個人と小集団　76

4.4 旅行者ジレンマ ┄┄┄┄┄┄┄┄┄┄┄┄┄┄┄┄ 78

5 章　ナッシュ均衡とジレンマ　　82

5.1 純粋戦略ナッシュ均衡 ┄┄┄┄┄┄┄┄┄┄┄┄┄ 82

5.2 囚人のジレンマゲーム実験 ┄┄┄┄┄┄┄┄┄┄┄ 86

　　1 利得表の構造と協力率　87

　　2 協力規範強化のための第三者による罰則　90

　　3 認知能力と協力率　97

　　4 繰り返し囚人のジレンマゲーム　99

5.3 混合戦略ナッシュ均衡 ┄┄┄┄┄┄┄┄┄┄┄┄┄ 100

　　1 混合戦略ナッシュ均衡の求め方　103

5.4 混合戦略ナッシュ均衡の実際 ┄┄┄┄┄┄┄┄┄┄ 105

　　1 実験室内実験からの示唆　105

　　2 戦略的状況で活躍するプロ：フィールドからの事実　110

6 章　公共財供給と集団行動の問題　　114

6.1 公共財の特徴と供給問題 ┄┄┄┄┄┄┄┄┄┄┄┄ 115

　　1 公共財とは　115

　　2 公共財ゲームで表される複数人のジレンマ　116

6.2 典型的な経済実験・行動事実 ┄┄┄┄┄┄┄┄┄┄ 121

viii ● 目 次

6.3 フリーライド行動と協力を促す要因 ……………………………126
- **1** 間違いや混乱の可能性　126
- **2** 戦略的動機　130
- **3** 利己的でない選好　131

6.4 グループサイズ効果 ……………………………………………135

6.5 ピア・ツー・ピアの罰則 ………………………………………138
- **1** 第1世代モデル　138
- **2** 第2世代モデル（高次罰則の導入）　147

6.6 貢献を促す他のメカニズム …………………………………151
付録1　自発的公共財供給におけるフリーライダー問題（6.1 節 **2** の補足）…154
付録2　線形公共財ゲームの実験説明書と確認問題の例 ……………158

7章 協 調　160

7.1 スタグ・ハント・ゲームから見る利得支配性とリスク支配性 …161
- **1** 利得支配性とリスク支配性　164
- **2** 経済実験・行動事実　166

7.2 ミニマム・エフォート・ゲーム ………………………………171
- **1** ヴァン-ハイクらによる実験　171
- **2** 効率的な協調を促すメカニズム　174

7.3 その他の協調ゲーム …………………………………………179
- **1** 無限期間繰り返しジレンマ　180
- **2** 閾値のある公共財ゲーム　183

付録　損失回避とプロスペクト理論 ……………………………………185

8章 交渉問題と信頼　189

8.1 逐次手番ゲーム …………………………………………………189

8.2 部分ゲーム完全（ナッシュ）均衡 ……………………………193

8.3 最後通牒による交渉 …………………………………………197
- **1** 最後通牒ゲームでの意思決定　197
- **2** 経済実験・行動事実　199

8.4 信頼（トラスト） 204

   1 理論予測　205

   2 経済実験・行動事実　207

8.5 センティピードゲーム（ムカデゲーム） 213

9 章　社会的選好 　218

9.1 不平等を嫌う選好 218

   1 ディクテイターゲーム　221

   2 第三者による罰則　223

   3 囚人のジレンマゲーム　225

9.2 互恵性 226

9.3 その他 232

  付録　第三者による裏切者への罰則行動分析（9.1 節 **2**）の詳細 237

10 章　労働経済学・組織の経済学への適用 　238

10.1 リアル・エフォートタスク、金銭的インセンティブと労働 ...239

10.2 モラル・ハザードと怠業 242

   1 1/*N* 問題　242

   2 経済実験・行動事実　247

10.3 ギフトと互恵性 253

   1 アカロフによるギフト・エクスチェンジ理論　253

   2 実験室内実験　257

   3 フィールド実験からの事実　262

10.4 昇進などのトーナメント制度と労働貢献行動 264

   1 トーナメントの例　266

   2 経済実験・行動事実　267

  付録　序列トーナメントにおける賞の大きさと労働貢献量 272

11 章　公共経済学・政治経済学への適用 　274

11.1 制度の効果 274

x ● 目 次

11.2 人々による効率的な制度の遂行の可能性 ··········· 280
　　1 投票による制度の構築行動　280
　　2 正式な制度が社会や組織で求められる条件　284

11.3 民主主義 ·································· 291

11.4 選挙などにおける票の買収 ··················· 297

あとがき ······································· 300

参考文献 ······································· 302

索　引 ·· 310

コラム一覧

1.1 実験経済学は 40 年前には一般に認知されていなかった！ ·············· 10

1.2 2002 年のノーベル経済学賞 ······················· 12

1.3 大学での専攻と経営的な意思決定の関係 ················· 19

2.1 神の見えざる手—Invisible hand ···················· 30

3.1 授業内実験と Moblab ·························· 50

3.2 認知能力を測る指標 ··························· 56

4.1 認知能力、被験者属性と推論の深さ ··················· 75

4.2 小集団の構成と意思決定方法 ····················· 78

5.1 認知反射と協力行動 ··························· 97

6.1 研究用経済実験ソフトウェア z-Tree と oTree ··············· 124

7.1 フォーカルポイント ·························· 178

8.1 援助ゲームと間接互恵性 ························ 210

9.1 ナッジ ································· 235

10.1 スタグ・ハント・ゲーム構造をもつ労働環境の設計 ············· 251

11.1 実験経済学に対する政治学者オストロムの姿勢 ·············· 290

1章
はじめに

　経済実験は、被験者から行動データを直接収集して、経済主体の行動や経済現象を分析する手法です。実験の設計と実施にあたって、考慮すべき数多くの項目があります。本章では導入として、まず 1.1 節で、経済学におけるデータの種類、本書で焦点を当てる「実験室内実験」の例や特徴を概観するとともに、実験手法の長所と短所を学びます。そして、①経済理論の検証、②経済学で重要な意思決定局面における人間行動の規則性を観測しデータを蓄積すること、また、③現実のデータが存在しない問題に対して政策的アドバイスや評価をするために経済実験が使用されることを学びます。1.2 節では、被験者の選定、被験者から意思決定データをできるだけ正確に抽出するために必要な被験者への実験参加の対価の付与、実験で被験者にさせる意思決定の回数など、実験設計の際に考慮すべき点を丁寧に学びます。最後に 1.3 節では、実験の実施前に準備すべきこと、例えば実験者側が用意する台本、被験者に実験の内容を説明する「実験説明書」などとともに、被験者の募集方法など標準的な実施手続きを学びます。

1.1　実験経済学とは何か？

　実験経済学は、理論や仮説が現実に成り立つのかを検証するために、現実の人を被験者として用いて行動データを直接収集し分析する経済分野であり、特にミクロ経済学の問いが適用対象になる。

　ミクロ経済学は、世の中の人々や企業など個々の経済主体の経済行動を説明し、制度や政策が行動変化を通じて経済に与える影響を分析する学問である。経済学的示唆を得るためにできるだけ設定を単純化した現実経済の「モデル」を構築し、その中で経済主体（消費者、企業、政府など）の効用や利益などを設定し、そして行動原理（例：効用最大化、利潤最大化）を仮定することで各主体のとる行動と均衡を論じる。均衡とは取引量などの指標が変動しない状況を指す。例えば、2 章で説

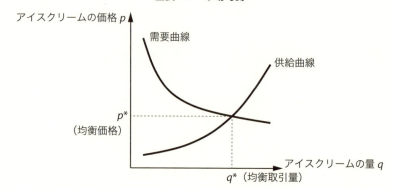

図表 1.1 市場均衡

明するが、ある財（例：アイスクリーム）の市場での取引価格と取引量は、同財の需要曲線と供給曲線を基に考察することが可能である（**図表 1.1**）。

　市場メカニズム理論の示唆は、需要曲線や供給曲線の形によって決定される。需要曲線は、所与の価格 p の下で需要される量を示す。別の見方をすると、需要曲線の高さは財を購入する消費者の支払意思額（willingness to pay）を示す。通常の財であれば価格が上がれば需要量は下がるため、需要曲線は右下がりとなる。一方で供給曲線は、所与の価格の下で供給される量を示す。供給曲線の高さは当該企業の受入意思額（willingness to accept）であり、価格が上がれば採算がつく企業が増えるため供給量が上がる。従って、多くの場合に供給曲線は右上がりとなる。市場メカニズム理論には、市場参加者（売り手と買い手）の数が多いなど様々な前提があり、各経済主体はプライス・テイカー（price taker）、つまり自身の決定が市場に与える影響が限りなくゼロに近いと仮定される。この市場メカニズム理論が導き出す結果は、モデルの諸仮定にどの程度頑健なのだろうか？

　プライス・テイカーの仮定が成り立たない、経済主体間の戦略的関係を紐解く分野が、ミクロ経済学の中のゲーム理論である。例えば、世の中に存在するジェット機製造会社がボーイング社とエアバス社の 2 社のみであると仮定して、販売活動に関する機体保険の無料付与に関する両者間の戦略的状況（**図表 1.2**）を考えてみよう。選択肢は、保険付与をする／しないの 2 通りがあるため 4 つの状況が存在し、**図表 1.2** にはそれぞれの経済活動結果としての利益（利得という）が示されている。両者の製品は同程度に魅力的であるという前提を置き、ともに保険を付与しない場合には顧客を平等に分かち合い、それぞれ 400 億ドルの利益を得る一方で、両社がともに保険付与をした場合には、その費用がかかるだけで顧客数が変わらない

図表 1.2　ジェット機製造会社間の機体保険の無料付与に関する戦略的状況

		ボーイング社	
		付与する	付与しない
エアバス社	付与する	300, 300	600, − 100
	付与しない	− 100, 600	400, 400

注) 各セルの数値は、左側はエアバス社の利益、右側はボーイング社の利益を示す（ただし、これは仮
　　想的な例であり、単位は億ドル）。

ため、利益はそれぞれ 300 億ドルである。一方で、1 社のみが保険の無料付与をす
る場合には顧客の大多数を獲得し利益は 600 億ドルであり、それをしなかった社
は顧客を取られ利益が負になる（損失になる）という状況である。

　これは、経済学の入門で学ぶ経済主体間の戦略的関係に関する例である。人々の
利己性を前提にすると、両社はともに保険を無料付与する決定をし、結果として利
得を減少させる。その理由は、相手がどちらの戦略をとったとしても、「保険付与」が
常に自社の利益を最大化する戦略だからである。利益を比較すると、相手が保険を
付与する場合、自身も同じ戦略を選ぶ方が利益は高く（300 億ドル＞− 100 億ド
ル）、また、相手が保険付与を選ばない場合、自身は付与を選ぶ方が利益は高い
（600 億ドル＞ 400 億ドル）。4 章で説明するが、このような特徴をもつ戦略は「強
支配戦略」と呼び、この状況を「囚人のジレンマ」と呼ぶ。

　我々の社会における多くの経済取引は、囚人のジレンマの構造をとる。例えば、
Uber を利用する場合のドライバーとの関わりを考えてみよう。あなた（乗客）が
車内で良いマナーを保ち乗車するか否かと、ドライバーがあなたに丁寧なサービス
を提供するか否かは、互いが同時に意思決定をする囚人のジレンマである。経済理
論は相互協力の実現を予測しないが、このような戦略的状況で、相互協力は、理論
が示唆する通り実現が本当に難しいのだろうか？

　これらの問いは、現実の人を被験者として用いた経済実験を行い、行動データを
直接収集することで考察できる。本書では、本節 **1** で説明する「実験室内実験」
という手法に焦点を当てる。この手法では、実験者が検証したい経済取引を模した
設定を「ゲーム」の形で作り、被験者を経済実験室（**図表 1.3** のコンピューター
ルーム）に集めてゲーム上で意思決定をさせることで人々の行動を観測する。経済
実験室の各デスクにコンピューターが設置されている点は共通の特徴であるが、実
験室のレイアウトは研究者の好みが反映され各実験室で異なる。例えば、ヨーク大
学やコペンハーゲン大学ではデスクトップコンピューターがデスクの上に設置され

図表 1.3 経済実験室（コンピュータールーム）の例

(i) 実験室の全体像　　(ii) 筆者が実験をする様子 1　　(iii) 筆者が実験をする様子 2

(a) 英国ヨーク大学[#1]

(i) デンマーク コペンハーゲン大学　　(ii) 米国 ブラウン大学

(b) 世界の他の実験室の例[#2]

(i) 関西大学　　(ii) 早稲田大学

(c) 日本国内の実験室の例[#1]

注) #1　各大学の承諾の下で筆者が撮影した。
　　#2　本書掲載のため、それぞれ筆者の共同研究者であるコペンハーゲン大学のマークセン教授とブラウン大学のダルボウ教授が撮影し提供した。

ているが、ブラウン大学ではコンピューターがデスクの中に設置されており、デスク表面を覗き込んで画面を確認する。意思決定の匿名性を保つために、必要な高さのパーティションがデスクの両サイド（と必要に応じて前面）に設置されている。日本の大学の実験室（例：早稲田大学、関西大学）は、高いパーティションで3面を囲み、デスクにコンピューターを設置するものが多い。例えば、囚人のジレンマ実験では、それぞれの被験者が実験室内の他の匿名の被験者とコンピューターを介してペアを組み、意思決定と各プレイヤーの金銭報酬の関係（利得表）が示された上で互いに協力と裏切りのどちらかを選択し、取引結果に応じた報酬を受け取るという実験設定が考えられる。

1 データ、実験手法の長所・短所と種類

　経済学の理論（例：需要曲線と供給曲線に基づく市場メカニズム、ゲーム理論における均衡概念）は、それに関する十分な量のデータを収集し、統計分析、または計量（経済）分析を行うことで、その妥当性が検証できる。経済学で使用できるデータは2つの軸で分類できる（**図表1.4**）。

　1つ目の軸は**非実験（非調査）**か**実験（調査）**かである。前者は、研究者が特定の目的のために自身で設計・収集せずとも取得できるデータを指す。例えば、国内総生産GDP（内閣府）、家計調査（総務省統計局）、鉱工業生産指数（経済産業省）といった政府統計や株価データなど、既に様々な機関によって収集・作成・公表され、自らが調査や実験をせずとも取得可能、もしくは購入によって利用可能なデータがある。これらの自分で調査や実験をする必要のない非実験（非調査）データは、利用可能性が高い一方で、自身が考える特定の分析目的のために収集・作成されたデータではないという欠点をもち、関心のある経済仮説の検証に適しているかはわからない。

　それに対してアンケート調査データと実験データは、自身が必要とする仮説検証に適したデータを、人々から直接収集し独自に構築するものである。アンケート調査データとは、被験者に調査票を配付し、質問に答えてもらい自己申告で収集するデータである。実験データは、自然科学実験のように、経済実験室などで仮説検証に適する環境を現実社会のミニチュアのような形でゲーム上で人工的に設定し、その中で人々に意思決定させて収集するデータである。

　なお、実験や調査では、目的のデータ以外のものも含め、通常、多数のデータが副次的に収集される。**図表1.4**で示すように**偶然**に得られ後に有益とわかるデータや発見もある。例えば、自然科学実験においてペニシリン（抗生物質）が偶然の

6 ● 1章　はじめに

図表 1.4　データの収集方法・場所とその例

収集方法 収集場所	非実験 非調査	（偶然）	アンケート調査	実験
経済実験室 （ラボ）				**実験室内実験** 例：囚人のジレンマ実験、市場実験
オンライン			クアルトリクスなどを活用した選好調査	Amazon Mechanical Turk などのウェブサイトを活用
フィールド （現地）	鉱工業生産指数、国内総生産		人々の環境意識調査、労働者に対する職場への満足度調査	**自然フィールド実験** 例：環境市場（例：カーボンオフセット）の機能や教育プログラムの検証

内的妥当性：低←→高、外的妥当性：低↑↓高

発見であったことは有名な話だが、既に実施した実験や調査などの使用可能なデータが事後的に別の用途で極めて有益となるケースがしばしばある。このデータは、その理論にとっては偶然の産物として得られた非実験（非調査）データである。

　2つ目の軸はデータを収集する場所であり、**経済実験室（ラボ）** か**現地（フィールド）** かの別がある。前者は、経済実験室（**図表 1.3**）に被験者を集め、何らかのゲームやタスクをプレイさせて行動データを収集するアプローチなのに対し、実験室でない現地（例：魚市場・小売店・スーパーマーケットなどの現実の物理的な市場、eBay などのオンライン市場）で行動データを収集するアプローチもある。2020 年からの新型コロナ危機を受け、近年はこれら以外の第 3 のオプションとして**オンライン**も積極的に活用されるようになった。これは、ラボで行う調査や実験をオンラインで行うものである。オンライン実験では、インターネットを介して遠隔で実験者と被験者をつなぎ、（必要に応じて Zoom も活用し）実験室で行う実験と同じ作法に則り実験を行うものである。

■ **実験手法と長所**　経済実験の特徴は「制御された条件」下でデータを収集するという点にある。例えば、経済学における囚人のジレンマ下での人の行動に関する理論（4 章）を検証するために、本節冒頭で説明したように、経済実験室に被験者を集め、2 人からなる囚人のジレンマゲームを、現実のお金を対価としてプレイさせることを考えよう。その場合、実験者は**被験者の属性**（性別、年齢、国籍など）

の情報を明確に把握できる。複数の種類の実験をする場合には、実験条件に被験者をランダムに割り振り、被験者属性が実験によって偏らないように配慮もできる。これを**ランダム・アサインメント**（random assignment）と呼ぶ。プレイヤーが意思決定する環境の利得構造を被験者に丁寧に説明し、それを理解しているかどうかの確認もできる。他の研究者が実験結果に疑問がある場合は、**再現性**（replication）の確認として同じ設定で再実験も可能である。さらに、利得構造など被験者が意思決定するゲームの設定を変えて実験をすることで、実験の設定に対する比較静学（実験設定を変えたとき、その変更で行動がどう変わるかを見ること）としての人の反応を探ることもできる。例えば、需要曲線の傾きが市場メカニズムの結果に与える影響、囚人のジレンマにおいて裏切りの対価の大きさが協力の意思決定に与える影響などを分析できる。つまり、実験手法では制御を適切に設定することが可能で、自然科学実験のように、高い**内的妥当性**（internal validity：因果関係を高い精度で測定できる特徴）を達成できるとの長所をもつ。

　精度の高さという点で、経済実験はアンケート調査より優れている。アンケート調査は、各設問への回答が自己申告に基づくデータであり、回答が被験者の謝礼の額に影響を与えないため、真剣に答えているか判断ができない。また、調査参加者が自身の本当の考えや行動を開示するとも限らない。例えば、人は社会的に望ましくない行動を隠す傾向（「社会的望ましさバイアス」（social desirability bias）と呼ぶ）があると知られている。典型的な例として、選挙における票の買収がある。その実態を測る調査を行った場合、仮に政治家から金銭を受け取り買収に応じた有権者がいたとしても、どの程度の人がアンケート調査で正直に答えるだろうか？　世の中には調査を用いた様々なデータが存在する。例えば、世界銀行が各国を対象に定期的に調査するワールド・バリュー・サーベイ（world value survey：世界価値観調査）は有名である。厳密な学術研究をする学者にもしばしば使われる貴重な調査データである反面、自己申告という点から信頼性に疑いの目をもつ経済学者が多いのも事実である。一方で経済実験では、前述の囚人のジレンマ実験のように、意思決定と対価（金銭）に明確なリンクを付けて実施するため、自身の正しい選好を表明するインセンティブがあり信頼性が高い。この特徴をミクロ経済学では**誘因両立**（incentive compatible：**インセンティブ・コンパティブル**）と呼び、実験手法の根幹となっている。

　実験手法の中でも、経済実験室で行う実験はオンラインで行うものより内的妥当性が高い。例えば、オンライン実験では被験者確認や被験者の属性情報の収集が難しい場合があり、人ではなくボットや、登録した人と異なる別人が実験に参加している可能性もある。オンラインでは被験者が実験中に何をしているかモニタリング

も困難な場合がある。実験中に取り組んでいるゲームの特徴などを、スマートフォンなどでこっそりと検索されると制御の効いた実験はできなくなる。

　最後に、内的妥当性という点では非調査データが最も劣っていることが多い。例えば、被験者属性、データ収集時の情報条件、利得構造などの各要素の制御は難しいことが多い。また、自身で収集・構築したものではないため、データ作成方法が自身の研究設定に最適ではないかもしれないし、データが加工されているため作成時の調査票の処理や制約もわからない。必要な変数が欠けている場合もある。

■ 実験手法の短所　内的妥当性の高さとは反対に、実験データは、実験室内におけるゲームや作業タスクでの意思決定を基に収集されるため、設定が非現実的で人工的だという批判がある。実験室内での特定の研究結果が現実のコンテキストや類似の他の母集団に適用できる度合いを**外的妥当性**（external validity）と呼ぶ。外的妥当性の批判に対応するために、実験経済学者たちは、過去 20 年以上に及び、頑健性が高いと判明した行動特性がフィールドの設定でも成り立つのか膨大な検証を行ってきた。その結果、社会での人々のルール順守や向社会的性向・協力特性（5～6 章）など、実験から解明された人々の行動特性の多くがフィールドの設定でも成り立ち頑健性が高いことがわかっている。

　現実の文脈そのもので現地の人々から収集したアンケート調査データは、外的妥当性が概して高い。一方で、これらのデータは特定の環境・設定で収集されることが多いものであり、当然、一般化には問題がある。例えば、特定の産業の企業データからの結論が別の産業の企業に適用できるかはわからない。日本の産業や企業調査結果の多くは、（企業）文化、国内の法律や社会人になるまでの教育課程などの環境条件、国民特性などが大きく違うことから、米国では成り立たないであろう。つまり、外的妥当性が高い範囲を吟味・認識する必要がある。

　データを扱う実験経済学や非実験データを扱う実証経済学のほかに、経済学には数学やダイアグラムを用いて考察する経済理論もある。各手法には長所と短所があることを理解することが重要である。経済理論では**一般性**（generality）を重視し、経済システムの均衡を論じる。一般化を実現するために、鍵となる要素以外の現実的側面を取り除き単純な数理モデルを構築するため、経済実験への批判と類似で、理論は抽象的で非現実的との批判も受ける。例えば、組織の経済学における雇用契約（企業と労働者の間の関係）のモデルでは、契約される賃金やマクロ経済学的意義を議論するために、労働者の満足度が賃金と職場で要求される労働行為の水準のみで決まると仮定され、また企業の利益は労働者の労働貢献からの収入と賃金支払いの差と定義されることが多い（10 章）。現実には、企業文化や職場の雰囲気、自

身の上司や同僚との関係、規範、企業内または企業間の競争環境など多くの要素があるが、これらは捨象される。一方で、単純なモデルを使うメリットとして、賃金や労働者の怠業などの特徴を明確に論じることができる。つまり、各手法（理論、実験、調査、実証など）には長所と短所があるため、どれがベストといえるものではない。互いに補完し合えるように、組み合わせて使用するべきといえる。

■経済実験の分類　実験経済学者のハリソンとリスト [Harrison & List, 2004] は、実験の分類を①被験者、②被験者がもつ情報、③実験で使用する商品など財の種類、④タスクや取引ルール、⑤ステーク（金額）の大きさ、⑥実験環境、の6つでなされるべきと論じ、実験によるデータ収集方法を次の4種類に分類した。

(A) **（伝統的）実験室内実験**（laboratory experiment）：本書の主な対象である手法。標準的な大学生を被験者として用い、彼らに経済実験室で何らかの意思決定をさせて行動データを収集する。実験者需要効果（1.2節）を避けるべく、現実のコンテキストを省き抽象的な設定で実験する。

(B) **人為的フィールド実験**（artefactual field experiment）：標準的な大学生ではない被験者を用いて行う実験室内実験である。

(C) **フレームド・フィールド実験**（framed field experiment）：標準的な大学生ではない被験者を用い、また、経済仮説の対象である現実の商品、労働・作業や情報そのものを実験室で使用して行う実験室内実験である。

(D) **自然フィールド実験**（natural field experiment）：被験者が実際に活動しているフィールドの設定で行う実験。自然な形で実験者が環境を外生的に変え、介入がもたらす被験者の行動への影響を観測する。被験者は自身が実験に参加していることを知らない。

内的妥当性は(A)が最も高く(D)が最も低い。抽象的な実験室内の設定が意思決定環境として使用される(A)は、現実の各事象への適用に際して汎用性が高い一方で、それぞれの特定の現実的コンテキストへの外的妥当性は明確ではなく検証が必要である。外的妥当性は、その類似の現実的な設定下で収集された(D)のデータが最も高く(A)のデータが最も低い傾向にある。例えば、既に述べた通り、匿名の大学生同士に抽象的な囚人のジレンマゲームをプレイさせる実験室内実験では、囚人のジレンマ下での人の協力特性に関して内的妥当性が最も高いが人工的である。その対極にあるのが自然フィールド実験である。その例として亀井とアシュワースの実験 [Kamei & Ashworth, 2022] がある。筆者らは、英国ダラム大学の学部1年生の授業科目で、学生の課題として行われるグループワークを用いた自然フィールド実験を

行った。実験では、グループワークのグループ構成（構成員間で能力差があるか、能力レベルが同程度の学生で構成されるか）が学生の学習活動に与える効果を考察するために、学生に知らせずにマッチング方法を変えて授業を行いデータを収集した。この実験結果は、抽象的なゲームを用いてピア効果を分析した実験室内実験からの結果より、ダラム大学における介入実験の対象である科目や（他学年も含め）他の授業科目、そして類似の英国の大学教育におけるピア・ラーニングに関して、外的妥当性が高い示唆と考えられる。ダラム大学における教育環境は、ラッセルグループ（Russell group）に属する他の多くの英国の大学と類似であり、実験結果の適用可能性が高い他の大学環境は複数あると推測される。

コラム 1.1 ◆ 実験経済学は40年前には一般に認知されていなかった！

　人々は長い間、経済学では実験ができないと考えてきました。例えば、デービスとホルト [Davis & Holt, 1993] は、1991年発行のブリタニカ百科事典で説明された経済学の定義を紹介し議論していますが、同辞書では、化学における分子や原子の動きの分析と同じ客観性をもつ形で人間行動を分析することは不可能であり、また、経済仮説を検証する実験室（ラボ）などは存在しないと断言しています。本書で説明する通り、経済実験は1990年以前からも行われていました。今日では人の行動原理を扱う「行動経済学」が広く認知されるようになりましたが、ブリタニカ百科事典での例はいかに経済実験手法がそれまで認知されてこなかったかを示しています。

　経済実験は約70～80年前には全く行われておらず、多くの経済学者が現実の人間の行動心理に関心を示していませんでした。これは経済学における歴史が関係しています。実は、100年以上昔には状況が全く異なり、経済学者は人間の非合理的な行動原理や心理的側面に強い関心をもっていました。『国富論（The Wealth of Nations）』(1776) で有名なアダム・スミスによる『道徳的感情の理論（The Theory of Moral Sentiments）』(1790) やデビッド・ヒュームによる『人間本性論（A Treatise of Human Nature）』(1730) では、人々の感情や道徳的な意思決定など人間の行動心理を深く議論しています。しかしながら、この流れが1930年代に登場する人々の合理性を前提とするいわゆる新古典派の登場で一変します。経済学と心理学の断絶が起こり、学問としての中心が、合理性を前提とした経済理論の構築に移ることになりました。

　この断絶の歴史は実験経済学や行動経済学の発展に悪い影響を与えたのでしょうか？　事後的に見ると良い面も多くあります。理論が中心となった経済学では、その断絶期に、期待効用理論やゲーム理論などの極めて有益な理論が構築されました。ここ40年の間には経済実験が盛んになり、現実の人と経済理論の間の乖離も明らかになり、分野としての行動経済学が生まれるまでになりましたが、これは理論的フレームワークがあるからこそ、人々の行動原理を深く考察することが可能なのです。

2 経済実験の目的

経済実験の目的は大きく以下の3種類に分けられる。この分類は、2012年にノーベル経済学賞を受賞したアルヴィン・ロス（Alvin Roth, 1951～）を含めた多くの実験学者により同意されている。

■ **理論の検証**　経済理論に合致した意思決定状況を**モデル化**（例：囚人のジレンマゲームでの近似）し、理論の妥当性を検証する。経済実験は本節 1 で説明の通り、理論検証に適したデータを収集する有益な手段である。しかしながら、各理論には様々な前提がある。検証にあたり、ラボの設定と理論の前提との間で乖離が生じ、実験実施にあたって副次的な前提を課すことが多い。例えば、市場メカニズムの理論（**図表1.1**）では、市場参加者が非常に多い

アルヴィン・ロス
(Alvin Roth)
(©The Nobel Foundation, 写真：U. Montan)

との前提があるが、実験での被験者数は、実験室の大きさに影響され通常は多くても合計20～30人程度である。非常に長く続く繰り返しゲーム（無限期間繰り返しゲームと呼ぶ）において、経済理論では将来と現在の金銭を変換するために割引因子を設定するが、割引因子の代わりに継続確率を用いて実験が設計される（7章）。被験者が理論と異なる行動をとったとき、それが理論の間違いを意味するのか、副次的前提がもたらした帰結なのか判断がつかない。一方で、実験手法の確立に貢献したバーノン・スミス（コラム1.2）は、「副次的前提が検証可能である限り問題にならず、必要がある場合にはそれらの前提を新しい実験で検証すればよい」と主張しており、このアプローチが現在の実験経済学における研究規範となっている。

■ **人間行動の規則性の観測と蓄積**　これまでに存在していなかった経済理論の開発にも経済実験は有益である。生物、物理や化学などの自然科学実験に近い目的での実験である。国や地域を変えて様々な被験者を対象に実験を実施したり、実験のパラメータ設定（利得の大きさ、対戦する被験者数、ゲームを繰り返す数など）に対して人の行動がどの程度影響を受けるのか行動データを蓄積したりすることで、新たな行動効果や規則性を発見することもある。例えば、人の協力特性（6章）は伝統的な経済学の仮定（利己的個人）とは異なる特性であり、その重要性から本アプローチがとられてきた。

■ **政策的アドバイスと評価**　最近導入され、現実のデータがまだ利用可能ではない、もしくは将来導入が検討されている市場制度（例：オンラインオークションやマーケット、労働市場改革）や政策評価のためにも、実験が使用される。つまり、規制当局など政策担当機関や経済取引を運営する主体への、科学的手法で助言を可能とする実験の利用である。例えば、ITバブルに当たる2000年頃からAmazon、eBayなどのオンライン市場が活発になり始めた。匿名ユーザー間でのオンライン取引では、ユーザー同士で自発的に交わされる口コミ評価などの評判情報が使用される。当初、経済学者は口コミに基づくレビューシステムの有効性について懐疑的であった。利己的な売り手は、購買を決めた地理的に離れた匿名ユーザーに対して、宣伝とは異なる劣悪品を出荷することもできるからだ。オンライン市場での口コミ評価と情報の価値を測る目的で、実験室内実験が多数の経済学者・経営学者によって行われた。それによると、蓄積されていく口コミ評価がユーザーの利己的行動を抑止する強い効果があると実証された。実験結果と整合的で、2000年代には口コミ評価に基づくオンライン取引が増加の一途をたどり、現在では一般的となっている。その他の例として、米国や英国で医学校卒業生が最初に就職先を探す労働市場での、医師と病院との間の効率的なマッチング方法を検証する実験室内実験も、2000年代に多数行われた。最近の例では、グリーントランスフォーメーション（GX）の関連政策や労働者中心の職場改革など様々なレベルでの制度改革が議論されているが、人の行動に与える影響は経済実験により評価が可能である。

> **コラム 1.2 ◆ 2002年のノーベル経済学賞**
>
> 実験経済学と行動経済学は過去40年間で飛躍的に成長した分野です。分野の成熟は、米国プリンストン大学のダニエル・カーネマン（Daniel Kahneman, 1934～2024）とジョージ・メーソン大学（受賞時：本書執筆時はチャップマン大学に所属）のバーノン・スミス（Vernon Smith, 1927～）による2002年のノーベル経済学賞受賞にも見て取れます。スミスは市場メカニズム実験での貢献（2～3章）が特に大きく、また、実験の方法論も含め、経済仮説をデータを用いて検証するツールとしての実験室
>
>
>
> ストックホルムでのインタビュー、左がダニエル・カーネマン（Daniel Kahneman）、右がバーノン・スミス（Vernon Smith）
> （© Nobel Media AB 2002, 写真：Hans Mehlin）

内実験の確立に尽力しました。市場実験のみならず、スミスはオークションでの入札行動、人の信頼・信用性や利他的行動など様々な実験を精力的に行ってきました。カーネマンは、心理学の知見を経済学に融合したことで有名です。特に、不確実性下での個人的意思決定、例えばエイモス・トベルスキー（Amos Tversky, 1937～1996）とともに提案し発展させた、「人は利得の増加に比べ損失に過大に反応する」という**プロスペクト理論**（7章付録）に関する功績を残しました。その他、カーネマンは、人が物事を判断する際に用いるヒューリスティックや認知バイアス、人々の公平性や互恵性といった利己的でない選好などに関する貢献もあります。後に行動経済学や実験経済学に関係するエリナー・オストロム（Elimor Ostrom）は2009年、アルヴィン・ロスは2012年、リチャード・セイラー（Richard Thaler）は2017年にそれぞれノーベル経済学賞を受賞しますが、彼らに与えた学術的影響も計り知れません。

2002年ノーベル経済学賞受賞式
(© The Nobel Foundation 2002, 写真：Hans Mehlin)

1.2 実験の設計にあたり考慮するポイント

1 実験における制御

1.1節**1**で説明の通り、実験の強みは制御にある。理論モデルと整合的で実験の設定に合う単純なモデルを作成し、その設定で被験者に意思決定させ、収集した行動データを分析することで理論の妥当性を検証する。経済モデルの各要素は**内生変数**（endogenous variable）と**外生変数**（exogenous variable）に分けられる。外生変数はモデルの前提である。例えば、市場メカニズムの設定（**図表1.1**）では、価格（縦軸）と取引量（横軸）が経済取引の結果としてモデル内で決まる変数である。このようにモデルのアウトプットとして決まる変数を内生変数と呼ぶ。一方で、それ以外の設定全て、例えば財の種類、人々の数、人々の所得、財に対する選好、財の生産技術、社会に存在する資源の量（例：天然資源、人的資源）などは全て所与で、モデルの外で設定する。このようにモデルの外で仮定される変数が外生変数である。**図表1.2**で示される戦略的状況では、プレイヤーの数、戦略の種類、利得、意思決定のときにプレイヤーが知っている情報などは全て外生変数なのに対し、内生変数は戦略と結果のみである。

14 ● 1章　はじめに

　経済実験で高い制御が実現できる理由の一つは、何が内生変数で何が外生変数か
を実験者が知っている点である。特定の現場で収集されたフィールド・データで
は、対象の人々が直面している意思決定状況を実験者が完全に知ることができな
い。そのため、直面している意思決定問題を列挙することも、内生変数と外生変数
を区別することも難しい。例えば、家計ごとの株式投資の意思決定では、各家計の
世帯所得も含めた予算制約、家族構成、将来計画など全ての側面を研究者が知るこ
とは不可能である。

　経済実験では、実験者が外生変数を系統的に変えて複数の実験条件（実験条件を
トリートメント（treatment）と呼ぶ）を構築し実験を実施し、外生変数の変化が
内生変数にどう影響を与えるか考察する。既に説明の通り、ランダム・アサインメ
ントにより、因果関係を高い精度で計測できるが、この因果関係のことを**トリート
メント効果**（treatment effect）と呼ぶ。

　実験者が実験の諸設定を決定するため、被験者に提供する**情報の制御**も可能だ。
意思決定に際し、被験者が設定・状況（例えば、囚人のジレンマ実験での意思決定
の順序や利得構造）を正しく理解しているか質問を入れることでも確認できる。

　実験での内的妥当性が高い別の理由は、経済主体に関する前提（例：利己的個人
としての自身の利得最大化）を置いた上で実験者が理論予測を計算できる点であ
る。例えば、囚人のジレンマ実験では、利得の大きさが理論条件を満たすように設
定される。一方で、フィールド・データでは、人の意思決定問題の完全な把握が不
可能なため明確な理論分析は困難である。

　本節 **2** で説明するように、制御が高く優れたトリートメントを設計し実験を計
画するには、様々な要素を慎重に考察する必要がある。

2 実験の各要素と考慮すべき点

■ **(A)被験者への支払い**　実験は被験者に対価を与えて実施する。支払いについて
実験が満たすべき明確な要件がある。次の要件①〜⑤はバーノン・スミスが提唱す
る**価値誘導法**（induced value theory）[Smith, 1976] の条件である。

> **要件①**　高い対価（報酬）が得られるほど、被験者の満足度が高い。報酬に対
> する満足度の単調増加傾向を**非飽和性**（nonsatiation）または**単調性**
> （monotonicity）とスミスは呼ぶ。非飽和性条件を満たすために、現金な
> どの金銭的報酬を実験参加の対価に用いることが多い。

要件②　実験での被験者の意思決定と得られる報酬の関係が明確になっている（つまり、人が意思決定を変えれば、自身の報酬が有意に変わる）。この条件をスミスは**顕著性**（saliency）と呼ぶ。要件①と要件②は、報酬以外の全ての要素が同じと仮定すれば、実験での複数の選択肢のうちで、被験者は自身の報酬を最大化する選択肢を選ぶことを意味する。従って、要件②は、実験参加に対する報酬を（意思決定に依存しない）固定給のみで支払うべきではないことも意味する。

要件③　実験での意思決定による自身の報酬増加が、その選択により受ける他の要素や非金銭的対価よりも十分大きい。この条件をスミスは**支配**（dominance）と呼ぶ。例えば、被験者が実験者の意図を汲み取り、実験者の期待に沿う行動をとりたいと思うかもしれない。省エネなどの環境配慮に関する人々の行動効果を測る実験を想定してみよう。実験者の意図を推測できた場合に被験者はどう行動するだろうか？　この影響を**実験者需要効果**（experimenter demand effects）と呼ぶが、その可能性に負けない報酬インセンティブが必要である。

要件④　実験で被験者は、自身の報酬のみを私的に知らされる（他の被験者が受け取る実験報酬の額は知らされない）。この条件をスミスは**プライバシー**（privacy）と呼び、要件③が実現しやすくなると論じる。

要件⑤　実験室で検出された行動特性などの結果は、条件が全て同じであれば、実験室外のフィールドの環境でも成り立つ。これをスミスは**類似性**（parallelism）と呼ぶ。要件⑤のポイントは、条件が同一のフィールドの環境への適用可能性である。実験環境と類似のフィールド環境が存在しないのであれば、実験する価値がないのは明らかである。

　この5つの要件のほかに、経済実験では被験者に、実験に参加する機会費用以上を支払うべきというルールがある[*1]。つまり、支払額が最低賃金以上で、対象の被験者が受け取る平均時給以上を支払うべきことを意味する。支払いに関するこれらの要件は、経済実験がアンケート調査や心理学実験と大きく違う点である。人々の行動原理を追求するために心理学でも行動実験が頻繁に行われるが、要件①〜⑤と機会費用条件が満たされていないものも多い。

[*1]　大学生が被験者として使われる実験室内実験ではない、一般の実験プラットフォーム（例：オンライン実験が可能な Amazon Mechanical Turk）では、支払いのルールや相場があり、それから被験者の機会費用の推測ができる。

■ (B)**フレーミング**　原則として経済実験は、現実の文脈や実験の目的を除いた中立な言語を用いて実施される。この条件を**ニュートラル・フレーミング**（neutral framing）と呼ぶ。例えば囚人のジレンマゲーム実験では、「協力」「裏切り」という用語を使わない。選択肢 A と B のように抽象的なラベルを使用する。気候変動など環境問題への問いが実験の背景にある場合では、それらの用語を一切使わない。この条件は(A)の要件③で説明した実験者需要効果とも関係する。ニュートラル・フレーミングを用いれば、被験者が実験の目的や仮説を探ることが難しくなる。

　本原則を逸脱し、外的妥当性を高めるために、実験の目的である現実の経済問題に関するフレーミングを付けることもある。また、複雑な実験では、被験者の混乱を防ぐ目的で現実の例などわかりやすいフレーミングを付けることもあり、ゲーリー・チャーネス、ウリ・ニーズィー、ジョン・ケーゲルなどの実験経済学者も、実験目的によっては特定のフレーミングを付けるメリットもあると同意している（Alekseev *et al.*, 2017；Cooper & Kagel, 2003）。

■ (C)**嘘は禁止**　経済実験では被験者への説明に嘘があってはいけないという原則がある。例えば、対戦相手が実験室内にいる他の参加者であると説明をしたら、相手がコンピュータープレイヤーではなく本当に人でなければならない。分野により実験規範が異なり、心理学では、実験設定に対して実験者による意図的な虚偽が含まれることが多い。一方で、経済学では、被験者が実験者の説明を信じて実験に参加することが不可欠であるとのスタンスをとる。経済学では、嘘を含む実験を行うと実験に対する評判や信頼を失い、被験者が将来的に実験設定を信用しなくなるという可能性を危惧する。実験設定に対する疑念は、(A)で説明したスミスによる要件②が満たされなくなる可能性を生む。

■ (D)**確認問題**　被験者の実験設定に対する理解が十分になるように、実験実施前に確認問題（control question）を入れる。例えば、利得の計算方法、対戦相手の決まり方などに関する多肢選択問題や計算問題を被験者に解かせる。

■ (E)**練習**　非常に複雑な実験では、実験開始前に、被験者への支払いを伴わない形で被験者に実験設定で意思決定させ、意思決定の方法と結果について学習の機会を与えることが有益である。ただし、練習機会の提供が本番の実験での意思決定に予期せぬ影響を与えないかの注意は必要である。

■ (F)**直接応答法とストラテジー法**　通常の実験では、意思決定場面に被験者を直

面させて選択させる。例えば、逐次手番の囚人のジレンマを考えてみよう。この
ゲームでは、2 人のうち 1 人が最初に「協力」か「裏切り」のどちらか 1 つを選び、
その結果を見た上で、もう 1 人が「協力」か「裏切り」を選ぶ。意思決定時点が来
た段階でプレイヤーに意思決定をさせる方法を**直接応答法**（direct response
method）と呼ぶ。直接応答法では、後に意思決定するプレイヤーは、相手の選択
を見た上で 1 つの意思決定をすることになる。一方で、ゲームをプレイする前に、
可能な各状況を想定して完全な計画を表明させる形で意思決定をさせる方法もあ
り、これを**ストラテジー法**（strategy method）と呼ぶ。上の逐次手番の囚人のジレ
ンマの例では、後に意思決定をするプレイヤーは、①相手が「協力」を選んだ場合
に自身はどちらを選択するか、②相手が「裏切り」を選んだ場合に自身はどちらを
選択するか、それぞれを決定する。つまり、相手の様々な選択を 1 つずつ想定して、
それぞれに対して事前に計画を選択するのがストラテジー法である。

　ストラテジー法の長所は、詳細な意思決定データが収集できる点である。短所は、
仮想的に状況を考え事前に意思決定をするため、直接応答法とは異なる意思決定を
とるなど、予期せぬ副作用がある可能性である。ストラテジー法では（直接応答法
より）人は多くの意思決定をすることになるため、1 つの意思決定に対するインセ
ンティブが弱くなり、(A)の要件②の顕著性が薄れる可能性がある。意思決定局面
に実際に直面する前の計画の表明であるため、**感情が意思決定に重要な要素となる**
場合では、感情の影響が失われ適切な行動効果を抽出できない可能性もある。

■ (G)**役割の経験**　実験で複数の役がある場合（例：売り手と買い手の取引実験）、
両方の役割で被験者にゲームをプレイさせるか決める必要がある。複数の役割を経
験させれば、相手の立場で戦略的状況を考えるきっかけを被験者に与えることがで
きる。一方で、複数の役割の経験は、人々の行動を現実よりも戦略的にさせるなど
予期せぬ副作用が生まれる可能性もあるため、注意が必要である。

■ (H)**被験者間計画と被験者内計画**　実験は複数のトリートメントから構成される
が、ランダム・アサインメントにより各被験者に 1 つのトリートメント下でのみ
意思決定させる**被験者間計画**（between-subjects design）と、複数のトリートメン
ト下で被験者に意思決定させて同じ被験者内の行動変化を分析する**被験者内計画**
（within-subjects design）の 2 つの設計方法がある。被験者内計画は、同じ被験者内
での行動変化を見ることから個人属性の制御が容易との長所をもつが、短所として
プレイするトリートメントの順序が被験者の行動に影響を与え得る点がある。これ
を**順序効果**（order effect）と呼ぶ。また、**行動波及効果**（behavioral spillover effect：

18 ● 1章　はじめに

最初の条件での取引からの行動経験や行動特性が次の意思決定に持続する効果）が強い場合には、トリートメント効果の正しい計測が難しい。

■ (I)**独立なサンプルサイズ**　実験実施後のデータ分析（統計的検定・計量分析）を考慮した、必要なサンプル数の検討も必要である。**独立な観測数**（independent observation）の単位は何かを考えることが必要である（後の(K)も参照）。

■ (J)**繰り返す回数**　各被験者に意思決定を<u>1回だけ行わせる</u>のか、<u>繰り返し行わせる</u>のかを決める必要がある。1回きりの行動実験では**強いインセンティブ**があり、(A)で述べたスミスの要件②を満たしやすい。意思決定を複数回繰り返す場合には、被験者は現在の意思決定が将来の相手の行動に与える影響を考えて戦略的に行動する可能性もあるが、1回きりの実験なら、そのような戦略的行動の影響もない。一方で、意思決定が1回きりだと<u>学習の機会がないという欠点</u>があり、複雑な実験では意思決定の間違いによる負の影響も起こる。**繰り返し行動実験**（例：囚人のジレンマゲームを特定の相手と10回繰り返す）では、被験者にとって試行錯誤が可能で学習の機会が与えられるとの長所があり、また複雑な実験では、被験者の意思決定の時間を通じた変化と収束の分析も可能にする。さらに、繰り返し実験では、<u>大きな観測データ数が得られる点</u>も長所である。一方で、短所は、上述した（1回きりの行動実験では存在しない）評判や戦略的行動が生まれる可能性である。

■ (K)**マッチング方法**　取引相手の割り当てとして主要な方法が2種類存在する。1つは、実験中に<u>常に同じ相手とグループ（ペア）になり取引する</u>という**パートナー・マッチング**（partner matching）である。もう1つは、<u>取引ごとに相手がランダムに変わる</u>というもので、**ストレンジャー・マッチング**（stranger matching）または**ランダム・マッチング**（random matching）と呼ぶ。後者の極端な例で、**パーフェクト・ストレンジャー・マッチング**（perfect stranger matching）という形態がある。これは、同じ相手と取引する数が厳密に1回（一度取引したら将来二度と同じ相手と取引することがない）というマッチングである。その他、パートナーを被験者の意思で選択するという方法もある。どのマッチング方法を実験で用いるべきかは、実験で明らかにしたい現実事象／仮説／理論により決めるべきである。

　なお、パートナー・マッチングでの独立なサンプルの単位はグループ（ペア）である。実験セッション内でランダムに取引相手を割り当てるストレンジャー・マッチングの場合には、独立なサンプルの単位はグループより大きいセッションである。独立な観測数の確保のため、ストレンジャー・マッチングではパートナー・

マッチングより大きな規模の被験者数が必要である。

■ (L)**信念（予想）** 被験者の行動を説明する要素として、信念（belief）（例：取引相手が特定の戦略を選ぶ確率に関する予想）が重要な場合には、それを被験者に聞くことで抽出できる。誘因両立（インセンティブ・コンパティブル）な形で情報を収集するために、他の被験者の行動の推測が正しい場合には報酬を付与する。信念抽出の短所としては、それが被験者自身の行動選択に影響を与える可能性、信念を抽出する質問の追加により被験者が実験者の意図を探り実験者需要効果が誘発される可能性などが挙げられる。

■ (M)**被験者** 誰を実験参加者にするか決める必要があるが、1.1 節 **1** で説明の通り、実験室内実験では大学生を、人為的フィールド実験では仮説対象となる現地の人々を利用する。経済実験の圧倒的多数は大学生を用いた実験である。この理由は、大学生の機会費用が低く、実験設定の理解に寄与する高い認知能力をもつためである。これは、先の(A)で説明したスミスの要件①～③には都合が良い。一方で、大学生が社会の代表的なサンプルかどうかという点では疑問もあり、実験室からの事実を適用する現実の文脈によっては外的妥当性で不都合な場合もある。

　複数のトリートメントをもつ実験では、被験者の属性（例：性別、専攻）がトリートメント間でバランスしていることが要求される（コラム 1.3）。ランダム・アサインメントがとられ被験者数が十分多ければ属性のばらつきに問題は生じないが、小サンプルを用いる実験では、それぞれの属性に系統的な差がないか事前の検査が必要である。

コラム 1.3 ◆ 大学での専攻と経営的な意思決定の関係

　大学での専攻は被験者の意思決定や判断にどのような影響をもつのでしょうか？テルアビブ大学と米ニューヨーク大学で教鞭をとるアリエル・ルービンシュタイン（Ariel Rubinstein, 1951 ～) は、経済学専攻とそれ以外で経営的意思決定が異なるかどうかを、イスラエルの大学生を対象に調査しました [Rubinstein, 2006]。被験者に自身が害虫駆除会社の副社長と想定してもらい、以下の仮想的なシナリオが提示され、レイオフする労働者数に関する選好を答えさせました。

　【シナリオ】あなたの会社には、終身雇用の労働者と、現場で駆除を担当する勤続年数が 3 年から 5 年の 196 名の有期雇用労働者が所属している。害虫駆除には高スキルは不要で、駆除実施のためのトレーニング期間は 1 週間で済むと

する。あなたの会社は最近まで高い利益を出していたが、不況のため利益が急激に落ち込んだ。レイオフは会社の利益を上げると判明した。あなたは有期雇用労働者を何人レイオフするか経営会議に参加して提案をすることになった。

被験者に最も多く選ばれた選択肢は大学で属する専攻で大きく異なりました。経済学専攻の被験者の間では、利益を最大化する水準のレイオフ数が最も頻繁に選ばれました。一方、法律専攻では、最適なレイオフ数より少ない規模のレイオフを選ぶ被験者の方が若干多くいました。ただ、経済学専攻の意思決定パターンは数学能力の高さに依存しているわけではありません。数学専攻の被験者の選好は法律専攻に近く、最適になるまで有期雇用労働者をレイオフしようとは考えませんでした。また、専攻による異質性は哲学専攻の被験者で顕著で、哲学専攻では、1人もレイオフしないことを希望する被験者が最多でした。まとめると、専攻が人の意思決定に影響を与えるのです。これは、①選択バイアスと②教育の影響によると考えられます。哲学を専攻に選ぶ学生と経済学を専攻に選ぶ学生では、そもそも考え方、選好や属性が異なると考えられます。それに加え、大学教育により専攻間での選好の違いが強くなると推測されます。

過去の経済実験に目を向けると、経済学専攻は他の専攻に比べて、囚人のジレンマのような協力ジレンマで利己的な行動をとる傾向が強いことも知られています。

1.3 実験室内実験の実施について

実験の実施を決める前に、通常、次に示す複数のステップで、研究の意義と実験手法を使用する長所と短所を考察する。

《**ステップ1**》データを用いて考察したい「問い」の吟味を行う。例えば、①その問いが該当する経済領域でもつ意義、②問いの答えが経済モデルの前提に対してもつ意義、③問いと既存の実証研究や実験研究との関連、④問いの答えが現実の経済制度や政策に対してもつ示唆、について考察する。

《**ステップ2**》研究の問いの意義の確認の次は仮説の構築である。仮説は問いに対する答えの推測である。仮説は、理論モデルを基にした数学的分析で構築できる。理論では説明のできない過去の実証、または実験研究結果で得られた行動特性を基に仮説を構築もできる。

《**ステップ3**》仮説検証に適した実験の詳細設計（1.2節）を行う。

実験室内実験の詳細設計が終わると、次のタスクは実験遂行のためのロジスティックスと準備である。通常必要な準備項目は以下のようにまとめられる。

■ (A)**実験説明書（instruction）の作成**　被験者には、実験の条件、タスク、ゲームを説明した**実験説明書**を配付する。実験では多くの場合、実験者が説明書をそのまま読み上げる。AIや読み上げソフトの使用で代替してもよい。実験者需要効果の誘発を避けるために研究目的などは書かない（6章付録2）。

■ (B)**確認問題の作成**　実験内容への理解の確認のため、被験者に解かせる確認問題を作成する。実験説明書を読めば確実に解ける問題とする。例えば、実験で実験説明書を読み上げた後に、コンピューター画面上で被験者それぞれに解いてもらう（正解や解き方はコンピューターを通じて説明される）。

■ (C)**同意書の作成**　実験は被験者の**自発的参加**（voluntary participation）と**インフォームド・コンセント**（informed consent）に基づき実施されるが、(A)で述べた通り、実験目的は説明されない。自発的参加の原則の下、同意書への署名の後も被験者はいつでも実験をキャンセルできると明記する。

■ (D)**プログラミングの実施**　2000年以前は紙と鉛筆を基に行う実験も多かったが、現在は専用のコンピューターソフトウェアで意思決定環境をプログラム化し、パソコンを介して実験がなされる。代表的なソフトは、コンスタンツ大学のウリス・フィッシュバッハ（Urs Fischbacher）が開発した**z-Tree**と、Pythonがベースのウェブベース・ソフトウェアである**oTree**であり、使用するソフトを決める必要がある。

■ (E)**スクリプトの作成**　実験室の大きさや1回に集められる被験者数を踏まえ、実験では複数のセッションを実施する。セッション間での整合性を保つ目的で、口頭で説明する内容、説明するタイミング、実験の流れ、各実験段階で実験補助員も含めた各人のタスクや動きを詳細に記載した**スクリプト（台本）**を作成する。スクリプトの準備はヒューマンエラーの可能性を小さくし、予期せぬ形で実験者需要効果が生じるのを防ぐ。

■ (F)**倫理審査**　高い研究倫理を保ち、被験者へのリスク評価を行うとともに、適切な個人情報管理を履行することを目的に、各大学が設置する**倫理審査委員会**

(Institutional Review Board；IRB）での実験審査を受け、実験内容・プロトコルの了承を受ける。倫理審査基準は現存する諸制度に依存し、国ごとに基準が異なる。

■ (G)**実験の事前登録**　実験実施前に実験計画とプロトコルをオープン・アーカイブに事前登録（pre-register）するという近年の潮流がある。これは高い研究倫理を保つ目的での登録である。事前登録では、①研究の問いと実験の目的、②仮説、③実験計画（トリートメントの詳細）、④被験者数、⑤データ分析方法、などを記載し、事前登録内容に則って実験を実施する。

■ (H)**被験者の募集**　通常、専用の被験者募集ウェブサイトを用いて被験者を募集する。各大学・研究グループがそれぞれのニーズに合った募集システムを構築して運用するが、現在の主流システムとして ORSEE（Online Recruitment System for Economic Experiments）、hroot（Hamburg Registration and Organization Online Tool）、Sona などがある。定期的なバックアップ機能をもち 24 時間稼働している専用サーバーが必要で、管理には Linux などの知識が求められることから、大学や研究機関の IT 部門が担当することが多い。心理学などの経済学以外の領域では、掲示板を通じて被験者を募集することも多いが、経済学では、被験者プール管理とサンプルの代表性の重要性を考慮して専用のシステムを構築し使用するのが慣例となっている。つまり、システムの使用により、被験者の同一実験への重複参加の防止、被験者の経験の制御（例：特定の種類の実験が初めての被験者と初めてでない被験者の区別）、選択バイアスの低減に寄与する被験者数の候補の大きなプールからのランダム・サンプリング、データベース内の被験者プールの被験者属性の分布の確認と分析（サンプルが偏らず代表的になっているか確認）を可能にする。

■ (I)**パイロット実験と本実験**　実験が複雑な場合には、本実験の前に小規模のパイロット実験（pilot experiment：予備実験）を行い、実験の設定の妥当性を確認してから本実験に移る。例えば、パイロット実験では、①被験者が意思決定環境を理解できるのか、②インセンティブに反応できているか、③本実験の被験者数はどの程度が適切か、などを確認する。

2章

競争市場メカニズム

経済学で最初に学ぶ概念の一つに、「財やサービスの価格と取引量が、その需要と供給で決まる」という完全競争市場のメカニズムがあります。コラム 1.1 で紹介したような経済実験の一般認知度の低さとは異なり、市場機構（例：価格や取引量を決める制度）を考察する実験室内実験は1940 年後半に始まり、バーノン・スミス（コラム 1.2）による実験研究を契機に 1960 年頃から活発になりました。

本章では、競争市場メカニズムの妥当性を検証する目的で行われた経済実験の事例を取り上げます。まず 2.1 節で、「市場」などの経済学用語と、そして具体例を用いることで、需要曲線、供給曲線と競争均衡というミクロ経済学の基礎を学びます。その上で 2.2 節以降で、市場実験の結果や経済主体の取引行動の事実を扱います。

2.1 完全競争と均衡

我々の社会では様々な財やサービスの売買が行われるが、その取引価格と取引量を説明する理論が市場メカニズムである。特定の財やサービスの取引を目的とした複数の売り手と買い手から構成される集団を**市場**と呼ぶ。各経済主体は、市場で財、サービスや取引に関する情報を収集し、所定のルールに基づき商品などの売買をする。対面で行われる古着などの中古品を売買するバザーや魚市場での競りから、地理的距離に関係なく匿名のユーザー同士で取引をする大規模なオンライン・マーケットプレイスまで、様々な形態の市場が存在する。

市場構造は 3 つの点で種別できる。1 つ目は**売り手（企業）の数**であり、①非常に多い場合（競争環境）、②例えば 5 社というように少ない場合（寡占）、または③1 社のみの場合（独占）がある。2 つ目は**財やサービスの種類**である。各企業が同じ商品を販売しているか、差別化を図り特性の異なる製品を販売しているかの別があ

24 ● 2章　競争市場メカニズム

る。3つ目は**新規企業に対する参入障壁の有無**である。このうち、売り手と買い手の数が多く、それぞれの売り手が同質の商品を販売し、参入障壁もないケースが**完全競争**である。完全競争では売り手と買い手の数が多いため、一経済主体が取引価格に与える影響はないという**プライス・テイカー**の仮定が置かれ分析が行われる[*1]。本章では完全競争下での人々の意思決定を考察する。なお、プライス・テイカーの仮定が成り立たない場合には、自身の決定が他の企業にどう影響するかを考慮し意思決定を行うという関係主体間での**戦略的状況**（strategic situation）が生まれる。戦略的状況下での意思決定は4章以降でゲーム理論を用いて学ぶ。

　完全競争市場では、**需要**と**供給**で取引価格が決まる。1章で例示した**図表1.1**は、完全競争下での典型的な需要曲線と供給曲線である。このダイアグラムを最初に使用した経済学者はアルフレッド・マーシャル（Alfred Marshall, 1842〜1924）といわれている。本節で、各曲線の意味（**1**〜**2**）と競争均衡（**3**）を学ぶ。

1 需要曲線

　需要曲線は、各価格の下で**買い手**が望む財やサービスの量（需要量）を表す曲線である。トマトを例に、単純化のために加藤さん、鈴木さん、富田さん、山田さんの4人からなる社会を考えよう。

　図表2.1に、**需要の法則**（law of demand）を満たす各消費者の価格 p に対するトマトの需要量 q_D を示す。**需要量**とは、所与の価格の下で購入を希望し、また予算的にも購入できる量を示す。価格と需要量の関係を表にまとめたものを需要スケジュール（demand schedule）と呼ぶ。需要の法則とは、価格が下がれば需要量が増加し、また価格が上がれば需要量が低下する傾向を示す。**図表2.1**のように価格変化がもたらす需要量変化は消費者によって通常異なるが、これはトマトに対する好みに個人差があることを反映している。各消費者の需要曲線（**個別需要曲線**）の傾きは、財の価格に対するそれぞれの需要量の変化を表しており、価格変化 Δp の割合 $\Delta p/p$ と需要量変化 Δq_D の割合 $\Delta q_D/q_D$ の比 $\dfrac{\Delta q_D/q_D}{\Delta p/p}$ を**価格弾力性**（price elasticity of demand）と呼ぶ[*2, *3]。

　市場の需要量は、全ての消費者による需要量を足し合わせたものである。例えば、トマトの価格が25円/個であれば、加藤さんは7個、鈴木さんは8個、富田さん

[*1] 厳密には、市場構造は売り手と買い手の数ではなく、信念で定義される。経済主体の数が多くなくとも、各主体がプライス・テイカーの仮定を信じていれば、完全競争として扱える。

2.1 完全競争と均衡　25

図表 2.1　需要スケジュール

トマトの価格 p〔円 / 個〕	各消費者の需要量 q_D〔個〕				総需要量 $a+b+c+d$〔個〕
	加藤さん a	鈴木さん b	富田さん c	山田さん d	
0	8	10	2	12	32
25	7	8	2	9	26
50	6	6	2	6	20
75	5	4	2	3	14
100	4	2	2	0	8
125	3	0	2	0	5
150	2	0	2	0	4

注）表の数値は仮想的なものである。

は 2 個、山田さんは 9 個を需要するため、市場需要量は 26(＝ 7 + 8 + 2 + 9) 個である。市場需要量はそれぞれの価格に対して計算される。

　この例での各消費者の個別需要曲線は、**図表 2.1** の需要スケジュールを需要量（横軸）と価格（縦軸）の 2 次元の平面上に表した**図表 2.2** のように描ける。**市場需要曲線**は、4 人の消費者の個別需要曲線を横に足し合わせることで導出できる。市場需要曲線は、以下、単に**需要曲線**（demand curve）と呼ぶ。需要曲線の導出方法は消費者の数にかかわらず同一である。

　需要曲線を横軸（需要量）から縦軸（価格）に読むと、需要曲線の高さは**支払意思額**（willingness to pay；WTP）を示すとわかる。支払意思額とは、財の当該ユニットの購入のために最大限支払う用意のある額を意味し、留保効用、限界便益とも呼ぶ。つまり、買い手にとっての財の価値である。例えば、加藤さんの個別需要曲線によると、価格が 75 円 / 個のときに 5 個購入するが、価格が 75 円 / 個より大きいと 5 個未満を選択する（**図表 2.1**、**図表 2.2**）。このことは、5 個目を購入する限界便益が 75 円であり、加藤さんは 5 個目を購入するために 75 円まで支払う意

---

*2　**図表 2.1** によると、富田さんの需要の価格弾力性は 0 であり、需要の法則を満たしていないように見える。これは、ここでは単純化のため販売単位を個数とした例を扱っているからである。価格変化に対して需要量変化が大変小さいと想定しよう。この場合、需要の法則を満たしていても、販売単位が個数の場合には満たしていないように見える。富田さんは、価格に対する反応性が最も弱い極端な需要スケジュールの例である。

*3　需要の価格弾力性は、通常、価格の増加（$\Delta p/p > 0$）に対して需要量は減少（$\Delta q_D/q_D < 0$）し、比 $\dfrac{\Delta q_D/q_D}{\Delta p/p}$ が負になるため、この比に－1 を乗じて正の値で定義することが多い。

図表 2.2　各消費者の需要曲線（個別需要曲線）と市場需要曲線（図表 2.1 のグラフ化）

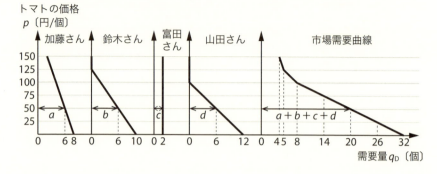

思があることを意味する。市場での需要量の合計である需要曲線の高さは、当該ユニットを購入する消費者の WTP である。

2.2〜2.3 節で実験事例を学ぶことで、WTP の意味がより明確になる。

■ **需要曲線のシフト**　需要曲線の構築方法を考えれば、買い手の数が増えると需要曲線は右にシフトし、逆に買い手の数が減れば需要曲線は左にシフトすることがわかる。例えば上述の状況で、鈴木さんが引っ越しなどで市場から退出することを想定しよう。その場合、鈴木さんの需要量の分だけ需要曲線は左にシフトする。逆に、移住者のため消費者が増えれば、その分だけ需要曲線は右にシフトする。

需要曲線は、消費者の嗜好の変化、所得の変化、将来の価格変化の可能性、他の財の価格動向などによってもシフトする。

2 供給曲線

供給曲線は、各価格の下で**売り手**が供給しようとする財やサービスの量（供給量）を表す曲線である。**1**に引き続きトマトを例に、田中ファームと斎藤ファームの 2 社がトマト生産に携わっていると仮定しよう。**図表 2.3** に、**供給の法則**（law of supply）を満たす各生産者の価格 p に対するトマトの供給量 q_S を示す。**供給量**とは、所与の価格の下で供給を希望し、また生産コストに照らしても技術的にも供給が可能な量を示す。価格と供給量の関係を表にまとめたものを供給スケジュール（supply schedule）と呼ぶ。供給の法則とは、価格が上がれば供給量が増加する一方で、価格が下がれば供給量が減少する傾向を示す。価格変化と供給量変化の関係は生産者によって異なるが（**図表 2.3**）、これは、トマトの生産に対する設備や、

2.1 完全競争と均衡 ● *27*

図表 2.3　供給スケジュール

トマトの価格 p〔円/個〕	各生産者の供給量 q_S〔個〕		総供給量 $e+f$〔個〕
	田中ファーム e	斎藤ファーム f	
0	0	0	0
25	1	3	4
50	3	6	9
75	5	9	14
100	7	12	19
125	9	15	24
150	11	18	29

注）表の数値は仮想的なものである。

技術や機会費用の違いを反映している。各生産者の供給曲線（**個別供給曲線**）の傾きは、財の価格に対するそれぞれの供給量の変化を表しており、価格変化 Δp の割合 $\Delta p/p$ に対する供給量変化 Δq_S の割合 $\Delta q_S/q_S$ の比 $\dfrac{\Delta q_S/q_S}{\Delta p/p}$ を、需要のケースと同様に**価格弾力性**（price elasticity of supply）と呼ぶ。

　市場の供給量は、全ての生産者による供給量を足し合わせたものである。例えば、トマトの価格が 25 円/個であれば、田中ファームは 1 個、斎藤ファームは 3 個供給するため、トマトの市場供給量は 4(= 1 + 3) 個となる。市場供給量はそれぞれの価格に対して計算される。

　各生産者の個別供給曲線は、**図表 2.3** の供給スケジュールを供給量（横軸）と価格（縦軸）の 2 次元の平面上に表した**図表 2.4** のように描ける。**市場供給曲線**は、全ての生産者の個別供給曲線を横に足し合わせることで導出できる。市場供給曲線は、以下、単に**供給曲線**（supply curve）と呼ぶ。供給曲線の導出方法は生産者の数にかかわらず同一である。供給の法則はそれぞれの個別生産者に成り立つため、集計した市場供給曲線にも供給の法則が成り立つ。

　供給曲線を横軸（供給量）から縦軸（価格）に読むと、供給曲線の高さは生産者の**受入意思額**（willingness to accept；WTA）と解釈できる。受入意思額は供給する限界費用である。これは、当該ユニットの供給に対して、生産者の費用を踏まえた必要最低価格を意味する。例えば、田中ファームはトマトの価格が 75 円/個であれば 5 個生産し供給するが、それ未満の価格では 5 個未満を供給する（**図表 2.3**、

図表 2.4 各生産者の供給曲線（個別供給曲線）と市場供給曲線（図表 2.3 のグラフ化）

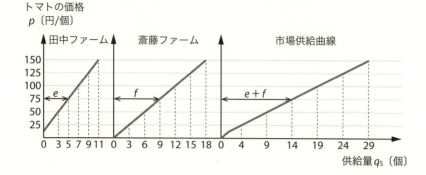

図表 2.4）。このことは、5 個目を供給するのに田中ファームが求める最低価格（消費者からの支払額）が 75 円であることを意味する。市場供給曲線の高さは、当該ユニットを生産・供給する生産者の WTA である。

■ **供給曲線のシフト**　供給曲線が各生産者の供給量を足し合わせて得られることを考えれば、売り手の数が増えれば供給曲線は右にシフトし、逆に減れば供給曲線は左にシフトするとわかる。例えば上述の状況で、新たに伊藤ファームが参入し操業を始めれば、伊藤ファームの供給量の分だけ供給曲線は右にシフトする。逆に、田中ファームが市場から退出すれば、その分だけ供給曲線は左にシフトする。

その他、生産に必要な資源価格の低下や生産技術の向上があると、各生産者の生産能力が向上するため、供給曲線は右にシフトする。

3 競争均衡

完全競争市場において、取引価格と取引量は、市場需要量と市場供給量が一致するように定まる。これを**競争均衡**（competitive equilibrium）と呼び、需給が一致する取引価格は（**競争**）**均衡価格**と呼ばれる。需要曲線と供給曲線それぞれが需要の法則と供給の法則を満たすため、需要曲線と供給曲線が交わる点は 1 つである。**1**～**2**のトマト市場のケースの均衡価格は 75 円 / 個である（**図表 2.5、図表 2.6**）。

均衡価格がなぜ 75 円 / 個になるかは、取引価格がそうでない場合を考察することでわかる。まず、取引価格が 75 円 / 個より高い場合には、超過需要量（＝需要量－供給量）が負になる。例えば、トマトの価格が 100 円 / 個の場合、供給量が需要量より 11 個多い。この差（11 個）のことを**余剰**、もしくは**供給過剰**と呼ぶ。ト

図表 2.5 需給バランス

トマトの価格 p〔円/個〕	市場需要量〔個〕 $A=a+b+c+d$（図表 2.1）	市場供給量〔個〕 $B=e+f$（図表 2.3）	超過需要量 $A-B$〔個〕
0	32	0	32
25	26	4	22
50	20	9	11
75	14	14	0
100	8	19	−11
125	5	24	−19
150	4	29	−25

図表 2.6 競争市場均衡

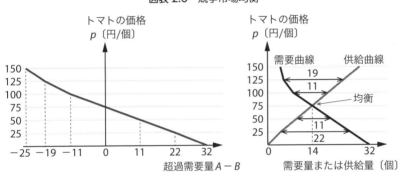

マトの売れ残りを受け、各ファームは値下げを余儀なくされる。次に、取引価格が75円/個より低い場合には、超過需要量が正になる。例えば、トマトの価格が25円/個の場合、需要量が供給量より22個多い。この差（22個）のことを**不足**、もしくは**需要過剰**と呼ぶ。利潤最大化を目指すファームは値上げをする金銭的動機をもつ。価格が75円/個のときには余剰も不足もなく、売り手、買い手共に満足した状態になっているため、売り手に価格を変えるインセンティブはない。**図表 2.5**、**図表 2.6** が示す通り、均衡取引量は14個である。田中ファームが5個、斎藤ファームが9個供給し（**図表 2.3**）、加藤さんが5個、鈴木さんが4個、富田さんが2個、山田さんが3個トマトを購入する（**図表 2.1**）。

なお、均衡価格が1つに定まる理由は、全てのファームが生産するトマトが同質と仮定しているからである。消費者は価格のみに反応して購入の意思決定を行う。

競争均衡のポイントは、各売り手は自身の利潤最大化のみを考慮し、つまり価格 p が WTA 以上であれば供給の意思決定をし、同様に各買い手は自身の満足度（効用）だけを考え、つまり価格 p が WTP 以下であれば購入を決断する点にある。分権的な意思決定にもかかわらず、価格競争経済では価格を通じて自律的に均衡が実現する。アダム・スミス（Adam Smith, 1723〜1790）はこれを神の見えざる手（コラム 2.1）と表現した。

コラム 2.1 ◆ 神の見えざる手—Invisible hand

スコットランド（英国）の哲学者で経済学者のアダム・スミスは、著書『国富論』(1776) の中で、市場の機能を神の見えざる手と表現しました。神の見えざる手という記述は、市場メカニズムを説明するためだけに使われたのではなく、資本家は外国産業ではなく自国産業のために資本を投下し振興を促すべきだと議論した保護主義的な経済ナショナリズムの文脈で使われました。しかしながら、神の見えざる手という記述は市場メカニズムを理解する上でも示唆に富んでいます。下記は『国富論』Book IV Chapter 2 からの抜粋です。

【原文】Every individual ... neither intends to promote the public interest, nor knows how much he is promoting it. ... he intends only his own gain, and he is in this, as in many other cases, led by an invisible hand to promote an end which was no part of his intention. ... By pursuing his own interest he frequently promotes that of the society more effectually than when he really intends to promote it.

エディンバラ市内にあるアダム・スミス像（Adam Smith Statue）
（写真：筆者撮影）

【筆者訳】「全ての個人は……公共の利益の増進を目的にしないし、自身がどの程度、その増進に貢献しているかも知らない。……自身の利益だけを目指すが、他の多くの場合と同じように自身の意図と関係のない目的を促進するために見えざる手に導かれる。……社会利益を促進しようと行動するより、自身の利益を追求することにより、人はしばしば社会の利益をより効果的に高める。」

2.2 市場メカニズム実験の設定とチェンバリンによる結果

完全競争モデルでは財の価格は1つで、それは需要曲線と供給曲線の交点で定まる。一方で、現実には、市場の取引を均衡価格で実現させるように仲介するオークショニアーは存在しない。2.1節の例では、例えば各ファームはそれぞれの消費者と分権的に交渉して取引を成立させることも可能である。現実のようにオークショニアーが欠如していても、取引価格は完全競争モデルが予測するように定まるのだろうか？　財の数は現実の市場では様々なケースがあるが、それが取引行動に与える影響はあるだろうか？　買い手と売り手の数が無数であるというのが完全競争の前提であるが、経済主体の数が少ない場合はどのような取引が実現するのだろうか？　経済モデルでの前提とは異なり現実の売り手と買い手は非合理的である可能性もあるが、市場理論は人の合理性にどの程度頑健なのだろうか？　このように理論の前提と現実との間の乖離は無数にあるが、**経済実験は乖離の影響を考察するのに有効**である。

現実の取引ルールの下での競争均衡の妥当性を最初に実験で分析したのは、ハーバード大学で教鞭をとっていたエドワード・チェンバリン（Edward Chamberlin, 1899 ~ 1967）である。研究結果は1948年に公刊された。後にバーノン・スミス（Vernon Smith, 1927 ~）は、彼の実験フレームワークに異なる取引ルールを適用して多数の検証実験を行う。本節では、チェンバリン、スミスら実験経済学者によって使用される典型的でシンプルな実験デザインを例示し（**1**）、その上でチェンバリンの実験結果を学ぶ（**2**）。

1 実験デザインの例

実験では、市場のサイズ、売り手と買い手に関する前提、商品の数や情報に関する前提、取引ルールなどを設定する必要がある。実験に集められた被験者は市場を意味する**グループ**にランダムに割り振られ、その中で売り手か買い手の役が与えられる。売り手は取引前に（実験者から与えられた）財を保有している。例として、単純化のため、市場のサイズを12人（6人の買い手と6人の売り手から構成）、売り手は同質の商品をそれぞれ1つ保有し、買い手は商品を1つだけ購入できると仮定しよう。

買い手はランダムに、商品に対する自身の価値を表す支払意思額WTPが割り当てられる。WTPは**私的情報**であり、買い手は他の買い手のWTPや、後に示す需

要曲線と供給曲線（**図表2.7**）に関する一切の情報をもたない。その条件下で、各買い手は、商品の購入希望価格 p_B を決定する。実際に p_B で商品を購入できた場合の効用は $\text{WTP} - p_B$ である[*4]。例えば、6人の買い手A、B、C、D、E、Fがそれぞれ400円、100円、200円、300円、700円、600円の支払意思額を商品に対してもっていると仮定しよう。

一方で各売り手は、ランダムに、採算が0となる最低価格に当たる受入意思額WTAが割り当てられ、その上で商品の希望価格 p_S を決定する。売り手にとってWTAは**私的情報**である。売り手は他の売り手のWTAや、後に示す需要曲線と供給曲線（**図表2.7**）に関する一切の情報を知らされない。価格 p_S で売買が成立した場合の利益は $p_S - \text{WTA}$ である。例えば、6人の売り手a、b、c、d、e、fがそれぞれ200円、600円、300円、300円、500円、100円の受入意思額を商品に対してもっていると仮定しよう。

この場合の需要曲線と供給曲線は、**図表2.7**のような階段グラフとして表すことができる。需要曲線のステップに書かれた大文字のアルファベットは需要する買い手を示し、供給曲線のステップに書かれた小文字のアルファベットは供給する売り手を示す。取引するか否かの判断は、市場での取引価格 p によって影響を受ける。この需要曲線と供給曲線は、$\text{WTP} - p > 0$ のときに買い手は商品を購入し

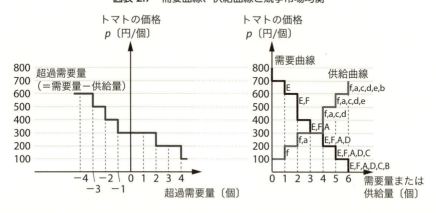

図表2.7 需要曲線、供給曲線と競争市場均衡

[*4] 本節**2**で説明するチェンバリンなど授業内実験を用いた初期の研究では、金銭的インセンティブを付けずに実験された。しかし、スミスの価値誘導法（1.2節**2**）が一般的になってからは、インセンティブを付けるのが慣例となっている。例えば、買い手は実験後に自身が保有する財に相当するWTPを実験者から受け取る、つまり、買い手の報酬が $\text{WTP} - p$（ただし、p は取引価格）となるように設定すればよい。

（WTP $-p=0$ のときは購入は無差別である）、一方で $p-$ WTA >0 のときに売り手は商品を販売する（$p-$ WTA $=0$ のときは販売は無差別である）という原則を基に導出したものである。需要曲線のステップの高さは、そのステップで購入を決意する買い手の WTP を示し、供給曲線のステップの高さは、そのステップで販売を決意する売り手の WTA を示す。例えば、価格が 600 円から 400 円に下がると、買い手 A が新たに購入を希望するため需要量が 2 つから 3 つに増加する（**図表 2.7**）。400 円は買い手 A の支払意思額である。

2.1 節 **3** での考察を**図表 2.7** に適用すれば、均衡価格は 300 円とわかる。均衡での取引量は 3 個か 4 個である。価格 300 円では売り手 f、a、c、d が商品を供給する。WTP $-p>0$ である買い手 E、F と A は購入する一方、WTP $-p=0$ である買い手 D にとって購入は無差別である。

2 チェンバリンによる実験結果

市場実験は多くの実験経済学者により行われる実験の一つであるが、まずは取引ルールを明確に理解することが重要である。

チェンバリン [Chamberlin, 1948] は、バザーのような分権化された**相対取引ルール**（bilateral trading）を用いた。制限時間が設けられ、売り手と買い手が約半々である市場（部屋）において、売り手は自身の WTA のみ、買い手は自身の WTP のみを知っている設定で、それぞれが部屋内を動き回り潜在的な取引相手と価格交渉をし、約定した場合には部屋に設置されている黒板に交渉結果を記録して売り手と買い手のペアが市場から退出する。

競争均衡の実現は、この相対取引ルールの下で自明だろうか？　深く考察すると、その実現は簡単ではないとわかる。**図表 2.7** で考えると、競争均衡では 3 個か 4 個しか取引されない。しかしながら、相対取引では全員が取引することも可能であろう。例えば、買い手 B が売り手 f と、買い手 C が売り手 a と、買い手 D が売り手 c と、買い手 A が売り手 d と、買い手 F が売り手 e と、買い手 E が売り手 b と取引を成立させるかもしれない。

チェンバリンは、**図表 2.7** の設定よりもずっと数の多い被験者（合計約 60 人）を用いて、需要曲線と供給曲線それぞれで階段ステップが 30 程度ある設定で実験を行った。実験は合計 46 回行われ、以下の通り、競争均衡に対する否定的な結果を得た。

- 46 回の実験のうち、①実現した取引価格の平均が均衡価格より高かったのが 7 回、**低かったのが 39 回**で、②実現した取引量が競争均衡のそれに比べて**多かったのが 42 回**、同じだったのが 4 回であった。
- ②の理由の一つは、均衡価格より低い WTP をもつ買い手が、それより低い WTA をもつ売り手と取引を実現させることがあったからである。同様に、均衡価格より高い WTA をもつ売り手が、それより高い WTP をもつ買い手と交渉を成立されることもあった。
- 各実験での取引データの時系列推移を見ても、均衡価格に向かって取引価格が収束する兆しが見えなかった。

チェンバリンは強い結論を出す [Chamberlin 1948, p.102]——経済学者は、無意識のうちに理論的に創り出された経済主体を基にした均衡点という彼らの独特な知識を共有してしまっていたかもしれないが、現実の買い手と売り手はそんな知識はもっていない（筆者訳：原文——*"economists may have been led unconsciously to share their unique knowledge of the equilibrium point with their theoretical creatures, the buyers and sellers, who, of course, in real life have no knowledge of it whatsoever."*）

2.3 スミスによるダブル・オークション実験

バーノン・スミスは、自身がハーバード大学の大学院生だったときにチェンバリンの実験（2.2 節 **2**）に被験者として参加した（エッケル [Eckel, 2004] による記述）。卒業後の最初の教職をパデュー大学で得るが、スミスはパデュー大学時代に、チェンバリンの実験フレームワークの中で取引ルールを株式市場に近いものに変更して実験 [Smith, 1962] を行う。そのスミスによる主な変更点は次の 2 点である。

- **（連続）ダブル・オークション**の採用：全ての買い手は買い値（bid）を、売り手は売り値（ask）を、同時に公的な形で（つまり市場の皆に知られる形で）提示する。買い値、売り値はそれぞれ改定できる。経済主体間でのコミュニケーションの機会はなく、市場参加者はそれぞれ独立に意思決定する。買い手が売り手の価格で購入の決断をすると取引が成立し、同様に売り手が買い手の価格で売る決定をしても取引の成立が実現する。約定後は取引のキャンセルができない。売り値提示のルールは、現時点での市場での最低売り値より低い価格を提示することである。買い値提示のルールは、現時点での市場での最も高い買い値より高い価格を提示することである。

・**繰り返し実験**：チェンバリンの実験では、被験者は市場実験に 1 回のみ参加した。スミスは、自身に割り当てられた WTP、WTA を固定し、**同一の需要曲線、供給曲線の下で**、市場実験に被験者を複数回参加させた。同じ条件で実験を繰り返す方法をスミスは**静的繰り返し**（stationary replication）と呼んだ。その目的は、取引制度や市場環境に対する被験者への学習機会の付与である。

　株式、商品、為替やその他多くの市場では、ダブル・オークション（double auction）が一般的である。そのため本書でも、この取引手法に特にフォーカスを当てて市場実験を学ぶ。

　スミスの実験 [Smith, 1962] では、魚市場の競りのように、注文をしたい売り手と買い手が教室で手を挙げ口頭で注文を叫び、取引決定も口頭でなされた。一方で、経済実験室を活用しコンピューターを介した実験（**図表 1.3**）が一般的となった現在では、口頭ではなくコンピューター上で買いや売りの注文を出し、それがコンピューター画面を通じて市場に知らされ、また取引の決定もコンピューターを通じて行うという市場実験形態を用いることが通常となっている。

　上述の 2 つの変更点以外の主な実験設定、例えば WTP、WTA がそれぞれの買い手、売り手の私的情報である点などは、チェンバリンの実験設定と同一である。

　スミスは当初、完全競争モデルの妥当性に否定的であり、新たな実験でチェンバリンの結果を補強したいと考えていた。その理由は、価格が需要曲線と供給曲線の交点で決まるという市場メカニズム理論と現実の取引ルールの違いである。特に、相対取引 [Chamberlin, 1948] やダブル・オークション [Smith, 1962] では取引は順々に行われ、約定した買い手と売り手のペアが市場から退出する。経済主体の退出は需要曲線と供給曲線が左にシフトすることを意味し（2.1 節 **1** ～ **2**）、均衡価格が変化する。完全競争均衡（2.1 節）では、買い手、売り手それぞれの選好を反映する需要曲線と供給曲線を基に均衡価格を求めるが、その価格での取引を市場で仲介するオークショニアーは存在しない。需要曲線と供給曲線が取引と共に継続的にシフトする複雑な市場環境では、競争均衡の成立を保証するものは何もないと考えた。しかし、実験前のスミスの予想とは異なり、以下で説明する通り競争均衡予測は高い精度をもって実現した。上述の設定で、スミスは需要曲線と供給曲線の形を変え 8 種類の実験を行ったが、そのうち 2 つの結果を引用して議論しよう。

図表 2.8 スミス [Smith, 1962] が使用した需要曲線・供給曲線と取引実験結果

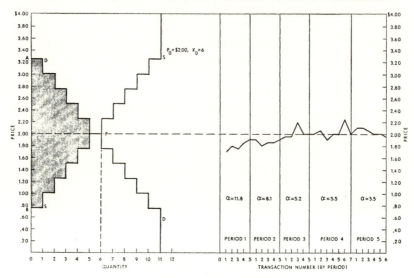

(a) 対称な形の需要・供給曲線

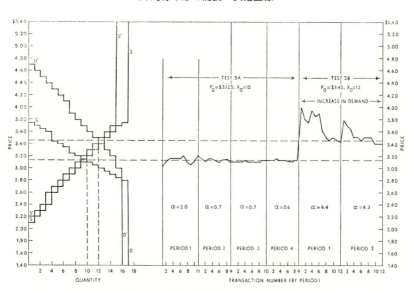

(b) 需要・供給曲線の変化と市場取引結果

注) (a)と(b)はそれぞれ、スミスの実験 [Smith, 1962] の Chart 1 と Chart 5 である
(著作権：シカゴ大学出版、許可を得て転載)。

図表 2.8(a)は、需要曲線と供給曲線の傾きの絶対値が同じ場合（図左側）の実験結果を示す。買い手、売り手はそれぞれの WTP、WTA の下で市場実験に 5 回参加した。実現した取引価格の推移と取引量が図右側で示されているが、取引価格は競争均衡（2.1 節 **3**）で予想される 2 ドル / 円近辺で推移している。取引量も 5 個から 7 個と理論で予測される取引量の近傍である。

図表 2.8(b)では、被験者はまず需要曲線 D と供給曲線 S（図左側）で定まる WTP と WTA の下で市場実験に 4 回参加し、その後に需要曲線と供給曲線が D′ と S′ にそれぞれシフトし、その変化後にさらに 2 回市場実験に参加した場合に実現した取引価格と取引量の推移を示す。図の左側が示す通り、競争均衡の理論によると、需要曲線と供給曲線の上方シフトは競争均衡価格を上昇させる。図の右側を見ると、被験者は需要曲線と供給曲線の変化に素早く反応し、取引価格が新しい均衡価格に収束していく様子が見て取れる。また、売り手の数が有限であるにもかかわらず、暗黙の共謀（価格のつり上げ）も見られない。

まとめると、**ほとんど学習機会がなくとも、経済主体間の匿名性が高くても、そして経済主体の数が多くなくても、**主体は素早く競争均衡が予測するように行動した。スミスは自著 [Smith, 1991, p.157] で強い結論を出している——市場は伝統的に必要と思われていたよりもずっと弱い条件で機能する。たくさんのトレーダーは必要ない。需要と供給に関する完全な知識も経済主体にとって必要ない。プライス・テイカー仮説も必要ない。口頭ダブル・オークションでの人々はプライス・テイカーと同程度にプライス・メイカーでもあるのだ。（筆者訳：原文——*"the market works under much weaker conditions than had traditionally been thought to be necessary. You didn't have to have large numbers. Economic agents do not have to have perfect knowledge of supply and demand. You don't need price-taking behavior - everyone in the double oral auction is as much a price maker as a price taker."*）

2.4 実験結果の頑健性とインテリジェンスの必要性

スミスの実験 [Smith, 1962] では完全競争モデルの妥当性が示されたが、需要曲線と供給曲線の形、トレーダーの数、取引対象の財やサービスの数、取引ルールの種類など様々な市場環境が存在する。その重要性から、市場環境に対する完全競争理論の頑健性を探る膨大な経済実験が行われている。本節では、そのような実験をいくつか紹介する。

38 ● 2章　競争市場メカニズム

1 結果の頑健性の高さ

　ダブル・オークション下での、取引価格が競争均衡価格に収束するという結果の頑健性は、極めて高い。本項では例を4つ（(A)〜(D)）紹介する。補足として他の取引ルールの場合を、ポステッド・オファー市場とコール市場(E)を例に説明する。

■ **(A)不平等と競争均衡**　需要曲線と供給曲線の形状によっては、競争均衡が実現すると売り手と買い手の間で利得に強い不平等が発生する。過去の実験によると、**図表2.9**(a)のような極端な形の需要曲線と供給曲線で特徴付けられる市場であっても、ダブル・オークションが使用されると取引価格は競争均衡価格に収束していく（例：スミスとウィリアムスの実験 [Smith & Williams, 1990] とホルトらの実験 [Holt *et al.*, 1986]）。これらの例は、全ての売り手が同じWTAをもち、また全ての買い手も同じWTPをもつ環境である（なお、WTP＞WTAが成り立つ）。**図表2.9**(a)の(i)と(ii)の違いは、売り手の数が買い手の数より多い（**図表2.9**(a)(i)）か少ない（**図表2.9**(a)(ii)）かである。**図表2.9**(a)(i)では、競争均衡価格が売り手のWTAと一致する。つまり、競争均衡では売り手の余剰が0で、取引の余剰が全て買い手に行く環境である。逆に、**図表2.9**(a)(ii)は、取引の余剰が全て売り手に行く設定である。

図表2.9　競争均衡の頑健性を探る実験設定

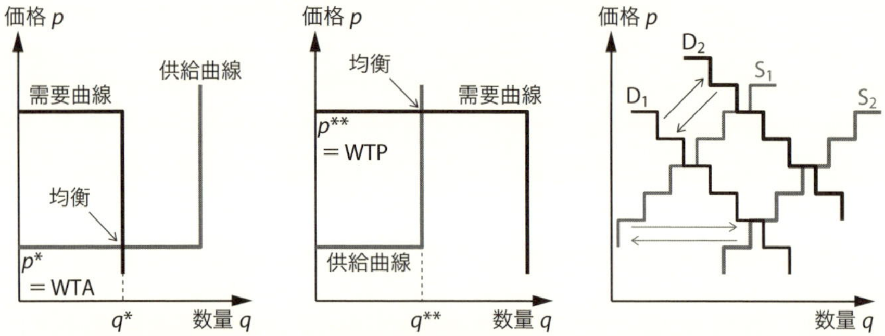

(i) 買い手優位な環境　(ii) 売り手優位な環境

(a) 競争均衡で不平等な利得が実現するケース　(b) 周期的にシフトするケース

■ **(B)売り手が持つ商品の数や買い手が購入できる数にも頑健**　各売り手が商品を複数個（例：1人3個）持ち、また買い手も複数個購入できる市場環境でも、取引

価格は時間を通じて競争均衡価格に収束する。各トレーダーが複数回取引できる場合は、そうでない場合に比べて学習をする機会が多いため、均衡への収束のスピードが早いとスミスは考察した [Smith, 1962]。

■ ⓒ**需要曲線と供給曲線の頻繁な変化へも迅速に対応**　スミスの実験 [Smith, 1962] とは異なり、需要曲線と供給曲線が周期的に何回も変化、またはシフトする場合でも（**図表 2.9**(b)）、買い手と売り手は迅速に注文行動を変え、取引価格はそれぞれの曲線下での競争均衡価格に収束する。例えば、ウィリアムスとスミス [Williams & Smith, 1984] は、売り手が商品を複数個保有し、買い手が商品を複数個購入できる設定で、4 人の売り手と 4 人の買い手からなるダブル・オークション市場を考えた。需要曲線と供給曲線がシフトするたびに、以前の均衡での経験が影響し最初は昔の取引価格付近で注文をする被験者はいたものの、市場取引が進むにつれてスムーズに、新しい曲線に基づく均衡価格付近に取引価格が収束していった。

■ ⓓ**独占や寡占下でも競争均衡に収束**　売り手の数が 2 人（複占）、または 1 人（独占）でも、ダブル・オークションのルールが用いられると、それぞれ利潤最大化に資する複占価格、独占価格ではなく、完全競争均衡価格付近に取引価格が収束していくことが多い。このことは、ダブル・オークションというルールが競争均衡の実現に関係する可能性を示唆する。もっと一般的にいえば、2.1 節冒頭で説明した様々な市場構造でどの価格が均衡で実現するかは、取引ルールに依存することを意味する。

　具体的には、寡占や独占では、需要＝供給のレベルより販売個数を減らし価格をつり上げることで、理論的には企業利益が増加する。しかし、スミスとウィリアムスの実験 [Smith & Williams, 1990] によると、複占下で買い手の数が多いほど、売り手は利益最大化に資する高い複占価格を付け初期の市場では競争均衡価格より高い価格で取引を実現させたが、価格を高く維持することは難しかった。つまり、取引を繰り返すうちに、取引価格が徐々に競争均衡価格付近に下がり収束していったのだ。独占環境では売り手の価格支配力がさらに強い。スミスとウィリアムス [Smith & Williams, 1990] やスミス [Smith, 1991] の実験では、どの売り手も最初は独占価格に近い高い価格で取引をしようとし、価格のつり上げをある程度成功裏に継続して独占価格と競争均衡価格の間で取引価格を推移させた売り手もいた一方で、すぐに買い手の圧力に屈して取引価格が競争均衡レベルまで下がり安定化した市場も頻繁に観測された。

40 ● 2章　競争市場メカニズム

■ (E)ポステッド・オファーとコール市場　2.3～2.4節ではダブル・オークション
に焦点を当てたが、ほかにもたくさんの取引ルールが存在し、競争均衡の実現しや
すさは取引ルールに依存する。例としてポステッド・オファーオークション（posted
[price] offer auction）を取り上げよう。このルールでは、最初に全ての売り手が希
望価格を同時に決定し、そのリストが買い手に開示される。一度提案価格を決定す
ると、売り手は価格の修正ができない。買い手は低い価格の売り手から順に商品・
サービスを購入していく（可能な取引がなくなると市場は閉じる）という逐次的
ルールである。現実には、卸売りや貨物輸送における取引や、事前に政府に価格を
提示し後に変更ができない規制産業で使用されている取引ルールである。ポステッ
ド・オファールールでも、市場を繰り返し経験すれば取引価格が下がり競争均衡価
格に近づくものの、ダブル・オークションに比べて若干高い価格に留まり、それに
より実現する市場結果が非効率的になる傾向にあると知られている（例：プロット
による実験 [Plott, 1986]）。

　これまで学んだ例では、経済主体間でのコミュニケーションの機会を排除してい
るが、例えば売り手同士でコミュニケーションができ共謀が可能な場合でも、ダブ
ル・オークション下では高い取引価格を持続することが難しい。一方で、ポステッ
ド・オファー市場では、共謀が起こりやすく競争均衡価格から乖離した高い取引価
格が実現しやすい（例えばアイザックらの研究 [Isaac *et al.*, 1984]）と知られてい
る。

　ダブル・オークションのように経済実験で頻繁に使われる取引ルールに、**コール
市場**（call market）がある。コール市場は**クリアリングハウス**（clearinghouse）と
も呼ぶ。コール市場ルールでは、まず各売り手と買い手がそれぞれ、売り値、買い
値を（他のメンバーに知られないように）決定する。その後で、提出されたオ
ファーを基に市場需要曲線と市場供給曲線を導出し、それらの交点から均衡価格を
計算し、そしてその価格で 2.1 節 **3** で説明したように取引を遂行する。スミスら
の実験 [Smith *et al.*, 1982] などの過去の多数の経済実験によると、ダブル・オーク
ションルールは、コール市場より競争均衡価格への収束が早く、また効率性も高い。

2 ゼロ・インテリジェンス

　ダブル・オークションに基づく極めて頑健な実験結果は、①市場ルール（市場構
造、意思決定環境、取引ルールなど）と②経済主体行動のどちらの要素によるもの
だろうか？　2 つの効果を識別するためにゴデとサンダー [Gode & Sunder, 1993]
は、要素②を取り除くためにコンピュータープログラムに基づく機械トレーダーで

シミュレーションを行い、人間が売り手と買い手である市場実験における取引パターンと効率性の比較をした。彼らの研究に刺激され、市場機能の解明に資するシミュレーション研究が活発化する。本項では彼らの研究を紹介する。

　ゴデとサンダーの研究では、6人の買い手と6人の売り手から構成され、スミスの実験設定 [Smith, 1962] のように、各売り手は商品1つを保有し買い手は商品を1個だけ購入できる市場を考えた。機械トレーダーである売り手と買い手は、**利益や効用を最大化することなく**、1〜200の間の価格から完全にランダムに、買い注文や売り注文を出す。機械トレーダーは過去の取引について記憶することや学習をしない。これを、ゴデとサンダーは**ゼロ・インテリジェンス**（zero intelligence；ZI）と呼び、そのトレーダーを**ゼロ・インテリジェンス・トレーダー（ZI トレーダー）** と名付けた。ZI トレーダーには、買い手であれば WTP（商品に対する自身の価値）が、売り手であれば WTA（供給費用）がランダムに割り振られる。次の2種類の ZI トレーダーを設定し、それぞれでシミュレーションを行った。

- **予算制約なし ZI トレーダー**：ランダムな注文が予算制約外であり負の利得を被っても常に注文し、どんな結果であっても取引をする。つまり、買い手 ZI トレーダーのランダムな買い値が自身にとっての商品の価値より高くても低くても取引をする。また、売り手 ZI トレーダーのランダムな売り値が販売する費用より高くても低くても取引をする。このトレーダーを **ZI-U トレーダー**（ZI unconstrained trader）と呼ぶ。
- **予算制約あり ZI トレーダー**：ランダムな注文が予算制約内で負の利得を被らない場合にのみ取引を実行する。つまり、コンピューター乱数により生成された買い手 ZI トレーダーのランダムな買い注文（買い値）が、WTP 以下であればそのまま注文するが、WTP より高ければその注文を控える。また、コンピューター乱数により生成された売り手 ZI トレーダーのランダムな売り注文（売り値）が、WTA 以上であればそのまま注文するが、WTA 未満であれば（利益が負であれば）注文を控える。このトレーダーを **ZI-C トレーダー**（ZI with constraint trader）と呼ぶ。

　予算制約の前提にかかわらず、ZI トレーダーである売り手と買い手の注文はランダムである。予算制約の有無は市場規律の有無と解釈できる。例えば、現実の買い手は予算制約内で意思決定をする。従って、ZI-C トレーダーと人の取引行動を比較することで、予算制約下での人の最適行動（例：効用最大化、利益最大化）が市場に与える効果を考察できる。一方で、ZI-U トレーダーからなる市場と ZI-C トレーダーからなる市場をシミュレーションで比較することで、予算制約が市場結

果に与える効果を計測できる。

ゴデとサンダーは5種類の形状の需要曲線と供給曲線で実験とシミュレーションを行ったが、どの実験設定でも示唆は類似であったため、以下にその一つを紹介する。

図表2.10(a)は ZI-U トレーダーからなる市場のシミュレーション結果である。取引価格は大きく変動しており、何ら系統的なパターンは見られない。(b)は ZI-C トレーダーからなる市場でのシミュレーション結果であるが、取引価格の推移が(a)とは全く異なる。機械プレイヤー間の取引価格はランダムに生成された買いと売り注文により実現したものであるにもかかわらず、取引価格は競争均衡価格の近傍で実現している。(c)は機械ではなく人間がプレイした取引実験の結果であるが、実現した取引価格は分散が非常に小さく均衡価格付近で推移している。平均すると、(b)と(c)の差は、(a)と(c)の差や(a)と(b)の差に比べずっと小さい。このことは、競争均衡価格が、実は売り手と買い手の合理性と最適行動の帰結として成り立つのみならず、**非合理性を前提としても十分に成り立つ**ことを意味する。つまり、ダブル・オークション実験の頑健な行動結果（2.3節、2.4節**1**）は、人間の合理性、学習、知識による部分が小さく、むしろ、取引ルールの構造そのものによる部分が大きいことを意味している。

図表 2.10 ゴデとサンダーによる ZI トレーダーと人間行動の比較 [Gode & Sunder, 1993]

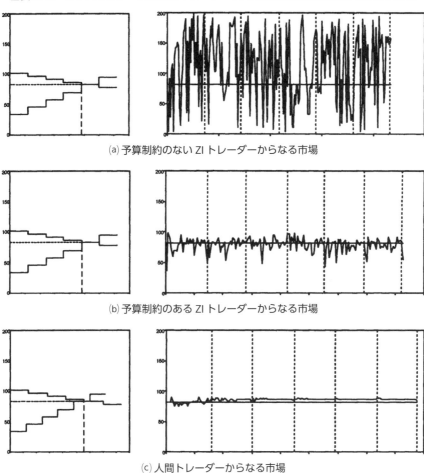

(a) 予算制約のない ZI トレーダーからなる市場

(b) 予算制約のある ZI トレーダーからなる市場

(c) 人間トレーダーからなる市場

注）ゴデとサンダーの研究 [Gode & Sunder, 1993] の Figure 1（著作権：シカゴ大学出版、許可を得て転載）。左側の図は需要曲線（右下がりの階段グラフ）と供給曲線（右上がりの階段グラフ）を示す。右側の図は取引価格の推移である。それぞれ実験とシミュレーションでは、市場が 6 回繰り返された。

3章

資産市場とバブル

2章で価値が一定である財の市場取引を学びましたが（価値は WTP、WTA という形で指定した）、価値に不確実性（uncertainty）がある財も頻繁に取引されます。例えば、価値が不確実な重金属などの商品取引市場や、株式・証券などの金融資産を扱う資産市場があります。

本章では、資産市場における市場参加者の投資行動とバブル現象を学びます。まず 3.1 節で経済学での不確実性資産の現在価値と評価の方法を概観し、その上で 3.2 ～ 3.3 節で実験結果や取引行動事実を学びます。現実の市場参加者は売りと買いの両方ができるという特徴をもつことを踏まえて、資産市場実験では、2章の設定とは異なり、被験者に売りと買いの両方ができるトレーダーとしてプレイさせます。

3.1 不確実性資産の価値

金融資産を保有することで、保有者は配当などフローを受け取ることができる。最初に、T 期 $(T > 1)$ にわたり毎期 x 円の配当を確実に生み出す資産を考えよう。現在を第 1 期とし、単純化のため、現金（安全資産）を保有する場合の利子率 r は期によらず一定 $(0 < r < 1)$ で、第 T 期での資産の償還金額（redemption value）は V_R と仮定する。この資産の第 1 期での価値（**ファンダメンタル値**（fundamental value）と呼ぶ）は、式 (3.1) で表すことができる。

$$V_1 = x + \frac{x}{1+r} + \frac{x}{(1+r)^2} + \cdots + \frac{x}{(1+r)^{T-1}} + \frac{V_R}{(1+r)^{T-1}} \tag{3.1}$$

式 (3.1) の $x/(1+r)^k$ の形の項は、第 $k+1$ 期で受け取る配当 x 円の**割引現在価値**である。また、$V_R/(1+r)^{T-1}$ は第 T 期で受け取る償還金額の割引現在価値である。現在（第 1 期）の 1 円は投資機会の存在により翌期（第 2 期）には $1+r$ 円になり、それが翌々期（第 3 期）には同様の理由で $(1+r)(1+r) = (1+r)^2$ 円になるという

ように複利で増えていくため、第 $k+1$ 期で受け取る金額 x 円を現時点で評価するには $1/(1+r)^k$ を乗じることで**割り引く**必要がある。なお、$\delta = 1/(1+r)$ を割引因子（discounting factor）と呼ぶ。不確実性のない財の保有者は、V_1 が大きいほど高い効用を享受できる。第 t 期（$t \in \{1,2,\cdots,T\}$）でのファンダメンタル値 V_t は、同様に、式 (3.2) にように計算できる。

$$V_t = x + \frac{x}{1+r} + \frac{x}{(1+r)^2} + \cdots + \frac{x}{(1+r)^{T-t}} + \frac{V_R}{(1+r)^{T-t}} \tag{3.2}$$

価値に不確実性がある財であっても同様に、現在価値を計算することができる。単純化のため同じ例を用いて、金融資産保有から生まれる配当 x 円には 2 種類の可能性がある（確率 p で y 円、確率 $1-p$ で z 円）と想定しよう[1]。この場合、確率的変動が入るため、**期待値**（expectation）を用いて財のファンダメンタル値を計測する。確率的に変動する変数（ここでは配当）を**確率変数**（random variable）と呼ぶ。期待値は、確率変数に対応する確率で重み付けをして足し合わせた値である。観測数が十分に大きければ、期待値は確率変数 X の実現値の**平均**（標本平均）と概ね一致する。

期待値を示す記号を $E[.]$ とすると、毎期得られる配当の期待値（期待金額）$E[x]$ は $py + (1-p)z$ であり、この資産が第 t 期以降に生み出す金額の第 t 期での期待金額 $E[V_t]$ は、式 (3.2) の x に $py + (1-p)z$ を代入して計算すればよい。不確実性を伴う財の価値に関する評価には個人差があり、それは各人の**リスク選好**（risk preference）に依存して決まる[2]。

期待利得 $E[x]$ が正である場合、ファンダメンタル値は期を経るにつれて減少する。**図表 3.1** に、$T=10$、$E[x]=50$ の場合のファンダメンタル値の推移を示す。このような有限期で確率 p が固定されたモデルを用いて、多くの金融資産市場実験が行われている。

1 リスク選好

財や金額に対する人の選好は**効用**を用いて数量化できる。効用は選択肢間を比較するものであり、人は効用が高い選択肢を好む。確実な金額で考えると、額が大きいほど人は高い効用を享受する。本項では、確率 p で x_1 円、確率 $1-p$ で x_2 円

---

[1]　p は 0 と 1 の間の値（$0 \le p \le 1$）をとる。なお、$p=1$ のときは確率 100％で y 円、$p=0$ のときは確率 100％で z 円が得られる価値が一定の資産である。

[2]　客観的確率 p を知っている場合をリスク、知らない場合を不確実性と区別することもあるが、本書は入門書であるため違いを考慮しない。

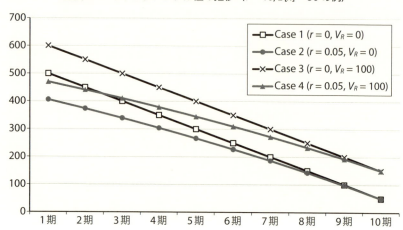

図表 3.1 ファンダメンタル値の推移（$T=10, E[x]=50$ の例）

注）r は現金保有の利子率、V_R は 10 期目後の株保有に対する償還金額。図では r と V_R を変えて 4 つのケースでのファンダメンタル値の推移を示す。

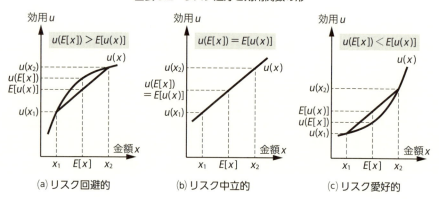

図表 3.2 リスク選好と効用関数の形

($x_2 > x_1$) の配当を生む賭けを用いて、リスク選好の定義を学ぶ。なお、実験室内実験で人々のリスク選好を抽出するいくつかの方法があり、例を章末の付録で紹介する。

図表 3.2 に 3 種類の効用関数 $u(x)$ の形状を示す。(a)は上に凸（concave）、(b)は線形（linear）、(c)は下に凸（convex）の効用関数の例である。いずれも $u(x)$ の傾き $\dfrac{du}{dx}$ は正であるが、これは大きい金額を保有するほど人は高い効用を得るという経済学の前提を意味する。

リスクに対する態度は、①賞金に不確実性のある賭けと、②その期待値 $E[x] = px_1 + (1 - p)x_2$ を確実にもらう機会のうちで、どちらを好むかで定義できる。この定義は、フェア・ベット（fair bet：公平な賭け）を受け入れるか拒否するかと同義であり、効用関数の形状で分類できる。フェア・ベットとは、確率変数の期待値の金額を払い、確率変数の実現値に基づき支払いを受ける賭けである。この例では、$px_1 + (1 - p)x_2$ が支払いで、受け取る賞金が x_1 か x_2 である賭けがフェア・ベットである。フェア・ベットをすることによる金銭的フローの期待値は 0 である。**図表 3.2** に $E[x]$ と該当する効用 $u(E[x])$ を示す。

賞金に不確実性のある賭けをする場合は、受け取る賞金に応じて効用 $u(x_1)$ か $u(x_2)$ を得るが、どちらが実現するかは意思決定時点でわからないため、効用の期待値（**期待効用**と呼ぶ）で考える必要がある。期待効用は $E[u(x)] = pu(x_1) + (1 - p)u(x_2)$ であり、**図表 3.2** に示す通り、期待金額の効用値 $u(E[x])$ と一致するとは限らない[3]。リスク選好は $E[u(x)]$ と $u(E[x])$ を基に次のように定義できる。

- **リスク回避的**：受け取る金額の期待値が同じであっても、確実に $E[x]$ を受け取ることを望む人を、**リスク回避的**（risk averse）と呼ぶ。これは、確率的変動を嫌いフェア・ベットを拒否することと同義である。式で表現すると $u(E[x]) > E[u(x)]$ である。リスク回避的な個人は、**図表 3.2** (a)のように上に凸の効用関数をもつ。

- **リスク中立的**：確率的変動に対する態度が無差別である人を、**リスク中立的**（risk neutral）と呼ぶ。これは、フェア・ベットに対する態度が無差別であることと同義である。式で表現すると $u(E[x]) = E[u(x)]$ であり、リスク中立的な個人の効用関数の形状は、**図表 3.2** (b)のように線形である。

- **リスク愛好的**：確実に $E[x]$ を受け取るより、確率的変動があり高い金額を受け取る可能性に賭けることを望む人を、**リスク愛好的**（risk loving）と呼ぶ。これは、確率的変動を好みフェア・ベットを進んですることと同義である。式で表現すると $u(E[x]) < E[u(x)]$ である。リスク愛好的な個人は、**図表 3.2** (c)のように下に凸の効用関数をもつ。

これまでの多数の経済実験によると、多くの場合、過半数以上の人々がリスク回避的であり、社会全体で見ると、行動はリスク回避的なものに近似できることが多いと知られている。

---

[3] 効用 $u(x)$ と期待効用 $E[u(x)]$ を区別するために、前者は**ベルヌーイ効用関数**（Bernoulli utility function）、後者は**フォン・ノイマン＝モルゲンシュテルン期待効用関数**（von Neumann＝Morgenstern expected utility function）と呼ぶ。

2 確実性等価と取引価格の理論的範囲

人のリスク選好には個人差があり、不確実性のある財の取引は、理論的にはリスク選好の異なる個人間で行われる。リスクの評価には、①確実性等価と②リスクプレミアムが重要である。

図表3.3 にリスク回避的な個人の**確実性等価** $c.e.$（certainty equivalent）と**リスクプレミアム**（risk premium）を示す。この個人は確率的変動を嫌う選好をもつため、不確実性のある資産からの期待効用 $E[u(x)]$ は、配当の期待値 $E[x]$ を確実に受け取ることで得る効用 $u[E(x)]$ より低い。確実性等価は、式 (3.3) で表される期待効用 $E[u(x)]$ と同じ効用を生む確実な金額 $x^{c.e.}$ のことである。

$$E[u(x)] = pu(x_1) + (1-p)u(x_2) = u(x^{c.e.}) \tag{3.3}$$

図表 3.3 から自明なように、確実性等価は $x_1 \leq x^{c.e.} \leq x_2$ を満たす。また、リスク回避的な個人にとって、$x^{c.e.} < E[x]$ である。このことは、リスクを回避するためにいくらかを支払う用意があることを意味する。最大限進んで支払う額（記号 Δ で表記）をリスクプレミアムと呼び、式 (3.4) のように計算できる。

$$\Delta = E[x] - x^{c.e.} \tag{3.4}$$

図表 3.3　確実性等価とリスクプレミアム

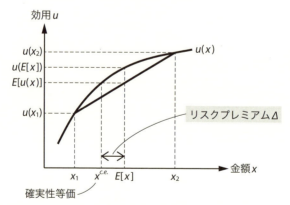

リスク愛好的な個人についても同様に考察できる。リスク愛好者にとって確率的変動がある x は、確実な金銭 $E[x]$ より高い効用を生む。従って、確実性等価は賭けからの期待金額より高く（つまり $x^{c.e.} > E[x]$）、リスクプレミアム Δ は負の値になる。

まとめると、不確実性のある資産価値の評価額は x_1 と x_2 の間であり、人々の間

の異質なリスク選好を考慮すれば、その評価には個人差がある。**リスク選好の異質性は取引を生む**。必ずではないが、リスク回避的な個人は金融資産の売り手になり、リスク愛好的な個人は買い手となる傾向になる。

3.2 金融バブル

資産市場における価格バブル現象（価格急騰と暴落）の実験研究は、バーノン・スミスらによる研究 [Smith *et al.*, 1988] によって始まり、多数の実験学者により再現実験が実施され要因が考察されてきた。スミスら [Smith *et al.*, 1988] をはじめ多数の研究チームは、3.1 節 **1** で説明したモデルを用いて経済実験を行った。以下 **1** で典型的な実験デザインと結果を紹介し、バブル発生の要因のいくつかを **2** 〜 **3** で学ぶ。

1 標準的な実験デザインと実験結果

資産市場実験は、①**市場参加者の数と役割**、②**期の数**、③**初期保有**、④金融資産からの**配当**と**償還金額**、⑤現金の**利子率**、⑥**取引ルール**などを設定して行われる。

実験市場は複数の被験者から構成される。例えばスミスら [Smith *et al.*, 1988] は、市場参加者数を 9 人か 12 人と設定し、レイらの研究 [Lei *et al.*, 2001] では、市場のサイズは 7 人から 15 人である。市場サイズがバブル現象に与える影響は小さいと実験から知られている。各被験者は、自身の属する市場内でのみ金融資産の取引を行う。市場参加者は、売りと買いの両方ができる**トレーダー**、買いのみができる**買い手**、売りのみができる**売り手**に分かれる。スミスらの研究 [Smith *et al.*, 1988] のように多くの場合は、全ての市場関係者がトレーダーである設定で実験を行うことが多いが、レイらの研究 [Lei *et al.*, 2001] のように、投機と転売の影響を排除して売買行動を分析したい場合は、買い手と売り手のみからなる市場を設定して実験が行われる。以下では、全ての市場参加者がトレーダーである場合の典型的な実験設定を紹介する。

実験開始と共に、各市場参加者には、**現金**と（バーチャルな）**株**が初期保有財産として与えられる。現金の額と保有する株式の数を全ての被験者で同じにするか否かを実験者が決める必要がある。例えばスミスら [Smith *et al.*, 1988] は、2.25 ドルの現金と 3 株を持つ被験者、5.85 ドルの現金と 2 株を持つ被験者、9.45 ドルの現金と 1 株を持つ被験者がそれぞれ 3 分の 1 ずつと設定して実験を行った。市場は T

期から構成され、期の数は被験者の共有知識であるとする。各期には、市場の取引ルール（例：ダブル・オークション）に従って他の被験者と株の売買ができる。第 t 期に株を保有していれば、被験者はその期に確率的変動で決まる配当を受け取る。スミスらは、1 株当たりそれぞれ 25 ％の確率で 0 ドル、0.08 ドル、0.28 ドル、0.60 ドルの配当があると設定した。一方で、現金を保有する場合には利子を受け取る。単純化のために、利子率を 0 ％と設定して実験を行うことが多い。最終期 ($t = T$) に保有する株に対しては償還金額をもって払い戻しされるが、単純化のため、償還金額を 0 ドルと設定することが多い。被験者は、実験を通じて蓄積した金額を実験終了後に実験参加報酬として現金で受け取る。

　実験金融資産市場での株のファンダメンタル値は式 (3.2) の期待値で表され、ファンダメンタル値は毎期減少していく。利子率が 0 ％の実験環境では、ファンダメンタル値は毎期、1 期当たりの配当の期待値分だけ減少する（**図表 3.1**）。

　スミスらの実験 [Smith *et al.*, 1988] で観測された現象として、取引価格が早い期に高騰しファンダメンタル値を大きく超えて推移するが、その価格は期が最後に近づくにつれて暴落していくという資産市場実験での典型的な取引パターンがある（コラム 3.1）。

コラム 3.1 ◆ 授業内実験と Moblab

　実験経済学では、授業内実験のためのソフトウェアがいくつか開発されています。授業時間内に実験を実施し、学生が経済取引を自ら経験すると、経済理論や経済主体の行動、そして実験手法に関する学習の大きな助けになります。例えば、2011 年に米カリフォルニア工科大学の学者が設計し現在広く普及している、Moblab というウェブベースの教育用ソフトウェアがあります。インターネットを介して教員と学生の PC またはスマートフォンを繋ぐことで様々な経済実験ができ、結果を瞬時に学生に示すことも可能です。

　市場サイズが 8 人で 10 期（各期は 50 秒間継続）から構成される資産市場実験を例にとりましょう。**図表 3.4** に、各学生が実験の開始と共に 5,000 ペニー（50 ドル）と 6 株を保有し、トレーダーとして買いと売りを自由にダブル・オークションでできる授業内実験の結果を示します（筆者により 2023 年度春学期の慶應義塾大学での授業で実施）。学術研究の設定に倣い、現金保有からの利子率は 0 ％、株は毎期 40 ペニーか 100 ペニー（それぞれ確率 50 ％）の配当を生み、10 期目の取引終了後の株の償還金額は 0 ドルと設定しました。

　図表 3.4 (a)は Moblab のアウトプット（コンピューターの画面キャプチャ）であり、1 つの市場での取引価格の推移を示します。(b)は 3 つの市場での平均取引価格の推移です。第 1 期（Round 1）での株の理論的な価値は、今後 10 回配当を生むこと

から、リスク選好にかかわらず 4(＝0.4×10) ドルと 10(＝1×10) ドルの間の値です。第 k 期（Round k）での株の理論的価値の下限と上限は、それぞれ 0.4×(11−k) ドルと 1×(11−k) ドルです。**図表 3.4**(b)の点線と破線は理論的上限と下限を示し、1 点鎖線は株の平均リターン（70 ペニー / 期）から計算されるファンダメンタル値である 0.70×(11−k) ドルを示します。

図表 3.4 を見ると、取引価格は市場によって大きく異なるもののパターンは類似しています。つまり、<u>実験前半に取引価格が急騰し、理論的上限をはるかに超えた額で株の売買取引がされる一方で、実験の終わりに近づくにつれ価格が暴落していく</u>、バブルの典型的なパターンです。これは、スミスら [Smith *et al.*, 1988] など学術研究

図表 3.4　Moblab 資産市場実験の結果（取引価格の推移）

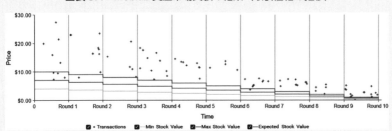

(a) Moblab が実験後に自動生成するアウトプット（市場 3 を例に）

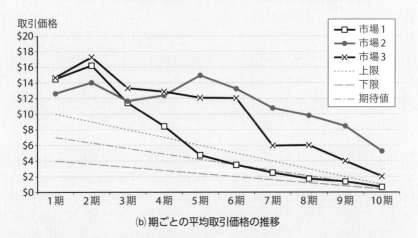

(b) 期ごとの平均取引価格の推移

注）市場 1、2、3 はそれぞれ 8 人の学生からなるグループ。各学生は 1 つの市場のみに属し、自身の市場内でのみ株の売買取引を行った。(a)は、市場 3 を例とした Moblab のアウトプットの画面キャプチャであり、この図に約定された全ての売買価格が時系列で示されている。株の価値は、理論的には(b)の上限と下限の範囲内になる。(b)は、授業内実験のデータを基に筆者が作成した。

で見られるパターンと同じものです。現実の人間社会でも、バブルはしばしば観測されます。古い例では、1624年から1637年にオランダで起こったチューリップの球根の価格高騰と暴落があります。また、日本が1990年前半に経験したバブル崩壊もあります。**図表3.4**は、バブル現象の実験室での再現です。

2 経験の効果

前項のバブル現象の頑健性は膨大な実験室内実験により確認され、その現象は市場参加者の**経験のなさ**が一因と知られている。具体的には、同一の市場環境の下で同じグループ内での実験を繰り返すことでバブルを経験させると、人は合理的な売買を学び、バブル現象が沈静化する傾向がある。本項では、経験の有無（**未経験トレーダー**と**経験トレーダー**）の影響を、デュッフェンバーグらの実験 [Dufwenberg *et al.*, 2005] を基に議論しよう。

デュッフェンバーグらは、スミスら [Smith *et al.*, 1988] と同様に、1種類の株を取引対象とした。株は、毎期0セントまたは20セントの配当をそれぞれ50％の確率で生む。市場サイズは6人で、被験者は市場実験を3回繰り返した。各市場は10期から構成された。2回目、3回目の市場では全ての被験者がそれぞれ1回、2回市場実験を経験しているため、市場での取引経験がトレーダーの株の取引行動に与える影響を分析できる。さらにデュッフェンバーグらは、3回目の後に4回目として、各市場の6人のうち2人、または4人を未経験トレーダーに入れ替え、追加的に市場実験を行った。その目的は、経験のレベルが人々の間で異なる市場でもバブルが起こるかを考察するためである。

図表3.5に、4回の市場でのファンダメンタル値と株の平均取引価格の推移を示す。1回目・2回目の市場では、取引価格がファンダメンタル値から大きく乖離しバブル現象が顕著であるが、3回目には乖離が縮小しているのが見て取れる。バブル抑制には、1回の経験でも多少の効果はあるが2回以上の経験があると極めて有効であることは、ペターソン [Peterson, 1993]、ハッサムら [Hussam *et al.*, 2008] など他の経済実験でも報告されている。

4回目の市場での取引パターンも興味深い。**図表3.5**のように、取引価格の推移は3回目と4回目ではほとんど変わらなかった。デュッフェンバーグらは、未経験トレーダーと経験トレーダーが混在している市場では、経験トレーダーに影響されてバブルが起きにくいと考察した。

最後に、経験の効果は常にあるとは限らないことを付記する。ハッサムら [Hussam *et al.*, 2008] は、配当の不確実性（分散）が高く、人が流動性資産を比較

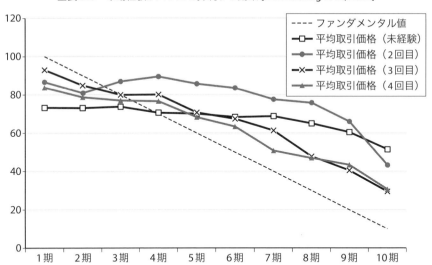

図表 3.5 市場経験がバブルを抑制する効果 [Dufwenberg *et al.*, 2005]

注) データソースはデュッフェンバーグらの研究 [Dufwenberg *et al.*, 2005] の replication ファイル。セッションごとに各期の平均取引額を計算し、それを平均することで全体の平均取引価格を計算した。被験者は（10 期から構成される）市場実験を 4 回繰り返した。市場内でファンダメンタル値は線形で減少していく。図から 2 回の市場実験の経験がバブル抑制に効果があるとわかる。

的多く持つ環境（株に比べ現金の初期保有が多い環境）で実験を行った。この場合、実験参加者が市場実験を 2 回経験してもバブルは発生した。

ハッサムらは、**静的繰り返し**（2 章）の実験環境を変えた別のトリートメントも実施した。スミスら [Smith *et al.*, 1988] と同じ実験パラメータでの静的繰り返し市場実験に参加し、株の取引価格がファンダメンタル値に収束する経験をした被験者に、上述の不確実性と流動性が共に高い環境で取引をさせたのである。このトリートメントでは、一度合理的な取引を学んだ被験者でも、急激な環境変化には対応できず、バブルが再発した。現実の市場では投資環境が頻繁に、また時には大きく変化することに鑑みると、経験がある市場参加者の間でも、ファンダメンタル値と乖離する非合理的な意思決定が簡単に起き得ると結論付けられる。

3 未経験トレーダーの投資行動

前項で、特に未経験トレーダーの間でバブルが起きやすいと論じた。本項では、

未経験トレーダーの非合理的な取引行動の要因を分析した 5 種類の経済実験(A)～(E)と 1 つのシミュレーション研究(F)を紹介する。

■ (A)**投機機会**　バブルの要因として、転売目的での株の買いが考えられる。高い価格で株を購入しても、将来それより高く売れれば利益（キャピタル・ゲイン）が出る。市場関係者がファンダメンタル値より高い価格で買う**非合理的トレーダー**の存在を信じていれば、投機が生まれるかもしれない。本節 ■～■ で説明したスミスら [Smith *et al.*, 1988] やデュッフェンバーグら [Dufwenberg *et al.*, 2005] の研究では、被験者は売り注文と買い注文の両方をできるトレーダーとして実験に参加した。これに対してレイら [Lei *et al.*, 2001] は、**投機機会を排除して**実験を行った。具体的には、各市場参加者は、売り手か買い手のどちらかの役が割り当てられ、売り手、買い手はそれぞれ株の売り、買いのみが可能と設定した。すると、転売ができないレイらの実験でも同様に、未経験トレーダーの間でバブルが発生した。この結果についてハッサムら [Hussam *et al.*, 2008] は、人の意思決定プロセスが経済学者が考えるバックワード・インダクション（backward induction：後ろ向き帰納法−8 章）や利得最大化に基づく合理的な選択とは異なる可能性があると論じた。

■ (B)**ファンダメンタル値の推移**　スミスら [Smith *et al.*, 1988] など多くの研究では、**図表 3.4** や **図表 3.5** が示すような、ファンダメンタル値が期を経るごとに減少していく環境で実験がなされたが、この設定が**被験者に混乱をもたらしている**可能性がある。キチラーら [Kirchler *et al.*, 2012] は、被験者の認知負荷を減らすため、ファンダメンタル値が市場を通じて一定となる設定で実験を行った。彼らの実験は、10 期からなる市場モデルを用いて、株の償還金額を 50、株の配当 x を毎期ランダムに ＋5 か −5 が実現するように設定した。つまり、配当の期待値 $E[x]$ は 0 である。現金の利子率も 0 と設定することで、式 (3.2) の期待値で計算されるファンダメンタル値が全ての期を通じて一定の 50 となるようにした。キチラーらの実験結果によると、この環境では、ファンダメンタル値が減少していく環境に比べてバブルが起きにくかった。実験後にキチラーらが被験者に行ったアンケート調査のデータによると、ファンダメンタル値の水準や推移について被験者は混乱しやすく、混乱が株の過大評価に関係していた。

■ (C)**認知能力**　一般的に、認知能力の低さがバブル発生に寄与する。これは上述の(B)にも関連する。ファンダメンタル値が期を通じて一定の環境を用いて、バグヘステニアンとウォールカー [Baghestanian & Walker, 2015] は、市場の第 1 期に開始

価格をファンダメンタル値に設定して株の取引実験を実施したところ（第 2 期以降は価格のアンカリング（既定の価格をファンダメンタル値に設定し、そこからの乖離を人々に見やすくすること）をしない）、アンカリングがない場合に比べて、遥かにバブルが発生しにくかった。バグヘステニアンとウォールカーは、アンカリングがトレーダーの混乱を抑制しバブル発生を防ぐと説明する。

認知能力の影響を直接識別したのはボッシュ-ローザら [Bosch-Rosa et al., 2018] である。彼らは IQ を測るタスクで潜在的被験者を分類し、認知能力が上位 30 % と下位 30 % の者（「上位層」「下位層」と呼ぶ）のみを実験に参加させ、それぞれ同程度の認知能力をもつ別の被験者と金融資産取引をさせた。ボッシュ-ローザらはまた、市場実験を 3 回繰り返し、経験の効果も併せて分析した。上位層からなる市場では経験の有無にかかわらずバブルは発生しなかったが、下位層からなる市場では強いバブル現象が 1 回目に発生したのみならず、（経験の効果も見られず）2 回目、3 回目の市場でも同様のバブルが発生した（**図表 3.6**）。

その他、別の研究グループによる実験研究では、認知能力がトレーダー間で異なる異質な資産市場では、認知能力の高さと獲得する利得の大きさに正の相関があることも示されている。

図表 3.6　未経験トレーダーの認知能力と取引行動 [Bosch-Rosa et al., 2018]

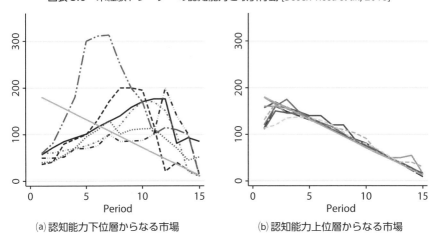

(a) 認知能力下位層からなる市場　　　(b) 認知能力上位層からなる市場

注）縦軸は価格で、横軸は期の数（合計 15 期から構成）である。各パネルに示す連結グラフは、セッションごとの平均取引価格の推移である。本書のためにボッシュ-ローザ氏が彼らの論文のデータを筆者に共有した。各被験者は市場実験に 3 回参加した。図は 1 回目の実験のデータである。図中の線形の線はファンダメンタル値の推移を示す。

56 ● 3章　資産市場とバブル

■ (D)**ジェンダー**　35 個の既存実験の結果に対するメタ分析と独自の実験により、エッケルとフルブルン [Eckel & Füllbrunn, 2015] は、男性比率の大きい市場ほどバブルが起こりやすいと提示した。一方で、ジェンダーの効果がない、もしくは小さいと別の実験データを基に提示をしている研究グループも存在し、ジェンダーがバブルに与える影響については議論が分かれている。

■ (E)**感情状態**　バブル現象の発生は、市場関係者の**興奮**（excitement）などの感情が影響する。例えば、アンドレードらの研究 [Andrade *et al.*, 2016] では、資産市場実験の前に被験者に特定のビデオを見せることで様々な感情状態を誘発させた。経済実験結果によると、ファンダメンタル値からの取引価格の乖離は、恐怖や冷静状態を誘発された被験者に比べ、興奮状態を誘発された被験者の間で大きかった。

■ (F)**ゼロ・インテリジェンス**　(A)での説明の通り、転売の可能性を排除してもバブル現象が観測されたが、バブルが起こる要因の一つに取引ルールと市場構造があるかもしれない。2 章で議論した ZI トレーダーを用いた分析に類似した、シミュレーションによる考察も行われている。例えば、ダフィーとユンバー [Duffy & Ünever, 2006] は、スミスらの実験 [Smith *et al.*, 1988] と同じダブル・オークションルールの下、買い手、売り手の機械プレイヤーが直前の期の平均取引価格から**ランダム**に乖離する注文を出すと設定し、約定価格の推移を考察した。この機械トレーダーを彼らは準 ZI トレーダー (near zero intelligence trader) と呼んだ。準 ZI トレーダーからなる市場でシミュレートされた取引結果でも、スミスらの実験 [Smith *et al.*, 1988] などとほとんど同水準の価格バブルが観測された。

コラム 3.2 ◆ 認知能力を測る指標

　　認知能力には個人差があり、人々の意思決定は認知能力に影響を受けます。よく使用される認知能力指標として、①**レーヴン漸進的マトリックス**（Raven's Progressive Matrix; RPM）[Raven, 2000]、②**大学入試の得点**、③**認知反射テスト**（Cognitive Reflection Test; CRT）[Frederick, 2005] などがあります。

　　RPM は、一定の規則に従って配列された欠損部分を含むパターンが与えられ、その欠損部分に入る図形を推測するタスクであり、複数の問題から構成されます。レーヴン [Raven, 2000] により例示された問題の例を**図表 3.7** に示します。8 つの図形と欠損部分がある枠囲みの情報が与えられ、その下の 1 から 8 の図形のどれが欠損部分に入るかを答えるもので、この例での答えは 6 番の図形です。

大学入試の得点として、例えば米国の大学で実施される実験室内実験では、SAT スコアを認知能力指標として使用する研究グループも多くあります。学生の個人情報を研究者の裁量で使用することは倫理的観点からできないため、被験者に SAT スコアを自己申告させて分析に利用する手続きが通常とられますが、学生による SAT スコアの虚偽申告は極めて稀と知られています（例えばパラシオ-ヒュエルタ [Palacios-Huerta, 2003b] が立証しました）。RPM や入試の得点が高い被験者は、相手の行動を予測するのに優れており、また協力性向も高いと実証されています（5 章）。

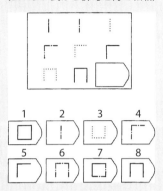

図表 3.7 RPM[Raven, 2000] の例（レーヴン氏から許可を得て転載）

CRT は、フレデリック [Frederick, 2005] により開発された次の 3 問からなるテストです。

> (A) ボールとバットの値段の合計は 1.1 ドルである。バットがボールより 1 ドル高いなら、ボールの値段はいくらであるか答えなさい。
> (B) 5 個の機械を用いて部品を 5 個作るのに 5 分かかると想定してください。100 個の機械を用いて部品を 100 個作るには何分かかるか答えなさい。
> (C) 池にスイレンの葉が浮いていて、葉の大きさが毎日 2 倍になるとしよう。池全体が葉で覆われるのに 48 日かかるとすると、池の半分がスイレンの葉で覆われるのに何日かかるか答えなさい。

直感的に問題の答えを (A) 0.10 ドル、(B) 100 分、(C) 24 日と思うかもしれませんが、よく考えると正解は (A) 0.05 ドル、(B) 5 分、(C) 47 日とわかります。CRT は、直感的な考えを抑制し考える力を測るテストです。フレデリックは、CRT での得点（正解の数）の高い人ほど近視眼的にならず我慢強く意思決定をすると提案しました。本節 ❸(C) で示したボッシュ-ローザらの研究 [Bosch-Rosa et al., 2018] では、CRT スコアが認知能力の指標の一つとして利用しています。

3.3 デリバティブ、先物取引とバブル

3.2 節で扱った現物取引モデルを用いて、①デリバティブと②先物取引の評価も、実験室内実験の手法を用いて行われている。本節では、空売りと先物取引がバブル抑制に与える影響を過去の実験から学ぶ。

1 空売り（ショート）

空売り（short selling）とは、証券会社から株を借り、それを売却し、後日に買い戻すことである。空売り金額が買い戻し金額より高ければ、差益が生まれる。バブルの発生が一部の人々の将来価格を予想する能力の弱さに起因すると仮定すれば、空売りはバブルを抑制する効果がある。空売りが可能なら、**合理的な**売り手は、価格がファンダメンタル値より高いときに自身の株を売却するのに加え、流動性を変えず空売りをして差益を獲得しようとする。この裁定行動は、売りに出さない非合理なトレーダーの行動を補い、市場での取引価格をファンダメンタル値に近づかせる。空売りが不可能なら、合理的な売り手が売れる量は、自身の持つ金融資産に限られる。このファイナンス理論による「空売りはバブルを抑制する」という予測は正しいだろうか？　キングら [King *et al.*, 1993]、ハルビーとノサー [Haruvy & Noussair, 2006]、アカートら [Ackert *et al.*, 2006] の 3 つの研究グループは、この仮説の妥当性を検証しようとした。

空売りの効果を検定した最初の実験はキングら [King *et al.*, 1993] である。3.2 節 **1** で説明したスミスら [Smith *et al.*, 1988] と同じフレームワークの下で、被験者は株と現金に加え、実験者から 2 株借りた状態で取引を開始させた。借りた株も自由に売却できるが、市場実験終了前には買い戻し、実験者に 2 株返却する必要がある。単純化のため、空売りした株に対して空売り者は配当を支払わなくてよいと設定した。実験データによると、空売りの機会がバブルを抑制する効果はほとんど見られなかった。

後にアカートら [Ackert *et al.*, 2006]、そしてハルビーとノサー [Haruvy & Noussair, 2006] は、実験設定を改良して再度、空売りの影響を検証する。両研究グループとも 2 つの点でキングらの実験デザインを修正した。まず、空売りできる株の数を増やした。キングらの実験では空売りできる株の数が 2 株と少なかったが、それが結果に影響を与えているのではないかと考えた。2 つ目は、空売りした株の配当を空売りをする者は支払わなければならないと変更した。すると、彼らの実験結果はキングらとは異なった。

まず、アカートらの実験では、空売りができる場合には未経験トレーダーであっても、取引価格がファンダメンタル値に近い値で推移した。そこで彼らは、ファイナンス理論が正しいと主張した。一方、ハルビーとノサーの実験でも、空売りは取引価格を強く押し下げたが、アカートらとは異なり、取引価格はファンダメンタル値より低くなった。彼らは、裁定取引がファンダメンタル値を実現しやすくするという理論ではなく、取引価格の決定は単純に需要と供給で決まるという市場メカニ

ズムの原理を反映しているのではないかと考察した。つまり、空売りは株の供給量を増やすため、空売りの機会は供給曲線を右にシフトさせ均衡価格を押し下げるという考えだ。

なお、空買い（ロング）は空売りの逆である。キングらとアカートらは、空買いはバブルを悪化させ得ると実験データを基に主張した。

2 先物取引

将来の決められた期日での売買を現時点で（価格、数量などを）約束して行う取引である先物取引（future contracting）を考察する理由は、前項との類似で、バブルを抑える可能性があるためである。一部の人々が将来の価格について合理的期待形成ができないことがバブル発生の一因と考えるならば、先物取引市場から得られる将来の情報がバブル抑制に効果があるという仮説を構築できる。実験室内実験を実施することで、その真偽を確かめることができる。

先物市場の効果を経済実験文献で最初に検証したのは、ポーターとスミス [Porter & Smith, 1995] である。彼らは、スミスら [Smith *et al.*, 1988] のフレームワークにおいて、現物取引に加えて先物取引も可能とした。具体的には、15 期からなる資産市場実験の中間時点（第 8 期）で株を買うという約束を、第 1 ～ 8 期の間にできるというものであり、先物取引に関する配当収入は 8 期後に購入が遂行された後から生まれる。先物のファンダメンタル値は、第 1 期における現物のファンダメンタル値の約半分である。先物価格は、実験中間時点での株の価値に対する市場の期待であり、先物市場の存在によりそれが共有知識になることで非合理的取引を抑制する可能性がある。実験結果によると、先物取引市場があってもファンダメンタル値からの取引価格の乖離が依然として観測されたが、乖離幅はある程度縮小された。

先物取引の量を増やすと、現物市場でのバブルは効果的に抑制される。例えば、ノサーとタッカー [Noussair & Tucker, 2006] は、毎期支払期日を迎える先物があるという完全な形での先物市場をモデルに組み入れて実験を実施したところ、現物市場でバブルが発生しなかった。

付録　実験室内実験でリスク選好を人々から抽出する方法の例

人々の個人としてのリスク選好を計測する複数の実験手法が存在する。本付録では代表的な方法の例として、ホルトとローリー [Holt & Laury, 2002] による抽出実験を紹介する。

60 ● 3章 資産市場とバブル

　彼らの手法は、**図表 3.8** に示す **10 個の二者択一の選択を**被験者にさせるものである。各選択問題は、2 ドルか 1.6 ドルを獲得できるオプション 1 と、3.85 ドルか 0.1 ドルを獲得できるオプション 2 の間での選択である。オプション 1 はオプション 2 に比べて獲得する賞金の変動が小さい。日本で実験を行う場合は、円換算の値を用いた上で選択を被験者に行わせればよい。10 個の選択問題の違いは、各オプションで獲得できる金額の確率である。それぞれで高い金額（2 ドル、3.85 ドル）を獲得できる確率が選択問題 1 で 10 ％、選択問題 2 で 20 ％と、以後 10 ％刻みで増加していき、選択問題 10 で 100 ％となる。

　選択問題 1 で各オプションから獲得できる金額の期待値を計算すると、次の通りオプション 1 の方が遥かに大きい。

> オプション 1：　2 ドル×0.1 + 1.6 ドル×0.9 = 1.64 ドル
> オプション 2：　3.85 ドル×0.1 + 0.1 ドル×0.9 = 0.475 ドル

図表 3.8　リスク選好を測る二者択一の 10 個の意思決定問題 [Holt & Laury, 2002]

	オプション 1	オプション 2
選択問題 1	確率 10 ％で 2 ドル、確率 90 ％で 1.6 ドル	確率 10 ％で 3.85 ドル、確率 90 ％で 0.1 ドル
選択問題 2	確率 20 ％で 2 ドル、確率 80 ％で 1.6 ドル	確率 20 ％で 3.85 ドル、確率 80 ％で 0.1 ドル
選択問題 3	確率 30 ％で 2 ドル、確率 70 ％で 1.6 ドル	確率 30 ％で 3.85 ドル、確率 70 ％で 0.1 ドル
選択問題 4	確率 40 ％で 2 ドル、確率 60 ％で 1.6 ドル	確率 40 ％で 3.85 ドル、確率 60 ％で 0.1 ドル
選択問題 5	確率 50 ％で 2 ドル、確率 50 ％で 1.6 ドル	確率 50 ％で 3.85 ドル、確率 50 ％で 0.1 ドル
選択問題 6	確率 60 ％で 2 ドル、確率 40 ％で 1.6 ドル	確率 60 ％で 3.85 ドル、確率 40 ％で 0.1 ドル
選択問題 7	確率 70 ％で 2 ドル、確率 30 ％で 1.6 ドル	確率 70 ％で 3.85 ドル、確率 30 ％で 0.1 ドル
選択問題 8	確率 80 ％で 2 ドル、確率 20 ％で 1.6 ドル	確率 80 ％で 3.85 ドル、確率 20 ％で 0.1 ドル
選択問題 9	確率 90 ％で 2 ドル、確率 10 ％で 1.6 ドル	確率 90 ％で 3.85 ドル、確率 10 ％で 0.1 ドル
選択問題 10	確率 100 ％で 2 ドル、確率 0 ％で 1.6 ドル	確率 100 ％で 3.85 ドル、確率 0 ％で 0.1 ドル

付録　実験室内実験でリスク選好を人々から抽出する方法の例　● 61

このことは、極端に強くリスク愛好的な個人のみが選択問題 1 でオプション 2 を選択することを意味する。高い金額を獲得できる確率が大きくなればなるほど、2 つのオプションから得られる金額の期待値の差が縮まり、選択問題 5 で次の計算のようにオプション 2 の方が期待金額が大きくなる。つまり、期待金額の大きさで意思決定をするリスク中立的な個人は、選択問題 5 から選択問題 10 の 6 つでオプション 2 を好む。一方でリスク回避的な個人は、金額の変動を嫌うため、自身のリスク回避度の大きさによっては、選択問題 5 以降でもオプション 1 を選ぶ問題がある。

オプション 1 ：　2 ドル×0.5 + 1.6 ドル×0.5 = 1.8 ドル
オプション 2 ：　3.85 ドル×0.5 + 0.1 ドル×0.5 = 1.975 ドル

オプション 1 とオプション 2 それぞれで 2 ドルと 3.85 ドルを確実に獲得できるケースが選択問題 10 である。当然、全ての個人はオプション 2 を選ぶはずである。つまり、この 10 個の選択問題を使えば、選択の交差点（どの選択問題でオプション 1 からオプション 2 へ選好が変わるか）によってリスク回避度を計測できる。例えば、選択問題 1 から 6 でのみオプション 1 を選択（選択問題 7 から 10 でオプション 2 を選択）した個人は、選択問題 1 から 4 でのみオプション 1 を選択（選択問題 5 から 10 ではオプション 2 を選択）した個人より強くリスク回避的であると解釈できる。

　実験では、被験者の選択を誘因両立にすることが必要だ。ホルトとローリーは、各被験者が 10 個の意思決定をした後で、コンピューターにランダムに 1 つの選択問題を選ばせ、さらに乱数を発生させることで高い金額か低い金額かが所与の確率で実現するようにした。例えば、選択問題 3 をコンピューターがランダムに選択し、その問題で被験者がオプション 1 を選んでいたとしよう。その場合、0 から 1 の間の実数を乱数としてコンピューターにランダムに生成させ、それが 0.3 未満なら 2 ドル、それ以上なら 1.6 ドルを報酬とすればよい。

　ホルトとローリーは、この実験を米国（ジョージア州立大学、マイアミ大学、セントラルフロリダ大学）で実施した。それによると、約 3 分の 2 の被験者がリスク回避的であると分類された。この研究の後に、数多くの研究グループが世界の様々な国で人々のリスク選好を抽出する実験を行ったところ、この結果と整合的に、多くのサンプルでは平均して人はリスク回避的であると計測された。

　なお、人々のリスク回避度は、金額の大きさによっても異なる[4]。リスク回避度が賞金の額の大きさに依存するかを分析するために、ホルトとローリーは**図表 3.8** の額を 20 倍、50 倍、90 倍と大きくした形でも実験を行った。それによると、金額が大きくなるほど人々がよりリスク回避的になる傾向が観測されている。

---

[4]　ホルトとローリーは、相対的リスク回避度（relative risk aversion）で各人のリスク回避度を計測した。相対的リスク回避度は、金額 x に対して $-xu''(x)/u'(x)$ で計測される（ただし、$u(x)$ は効用、′は x による微分を表す）。

4章

ゲーム理論の考え方と支配可解ゲーム

　プライス・テイカーの仮定の下で経済主体の行動と均衡を論じる市場原理に関する実験を、2～3章で学びました。本章以降では、各プレイヤーの選択が互いの利害に影響し合う戦略的（取引）状況での理論と実験を学びます。まず 4.1 節でゲーム理論の考え方を概観し、4.2 節以降で支配戦略・支配可解ゲームと関連する実験・行動経済事例を学びます。

4.1　ゲーム理論の前提と同時手番ゲーム

　ここでいうゲームとは、少なくとも 2 つ以上の経済主体（例：個人、グループ）の間の戦略的状況を分析するツールのことである。戦略的状況では、①誰が取引に関わり、②どのルールが用いられ（例：意思決定の順序）、③プレイヤーの意思決定の結果は何で、④プレイヤーが取引結果から得る利得（その定義は後述）は何か、を明示する。

　ゲーム理論では次の 2 つの前提が置かれる。

- 各プレイヤーは自身の（期待）利得を最大化するように意思決定する[*1]。
- 各プレイヤーは相手の行動を考慮し（相手が自身の選択にどう反応するかを考慮し）戦略的に意思決定する。

　例として寡占を取り上げよう。プライス・テイカーの仮定の下では市場価格を所与とする（2 章）が、戦略的状況では、経済主体は市場価格を所与とみなさない。自身の選択に対して他の企業が反応すると予測して意思決定をする。ある需要曲線

[*1]　ゲーム理論において「プレイヤーが合理的（rational）である」とは、この利得最大化条件を満たすことを意味する。

に直面する（2つの企業からなる）複占での数量競争を考えると、各企業は自身の数量選択が市場価格に影響を与えることを考慮し、それを通じて相手の意思決定が影響を受けることも予測する。

戦略的状況は、意思決定順序の有無から、次の2種類に区別される。

- **同時手番ゲーム**（simultaneous-move game）：各プレイヤーが<u>同時に</u>意思決定をするゲームである。静学ゲームとも呼ぶ。4～7章の対象は、このゲームである。

- **逐次手番ゲーム**（sequential-move game）：各プレイヤーが<u>逐次的に</u>意思決定をするゲームである。動学ゲームとも呼ぶ。8章の対象は、このゲームである。

同時手番ゲームでは**標準形**（normal form）（**戦略形**（strategic form）とも呼ぶ）を用いてゲームを記述するのに対し、逐次手番ゲームでは**展開形**（extensive form）の記述法が用いられる。

なお、本書では**完備情報**（complete information）の環境に焦点を当てる。完備情報ゲームとは、プレイヤーの選好、利得、戦略の種類などのゲームのルール全てが、全てのプレイヤーの**共有知識**（common knowledge）であるゲームのことである。

ゲームの標準形は、<u>次の3つの要素で定義</u>される。

- **プレイヤー**：N人のプレイヤーがいる場合、それぞれを区別して扱う。
- **戦略**：各状況でプレイヤーが取る行為のリストを<u>戦略</u>（strategy）と呼ぶ。例えば、2種類の意思決定すべき状況があれば、戦略はそれぞれの状況で選択する行為を列挙したものからなる。可能な戦略の集合を<u>戦略集合</u>（strategy set）と呼ぶ。全てのプレイヤーの戦略の組を<u>戦略プロファイル</u>（strategy profile）と呼ぶ。N人のプレイヤーに1～Nの番号を振り、プレイヤーi（ただし、$1 \leq i \leq N$）の戦略と戦略集合をそれぞれs_i、S_i[*2]と表記するとき、プレイヤーi以外の$N-1$人の戦略プロファイルは、しばしば下付き文字「$-i$」を用いて$s_{-i} = (s_1, \cdots, s_{i-1}, s_{i+1}, \cdots, s_N)$と表記する。
- **利得**：ゲームをプレイし特定の戦略プロファイルが実現した際に、各プレイヤーがその戦略プロファイルに対してもつ評価を<u>利得</u>（payoff）と呼ぶ。プレイヤーiの利得を$u_i(s_i, s_{-i})$と表記し、利得を示すuに着目するプレイヤーを表す下付き文字iを付け、また利得が自身の戦略s_iと他のプレイヤーの戦略プロファイルs_{-i}に依存することを明記する。

[*2] 戦略集合の記号は5章以降で扱う。

プレイヤーの数が 2 人の場合、3 つの要素を含む標準形は、**図表 4.1**（4.2 節で説明）のような**利得表**（payoff matrix）を用いて効率的にまとめることができる。意思決定に金銭的インセンティブを付けて行う経済実験では、ゲームの結果に金銭報酬が伴う。人々の利己性を前提にすると、金銭報酬そのものが利得である。一方で、人が不平等を嫌う選好など非金銭的観点も評価に入れる場合には、非金銭的利得も考慮する必要があるが（そのような利得の計算方法の例は 9 章で学ぶ）、実験室内実験の環境を記述する慣例に則り、本書でゲーム環境を説明する際には、常に金銭報酬を基に利得表（や 8 章で扱うゲームの木）の描写を行う。

　なお、上述した「共有知識」という言葉は一般的にも使用される用語であるが、経済学では意味が異なることに注意が必要である。ある事項、例えば各プレイヤーの選好が共有知識であるとは、①皆が各プレイヤーの選好を知っており、②皆が①を知っており、さらに、③皆が②を知っており、……というように、ある知識に関する無限に続く知識が正しいことを意味する強い概念である。

4.2　支配戦略と支配可解ゲーム

　プレイヤーの戦略の中で、相手がどの戦略を選んでも常に高い利得を生む戦略がある場合、その戦略を**強支配戦略**（strictly dominant strategy）と呼び、次のように定義できる。

> **定義 4.1**　**（強支配戦略）**　次の条件 (4.1) を満たすとき、戦略 s_i' をプレイヤー i の強支配戦略と呼ぶ。
> 　他のプレイヤーのどの戦略プロファイル s_{-i} に対しても、プレイヤー i にとって s_i' は別のどの戦略 s_i より高い利得を生む。つまり、$u_i(s_i', s_{-i}) > u_i(s_i, s_{-i})$ が成り立つ。
> $$(4.1)$$

　一方で、条件 (4.1) の代わりに、$u_i(s_i', s_{-i}) \geq u_i(s_i, s_{-i})$ が全ての s_{-i} に対して成り立ち、$u_i(s_i', s_{-i}) > u_i(s_i, s_{-i})$ が少なくとも 1 つの s_{-i} に対して成り立つとき、s_i' を**弱支配戦略**（weakly dominant strategy）と呼ぶ。

　図表 4.1 は、2 人のプレイヤー間の戦略的状況を示す 4 つのゲームの利得表である。それぞれのゲームでプレイヤーは、戦略 A か戦略 B を同時手番で選択する。

図表 4.1　2×2 対称ゲームの例

プレイヤー2

	A	B
A	10, 10	1, 15
B	15, 1	5, 5

プレイヤー1

(a) ゲーム1

プレイヤー2

	A	B
A	8, 8	0, 8
B	8, 0	12, 12

プレイヤー1

(b) ゲーム2

プレイヤー2

	A	B
A	8, 8	0, 5
B	5, 0	5, 5

プレイヤー1

(c) ゲーム3

プレイヤー2

	A	B
A	1, −1	−1, 1
B	−1, 1	1, −1

プレイヤー1

(d) ゲーム4

注）各セルの左側、右側の数値は、それぞれプレイヤー1、プレイヤー2の利得を示す。

(a)のゲーム1は囚人のジレンマの例であり、各プレイヤーにとって戦略Bが強支配戦略である。相手が戦略Aを選ぶ（s_{-i} = A）とき、$u_i(B, A) = 15 > 10 = u_i(A, A)$のように、自身は戦略B（$s_i$ = B）を選ぶことで高い利得を実現できる。相手が戦略Bを選ぶ（s_{-i} = B）ときも、$u_i(B, B) = 5 > 1 = u_i(A, B)$のように、自身も戦略Bを選ぶことで利得を最大化できる。つまり、相手がどちらの戦略をとっても、各プレイヤーにとって戦略Bが常に高い利得に繋がる選択（$u_i(B, s_{-i}) > u_i(A, s_{-i})$）である。

(b)のゲーム2では、各プレイヤーにとって戦略Bが弱支配戦略である。相手が戦略Aをとる場合、プレイヤーは、自身がとる戦略にかかわらず常に利得8を獲得する。つまり、プレイヤーにとって戦略Aと戦略Bは無差別である。一方で、相手が戦略Bをとる場合、$u_i(B, B) = 12 > 0 = u_i(A, B)$のように、プレイヤーにとって自身も戦略Bをとることで高い利得を獲得できる。

(c)のゲーム3と(d)のゲーム4では、支配戦略は存在しない。ゲーム3はスタグ・ハント・ゲームと呼ぶゲームである。ゲーム4はマッチング・ペニーと呼ぶゲームである。ゲーム3は7章で、ゲーム4は5章で扱う。

強支配戦略は、相手がどの戦略をとるかの信念（belief）によらず、常に高い利得を生む戦略である。このことから、次の均衡を定義できる。

- **強支配戦略均衡**：全てのプレイヤーに強支配戦略があれば、皆がその戦略を選択する。

例えば、**図表 4.1**(a)のゲーム 1（囚人のジレンマゲーム）では、両プレイヤーにとって戦略 B が強支配戦略であり、(B, B) が強支配戦略均衡である。プレイヤーの利得の合計を計算すると、(B, B) では 10(= 5 + 5) で、総余剰が最大化されず非効率的である。(A, A) では総余剰は 20(= 10 + 10) である。このように囚人のジレンマゲームには、強支配戦略均衡を適用できる一方で、全てのプレイヤーが強支配戦略をもつ戦略的状況は多くなく、強支配戦略均衡を適用できるケースは限られる。

強支配戦略均衡が適用できない場合にプレイヤーの行動を予測するために、**強支配される戦略の逐次消去**（iterated elimination of strictly dominated strategies）という方法がある。戦略 $\tilde{s}_i$ が戦略 s_i に強支配される（strictly dominated）とは、対戦相手がどんな戦略 s_{-i} をとったとしても、$\tilde{s}_i$ より s_i をとる方が高い期待利得の獲得につながることを意味する。逐次消去とは、合理的なプレイヤーは強支配される戦略を選ばないという前提の下で、次の手続きで戦略を絞り込む方法である。

《**ステップ 1**》各プレイヤーそれぞれで強支配される戦略を消去する。消せる戦略がなくなったところで消去作業を中断する。

《**ステップ 2**》利得表から消去された戦略を消し、消されていない戦略から構成されるゲームの利得表を新たに作成し、ステップ 1 に戻る。

強支配される戦略の消去に際しては、プレイヤーが正しい信念をもつ必要はないという長所がある。必要な仮定は合理性に関する**共有知識**（例：各プレイヤーの合理性の知識、互いの合理性に対する信念）と、全員の利得関数に関する共有知識のみである。強支配される戦略の逐次消去により各プレイヤーのとるべき戦略が 1 つに絞られる場合、得られた戦略プロファイルの説明力は強く、ナッシュ均衡（5 章）の概念を用いることなくプレイヤーの戦略選択が予測できる。なお、強支配される戦略の逐次消去により 1 つに絞られた戦略プロファイルは、常にナッシュ均衡でもある（逆は成り立たない）。

なお、強支配される戦略の逐次消去で戦略プロファイルを 1 つに絞ることができない場合、消去の対象を**弱支配される戦略**（weakly dominated strategies）**に拡張**し、弱支配される戦略の逐次消去により各プレイヤーのとるべき戦略を 1 つに絞ることができることがある。強支配または弱支配される戦略の逐次消去により各プレイヤーのとるべき戦略が 1 つに絞られるゲームを、**支配可解ゲーム**（dominance solvable game）と呼ぶ。強支配と弱支配の区別のために、**強支配により可解**（strictly dominance solvable）、**弱支配により可解**（weakly dominance solvable）という表現も用いられる。

図表 4.2(a)の利得表で示されるゲームを例に、逐次消去を具体的に説明しよう。

強支配される戦略の逐次消去が、このゲームに適用できる。まず、プレイヤー 2 の最適反応[*3]と利得構造を見ると、戦略 a は戦略 c に強支配されるとわかる（プレイヤー 1 がどの戦略をとっても、その戦略を所与の下でプレイヤー 2 にとって、戦略 a より戦略 c をとることで高い利得が得られる）。次に、戦略 a を削除して得られる利得表(b)でプレイヤー 1 の利得構造を見ると、戦略 B が戦略 A に強支配されているため消去できる。具体的には、$u_1(A, b) = 3 > 2 = u_1(B, b)$、$u_1(A, c) = 5 > 4 = u_1(B, c)$ である。帰結として得られる利得表は(c)である。(c)のゲームでプレイヤー 2 の最適反応を見ると、戦略 b は戦略 c に強支配されており消去できる。最後に、利得表(d)でプレイヤー 1 の利得構造を見ると、強支配される戦略 C が消去でき、(A, c) がゲームの結果として予測される。

　任意の大きさのゲームに支配される戦略の逐次消去を適用する際には、**プレイヤーの合理性に関する共有知識**を前提とする。しかしながら、合理性に関する共有知識やそもそもの人々の合理性が現実の人に成り立つとは限らない（4.3 節）。

図表 4.2　強支配される戦略の逐次消去

プレイヤー 2

	a	b	c
A	5, 10	3, 5	5, **12**
B	3, 4	2, **9**	4, 6
C	4, 7	4, 9	3, **10**

プレイヤー 1

(a) ゲームの利得表

プレイヤー 2

	b	c
A	3, 5	**5**, 12
B	2, 9	4, 6
C	**4**, 9	3, 10

プレイヤー 1

(b) (a)から戦略 a を削除した後

プレイヤー 2

	b	c
A	3, 5	5, **12**
C	4, 9	3, **10**

プレイヤー 1

(c) (b)から戦略 B を削除した後

プレイヤー 2

	c
A	**5**, 12
C	3, 10

プレイヤー 1

(d) (c)から戦略 b を削除した後

注) (a)と(c)で太字に下線を引いた数値は、プレイヤー 1 の各戦略を所与としたときのプレイヤー 2 の最適反応を示す。一方、(b)と(d)で太字で下線を引いた数値は、プレイヤー 2 の各戦略を所与としたときのプレイヤー 1 の最適反応を示す。

[*3]　相手の戦略に対する最適反応とは、その戦略を所与の下で、プレイヤーが自身の利得最大化につながる戦略を選ぶことを指す。

68 ● 4章 ゲーム理論の考え方と支配可解ゲーム

　なお、弱支配される戦略の逐次消去では、消去されずに残る戦略プロファイルが消去する順番で変わることや、消去によってゲームの戦略的構造が変わってしまうことがあり、これにより現実の人の意思決定を予測するのに問題が生じることがあるため注意が必要である（本書の範囲を超えるため詳細は省略する）[4]。

4.3 推測ゲーム（美人投票ゲーム）

　支配可解ゲームの一つに**推測ゲーム**（guessing game）がある。このゲームでは、逐次消去の際に高次にわたる互いの合理性に関する信念を必要とする。この特徴を活用し、人々の推論（reasoning）の深さを分析する目的で、推測ゲーム実験が数多くの実験・行動経済学者により行われてきた。推測ゲームは、ジョン・メイナード・ケインズ（John Maynard Keynes）による議論を考慮し、**ケインズの美人投票ゲーム**（Keynesian beauty contest game）、または ***p* 美人投票ゲーム**（*p*-beauty contest game）とも呼ばれる。ここで *p* は、**1** で説明するように、推測のターゲットを決めるのに使われる数値を意味する。

　ケインズは、著書『雇用・利子及び貨幣の一般理論（The General Theory of Employment, Interest and Money）』[Keynes, 1936] の 156 頁で、玄人の株式投資行動が他の投資家の考えを先取りし、そして推測し合いながら行われるという議論のメタファーとして、美人コンテストに関する新聞投票を論じる。その中でケインズは、合理性への信念を前提とした支配可解ゲームに近い議論をした。ケインズが例として挙げる美人コンテストはいわゆるミスコンテストとは異なるもので、100 枚の写真から投票により最も美しい容貌の女性を 6 人選ぶが、賞（新聞の懸賞）を与えられる可能性があるのは投票者である。ゲームのルールは、選んだ女性が、<u>投票者全員の平均的な最も美しいという好みに最も近かった場合に賞を授けられるという</u>ものである。このゲームでは、自身の価値観や客観的思考に基づき美しいと考える女性を選ぶのではない。<u>自身だけでなく他の投票者も同様に、皆が最も美しいと考える平均的意見は何かを推測し投票する</u>のであって、推論を繰り返すと、投票者は、「平均的投票者は誰が最も美しいと考え投票するか」を平均的投票者はどう予測するか、を考え投票する、というように他人の考えを深く何度も先取りするかもしれない。

---

[4] 関心のある読者はグレーヴァ（著）『非協力ゲーム理論』(2011) を参照されたい。

4.3 推測ゲーム（美人投票ゲーム） ● *69*

　現実の例として、市場参加者の多くが値上がりすると判断する銘柄を選んで自身も投資する状況が挙げられる。このような現実の適用事象を踏まえ、推測ゲームを用いた実験は、マクロ経済学に関する経済行動を明らかにする実験と分類される。

　推測ゲーム（美人投票ゲーム）は、このようなケインズの考えを定式化したものであり[*5]、ネーゲル [Nagel, 1995] が最初に推測ゲーム実験を行い、人々の推測特性を実証した。**1** ではネーゲル [Nagel, 1995] の実験などを通じて、人々の推論の深さや、支配される戦略の逐次消去の実証的妥当性を学ぶ。

1 ゲームの設定と実験事実

　推測ゲーム [Nagel, 1995] におけるプレイヤー、戦略、利得は次のようにまとめられる。

- **プレイヤーの数**：N 人（人数は自由に設定してゲームを設計できる）
- **戦略**：ある区間が与えられ、その中で数値を 1 つ選ぶ。ネーゲルの用いた設定 [Nagel, 1995] では、[0, 100]、つまり 0 と 100 の間の区間[*6] が与えられ、その区間内であればプレイヤーは小数も含め数値（すなわち実数）を自由に選ぶことができる。
- **利得**：N 人が選択した数値の平均の p 倍に最も近い数値を選んだプレイヤーが賞金を獲得する。最も近い数値を選んだプレイヤーが複数人いる場合は、その中からコンピューターが勝者をランダムに 1 人選ぶ。1 人の勝者を除き、他の全てのプレイヤーの利得は 0 である。

　推測ゲームでは p の値として $0 < p < 1$ を満たす数値を用いることが多いため、以下では $0 < p < 1$ に絞って逐次消去を解説するが、ネーゲル [Nagel, 1995] は $p > 1$ のトリートメントも実験した[*7, *8]。

---

*5　誰が推測ゲームを最初に定式化したかには議論があるが、ホーら [Ho *et al.*, 1998] によると、それはモーリン [Moulin, 1986] とされる。

*6　実数 a、b に対して、$[a, b]$ は、a 以上で b 以下の実数の集合を示す数学表記である。また、(a, b) は a より大きく b より小さい実数の集合を示す。同様にして、$(a, b]$ は a より大きく b 以下、$[a, b)$ は a 以上で b より小さい、実数の集合を示す表記である。

*7　$p > 1$ の場合は、支配される戦略は存在しない。

*8　$p = 1$ の場合も、支配される戦略は存在しない。この場合、ナッシュ均衡の概念によると、0 から 100 の間の全ての実数が対称均衡である。なお、本節冒頭で説明したケインズ [Keynes, 1936] による新聞投票の例は $p = 1$ のケースであり、支配可解ゲームではない。そこで本書では、このゲームを指す用語として、ネーゲル [Nagel, 1995] のように推測ゲームという名称を用いるが、ネーゲルの他の論文や多くの学者はむしろ（ケインズの）美人投票ゲームという名称を使う方が多い。

プレイヤーの数、戦略集合やゲームのルール（例：p の値）は全て共有知識である。推測ゲームでは、支配される戦略の逐次消去で戦略プロファイルを 1 つに絞ることができる。

《**ステップ 1**》平均の p 倍の数値は、全てのプレイヤーが区間上限の 100 を選んだとしても $100p$ である。このことは、N 人が選択する数値の平均の p 倍が $100p$ 以下であることを意味する。いい換えると、勝つ確率は、$100p$ より大きい数値を選択する場合に比べて、$100p$ を選択する方が高い。従って、$100p$ より大きい数値（すなわち、区間 $(100p, 100]$）は $100p$ に支配される。その結果、最適な戦略が含まれる区間は狭められ、$[0, 100p]$ になる。

《**ステップ 2**》ステップ 1 と同様のロジックを区間 $[0, 100p]$ に適用すれば、N 人が選択する数値の平均の p 倍は必ず $100p^2$ 以下になる。従って、プレイヤーの戦略選択に際し、$100p^2$ より大きい数値（すなわち、区間 $(100p^2, 100p]$）は $100p^2$ に支配される。その結果、最適な戦略が含まれる区間はさらに狭められ、$[0, 100p^2]$ になる。

……

《**ステップ m**》同様の推論を m 回繰り返すと、最適な戦略が含まれる区間は狭められ、$[0, 100p^m]$ になる。

……

推論を繰り返して支配される戦略の逐次消去を続ければ、最終的に 0 だけが残る（m が無限に大きくなれば $100p^m \to 0$ である)[*9]。なお、全てのプレイヤーが 0 を選択する戦略プロファイルは、唯一のナッシュ均衡でもある（この戦略プロファイルでは、各プレイヤーが他のプレイヤーの戦略選択に対して最適反応をとっている）。**図表 4.3** で示す通り、$s_i = 0$ 付近に達するまでに必要な推論の深さは、p が小さいほど少なくて済む。例えば、$p = 0.2$ のときは、2 回逐次消去を実行すると区間が $[0, 4]$ と狭められるが、$p = 0.8$ のときに 2 回逐次消去を実行しても、区間は $[0, 64]$ と依然として広い。

[*9] ネーゲルの推測ゲームは、弱支配により可解なゲームである。推測ゲームにおける利得の設定方法によっては、強支配により可解な推測ゲームも構築できる。

図表 4.3　推測ゲームでの推論ステップ

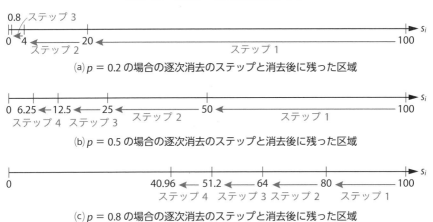

(a) $p = 0.2$ の場合の逐次消去のステップと消去後に残った区域

(b) $p = 0.5$ の場合の逐次消去のステップと消去後に残った区域

(c) $p = 0.8$ の場合の逐次消去のステップと消去後に残った区域

■ **ネーゲルによる実験結果**　被験者は推測ゲームを4回繰り返した。p の値は $1/2$ と $2/3$ の2種類を設定し、被験者間計画（1章）の下で、各人は1つの p の下でのみ意思決定する。経験の効果がない1回目のゲームにおける戦略の平均は、$p = 1/2$ のときで27.05、$p = 2/3$ のときで36.73であり、どちらのトリートメントでも $s_i = 0$ を選んだ被験者は1人もいなかった。また、推測ゲームで選ばれた数値が非常にばらついているという特徴もあった。ネーゲル [Nagel, 1995] は、**レベル k 推論**（level-k reasoning）で人々の推測行動を説明できると提案した。k は推論の深さを表す0以上の整数であり、この推論では「レベル」を次のように定義する。

- **レベル0**：全く戦略的でない人で、可能な戦略からランダムに1つの戦略を選ぶ。
- **レベル1**：他の全てのプレイヤーがレベル0と想定し、それに対して最適反応をとる。他のメンバーがランダムに数値を選択する場合は平均が50になるため、レベル1プレイヤーの最適戦略は $50p$ である。
- **レベル2**：他の全てのプレイヤーがレベル1と想定し、それに対して最適反応をする。つまり、レベル2プレイヤーの最適戦略は $50p^2$ である。

……

- **レベル k**：同様のロジックで、レベル k プレイヤーの最適戦略は $50p^k$ である。一般的にレベル k は、相手がレベル $k-1$ と想定し、自身の利得を最大化しようとする。

72 ● 4章　ゲーム理論の考え方と支配可解ゲーム

　ネーゲルの1回目のゲームでの人々の推論の深さは、50％以上の被験者でレベル1、レベル2かその近傍のものであった。レベル3以上の推論の深さをもつと解釈されたのは6％程度の被験者に限られていた。被験者は同じゲームをその後3回繰り返したが、選ばれた戦略は低下していき、その低下スピードはpが小さいほど早かった。この観測に対してネーゲルは、ゲームを繰り返すことで推論の深さが高次になるのではなく、$t+1$回目のゲームでの推論にはt回目のゲームでの結果情報が参照点として使用されるため、ゲームを繰り返すと数値が低下すると論じた（最初のゲームではランダムに戦略を選ぶレベル0が参照点であった）。すなわち、レベルkタイプの戦略は、最初のゲームと2回目以降のゲームで異なり、次の式 (4.2) と式 (4.3) で表される。

　($t+1$回目のゲームで推測する数値) = $p^k \times$ (t回目のゲームで実現した平均値)

(4.2)

　(最初のゲームで推測する数値) = $p^k \times 50$ (4.3)

　ネーゲル [Nagel, 1995] が式 (4.2) を基に被験者の推論の深さを計算すると、経験を積んだとしても、人々の推論の深さの最頻値は一貫してレベル1かレベル2のものが多く、過半数以上がレベル3以下であった。ネーゲルの実験結果の頑健性を確かめる実験は、ダフィーとネーゲル [Duffy & Nagel, 1997]、ホーら [Ho *et al.*, 1998]、ボッシュ-ドメネクら [Bosch-Domènech *et al.*, 2002] など多数の学者グループによって行われ、ほとんどの追随実験でも、推測ゲームで理論的に予測される $s_i = 0$ とは大きく乖離した値が観測され、またレベルk推論を適用した場合に推定される推論の深さについてもネーゲルと類似の結果が報告されている。つまり、個人差が大きく全ての人に当てはまるとは限らないものの、相手を先取りし予想しようとする推論の深さは有限回、しかも、多くの人は1回か2回と少ないのである。

■ **関連実験の紹介**　以下では、ホーら [Ho *et al.*, 1998]、ダフィーとネーゲル [Duffy & Nagel, 1997]、ボッシュ-ドメネクら [Bosch-Domènech *et al.*, 2002] の実験を簡単に紹介する。

　まず、ホーら [Ho *et al.*, 1988] は、$p = 0.7, 0.9$ とネーゲルの実験 [Nagel, 1995] より大きいpの値を使用して実験を行い、またネーゲルの実験のデータも含めて推論の深さに関する推定を行った。経験の効果がない1回目のゲームでの推論の深さ（レベルkの「k」）に関する推定結果によると、$p = 0.7, 0.9$ の場合には、レベル0、レベル1、レベル2それぞれの割合がネーゲルのデータより若干低く、50％近くの被験者がレベル3以上とわかった。このことは、人々が適用する推論の深さが意思決定環境に依存することを示唆する。ホーらの実験でも、被験者がゲームを繰り返

すと、ネーゲルの実験と同じ理由で、選ばれた数値の平均は減少していった。

ダフィーとネーゲル [Duffy & Nagel, 1997] は、$p = 1/2$ の条件でプレイヤーに区間 [0, 100] の間の数値を選択させるというネーゲルの設定 [Nagel, 1995] と同一のパラメータを用いた一方で、ターゲットの数値が、①選ばれた全ての戦略の**平均**に p を乗じた値、②真ん中の値（つまり**中央値**）に p を乗じた値、③選ばれた数値の中の**最大値**に p を乗じた値、の3種類のトリートメントを実験した。ターゲットの数値が選択された数値の中央値に $p(= 1/2)$ を乗じた値の場合でも、また選ばれた数値の中の最大値に $p(= 1/2)$ を乗じた値の場合でも、支配される戦略の逐次消去で理論的に予測される解は $s_i = 0$ である。

被験者が選んだ数値は、3つのどのトリートメントでも理論予測 ($s_i = 0$) から大きく乖離していたが、③の条件で被験者が推測した数値が①と②のものに比べて遥かに大きかった。ダフィーとネーゲルは、最大値に $p(= 1/2)$ を乗じた数値がターゲットの場合、外れ値、つまり1人でも大きな値を選べばターゲットの数値が大きくなるというゲーム構造が原因で大きな数値を選ぶインセンティブがあり、レベル0の初期の基準値が式 (4.3) のような50ではなく100であると説明した。すなわち、レベル0の推論の基準は、使用する統計量によって影響を受けるという提案である。しかしながら、推論の深さについては、①、②、③のいずれの統計量の場合でも過半数の人々がレベル1かレベル2であると推計されており、ネーゲルの実験 [Nagel, 1995] の結果は頑健的と結論付けている。

最後に、ボッシュ-ドメネクら [Bosch-Domènech et al., 2002] による、レベル k モデルに基づく推論の深さの特性が**一般の人にも**成り立つかを考察する新聞実験データを紹介する。ネーゲル [Nagel, 1995]、ホーら [Ho et al., 1998]、ダフィーとネーゲル [Duffy & Nagel, 1997] の実験では、いずれも大学生が被験者である。それに対して新聞実験では、英国の日刊紙 *Financial Times*（*FT*）、スペインの日刊紙 *Expansión*、ドイツの月刊誌 *Spektrum der Wissenschaft* を用い、その読者を対象にそれぞれ英語、スペイン語、ドイツ語で実施された。

多様なバックグラウンドをもつ読者が被験者だという特徴のほかに、新聞実験が通常の実験室内実験と違う点は、実験参加者の多さ（例：*Expansión* では 3,696人）、長い意思決定時間（例：*FT* では掲示から13日後が締切）、賞の額の高さ（例：*FT* ではブリティッシュ・エアウェイズの英国ロンドンから米国ニューヨークまたはシカゴへの往復航空券）などである。3つの媒体で実験は別々に行われ、実験の設計に様々な違いはあるが大枠は類似している。*FT* では [0, 100] の間の整数、*Expansión* では [1, 100] の間の実数、*Spektrum der Wissenschaft* では [0, 100] の間の実数を読者は選択した。p は3つの媒体でいずれも 2/3 とし、各紙での実験参加者

の平均に $p(=2/3)$ を乗じた値に最も近い場合に賞が与えられた[*10]。勝者が複数いる場合は、その中から1人がランダムに選ばれた。実験データを見ると、3つの媒体とも似た結果を示している（**図表4.4**）。つまり、ネーゲルの実験 [Nagel, 1995] と同様で、選択された戦略は最も小さい数値から大きく外れ非常に多様であり、特に33、22、0付近に高い頻度があった。$50 \times 2/3 \approx 33$、$50 \times (2/3)^2 \approx 22$ であることを踏まえると、実験室内実験と同様にレベル1とレベル2で考える参加者が多いのがわかるが、それと共に0か1を選んだ人が多いのは興味深い。新聞実験では被験者に長い意思決定時間を与えられていたのが影響したのかもしれない。

図表4.4 ボッシュ-ドメネクら [Bosch-Domènech et al., 2002] が紹介する新聞実験の結果

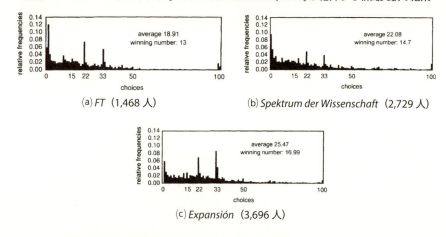

(a) *FT*（1,468人）　　(b) *Spektrum der Wissenschaft*（2,729人）

(c) *Expansión*（3,696人）

注）図は参加者の戦略選択のヒストグラムを示す。これは、ボッシュ-ドメネクら [Bosch-Domènech et al., 2002] の Figure 1（著作権：米国経済学会、著者及び *American Economic Review* の許可を得て転載）である。

[*10] $p=2/3$ で戦略集合が整数である場合の推測ゲームについては、支配される戦略の逐次消去による解が、戦略集合に依存する。N人（Nは十分大きい数）のプレイヤーが同時に1から100の間の整数を選ぶゲームでは、全員が1を選ぶ戦略プロファイルが唯一の解である。一方で、戦略集合が0から100の間の整数の場合には解が2つあり、それは全員が0を選ぶ戦略プロファイルと全員が1を選ぶ戦略プロファイルである。その理由は、全員が1を選んでいる場合、平均に $p(=2/3)$ を乗じた値は p であり、p は（0ではなく）1に近いため、各プレイヤーにとって1を選択するのが最適反応であるためである。同様に全員が0を選んでいる場合、平均に p を乗じた値は0であり、各プレイヤーにとって0から1へなどの他の整数に自分だけが選択を変えるメリットはない。

コラム 4.1 ◆ 認知能力、被験者属性と推論の深さ

様々な実験室内実験研究によると、一般的に、認知能力が高い人ほど、推測ゲームで低い数値を選ぶようです。例えば筆者は、米国ロードアイランド州のブラウン大学で推測ゲーム実験と認知反射テスト（CRT、3章のコラム3.2）を2010年に実施しました。1回きりの推測ゲームで被験者は [0, 100] の間の整数を選び、全員が選んだ数値の平均に 2/3 を乗じた値に最も近い被験者が 20 ドルの賞金を得るという設定です。さらに、被験者から大学入学前の数学の SAT スコアの情報を収集しました。図表 4.5 で示す通り、推測ゲームで選択した整数は、CRT スコアの高い被験者ほど、また数学の SAT スコアが高い被験者ほど低くなりました。

図表 4.5　認知反射テスト（CRT）、数学の SAT スコアと推測ゲームでの戦略選択

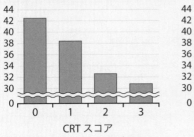
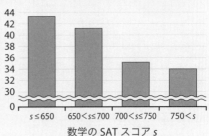

(a) CRT スコアと推測行動　　(b) 数学の SAT スコアと推測行動

注）(a)の縦軸は、該当する認知スコアの被験者が推測ゲームで選んだ整数の平均である。CRT スコアは 3 つの認知反射問題に対する正解の数を示し、0、1、2、3 のいずれかである。(b) の縦軸は、数学の SAT スコアで被験者を分類した後で計算した各分類での推測ゲームでの選択（推測）の平均である。被験者の総数は 300 人で、全ての被験者から CRT スコアを抽出し、また SAT スコアは 283 名から収集できた。なお、この実験は、筆者による別の研究 [Kamei, 2016] の一部として実施された。

推測ゲームにおける行動特性は非常に頑健であると立証されていますが、それでも、仮に同一の実験手法を用いて実験を行っても、被験者プールが異なれば同じ結果が出るとは限らないことに留意が必要です。被験者属性には認知能力以外にも無数の要素があります。図表 4.6 は、筆者が英国、日本それぞれで行った授業内実験の結果です。

英国、日本の実験実施大学における学生の認知能力は共に同程度です。英国、日本の学生は、それぞれの実験で 100 以下の整数を選び、平均の 2/3 に最も近い整数を選んだ学生を勝ちとしました。この推測ゲームを授業内で連続して 5 回繰り返しました。

図表 4.6 (a)で示す英国の学生の推測行動は、ほぼレベル 0 で説明できます。1 回目は平均が 52 であり、2 回目以降のゲームでは式 (4.2) の通り、前の回のゲーム結果に 2/3 を乗じた値と近い平均が実現しました。一方で、(b)で示す日本のサンプルは、ネー

ゲルの実験 [Nagel, 1995] の結果に近く、レベル 1 とレベル 2 が重要な役割を示しました。日本での 4 回目と 5 回目のゲームでは平均が 3 回目に比べ増加しましたが、これは、高めの整数を選んで勝てなかった少数の学生がフラストレーションを高め、4 回目、5 回目では彼らが極端に大きい整数を選んだためであり、類似の現象がネーゲル [Nagel, 1995] による $p=1/2$ のトリートメントでも観測されています。被験者属性と行動特性の関係を説明することは困難なことが多いのですが、事実を真摯に受け入れ、関係を分析することは面白いものです。このような被験者属性の違いによる実験室内行動の差異は、社会的ジレンマ（6 章）の設定のように、利己的でない選好が関係する意思決定環境で特に大きくなります。

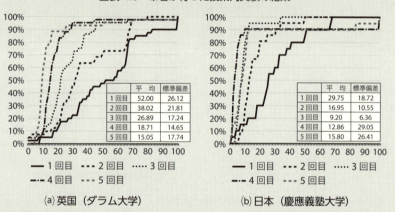

図表 4.6　筆者が行った授業内実験の結果

(a) 英国（ダラム大学）　　(b) 日本（慶應義塾大学）

注）図は累積確率分布（横軸は学生が選択した数字、縦軸は累積確率）を示す。$x=s$ での累積確率とは、s 以下の数値を選んだ学生の割合を指す。英国での授業内実験の戦略集合は [0, 100] の中の整数、日本での授業内実験での戦略集合は [1, 100] の中の整数である。英国での授業内実験は 2019 年度（筆者は当時ダラム大学の教員）、日本での授業内実験は 2023 年度に実施した。

2 意思決定単位―個人と小集団

　経済的意思決定は、個人だけではなく小集団で行われることも多い。例えば、議会や委員会などの政治的設定、会社組織での意思決定ユニットやチーム内での選択、家族や社会的集団での意思決定などが挙げられる。意思決定単位が小集団で、コミュニケーションなどを通じて共同で 1 つの意思決定をする場合、推論の度合いはどの程度深いだろうか？　個人と小集団で戦略的行動の特徴は異なるだろうか？　このような個人と小集団の意思決定を比較する研究は、経済学、心理学、経営学で

盛んに行われている。

　経済学や心理学の文献によると、一定の条件を満たせば、小集団は、意思決定単位として個人より合理的な決定をする。小集団による効果にはまず、**情報集約**、つまり**集合知**（wisdom of crowds）の効果がある。これは複数人の知識を基に取り組むメリットを指し、この効果は計算問題など知的課題で特に発揮される。また、**真実は勝つ効果**（truth wins）もある。これは討議や議論を通じると説得力のある意見が支配的になるという効果であり、正解がある問題など正しいロジックが説得力をもつ設定で効果が出る。一方で、集団では、**集団極性化効果**（group polarization）が顕在化することがある。これは、小集団内での議論ではもともと構成員がもっていた考えをより極端にするという仮説であり、サンスティン [Sunstein, 2007] は、インターネットなどソーシャルメディアで極性化効果が強く表れると説明する。その他、集団の意見は構成員のものの中間に収まるという平均回帰効果の可能性などもあり、小集団での設定が意思決定に与える効果は非常に複雑である。推測ゲームでの戦略選択では、他のプレイヤーの行動の予測が必要であり、正解がある問題に取り組むより難しい判断が求められる意思決定環境である。

　コッカーとサッター [Kocher & Sutter, 2005] は、意思決定単位が 3 人からなる小集団であるトリートメントと、意思決定単位が個人のトリートメントの 2 種類で推測ゲーム実験を行った。実験設定はネーゲルのもの [Nagel, 1995] と同一であり、選ぶ数値の範囲は [0, 100]、$p = 2/3$、繰り返すゲームの回数は 4 回である。小集団の 3 人の構成員は、対面で討議を行い共同で 1 つの選択をした。彼らの実験結果は大変興味深い。まず、1 回目の推測ゲームでは、個人と小集団で推測にほとんど違いがなかった。共に均衡行動から大きく乖離しており、個人が選んだ数値の平均は 34.9、小集団が選んだ数値の平均は 30.8 であった。しかし、2 ～ 4 回目のゲーム結果を見ると、学習効果や推論の深さは小集団のほうが高く、個人に比べ小集団では選ぶ数値が速いスピードで低下していった。レベル k 推論モデルで k の値を考察すると、4 回目のゲームで 66 ％の個人がレベル 2 と推測されたのに対し、小集団では 29 ％、20 ％、20 ％が、それぞれレベル 3、レベル 4、レベル 5 以上と計測された。さらにコッカーとサッターは、小集団と個人双方のプレイヤーが混在する環境で実験も行った。その場合には、小集団が個人より優れた推測をし、有意に高い利得を獲得した。とはいうものの、後に実施されたコッカーら [Kocher et al., 2006] の実験によると、全ての人が小集団で共同の意思決定をすることを望むとは限らないとわかった。彼らの実験では、約 40 ％の被験者は仮に利得が低くても個人で意思決定することを望み、小集団に属さない方が満足度は高かったのである。

コラム 4.2 ◆ 小集団の構成と意思決定方法

　小集団が個人より合理的な意思決定をするかどうかは、小集団の構成や意思決定プロセスにも依存する複雑な問いです。例として、以下でまとめられる**ディクテイターゲーム**（dictator game：独裁者ゲーム）を取り上げましょう。

- **プレイヤー**：プレイヤーの数は 2 人であり、ディクテイター（独裁者）とレシピエント（受取人）のペアでゲームがプレイされる。ディクテイターは初期保有 E をもつ。
- **戦略**：ディクテイターがペア内での E の配分を決定する。レシピエントの意思決定項目はなく、ディクテイターの決定がそのまま遂行される。ディクテイターの戦略集合は $[0, E]$ である。
- **利得**：ディクテイターが自身の取り分を x（ただし、$0 \leq x \leq E$）、レシピエントの取り分を $E - x$ と選択した場合、それがそれぞれの利得となる。

　合理性と利得最大化を前提とするゲーム理論予測は明快であり、ディクテイターは自身で全てをキープすると予測されます。ケイソンとムイ [Cason & Mui, 1997]、ルーハンら [Luhan *et al.*, 2009] の 2 つの研究グループは、個人と小集団ディクテイターの意思決定の違いを実験により分析したところ、ケイソンとムイの実験では、小集団ディクテイターは個人より均衡から乖離した行動、つまり個人より寛容に多くを相手に分配する選択をとりました。一方で、ルーハンらの実験では、小集団ディクテイターは均衡戦略に近い行動、つまり、個人に比べて多くを自身でキープする決定をしました。

　結果の違いの要因を考察するには、小集団の設定を比較することが有益です。ケイソンとムイの実験設定では、小集団は 2 人からなるペアであり、対面で討議をして分配に関する共同の選択をしました。一方でルーハンらの設定では、小集団は 3 人から構成されるチームであり、匿名の状態でコンピューター上のチャット機能を使い意思疎通をして意思決定をしました。両研究チームでの正反対の結果は、小集団内での匿名性の有無、小集団のサイズの違いなどによりもたらされた可能性があり、小集団の意思決定が小集団の設定と環境に容易に影響される可能性を示唆しています。

4.4 　旅行者ジレンマ

　推測ゲーム以外にも、支配される戦略の逐次消去が適用できるゲームは多数存在するが、別の例として**旅行者ジレンマ**（traveler's dilemma）を取り上げよう。これはバス [Basu, 1994] が定式化したゲームである。

本節では、バス [Basu, 1994] が使用した例を単純化した旅行者ジレンマ（**図表 4.7**）を用いて、このゲームでの逐次消去プロセスを学ぶ。

- **設定**：あなたと他の旅行者 A は同じ骨董品を旅先で別々に購入し、飛行機で帰途についていたところ、航空会社が荷物の扱いを誤り骨董品を両方とも壊してしまった。航空会社は骨董品の保障を約束したが、その価値がわからない。そこで、旅行者に申告を依頼した。あなたと旅行者 A はコミュニケーションをとることなく別々に申告する。申告に関する戦略集合は {12 万円、10 万円、8 万円、6 万円、4 万円} である。

航空会社は、骨董品の価値を正しく自己申告されるためにルールを導入する。そのルールとは、航空会社があなたと旅行者 A の申告額のうち低い方を正しい価値と信じ、低い申告をした者に、骨董品の価格に加え 3 万円を謝礼金として支払うというものである。一方で、高い申告をした者にも航空会社が信じた骨董品の価格（低い方の申告額）が保障として支払われるが、申告を偽ったとして 3 万円の罰金を科す。なお、2 人共が同じ額を申告した場合は、謝礼金、罰則共になく、申告額がそのまま支払われるものとする。このルールが導入されると、各人は、謝礼金と罰則の存在から、相手より 1 ユニット低く申告するインセンティブをもつ。

図表 4.7 (a) に、あなたと相手（旅行者 A）の戦略の組に対するあなたの利得を示す。単純化のため、相手の利得は省略する（(c) と (e) も同様である）。あなたにとって、価値を 10 万円と申告する戦略は 12 万円と申告する戦略を弱支配する。相手の戦略が 12 万円であるとき、あなたが 10 万円と申告すると利得は 13(= 10 + 3) 万円、12 万円と申告すると利得は 12 万円である。相手の戦略が 10 万円であるなら、あなたが 10 万円と申告すると利得は 10 万円、12 万円と申告すると利得は 7(= 10 − 3) 万円である。相手の戦略が 8 万円以下の場合は、あなたの戦略が 12 万円であっても 10 万円であっても、常に相手の申告の方が低いため、あなたの利得は相手の戦略でのみ決まる。従って、支配される戦略である 12 万円をあなたの戦略集合から消去できる。

次に、(b) のように相手の立場で考える。図表中では単純化のため、あなたの利得は省略する（(d) も同様）。同じロジックを適用すれば、相手にとって 8 万円と申告する戦略が、12 万円と 10 万円の戦略を弱支配するとわかる。つまり、相手の戦略集合から 12 万円と 10 万円を消去できる。第 3 ステップ (c)、第 4 ステップ (d)、第 5 ステップ (e) で、それぞれあなた、相手、あなたの立場で弱支配される戦略を消去すれば、(4 万円, 4 万円) のみ、すなわち共に最小の評価額を申告する戦略プロファイルのみが残る。つまり、旅行者ジレンマゲームは支配可解ゲームである。なお、

図表 4.7　旅行者ジレンマの例（利得表）

あなたの戦略 ＼ 相手の戦略	相手 12	10	8	6	4
削除 12	12	7	5	3	1
10	13	10	5	3	1
8	11	11	8	3	1
6	9	9	9	6	1
4	7	7	7	7	4

（あなた）

(a) 第1消去ステップ

相手の戦略 ＼ あなたの戦略	あなた 10	8	6	4
削除 12	7	5	3	1
削除 10	10	5	3	1
8	11	8	3	1
6	9	9	6	1
4	7	7	7	4

（相手）

(b) 第2消去ステップ

あなたの戦略 ＼ 相手の戦略	相手 8	6	4
削除 10	5	3	1
削除 8	8	3	1
6	9	6	1
4	7	7	4

（あなた）

(c) 第3消去ステップ

相手の戦略 ＼ あなたの戦略	あなた 6	4
削除 8	3	1
削除 6	6	1
4	7	4

（相手）

(d) 第4消去ステップ

あなたの戦略 ＼ 相手の戦略	相手 4
削除 6	1
4	4

（あなた）

(e) 第5消去ステップ

注）戦略集合は {12, 10, 8, 6, 4}（単位は万円）である。(a)、(c)、(e)の利得表の中の数値はあなたの利得、(b)、(d)の利得表の中の数値は相手の利得を指す。

旅行者ジレンマでは、逐次消去プロセスで消去する順番にかかわらず、(4 万円, 4 万円) が消されずに残る。

バス [Basu, 1994] は、この 2 人からなるゲームを、①互いの戦略集合が 2 ドルから 100 ドルの間の整数であり、②謝礼金と罰則の大きさがそれぞれ 2 ドルとして例示した。戦略が多いため逐次消去の回数は遥かに多いが、合理性の共有知識を前提とする消去ロジックは**図表 4.7** のそれと同一であり、両者が 2 ドルを申告することが均衡と導出される。

キャプラら [Capra *et al.*, 1999] は、申告の戦略集合を 80 から 200 の間の任意の数値とし、また謝礼金（罰則）の額 R として 5、10、20、25、50、80 の 6 種類それぞれに対して、実験室内実験を行った。**図表 4.7** のケースと同様で、支配される戦略の逐次消去によると、いずれの R の場合でも (80, 80) が唯一の理論予測となる。実験で被験者は、1 つの R の条件下で旅行者ジレンマゲームを 10 回繰り返した（申告の意思決定をした）。すると、次の通り、実験結果は R の大きさに強く依存した。

- **$R = 5$ または $R = 10$ のケース**：(80, 80) の理論予測とは全く異なり、平均申告額は 180 と高い水準で始まり、この 80 から大きく乖離した水準は経験を積んでも持続した。
- **$R = 20$ または $R = 25$ のケース**：平均申告額は 110 から 150 の間で安定的に推移した。
- **$R = 50$ または $R = 80$ のケース**：平均申告額は 120 から 130 付近で始まり、ゲームを繰り返すと、理論予測の 80 付近に迅速に収束していった。

つまり、R が小さいほど、理論予測からの乖離幅が大きかった。1 人のみが勝者となる推測ゲームとは異なり、旅行者ジレンマでは共謀関係の実現が互いに高い利得をもたらす。逸脱の利益は謝礼金 R、逸脱されたときの損失は $-R$ であるが、R が小さければ逸脱の誘惑や裏切られたときの損失リスクに耐え、理論予測とは異なり支配される戦略をとる能力と我慢強さが人にはあることを意味する。これは、現実の人々の意思決定が合理性と推論以外にも左右されることを意味するが、このようなジレンマの下での意思決定は 5 章と 6 章でさらに深く学ぶ。

5章

ナッシュ均衡とジレンマ

支配される戦略の逐次消去で戦略プロファイルを1つに絞ることができるゲームは、多くありません。支配される戦略が1つもないゲームも存在します。

本章では、広い種類のゲームに適用可能な概念である**ナッシュ均衡**（Nash equilibrium）を学びます。

まず5.1〜5.2節で、**純粋戦略ナッシュ均衡**に関する理論と実験・行動経済学事実を学びます。**純粋戦略**（pure strategy）とは、100％の確率でとられる選択のことです。例えばじゃんけんでは、グー、チョキ、パーという3つの純粋戦略が存在します。5.2節で取り上げる実験事例では、解を強支配戦略均衡で求めることもできますが、実験研究の多さを考慮して囚人のジレンマゲーム（prisoners' dilemma game）に焦点を当てます。なお、ナッシュ均衡の概念が適用でき実験研究が盛んな、公共財供給問題と協調問題は、それぞれ6〜7章で学びます。

5.3〜5.4節では、**混合戦略ナッシュ均衡**の理論と行動事実を学びます。**混合戦略**（mixed strategy）とは、複数の選択を確率的にミックスする戦略のことです。例えばじゃんけんでは、グー、チョキ、パーをそれぞれ確率1/3で出す戦略が挙げられます。

5.1 純粋戦略ナッシュ均衡

支配可解の概念では、どの戦略が支配されるか、つまり、どの戦略を選択肢から外せるかという観点から、間接的にベストな戦略を探る。一方でナッシュ均衡では、プレイヤーにとってどの戦略が最適かを直接的に探る。ナッシュ均衡を定義する際に重要な概念は、**最適反応**である。戦略$\tilde{s}_i$がプレイヤーiにとって他のプレイヤーの戦略プロファイルs_{-i}に対する最適反応であるということは、その戦略の選択によりプレイヤーiが自身の利得を最大化できることを意味し、次のように定義できる。

> **定義 5.1** **（最適反応）** 条件 (5.1) を満たす戦略 $\tilde{s}_i$ を、他のプレイヤーの戦略プロファイル s_{-i} に対するプレイヤー i の最適反応と呼ぶ。
>
> 全ての s_i に対して、$u_i(\tilde{s}_i, s_{-i}) \geq u_i(s_i, s_{-i})$ が成り立つ　　　　　　(5.1)

　表記の簡略化のため、s_{-i} に対するプレイヤー i の最適反応（best response）を $BR_i(s_{-i})$ と書く。この表記法では、条件 (5.1) が成り立つとき、$BR_i(s_{-i}) = \tilde{s}_i$ である[*1]。

　本節では純粋戦略に絞って議論をするため、利得関数 u は、利得表（例：**図表 4.1**）に対応する純粋戦略からなる戦略プロファイルに対する利得を示す（なお、混合戦略の場合は、信念を基に計算する期待効用が利得として用いられる）。ナッシュ均衡は、①各プレイヤーの合理性が共有知識であり、②全てのプレイヤーが相手の選択に対する自身の信念の下で利得最大化行動をとるという前提の下で、<u>プレイヤーが互いに最適反応し合っている状態</u>を示し、次の**定義 5.2** で定義できる。最適反応し合っている状態とは、<u>どのプレイヤーにとっても均衡から逸脱するインセンティブがない</u>ことを意味する。つまり、ナッシュ均衡は自己拘束的な暗黙の合意（self-enforcing contract）と解釈できる。

> **定義 5.2** **（純粋戦略ナッシュ均衡）** N 人がプレイするゲームで、全プレイヤー i に対して条件 (5.2) が成り立つとき、戦略プロファイル $(s_1^*, s_2^*, \cdots, s_N^*)$ は純粋戦略ナッシュ均衡である。
>
> 全ての s_i に対して、$u_i(s_i^*, s_{-i}^*) \geq u_i(s_i, s_{-i}^*)$ が成り立つ　　　　　(5.2)

　図表 5.1 (a) ～ (d)は**図表 4.1** の 4 つの 2×2 ゲーム、(e)は**図表 4.2** の 3×3 ゲーム、(f)は別の 3×3 ゲームである。ゲーム 1 ～ 4 では、プレイヤー 1 とプレイヤー 2 の両方にとって、A と B という 2 つの純粋戦略がある。ゲーム 5 ～ 6 では、プレイヤー 1 にとって A、B、C という 3 つの純粋戦略、プレイヤー 2 にとって a、b、c という 3 つの純粋戦略がある。

　ゲーム 1 では、下線を引いた太字の数値が示す通り、プレイヤー 1 の最適反応は相手の戦略によらず常に戦略 B、つまり、$BR_1(A) = B$、$BR_1(B) = B$ である。同様に、下線なしの太字の数値が示す通り、プレイヤー 2 の最適反応も常に戦略 B であり

[*1]　ゲームによっては、プレイヤー i にとって s_{-i} に対する最適反応戦略が複数存在する可能性があり、$BR_i(s_{-i})$ は最適反応戦略の集合を表すと考えるべきである。そのため、$\tilde{s}_i$ は最適反応戦略の一つとして $\tilde{s}_i \in BR_i(s_{-i})$ と記すのが正確である（ただし、記号 $\in$ は最適反応戦略の集合 $BR_i(s_{-i})$ に $\tilde{s}_i$ が含まれることを意味する）。ここでは数式の煩雑さを避ける目的で、厳密性を犠牲にして簡単な表記法を用いた。

図表5.1 最適反応と純粋戦略ナッシュ均衡

(a) ゲーム 1

プレイヤー 2

プレイヤー 1	A	B
A	10, 10	1, **15**
B	**15**, 1	(5, 5)

(b) ゲーム 2

プレイヤー 2

プレイヤー 1	A	B
A	(**8, 8**)	0, **8**
B	**8**, 0	(**12, 12**)

(c) ゲーム 3

プレイヤー 2

プレイヤー 1	A	B
A	(**8, 8**)	0, 5
B	5, 0	(5, 5)

(d) ゲーム 4

プレイヤー 2

プレイヤー 1	A	B
A	**1**, −1	−1, **1**
B	−1, **1**	**1**, −1

(e) ゲーム 5

プレイヤー 2

プレイヤー 1	a	b	c
A	**5**, 10	3, 5	(**5, 12**)
B	3, 4	2, **9**	4, 6
C	4, 7	**4**, 9	3, **10**

(f) ゲーム 6

プレイヤー 2

プレイヤー 1	a	b	c
A	**5**, 10	3, 5	(**5, 12**)
B	3, 4	**5**, 9	4, 6
C	4, 7	4, 9	3, **10**

注）各セルの左の数値はプレイヤー 1 の利得、右の数値はプレイヤー 2 の利得である（以下、他の利得表でも同様である）。下線を引いた太字の数値はプレイヤー 2 の戦略を所与とした場合のプレイヤー 1 の最適反応戦略を、下線のない太字の数値はプレイヤー 1 の戦略を所与とした場合のプレイヤー 2 の最適反応戦略を示す。純粋戦略ナッシュ均衡は丸で囲んだ戦略プロファイルである（つまり、ここでは 2 つの数値がともに太字のセルが該当する）。

$(BR_2(A) = B$、$BR_2(B) = B)$、故に純粋戦略ナッシュ均衡は (B, B) と一意に定まる。

同様に、ゲーム 2 とゲーム 3 で各プレイヤーの最適反応戦略を見ると、共に (A, A) と (B, B) が純粋戦略ナッシュ均衡とわかる。このことは、ゲームには<u>ナッシュ均衡が複数存在するものもある</u>ことを意味する。一方で、ゲーム 2 とゲーム 3 では、プレイヤーの最適反応の構造は異なる。具体的には、ゲーム 2 では、$BR_1(A) = \{A, B\}$、$BR_2(A) = \{A, B\}$ が示す通り、相手が戦略 A を選択する場合、プレイヤーにとって戦略 A と B は無差別である。ゲーム 3 では、相手の戦略に対する最適反応戦略は一意に定まる（例：$BR_1(A) = A$、$BR_1(B) = B$）。

4.2 節で、**図表 4.1** (b) のゲーム 2（＝**図表 5.1** (b)）では戦略 B が弱支配戦略であ

ると学んだ。仮に弱支配される戦略の逐次消去を適用すると、ナッシュ均衡 (A, A) が消去されてしまう。ナッシュ均衡 (B, B) が (A, A) より両プレイヤーにとって望ましい戦略プロファイルであるが、別のナッシュ均衡を消去してしまうという弱支配される戦略の逐次消去の潜在的な問題点を示唆している。

　純粋戦略ナッシュ均衡は、<u>常に存在するとは限らない</u>。その例は、**図表 5.1** (d) のゲーム 4（マッチング・ペニー）で見ることができる。ここでは、2 人のプレイヤーが同時に硬貨を出し、戦略 A は表、戦略 B は裏であるとしよう。両プレイヤーが出した硬貨の上面が、2 枚とも表 (A, A) か、2 枚とも裏 (B, B) ならプレイヤー 1 が相手の硬貨を獲得でき、表と裏が 1 枚ずつ (A, B) か (B, A) ならプレイヤー 2 がプレイヤー 1 の硬貨を獲得する。最適反応のパターンは $BR_1(A) = A$、$BR_1(B) = B$、$BR_2(A) = B$、$BR_2(B) = A$ であり、純粋戦略ナッシュ均衡は存在しない。

　純粋戦略ナッシュ均衡の求め方は、**図表 5.1** (e) のゲーム 5、(f) のゲーム 6 のように、戦略の数が増えても、またプレイヤーの数が増えても変わらない。一般に、プレイヤー数 N や純粋戦略の数によらず、純粋戦略ナッシュ均衡は存在しないこともあり、また複数個存在することもある。

　ナッシュ均衡の概念について強調すべき点として、**相手の戦略に対する信念**がある。互いに相手の戦略に対して最適反応戦略をとっている状態がナッシュ均衡であるが、これが成り立つためには相手の戦略を正しく予想しなければならない。例えば、ゲーム 5 でナッシュ均衡 (A, c) が実現するには、プレイヤー 1 はプレイヤー 2 が戦略 c をとると正しく予想し、同様にプレイヤー 2 はプレイヤー 1 が戦略 A をとると正しく予想しなければならない。仮に、プレイヤー 1 が戦略 B をとるとプレイヤー 2 が予想するなら、プレイヤー 2 は戦略 c ではなく戦略 b をとるだろう。なお、ゲーム 1（囚人のジレンマゲーム）では、戦略 B が強支配戦略でもあるため、自身の利得を最大にする戦略は相手の戦略選択に依存しない。そのため囚人のジレンマでは、ナッシュ均衡 (B, B) の実現が自然な推論かもしれないが、これが本当かどうかは実験・行動経済学において検証が必要な問いであり、推測の域を出ない。

　ナッシュ均衡が互いに逸脱インセンティブのない状態であることを考えると、プレイヤーが**戦略的取引を繰り返し、十分な取引経験**を積めば、最終的にプレイヤーは相手がナッシュ均衡戦略をプレイすると予測しナッシュ均衡が実現するのではないかとも推測できるがどうだろうか？　さらに、ゲーム 2、ゲーム 3、ゲーム 6 のようにナッシュ均衡が複数存在する場合には、プレイヤーがどれを選択するかという答えをナッシュ均衡は提供しないため、別の概念を基にどの均衡が実現するか考察する必要がある。複数のナッシュ均衡がある戦略的状況における均衡選択問題は 7 章で学ぶ。

5.2 囚人のジレンマゲーム実験

図表 5.1(a)のゲーム 1（囚人のジレンマゲーム）は、**図表 5.2** のように一般化できる（a, b, c, d は利得を表す）。各プレイヤーは協力（<u>C</u>ooperate）と裏切り（<u>D</u>efect）を同時手番で選択する[*2]。利得表の特徴として、次の 2 つの条件がある。

図表 5.2　囚人のジレンマゲーム

プレイヤー 2

プレイヤー 1	C（協力）	D（裏切り）
C（協力）	a, a	c, b
D（裏切り）	b, c	d, d

注）利得表の数値は、2 つの条件 $b > a > d > c$、$2a > b + c$ を満たす。

【条件 1】 $b > a > d > c$：相互協力(C, C) からの利得 a は相互裏切り(D, D) からの利得 d より大きい（つまり、$a > d$）が、(C, C) からの逸脱インセンティブがある状況（つまり、$b > a$）を指す。また、(C, C) から裏切られ (C, D) が実現したときに、裏切られた者の利得が (D, D) の利得より小さい（つまり、$d > c$）。

【条件 2】 $2a > b + c$：相互協力が 2 人の利得の合計を最大化する<u>社会的最適</u>な戦略プロファイルである。

図表 5.2 では (D, D) が唯一のナッシュ均衡である。(D, D) の状態で裏切りから協力に逸脱すると、逸脱したプレイヤーの利得が d から c に減少するように、<u>逸脱インセンティブが存在しない</u>。

　我々の社会や組織では、囚人のジレンマ構造を示す様々な事象が存在する。気候変動など日本と他国との間での国際協力の問題、1.1 節で例示した複占における企業間競争、Uber ドライバーと乗客の間のようなサービス提供者と顧客の取引、職場での労働や協力をめぐる同僚間の戦略的関係、日常生活での隣人との社会的活動や環境配慮への関わり合いなど、スケールの大小を問わず様々な例が挙げられる。

　経済実験では、ニュートラル・フレーミングが使用される（1.2 節 **2**）。「協力」、

[*2] 逐次手番の囚人のジレンマも存在する。8 章で逐次手番ゲームを扱うが、紙数の都合で、逐次手番の囚人のジレンマゲームは扱わない（最後通牒ゲームと信頼ゲームを扱う）。

「裏切り」という用語は使わず、また現実の事例や研究目的も説明せず、抽象的なラベル、例えば A と B が戦略を指す用語として使用され、できるだけバイアスや実験者需要効果を誘発しないよう慎重にルールが被験者に説明される。膨大な囚人のジレンマゲーム実験がこれまで行われてきたが、本節では、アーンら [Ahn *et al.*, 2001]、チャーネスら [Charness *et al.*, 2016]、フェアとフィッシュバッハ [Fehr & Fischbacher, 2004]、亀井とプッタマン [Kamei & Putterman, 2018]、亀井 [Kamei 2018, 2020a]、亀井ら [Kamei *et al.*, 2023b]、ジョーンズ [Jones, 2008]、クーパーら [Cooper *et al.*, 1996]、アンドレオニとミラー [Andreoni & Miller, 1993]、エンブレイ [Embrey *et al.*, 2018] の経済実験研究を紹介することで、ジレンマ下での人々の行動特性を学ぶ。

1 利得表の構造と協力率

図表 5.2 で $b>a>d>c$ を満たす囚人のジレンマにおいて、相互裏切りが唯一のナッシュ均衡である点は、利得表の相対的な数値の大きさにかかわらず常に成り立つ。一方で、現実の人々が理論の予測通りに行動するかはわからない。過去の経済実験研究によると、理論予測に反して協力を選択する人が多数存在する。被験者属性によるが、多くの研究では、大体 30 ～ 70 ％の人が 1 回きりの囚人のジレンマゲームでも協力を選択する。アーンら [Ahn *et al.*, 2001] の研究では、アナトール・ラパポートや様々な心理学者が議論する利得表に関する 2 つの特徴である**貪欲**と**恐怖**が現実の人の協力選択に与える影響を実験室内実験で考察した。貪欲、恐怖は次の式で定量化される。

- **貪欲** (greed)：相互協力から（相手を搾取しようと）裏切りに逸脱する誘惑を指し、**図表 5.2** の記号を用いれば、貪欲は $b-a$ で定義される。
- **恐怖** (fear)：相互裏切りより低い利得に陥る恐れを指し、**図表 5.2** の記号を用いれば、恐怖は $d-c$ で定義される。

貪欲が小さく、また恐怖が小さいほど、協力を選ぶ人が多いというのがアーンらの仮説である。また、アナトール・ラパポートは、貪欲と恐怖の絶対的な大きさより、それらの利得表における相対的な大きさが重要かもしれないとして、貪欲と恐怖をそれぞれ $b-c$ で割った量として、**基準化した貪欲**（normalized greed）$(b-a)/(b-c)$、**基準化した恐怖**（normalized fear）$(d-c)/(b-c)$ を定義した。$b-c$ は (C, D) が実現した際の協力者と裏切者の利得の差である。なお、ナッシュ均衡 (D, D) に対して相互協力 (C, C) が実現した場合の利益差は $a-d$ である。基準化し

た相互協力利益差 $(a-d)/(b-c)$ を合わせて考慮し、単純な足し算をすれば次の式が成り立つ。

(基準化した貪欲) + (基準化した恐怖) + (基準化した相互協力利益差) = 1

この式は 3 つのファクターの圧力を表し、貪欲と恐怖が小さくなればなるほど、相互協力のメリットが相対的に高まることを意味する。

被験者内計画（1 章）を用いてプレイヤーが各利得構造で 1 回のみプレイする実験を行ったアーンら [Ahn *et al.*, 2001] が利用した利得表を、結果と共に**図表 5.3** に示す。ベースの設定は**図表 5.3** (a) ゲーム 1 の利得表である。ゲーム 1 での協力行動を見ると、ナッシュ均衡に反して 44％の人が協力を選んだ。一方で、**図表 5.3** (b)〜(c)のように恐怖、貪欲それぞれを大きくすると、協力率（協力を選んだ被験者の割合）は低下するが、ゲーム 1 とゲーム 3 の比較が示す通り、特に、貪欲が協力を妨げ、人々に理論通りの裏切り行為をとるように促すとわかる。

次に、チャーネスら [Charness *et al.*, 2016] は、1 回きりの囚人のジレンマ取引で

図表 5.3　貪欲と恐怖の影響：アーンら [Ahn *et al.*, 2001] の実験結果

プレイヤー 2

		C	D
プレイヤー 1	C	100, 100	50, 110
	D	110, 50	60, 60

(a) ゲーム 1 （協力率＝44％）

プレイヤー 2

		C	D
プレイヤー 1	C	100, 100	**20**(= **50 − 30**), 110
	D	110, **20**(= **50 − 30**)	60, 60

(b) ゲーム 2 （恐怖を大きくしたもの、協力率＝37％）

プレイヤー 2

		C	D
プレイヤー 1	C	100, 100	50, **140**(= **110 + 30**)
	D	**140**(= **110 + 30**), 50	60, 60

(c) ゲーム 3 （貪欲を大きくしたもの、協力率＝32％）

注）(b)と(c)の利得表では、(a)と異なる部分を太字にした。アーンらは、1 回きりの囚人のジレンマゲーム実験の前に別のゲームを被験者にプレイさせたが、その影響は大きくなかったため、ここでは囚人のジレンマゲーム実験での全ての観測データを集計した結果を示す。

の人々の協力行動を測るために、**図表 5.4**(a)の利得表を使用した。相互協力からの利得 a として4種類（3ドル、4ドル、5ドル、6ドル）を設定し、被験者間計画に基づき、各被験者に4つのトリートメントのうち1つの条件下でのみ意思決定させた。アーンら [Ahn et al., 2001] が用いた用語で実験設定を解釈すると、相互協力からの利得が大きくなれば、恐怖ファクターが一定に保たれた状態で、貪欲ファクターが低下する、といえる。

図表 5.4(b)に、実験で協力を選択した被験者の割合を示す。相互協力からの利得が大きいほど、人は裏切りではなく協力を選んだことがわかる。チャーネスらは、他の人々の協力行動に対する信念（どの程度人々が協力を選択すると思うか）を被

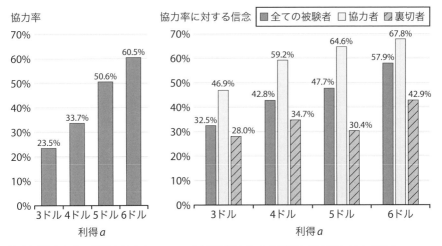

図表 5.4　相互協力からの利得の影響：チャーネスら [Charness et al., 2016] の実験結果

(a) 囚人のジレンマゲームの利得表

(b) 相互協力からの利得と協力率

(c) 相互協力からの利得と協力率に対する信念

注）(a)の相互協力からの利得 a は3ドル、4ドル、5ドル、または6ドル。他の多くの実験とは異なり、実験通貨ではなく、直接的に現金が利得表の単位として使用され、それを基に被験者に支払いがなされた。

験者に尋ねた。それによると、相互協力からの利得が大きいほど、その信念は大きかった（**図表 5.4**(c)の「全ての被験者」のバー）。**図表 5.4**(c)の「協力者」「裏切者」それぞれのバーが示す通り、信念の平均を囚人のジレンマゲームでの選択で分けて計算すると興味深いパターンが見えてくる。つまり、裏切者に比べて協力者は、囚人のジレンマ下であっても皆も協力を選択すると予想する傾向にある。

　チャーネスらの実験では、各被験者は実験室内で互いを特定できる情報が何もないように、コンピューター上でランダムに相手とマッチして囚人のジレンマゲームをプレイした。このような**匿名**の相手との**1 回きり**の取引であっても理論予測と異なり協力を選択する人がいるという事実は、自身の金銭利得最大化を前提とした経済理論が妥当ではない可能性を示唆する。過去 30 年以上に及ぶ研究により、人の効用は自身の金銭報酬だけでなく、**他人が得る報酬の大きさや他人から自身への意図（善意や悪意）によって影響を受ける**ことがわかっており、様々な理論的定式化もなされている。利己的でない選好に関する理論の紹介は 9 章に譲る。

▌2 協力規範強化のための第三者による罰則

　前項では、自身の利得最大化に反して協力を選択する人が多くいると学んだが、協力を選択したにもかかわらず裏切られた場合に人はどう反応するだろうか？　この問いを考察するために亀井とプッタマン [Kamei & Putterman, 2018] は、**通報（ゴシップ）**の可能性を含めた 2 期間からなる囚人のジレンマゲーム実験を行った。各期のジレンマでマッチする相手が異なるパーフェクト・ストレンジャー・マッチングが使用され、2 期とも同じ利得表（**図表 5.5**(a)）が用いられた。実験の流れは次のようにまとめられる。

《**ステップ 1**》各プレイヤーは協力か裏切りのどちらかを選択する。その選択は2 期間両方に適用される。彼らはランダムに他のプレイヤーとマッチし、1 期目の囚人のジレンマゲームの結果と利得が**図表 5.5**(a)に基づき決定される。

《**ステップ 2**》各プレイヤーは 1 期目終了後に、相手がとった戦略（協力または裏切り）を、その相手の 2 期目の相手に通報するか意思決定する。

《**ステップ 3**》2 期目のゲームの相手がコンピューターによりランダムに割り当てられる。各プレイヤーは、2 期目にマッチした相手の戦略をその相手の 1 期目の相手によって通報された場合には、ステップ 1 で選択した自身の戦略（協力か裏切り）を変更できる。通報を受けなかった場合は、ステップ 1 で選択した戦略がそのまま自身の選択となる。

図表 5.5 相手の行動の通報：亀井とプッタマン [Kamei & Putterman, 2018] の実験結果

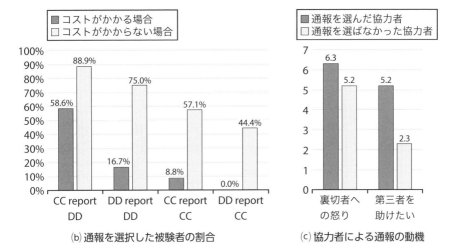

注）(b) で CC は協力者、DD は裏切者を示す。例えば「CC report DD」の棒グラフは、1 期目に裏切者と交流した協力者のうち通報を選んだ協力者の割合を示す。コストがかかる場合の棒グラフは、通報コストが 1 ドル、0.50 ドル、0.05 ドルの 3 つのトリートメントのデータ全てを含む値である。他の多くの実験とは異なり、実験通貨ではなく、直接的に現金が利得表の単位として使用され、それを基に被験者に支払いがなされた。

プレイヤーが利己的で自身の利得の最大化行動をとると仮定した場合、プレイヤーの通報行動は通報する費用によって決まる。各プレイヤーが相手とプレイするのは、多くて 1 回である。利己的個人は囚人のジレンマで常に裏切りを選択する。通報に費用がかかる場合は、利己的個人が通報を行うことはない。通報に費用がかからない場合は、（通報により流された情報が自身の金銭報酬に影響を与えることがないため）ランダムに通報の意思決定をすると予測される。

一方で、ステップ 2 でとられた通報は、協力を選択しなかった相手（裏切者）が 2 期目に裏切りで誰かを搾取する機会を狭める効果をもつ。つまり通報は、協力を選択した第三者を助け、また同時に、裏切者が別の協力者を搾取しさらに高い利得

を獲得するのを防ぐ。亀井とプッタマンは、被験者間計画に基づき通報コストを変えることで（1 ドル、0.50 ドル、0.05 ドル、0 ドル）、4 種類のトリートメントの実験を行った。現実に通報するには心理的コストや時間などがかかることがある。実験における通報コストの設定はそのモデル化である。経済学では、心理的負担など非金銭的コストも全て金銭換算し考慮するが、通報行為は通報する側にとってもタダではない。

実験では、約 50 ～ 60 ％の被験者が協力を選択した。通報行動に関する実験結果（**図表 5.5**(b)）を見ると、特に通報コストがかからない場合に人は頻繁に通報を選んだ。裏切り行為の通報は抑止力になる一方で、協力行為の通報は、将来マッチする協力者にとって安心して相互協力を目指すことを可能にする。

通報コストがかかる場合には、通報行動が遥かに少なかった。このことは、現実には全ての情報がゴシップとして流れるわけではないことを意味する。しかしながら、1 期目に裏切者に搾取された協力者は、仮に通報コストがかかっても頻繁に通報を選んでいた[*3]。亀井とプッタマンは、通報の動機を考察するために、実験実施後に被験者にアンケート調査を実施した。被験者は、7 段階評価で次の 2 つの質問に答えた。

- 1 期目の相手の選択に対してどう感じるか？（1 ＝非常に嬉しい、……、4 ＝嬉しくもなく怒りも覚えない（中立）、……、7 ＝非常に怒りを覚える）
- 1 期目の相手がマッチする 2 期目のプレイヤーを、通報によってどの程度助ける義務があると思うか？（1 ＝全く義務はない、……、7 ＝強い義務がある）

調査結果（**図表 5.5**(c)）によると、通報を選んだ協力者は選ばなかった協力者に比べ、搾取した裏切者に強い怒りを覚え、また、第三者を助けたいと強い義務感をもっていた。このことは、前項末で触れたように、経済合理性と金銭報酬の最大化のみでは人の行動が説明できないことを意味する。

通報行動を亀井とプッタマンによる実験で概観したが、囚人のジレンマ下での他人の取引を自ら目撃したり、他の人から裏切り行為の情報を得たりした場合、人は（見て見ぬふりをせずに）罰則など何らかの協力規範遂行のための行動をとるだろうか？　このように、囚人のジレンマ下での取引を観測した**第三者による罰則**（third-party punishment）に関する実験・行動経済学研究も盛んである。

[*3]　通報コストが正である限りは、コストの大きさが通報頻度に与える影響はあまりなかった。その事実を踏まえ、**図表 5.5**(b)ではコストがかかるか否かでデータを分けて概要を示している。

■ **単独の第三者による規範遂行** フェアとフィッシュバッハ [Fehr & Fischbacher, 2004] は、各グループ3人からなる設定で実験を行った。3人のうち2人は**図表 5.6**(a)に示す囚人のジレンマゲームをプレイし、残り1人が第三者としてゲームの結果に応じて他の2人に罰則を科した。第三者は40ポイントの初期保有を与えられ、それを罰則でどう使うか決定した。罰則の遂行はタダではなく、1ポイントのコストを払うごとに相手の利得を3ポイント減らせると設定された。第三者が罰則のために掛けたコストを**罰則ポイント**（punishment points）と呼ぶ。人の利己性を前提とした理論予測は明白である。罰則遂行にはコストがかかる（自身の利得を減らす）ため、自分の利得最大化を考える第三者が罰則活動を担うことはない。

協力者、裏切者それぞれに対する第三者の罰則結果を**図表 5.6**(b)に示す。罰則のターゲットがマッチした相手が協力者か裏切者かの列で罰則行動が変わる可能性

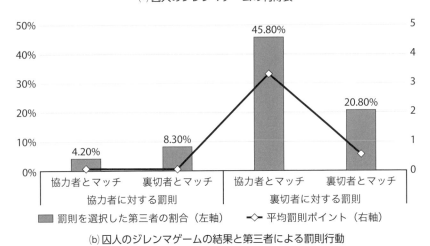

図表 5.6 第三者による罰則遂行：
フェアとフィッシュバッハ [Fehr & Fischbacher, 2004] の実験結果

注）実験は実験通貨（ポイント）で行われ、実験通貨1ポイント＝0.37スイスフランで換算され報酬が支払われた。罰則を受けた人は、罰則を科した側が費やしたコストの3倍の損失を負った。

があるため、誰にマッチしたかも条件付けした。それによると、高い確率で裏切者が罰則を受けたとわかる。特に、協力者とマッチし搾取した裏切者が強い罰則を受けている。自らにコストがかかっても規範逸脱を正そうとする行動は、人が利己的でない選好をもつ 1 つの証左である。

なお、このように裏切り行為は直接当事者でない第三者からの強い罰則ターゲットになるものの、罰則に裏切りを抑止するほどの強い効果はない点に留意が必要である。**図表 5.6**(b)が示す通り、第三者は協力者を搾取した裏切者に約 3.35 ポイントを費やして罰則を科し、それにより裏切者は 10 ポイント程度の利得減少を経験するが、それでも総合すると約 45 (= 55 − 10) ポイントの利得を得る。これは相互協力の利得に匹敵する大きさである。

一方亀井 [Kamei, 2018] は、**罰則行動の可視化**を図れば、恥（shame）やプライド（pride）などの心理的効果が第三者に誘発され、罰則規範が強化されると提案した。**図表 5.6**(a)と同じ利得表を用いて、亀井は 2 種類のトリートメントを被験者間計画で実施した。1 つ目はフェアとフィッシュバッハ [Fehr & Fischbacher, 2004] と同一の設定（標準設定）であり、囚人のジレンマゲームの結果を踏まえて第三者が独立に罰則に関して意思決定する。2 つ目は**可視化**のトリートメントである。この環境でも第三者は、標準設定と同様な形で独立に罰則を決定するが、自身の罰則行動がランダムに他の第三者に知らされる。罰則行動の他者への情報伝達以外は完全に匿名であり、例えば個人属性や身元が明らかにされることはない。この制御の利いたデザインにより、情報伝達に伴う心理的効果のみを識別することが可能である。

図表 5.7 に示すように、罰則行動の可視化は罰則規範の強化に繋がった。まず、協力者を搾取した裏切り行為に対する罰則ポイントの付与量が 2 倍以上になった。次に、標準設定では協力者に罰則が科されてしまうケースも 25％を超える頻度であったが、罰則行動の可視化はそのような間違った方向への罰則を抑止する効果もあった。望ましい規範強化に反する誤った対象に対する罰則は社会的ジレンマにおける大きな問題の一つであり（6 章）、歴史・文化や国、社会を取り巻く環境（例：法制度、経済体制）が反社会的罰則の頻度に影響する。なお、フェアとフィッシュバッハはスイスで、亀井は英国で実験を実施したことが、標準設定での罰則行動の若干の違いに影響した可能性がある。

図表 5.7 罰則の可視化と第三者による罰則遂行：亀井 [Kamei, 2018] の実験結果

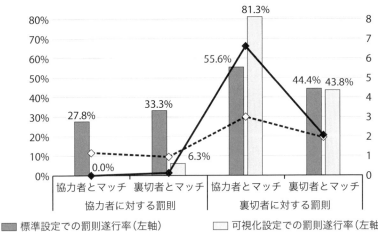

注) 実験通貨 1 ポイント＝0.2 英ポンド。標準設定はフェアとフィッシュバッハの実験 [Fehr & Fischbacher, 2004] と同じ設定である。罰則を科した人は罰則ポイントの分だけ、また罰則を受けた人は罰則ポイントの 3 倍の額の損失を被った。

■ **複数の第三者による規範遂行**　複数の第三者が誰かの規範逸脱に直面した場合、第三者はどのように罰則を科そうとするだろうか？　自分は見て見ぬふりをして他の第三者の罰則に**ただ乗り**（free ride：**フリーライド**）しようとするだろうか？　それとも、他人には委ねずに**自ら逸脱を正そう**と動くだろうか？　この問いは亀井 [Kamei, 2020a] と亀井ら [Kamei et al., 2023b] によって考察された。

亀井 [Kamei, 2020a] は、既存実験との比較が容易となるよう、第三者がいる囚人のジレンマ実験で、**図表 5.6** (a)の利得表を用い、各グループ内の第三者の数を 1 人、2 人、4 人、10 人と変えることで、第三者の数と罰則行動の関係を考察した。

まず、囚人のジレンマゲームでの戦略選択を見ると、周りにいる第三者の数が多いほど、人は協力を選択した。囚人のジレンマでの協力率は、第三者の数が 1 人、2 人、4 人、10 人のときにそれぞれ 47.9％、53.5％、64.6％、70.8％であった。

次に、第三者の罰則行動を見ると、第三者の数にかかわらず、裏切者が協力者より頻繁に、そして強い罰則を受けた。特に協力者を搾取した裏切り行為が罰則の対象になった。これは「単独の第三者による規範遂行」のところで議論したフェアとフィッシュバッハ [Fehr & Fishbacher, 2004] の実験結果と同じパターンである（詳細は割愛）。望ましい社会規範の強化に最も重要なのは、協力者を搾取した裏切り

に対する罰則である。その罰則に焦点を当てて、第三者1人当たりの罰則ポイントと裏切者が受け取った総罰則ポイントの平均を計算したものが**図表 5.8** である。(a)は、罰則を科す選択をした第三者の割合を示す。周りに他の第三者がいるか否かにかかわらず、ほぼ同程度の第三者が罰則を科す決断をしたことがわかる。(b)は、第三者1人当たりの罰則強度であり、それはグループにいる第三者が1人のみ（自身のみ）、2人（自身と他1人）、4人（自身と他3人）、10人（自身と他9人）と大きくなっていくと、4.1 ポイントから 2.7 ポイントと徐々に小さくなるように、周りに他の第三者が多くいればいるほど弱いとわかる。しかし、この負の相関は十分小さいため、裏切者が受ける総罰則ポイントは第三者の数が多いほど大きくなる。例えば第三者が10人いれば（「10人」のバー）、第三者1人当たりが費やす罰則ポイント数は 2.72 罰則ポイントと若干弱いが、10人から罰則を受けるため裏切者は合計約 27 罰則ポイント、すなわち 81(＝27×3) ポイントの利得損失を負うような極めて強い罰則を受ける。つまり、囚人のジレンマゲームを観測する十分な数の第三者が周りにいれば、裏切りに対する強い抑止力になるのである。

**図表 5.8　第三者の数と協力者を搾取した裏切りに対する罰則：
亀井 [Kamei, 2020a] の実験結果**

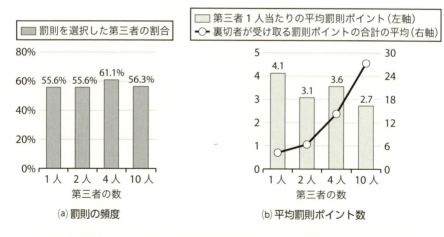

(a) 罰則の頻度　　(b) 平均罰則ポイント数

注）実験通貨 6 ポイント＝1 英ポンド。罰則を受けた裏切者の利得損失は、(b)に示す受けた平均罰則ポイント数に第三者の数を乗じ、それを 3 倍したものである。

一方、亀井ら [Kamei et al., 2023b] は、周りにいる第三者の数の効果を測る囚人のジレンマ実験を英国とインドで行い、罰則行動の国際比較を行った。人類学における国の分類によると、**血族主義の強さ**（kinship tightness）は英国で弱く、イン

ドで強いとのことだが、ジョセフ・ヘンリッヒらの人類学者は、社会における血族関係の強さが人々の規範遂行行動に影響すると提唱する。このことを反映してか、亀井らの実験 [Kamei *et al.*, 2023b] は英国とインドで正反対の結果を提供した。英国では、亀井の実験 [Kamei, 2020a] と整合的で、周りにいる第三者の数が多いほど第三者1人当たりの罰則活動が低下し、第三者は他の第三者の罰則にただ乗りする傾向が見られた。一方でインドでは、周りに第三者が多くいればいるほど、第三者は頻繁に、そして強く規範逸脱者に罰則を科した。他の第三者の存在が、人々の間で社会心理的効果を誘発し罰則を促した可能性がある。このような2国間での結果の相違は、社会規範や行動特性を考察する際に、**国民性、歴史、文化や法制度など国を取り巻く状況の違いが無視できない**ことを意味している。

3 認知能力と協力率

　囚人のジレンマでの協力行動には認知能力が関係する。ジョーンズ [Jones, 2008] は、米国の大学生を対象に行われた過去36個の囚人のジレンマゲーム実験の意思決定データと、(被験者の知力指標として) それぞれの実験実施大学における大学進学のための標準テストであるSAT、ACTのスコアの間の相関関係を調べた。サンプルの多さから、繰り返し囚人のジレンマゲームを対象としている。回帰分析を基にジョーンズは、知力と協力の選択の間には正の相関があることを報告した。

　知力が協力を促すという事実は、ゲームを繰り返さず評判の効果がない1回きりの囚人のジレンマにも適用される。例えば本節 1 で取り上げたチャーネスらの実験 [Charness *et al.*, 2016] でも、被験者のSATスコアが収集され、そのスコアと1回きりの囚人のジレンマでの協力行動との間の相関関係が分析された。それによると、SATスコアが高い被験者ほど協力を選択していた。

　知力が高ければ高いほど、ジレンマという利得構造に対する人々の理解は深い。それにもかかわらず知力の高さと協力に正の相関があるという事実は、人が利己的でない選好をもつという命題を強固にする。

┌─────┐
│ コラム │ 5.1 ◆ 認知反射と協力行動
└─────┘

　　認知能力の全ての側面が協力を促すとは限りません。例として、3章のコラム3.2で紹介した**認知反射**を取り上げましょう。認知反射テスト (CRT) は直感的な考えを抑制し、落ち着いて考える能力を測るテストです。筆者は、2010年に米国ブラウン大学で、2人公共財ゲーム実験 (6章) を、同大学の学生を被験者として実施しまし

た。このゲームは連続型の囚人のジレンマゲームです。各被験者はペアに割り当てられ、それぞれ20ポイントを初期財産として保有し、ペアにいくら貢献するかを意思決定しました。被験者iの貢献額をx_iとすれば、iの利得は

$$u_i(x_i, x_j) = 20 - x_i + 0.6(x_i + x_j)$$

です（jはiのパートナー）。（本節で扱う）囚人のジレンマゲームとの違いは、協力か裏切りかという2択ではなく、公共財ゲームでは協力の度合いを貢献額（0～20の間の値）という形で指定します。このゲームでは、追加的に1ポイントをペアに貢献（投資）すると、自身へのリターンは0.6ポイントです（貢献分より小さい）。これを数式で表すと

$$\frac{\partial u_i}{\partial x_i} = -1 + 0.6 = -0.4 < 0$$

となります。この状況では、自身の利得を最大にする利己的個人はペアのために1ポイントすら貢献しようとしません。一方で、貢献は相手にも率0.6で便益を生むため、互いに協力して$x_i = x_j = 20$が実現すれば、利得の総和が最大化されます。つまり、2人とも0（つまり、$x_i = x_j = 0$）を貢献した場合の利得は20（＝20－0＋0.6×0）ですが、2人とも全額貢献すれば、互いに利得32（＝20－20＋0.6×40）を獲得できます。

被験者のCRTスコアと貢献の意思決定の関係を図表5.9に示します。サンプル全体を見ると、平均して財産の29.8％がペアのために貢献されました。サンプルをCRTスコアで分類し、各分類で平均貢献額を計算すると、CRTスコアが高い被験者ほど貢献額が低くなりました。このことは、衝動的にならず利得構造をよく考え落ち着いて意思決定する人ほど、相手の裏切りの可能性を深く考え協力をしないという可能性を示します。

図表5.9　CRTスコアと2人公共財ゲームでの貢献行動

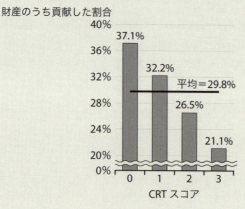

注）CRTスコアは3つの問題に対して正解した数で、0、1、2または3である。

4 繰り返し囚人のジレンマゲーム

　各プレイヤーにとって逸脱インセンティブのない状態がナッシュ均衡である。このことを考えると、プレイヤーが**十分な数の戦略的取引を経験すれば**ナッシュ均衡に行動が収束すると考えるかもしれないがどうだろうか[*4]？

　クーパーら [Cooper *et al.*, 1996] は、2 つの条件下で有限回繰り返しの囚人のジレンマゲーム実験（finitely repeated prisoners' dilemma game）を行った。1 つ目の条件はパーフェクト・ストレンジャー・マッチング、2 つ目はパートナー・マッチングである。この実験では、3 つの明確なパターンが観測されている。まず、協力率はパーフェクト・ストレンジャー・マッチングよりパートナー・マッチングで高かった。同じパートナーとプレイを続ける場合は、自身が協力タイプであるという評判を築き相互協力を相手と実現するメリットは高く（**図表 5.2** の利得表には $2a > b + c$ という条件がある）、またそれが容易であることは想像に難くない。評判が意思決定に与える効果は、クレプスら [Kreps *et al.*, 1982] などミクロ経済学の理論家も数理モデルで提案している。次に動学的意思決定パターンを見ると、経験を経るごとに協力を選択する人の割合が徐々に減少した。このことは、上で触れた「経験」と「ナッシュ均衡への収束」の命題に整合的である。一方で、パーフェクト・ストレンジャー・マッチング条件であっても、協力率は決して 0 ％にはならなかった。このことは、利得最大化が自身の行動原理ではないタイプの存在を意味する。これらの実験結果は非常に頑健であり、後に行われた多くの経済実験で再現されている。有限回繰り返しのジレンマゲームでの行動特性は、特に公共財配分問題の分野で実験事実が豊富にあるため、詳細な議論は 6 章に譲る。

　なお、アンドレオニとミラー [Andreoni & Miller, 1993]、エンブレイら [Embrey *et al.*, 2018] などの研究グループは、有限回繰り返し囚人のジレンマゲーム（**スーパーゲーム**（supergame）と呼ぶ）を被験者に繰り返させる実験を行った。アンドレオニとミラーはスーパーゲームを 20 回繰り返させた。スーパーゲームを繰り返すと、スーパーゲーム内の初期のラウンドでの人々の協力率は上がっていく一方で、終盤のラウンドでの協力率は下がっていくという動学的パターンに収束していった。エンブレイらは、この動学パターンの実現は利得表の特徴に依存し、協力の魅力を削ぐ貪欲や恐怖（本節 **1**）が深刻でないことが求められると提示した。つまり、人は協力が難しくない環境において仮に取引経験が膨大にあれば、自身が

[*4]　囚人のジレンマゲームを有限回繰り返しても、利己的選好と合理性に関する共有知識を前提とすれば、各ゲームでの均衡は裏切りで変わらない（詳細は 6 章と 8 章）。

協力タイプであると評判を築くことを学ぶと同時に、ゲーム理論が予測するような裏切り行為も学んでいくのである。

5.3 混合戦略ナッシュ均衡

マッチング・ペニーゲーム（**図表5.1**(d)のゲーム4）が示すように、純粋戦略ナッシュ均衡は常に存在するとは限らない。そのような例をほかに挙げよう。

図表5.10(a)はサッカーのペナルティキックの例である。キッカーのシュートは常に左か右へ向かい、ゴールキーパーの動く方向と逆にボールを蹴ると得点、そうでなければ無得点と仮定した場合の利得表を示す。**図表5.10**(b)はテニスのサーブの例である。サーブは常に左か右へ向かい、レシーバーの初動の方向と逆にサーブするとポイントが入る確率が高いとした利得表を示す。これらは、一方のプレイヤーが相手と逆の動きをすることが、そして他方のプレイヤーが相手と同じ動きをとることが、それぞれの最適反応戦略であることから、最適反応が重なる点はなく純粋戦略ナッシュ均衡は存在しない。

図表5.10　純粋戦略ナッシュ均衡が存在しないゲームの例

ゴールキーパー

		左	右
キッカー	左	0, **1**	**1**, 0
	右	**1**, 0	0, **1**

(a) サッカー（ペナルティキック）
※左右の方向はキッカーから見たもの

レシーバー

		左	右
サーバー	左	1/3, **2/3**	**2/3**, 1/3
	右	**2/3**, 1/3	1/3, **2/3**

(b) テニス（サーブ）
※左右の方向はサーバーから見たもの

プレイヤー2

		グー	チョキ	パー
プレイヤー1	グー	0, 0	**1**, −1	−1, **1**
	チョキ	−1, **1**	0, 0	**1**, −1
	パー	**1**, −1	−1, **1**	0, 0

(c) じゃんけん

注）下線を引いた太字の数値は、相手の純粋戦略を所与とした場合の(a)キッカー、(b)サーバー、(c)プレイヤー1の最適反応純粋戦略を指す。下線なしの太字の数値は、相手の純粋戦略を所与とした場合の(a)ゴールキーパー、(b)レシーバー、(c)プレイヤー2の最適反応純粋戦略を指す。

戦略やプレイヤーの数が増えても同様な例は多数存在する。例えばじゃんけんはその一つで、**図表 5.10**(c)は 2 人でのじゃんけんの例である。

ナッシュ均衡の存在についてジョン・ナッシュ (1928～2015) [Nash, 1950] は、混合戦略ナッシュ均衡も含めれば、**戦略が有限個で、有限の数のプレイヤーがプレイするゲームには、少なくとも 1 つのナッシュ均衡が存在する**と証明した。

あるプレイヤーの純粋戦略が K 個ある場合、混合戦略は次のように定義できる。

ジョン・ナッシュ (John Nash)
(写真：picture alliance/ アフロ)

> **定義 5.3** (**混合戦略**) プレイヤー i の戦略集合が $S_i = (s_{i1}, s_{i2}, \cdots, s_{iK})$、つまり、可能な純粋戦略が K 個ある場合、それに対する**確率分布** $p_i = (p_{i1}, p_{i2}, \cdots, p_{iK})$ **を混合戦略と呼ぶ**。ここで $p_{ik} (1 \leq k \leq K)$ は、s_{ik}（戦略 k）をプレイする確率であり、全ての k に対して $p_{ik} \geq 0$ であり、$p_{i1} + p_{i2} + \cdots + p_{iK} = 1$（確率の合計が 1）が成り立つ。

例えばじゃんけんで考えると、グー、チョキ、パーをランダムに出す混合戦略は $p_i = (1/3, 1/3, 1/3)$ である。**定義 5.3** から、純粋戦略は混合戦略の一例とみなすこともできる。純粋戦略 k は、$p_{ik} = 1$、$p_{is} = 0$（$s \neq k$）という確率分布、つまり戦略 k を確率 100％で選択する確率分布に対応する。

混合戦略ナッシュ均衡は、純粋戦略ナッシュ均衡と同じロジックで**最適反応**を基に定義される。つまり、他のプレイヤーの混合戦略に対して各プレイヤーが最適な混合戦略を選んでいる状態が混合戦略ナッシュ均衡である。プレイヤー i の混合戦略が p_i、プレイヤー i 以外の混合戦略プロファイルが $p_{-i} = (p_1, \cdots, p_{i-1}, p_{i+1}, \cdots, p_N)$ の場合のプレイヤー i の期待利得を $U_i(p_i, p_{-i})$ と表記しよう。$U_i(p_i, p_{-i})$ は、それぞれの純粋戦略からの利得 $u_i(s_i, s_{-i})$ に対して、プレイヤーの確率 (p_i, p_{-i}) で重み付けした加重平均である。

プレイヤー i にとっての最適な混合戦略（最適反応混合戦略）とは、他の $N-1$ 人のプレイヤーの混合戦略プロファイル p_{-i} を所与として、自身の期待利得 U_i を最大化する混合戦略 p_i である。例えば**図表 5.10**(a)の場合で、ゴールキーパーが左に確率 p で動く場合を考えよう。その場合にキッカーが左にキックすれば、キッカーが獲得する期待利得は $E[u^{左}] = p \times 0 + (1-p) \times 1 = 1-p$ であり、右にキックすれば、キッカーの期待利得は $E[u^{右}] = p \times 1 + (1-p) \times 0 = p$ である。キッカーは

どの確率で左と右にシュートするかを決める。ゴールキーパーの混合戦略に対するキッカーの最適反応混合戦略は、自身の期待利得 $U_i(p_i, p_{-i}) = E[u_i(s_i, s_{-i})] = q \times E[u^{左}] + (1-q) \times E[u^{右}]$ を最大化する確率（左側にキックする確率）q である。ゴールキーパーにとっての最適反応混合戦略も同様に定義できる。

このような直感的な定義でも十分であるが、数式を用いてフォーマルに書けば、**定義 5.4** のように混合戦略ナッシュ均衡を記述できる。

> **定義 5.4** **（混合戦略ナッシュ均衡）** 全てのプレイヤー i に対して条件 (5.3) が成り立つとき、混合戦略のプロファイル $(p_1{}^*, p_2{}^*, \cdots, p_N{}^*)$ は混合戦略ナッシュ均衡である。
>
> $\qquad$ 全ての p_i に対して、$U_i(p_i{}^*, p_{-i}{}^*) \geq U_i(p_i, p_{-i}{}^*)$ が成り立つ $\qquad\qquad$ (5.3)

条件 (5.3) は、$p_i{}^*$ がプレイヤー i の期待利得を最大化する確率分布であることを意味する。なお、**定義 5.4** に関する重要な点として、各プレイヤーが相手がとる混合戦略に対してもつ主観的確率（信念）が正しい、という前提がある。つまり、プレイヤー i が混合戦略を選択する際に、相手のとる混合戦略（例えば、じゃんけんではグー、チョキ、パーそれぞれを相手が出す確率）に関する主観的評価を基に期待利得を計算する。混合戦略ナッシュ均衡が成り立つ状態では、その信念が実際にとられる相手の混合戦略と一致して正しい、という条件が課される。

現実の人々に混合戦略ナッシュ均衡を適用するには、潜在的な問題点がある。その1点目は、正しい信念をもつ難しさである。混合戦略ナッシュ均衡をプレイする場合、正の確率を置いた戦略からは同じ期待利得を生まなければならない。例えば、2人でプレイするじゃんけんで、プレイヤー i がグーを確率 1/3、チョキを確率 1/3、パーを確率 1/3 で選ぶことが均衡であると仮定しよう。この場合、3つの戦略全てに正の確率を置いている。仮にどれかの戦略が他の戦略より高い期待利得を生むのであれば、プレイヤーはその戦略をとる確率を増やすことで利得を増やすことができる。均衡で逸脱インセンティブがないということは、それぞれの戦略から同じ利得を得ていることを意味する。ここでの問題点は、各戦略からの期待利得が、自身ではなく相手 j の混合戦略（グー、チョキ、パーそれぞれの確率）によって決まる点である。例えばプレイヤー i がグーをとったときの期待利得は、（グー、グー）、（グー、チョキ）、（グー、パー）が実現する確率に依存する。期待利得は、各プロファイルからの利得を、実現確率に関する信念（つまり相手がグー、チョキ、パーを出す確率に対する信念）で加重平均をして計算される。しかしながら、各プレイヤーにとって、相手がどう戦略を混合するか確率を予想するのは困難であろう。

5.3 混合戦略ナッシュ均衡 ● 103

2点目の問題点は、仮に相手の混合する確率を正しく予想できたとしても、自身が適切な確率で戦略をミックスできるか疑問である点である。例えば、じゃんけんで3つの戦略をそれぞれ確率1/3で選択したいと思ったとして、プレイヤーiは果たしてそのように選択できるだろうか？ じゃんけんをそれまで2回行い、共にグーを出して負けたとしよう。3回目のじゃんけんでグーを出すことを意図的に避けたりしないだろうか？ これらは実験・行動経済学における問いであり、データを基に意思決定の特徴を検証する必要がある。

1 混合戦略ナッシュ均衡の求め方

混合戦略ナッシュ均衡は、数学における制約付き最適化問題と同様で、各プレイヤーごとに、相手の混合戦略をパラメータで記述し、それを所与の下で定式化できる自身の期待利得を最大化する確率分布を求めれば導出できるが、比較的高度な数学を必要とする[5]。一方で、よく使用される方法として、混合戦略ナッシュ均衡では正の確率でプレイする戦略からは同じ期待利得を生むという原則と最適反応を用いて均衡戦略を計算する直感的方法がある。本項では、この直感的な計算方法をサッカーのペナルティキックを例に学ぶ。

図表 5.11 (a)のように、キッカーが左にボールを蹴る確率をp（右に蹴る確率は$1 - p$）、ゴールキーパーが左に動く確率をq（右に動く確率は$1 - q$）として、キッカーとゴールキーパーそれぞれの最適反応を導出しよう。まずキッカーの期待利得は、左にキックした場合は$u_k(左) = q \times 0 + (1 - q) \times 1 = 1 - q$、右にキックした場合は$u_k(右) = q \times 1 + (1 - q) \times 0 = q$である。従って、所与の$q$に対するキッカーの最適反応は、次のように導出される。

・$u_k(左) > u_k(右)$、つまり$q < 1/2$なら、キッカーは左にボールを蹴る、つまり$p = 1$である。
・$u_k(左) = u_k(右)$、つまり$q = 1/2$なら、キックする方向は左と右で無差別である。
・$u_k(左) < u_k(右)$、つまり$q > 1/2$なら、キッカーは右にボールを蹴る、つまり$p = 0$である。

このキッカーの最適反応$B_k(q)$は、図表 5.11 (b)(i)のようにまとめられる。

----

[5] 最適化問題はカルーシュ・クーン・タッカー条件（Karush-Kuhn-Tucker condition）を基に解けるが、本書の範囲を超えるため省略する。

ゴールキーパーの最適反応も同様に導出できる。ゴールキーパーの期待利得は、キッカーから見て左に動いた場合には $u_g(左) = p \times 1 + (1-p) \times 0 = p$、右に動いた場合には $u_g(右) = p \times 0 + (1-p) \times 1 = 1-p$ である。従って、ゴールキーパーの最適反応は次のように導出される。

- $u_g(左) > u_g(右)$、つまり $p > 1/2$ なら、ゴールキーパーは左に動く、つまり $q = 1$ である。
- $u_g(左) = u_g(右)$、つまり $p = 1/2$ なら、ゴールキーパーの利得は動く方向（左と右）によらず一定である。
- $u_g(左) < u_g(右)$、つまり $p < 1/2$ なら、ゴールキーパーは右に動く、つまり $q = 0$ である。

このゴールキーパーの最適反応 $B_g(p)$ は、**図表 5.11**(b)(ii)のようにまとめられる。

両プレイヤーの最適反応を合わせたものが**図表 5.11**(c)である。それによると、$\{(p, 1-p), (q, 1-q)\} = \{(1/2, 1/2), (1/2, 1/2)\}$ が互いに最適反応し合う状態、つまり混合戦略ナッシュ均衡である。

図表 5.11　ペナルティキックにおける混合戦略ナッシュ均衡

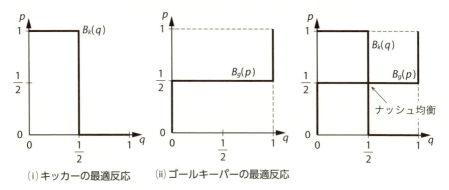

(a) 利得表　※左右の向きはキッカーから見たもの

(i) キッカーの最適反応　(ii) ゴールキーパーの最適反応

(b) 最適反応

(c) ナッシュ均衡

混合戦略ナッシュ均衡が正の確率でプレイすると予測する戦略から同じ期待利得を生むという点も、この例から確認できる。$p = q = 1/2$ のとき、キッカーにとって u_k(左) = u_k(右) = $1/2$、ゴールキーパーにとって u_g(左) = u_g(右) = $1/2$ である。混合戦略の存在が自明な場合は、この原理を活用し混合戦略ナッシュ均衡を迅速に計算することも可能である。その場合は、u_k(左) = u_k(右) と u_g(左) = u_g(右) を解き、得られた解で各プレイヤーに戦略を変えるインセンティブがないことを確認すればよい。

この例では、u_k(左) = u_k(右) から q が次のように計算できる。

$$1 - q = q \Rightarrow q = \frac{1}{2}$$

また、u_g(左) = u_g(右) から p が次のように計算できる。

$$p = 1 - p \Rightarrow p = \frac{1}{2}$$

他のゲームでも、混合戦略ナッシュ均衡が同様に計算できる。**図表 5.1** (d)のゲーム 4（マッチング・ペニーゲーム）では、各プレイヤーがそれぞれランダムに、つまり確率 1/2 で戦略 A、確率 1/2 で戦略 B を選択する戦略プロファイルが混合戦略ナッシュ均衡である。**図表 5.10** (c)のじゃんけんでは、各プレイヤーがグー、チョキ、パーをそれぞれ確率 1/3 で出す戦略プロファイルが、混合戦略ナッシュ均衡である。5.4 節でいくつかのゲームを考察するが、紙数の都合上、（同一の計算方法で導出できるため）混合戦略ナッシュ均衡の計算手続きは省く。

5.4 混合戦略ナッシュ均衡の実際

混合戦略ナッシュ均衡の妥当性を検証する膨大な実験室内実験がこれまでに行われ、その予測力は高いものの、現実の人の意思決定は理論予測と乖離することが多いとわかっており、その例を**1**でいくつか紹介する。**2**では、混合戦略が重要な環境で活躍するプロスポーツ選手が混合戦略ナッシュ均衡をプレイできるか議論する。

1 実験室内実験からの示唆

混合戦略ナッシュ均衡を検証する多くの実験は、**ゼロサムゲーム**（zero-sum game）を用いて行われてきた。ゼロサムゲームとは、各戦略プロファイルで<u>全てのプレイヤーの利得を合計すると 0 になる</u>ゲームである。例として、オニール

106 ● 5 章　ナッシュ均衡とジレンマ

[O'Neill, 1987] が使用した利得表と実験結果を**図表 5.12**(a)に示す。2 人 1 組で行うゲームで、各プレイヤーは 4 枚のカード「1（エース），2, 3, ジョーカー」から 1 枚を同時に選択し、勝ちと負けが利得表のように決まる。勝った場合の利得は＋5、負けた場合の利得は－5 である。各ペアはこのゲームを 105 回繰り返した。この利得表ではナッシュ均衡が 1 つ存在し、それはプレイヤー 1、プレイヤー 2 共に 1、2、3、ジョーカーをそれぞれ 20 ％、20 ％、20 ％、40 ％の確率で選択するという混合戦略ナッシュ均衡である（5.3 節 **1** で説明した方法で導出できる）。なお、純粋戦略ナッシュ均衡は存在しない。**図表 5.12**(a)の各戦略の下に角括弧で示したのは、

図表 5.12　混合戦略ナッシュ均衡の予測力を検証する実験の例

プレイヤー 2

プレイヤー 1		1 [22.6 %]	2 [17.9 %]	3 [16.9 %]	ジョーカー [42.6 %]
	1 [22.1 %]	－ 5, 5	5, － 5	5, － 5	－ 5, 5
	2 [21.5 %]	5, － 5	－ 5, 5	5, － 5	－ 5, 5
	3 [20.3 %]	5, － 5	5, － 5	－ 5, 5	－ 5, 5
	ジョーカー [36.2 %]	－ 5, 5	－ 5, 5	－ 5, 5	5, － 5

(a)オニール [O'Neill, 1987] が使用した利得表（ゼロサムゲーム）

		P2 A [48 %]	B [52 %]
P1	A [48 %]	1, 0	0, 1
	B [52 %]	0, 1	1, 0

(i)利得表 1

		P2 A [38 %]	B [62 %]
P1	A [54 %]	4, 0	0, 1
	B [46 %]	0, 1	1, 0

(ii)利得表 2

		P2 A [28 %]	B [72 %]
P1	A [60 %]	9, 0	0, 1
	B [40 %]	0, 1	1, 0

(iii)利得表 3

(b)オクス [Ochs, 1995] による利得表（マッチング・ペニーの 3 形態）

注）角括弧内の数値〔％〕は戦略が選ばれた頻度を示す。その頻度は、(a)はオニールのデータを分析したブラウンとローゼンタール [Brown & Rosenthal, 1990] が計算し報告した値、(b)はオクスの研究 [Ochs, 1995] に含まれる Figure 2 から筆者が読み取った値である。

5.4 混合戦略ナッシュ均衡の実際 ● *107*

実験で観測された各戦略の頻度であるが、それによるとナッシュ均衡の予測通り、ジョーカーの頻度が他の戦略の頻度より遥かに大きく、また、予測（20％または40％）と実現頻度の差は小さい。

このような過去の実験結果をまとめると、混合戦略ナッシュ均衡の予測力として次のような特徴がある。

- データを集計して全体の分布を比較すると、**図表 5.12**(a)のように、実験室内の人々の意思決定は混合戦略ナッシュ均衡の予測に近いことが多い。また、様々な利得表と被験者の意思決定の関係を見ると、利得表が変われば、戦略を選択する頻度はナッシュ均衡が予測する方向で変化する。
- しかしながら、統計的検定を行うと、混合戦略ナッシュ均衡と実現した頻度が統計的に有意な水準で異なることが多く、人々の行動が完全に理論通りというわけではない。
- 混合戦略の特徴には、プレイヤーが正の確率を置いた戦略を、過去の履歴に影響を受けず独立に、そして確率的に選択するというものがある。しかし、繰り返しゲーム実験で被験者に繰り返し戦略の選択をさせた実験室内実験での個人レベルデータを見ると（例：ブラウンとローゼンタール [Brown & Rosenthal, 1990] による分析）、人の意思決定は正の確率を置いた戦略間を完全に独立にランダム化するのではなく、過去に体験した戦略プロファイルや相手の過去の戦略選択に影響を受ける（相関する）ことが多い。混合戦略が仮定するランダム化は、オニール [O'Neill, 1987] のデータでも満たされなかった。

特に 3 点目の特徴は、混合戦略の原理そのものを否定する悲観的なものである[*6]。ゲームの中で人のランダム化する能力を確認する代わりに、心理学では、そもそも人がランダムな数列を生成できるかを分析する実験も多く行われている。例えば、文字 X、Y のいずれか 1 つを選ぶ場合に、人はそれぞれ確率 50％でランダムに 10回選ぶことができるのだろうか？　過去の実験研究によると、ゲーム内での無意識なランダム化以上に、人が意図的にランダム化を実施することは困難である。キャメラー [Camerer, 2003] がまとめているように、人が X と Y をランダムに選択しようとするとき、例えば X と Y の交互配列を必要以上に多く入れる傾向があると立証されている。

....

[*6] プレイヤーが共通して観測できる情報（例：外部シグナル、コミュニティの取引結果からのシグナル）を基に戦略を選び、それでプレイヤーが互いに最適反応し合う状態を、相関均衡（correlated equilibrium）と呼ぶ。相関均衡など様々な別の均衡概念が経済学にはあり、それらは、状況によっては、ナッシュ均衡より当てはまりが良いと、過去の実験室内実験から立証されている。

人のランダム化する能力の乏しさを受け、**ランダム化のツールを提供した**場合の混合戦略ナッシュ均衡の予測力を探る実験も行われている。例として、**図表5.12**(b)で示すオクス [Ochs, 1995] により行われた2人マッチング・ペニーの実験を取り上げよう。オクスは3種類の利得法を用いた。3つの利得表(i)～(iii)の違いは(A, A)からの利得であり、プレイヤー1は(A, A)が実現するとそれぞれ1、4、9を獲得する。このゲームには次の混合戦略ナッシュ均衡が存在する（これが唯一のナッシュ均衡である）。

- プレイヤー1（P1）：3つの利得表のいずれであっても、Aを選ぶ確率は50％である。
- プレイヤー2（P2）：Aを選ぶ確率は利得表1、利得表2、利得表3でそれぞれ50％、20％、10％である。

実験で被験者は、次の3つの戦略のどれかを選択する形で匿名の相手と10回同時にゲームをプレイする。

- **オプション1（純粋戦略Aに相当）**：10回ともAを選択する。
- **オプション2（純粋戦略Bに相当）**：10回ともBを選択する。
- **オプション3（混合戦略に相当）**：Aを選ぶ回数を選択する。例えばAは3回と選んだ場合、Bは7回である。コンピューターが指定した回数のAを含むようにランダムに10個の記号の配列を作る。

マッチした相手も同様に戦略を構築し、ゲームが10回プレイされる。例えば、自身がオプション3を選びAは2回と指定しコンピューターがABBBBBBABBという戦略を作り、マッチした相手がオプション3を選びAは7回と指定しコンピューターがABAAAAAABBという戦略を作ったとすると、10回のゲームの結果は次の10個の戦略プロファイルである。

(A, A), (B, B), (B, A), (B, A), (B, A), (B, A), (B, A), (A, A), (B, B), (B, B)

この10回からなるゲームを利得表1、2、3の設定で、ランダム・マッチングの下、それぞれ64ラウンド、56ラウンド、64ラウンド繰り返した。**図表5.12**(b)の角括弧内の数値は、各戦略の観測された頻度を示す。P2の選択を見ると、混合戦略ナッシュ均衡の予測と整合的にAが選択された確率は、利得表3で最も小さく利得表1で最も大きい。従って、協力率がどのトリートメントで高いかを見るトリートメント間比較においては、理論の予測力が高いとわかる。一方で、実現した水準についてはナッシュ均衡から乖離が見られる。まずP1がAを選択する確率は、(A, A)からの利得が大きくなるほど50％から大きく乖離する。次に、利得表2と利得表3

のゲームにおいて P2 が A を選択した確率は、混合戦略ナッシュ均衡が予測するほど小さくならなかった。このことは、人にランダム化のツールを提供したとしても、人の戦略選択は混合戦略ナッシュ均衡通りにはならないことを意味する。

■ **人はフレーミングに簡単に影響される**　経済実験では通常ニュートラル・フレーミングが用いられるが、それに反して何らかのフレーミングを付けると、人は簡単に影響を受ける。フレーミングの付与は、混合戦略ナッシュ均衡の予測力も弱める。

　例として、ルービンシュタインら [Rubinstein *et al*., 1997] の**ハイド・アンド・シークゲーム**（hide and seek game）を取り上げよう。このゲームでプレイヤーは2 人のペアに割り当てられ、1 人はハイダー（hider）、もう 1 人はシーカー（seeker）の役が与えられる。4 つのアイテムが横 1 列に並んでおり、ハイダーは宝物をどれかの後ろに隠し、シーカーはハイダーがどのアイテムの後ろに隠したかを当てるというゲームである。シーカーが正しく当てたときはシーカーが 10 ドルを、外れたときはハイダーが 10 ドルを受け取る。つまり、利得表は**図表 5.13** のように表せる。

図表 5.13　ハイド・アンド・シークゲームの例と利得表

		シーカー			
		1	2	3	4
ハイダー	1	0, 10	10, 0	10, 0	10, 0
	2	10, 0	0, 10	10, 0	10, 0
	3	10, 0	10, 0	0, 10	10, 0
	4	10, 0	10, 0	10, 0	0, 10

注）各行・列の見出しの数字は左から数えた順番である。また、各セルの左の数値はハイダーの利得、右の数値はシーカーの利得である（いずれも単位はドル）。

　ルービンシュタインら [Rubinstein *et al*., 1997] は 6 つの設定で実験を行ったが、例えば**図表 5.14** がそのうちの 1 つの設定である。この設定はアルファベットの字が書かれた紙の後ろに宝物を隠すというもので、1 つの字だけ他と異なり B である。その他の設定は、4 つの英単語（ポジティブな単語 3 つとネガティブな単語 1 つ）や絵文字（笑顔 3 つとしかめ面 1 つ）であり、4 つのアイテムのうち 1 つが他と違う特徴をもつ。つまり、1 つがフォーカルな（目立つ）アイテムである。6 つの設定全てで、4 つのアイテムは横に並べて配置される。

図表 5.14 ルービンシュタインら [Rubinstein *et al.*, 1997] が使用した 1 つの設定

A B A A

このゲームには純粋戦略ナッシュ均衡が存在しない。しかし、混合戦略ナッシュ均衡が 1 つだけ存在し、それはハイダー、シーカー共に 4 つのアイテムそれぞれを25％の確率で指定することである。

混合戦略ナッシュ均衡の予測とは異なり、被験者の戦略選択に系統的なバイアスが存在していた。まず、被験者は右端と左端の 2 アイテムを避ける傾向にあった。それを受け、目立つアイテムが端に位置していない実験設定では、その目立つアイテムが選ばれる頻度は低くなかった。一方で、目立つアイテムを選ぶ確率は、シーカーよりハイダーの方が低かった。ルービンシュタインらは、フレーミングに対する反応の役割間での違いは、ハイダーがわかりやすいアイテムを避けたいという動機をもつためであると論じた。

2 戦略的状況で活躍するプロ：フィールドからの事実

戦略的状況に長けた**プロ**は、自身が活躍するフィールドで、混合戦略の定義通りに、戦略をランダムにミックスするだろうか？ サッカーの**ペナルティキック**は、2×2 の利得表で表される同時手番ゲームに極めて近い戦略的状況である。ペナルティキックは、ゴール近く（ペナルティエリア）での守り側の反則行為に対して攻撃側に得点のチャンスを与えるもので、キッカー（攻撃側）とゴールキーパー（守備側）の 1 対 1 で行われる。パラシオ-ヒュエルタ [Palacios-Huerta, 2003a] が説明するように、キッカーがシュートをしてからボールがゴール付近に届くまでは約0.3 秒と一瞬であり、ゴールを防ぐためにはキックと同時にゴールキーパーも反応する必要がある。ペナルティキックの結果は得点か無得点に分類できる。パラシオ-ヒュエルタは、1995 年 9 月から 2000 年 6 月に行われたスペイン、イタリア、イングランド等でのプロサッカーゲームの 1,417 本のペナルティキックのデータを集め、混合戦略ナッシュ均衡の妥当性を考察した。

分析に際しては、右利き・左利きの違いで行動に違いが見られなかったため、利き足の違いでデータを区別せず、キッカーとゴールキーパーそれぞれで自然な方向を定義してデータを整理した。具体的には、左利きのキッカーは自身から見てゴー

ルの右側（ゴールキーパーから見て左側）、右利きのキッカーは自身から見てゴールの左側（ゴールキーパーから見て右側）にシュートを打つことが多いと知られている。これは、より強く正確にシュートできるには、キックする方向と利き足が関係するためである。そこで、左利き（右利き）のキッカーが、自身から見て右（左）、つまりゴールキーパーから見て左側（右側）または真ん中にシュートを打つことを自然な方向と定義し、自然でない方向を不自然な方向と呼ぶ。ゴールキーパーは、キッカーのそのような傾向を認識しており、左利き（右利き）のキッカーに対しては（ゴールキーパー自身から見て）左側（右側）に反応することが多いとデータが示していたため、その方向または真ん中を自然な方向と定義する。**図表5.15** に、キッカーのシュートとゴールキーパーの反応で場合分けをした得点確率を示す。我々の直感と整合的に、得点確率は、ゴールキーパーが反応した方向と逆にキッカーがシュートをした場合に高い。角括弧内の数値が示す通り、各プレイヤーが選択した戦略（自然または不自然）の頻度は、混合戦略ナッシュ均衡確率とほぼ同じ分布であった。

混合戦略ナッシュ均衡が成り立つには、次の 2 条件が満たされる必要がある。パラシオ-ヒュエルタの分析によると、ペナルティキックでは両方とも満たされる。

図表 5.15 ペナルティキックの利得表とプレイヤーのランダム化 [Palacios-Huerta, 2003a]

	ゴールキーパー	
	自然な方向 [MSNE 予測：58.01 %] [実現頻度：57.69 %]	不自然な方向 [MSNE 予測：41.99 %] [実現頻度：42.31 %]
キッカー 自然な方向 [MSNE 予測：61.46 %] [実現頻度：60.02 %]	0.6992, 0.3008	0.9291, 0.0709
不自然な方向 [MSNE 予測：38.54 %] [実現頻度：39.98 %]	0.9497, 0.0503	0.5830, 0.4170

注）各セルの左の数値はキッカーの得点確率、右の数値は無得点確率（防御が成功した確率）である。各セルで得点確率と無得点確率の和は 1 である。例えばキッカーが自然な方向にシュートし、同じ方向にゴールキーパーが反応した場合、得点確率は 69.92 %、無得点確率は 100 − 69.92 ＝ 30.08 %である。MSNE は混合戦略ナッシュ均衡（mixed strategy Nash equilibrium）の略である。

【条件 1】 混合戦略として正の確率を置く各戦略からの期待利得は同じでなければならない。ペナルティキックにおけるキッカーの得点確率の期待値は、シュートを右に打っても左に打っても統計的に同程度であった（期待利得が同じという仮説を棄却できなかった）。同様に、ゴールキーパーがゴールを防いだ確率の期待値は、どちらに反応しても同程度であった。

【条件 2】 プレイヤーの戦略選択は過去の結果に影響されず独立でなければならない。ペナルティキックではこの条件も満たした。キッカーは過去のペナルティキックの履歴に相関せず、条件 1 を満たす確率でランダムにシュートを打っていた。ゴールキーパーも同様に、過去の履歴に影響を受けることなく、条件 1 を満たす形で確率的に反応していた。

まとめると、実験室内実験に参加するラボ内の学生という**素人**は混合戦略ナッシュ均衡が要求するような形で行動はできないが（本節**1**）、ペナルティキックにおけるプロのサッカー選手は、キッカーであれゴールキーパーであれ、混合戦略ナッシュ均衡が示すようにランダム化ができるのである。

なお、このプロサッカー選手からの肯定的な結果は、**同時手番**の構造に近似できるペナルティキックという特殊環境が影響している可能性がある。ウォールカーとウーダー [Walker & Wooders, 2001] は、**テニス**のトッププロ選手間で行われる国際トーナメント（ウインブルドンオープン、全米オープン、全豪オープン、全仏オープン、マスターズ）における決勝などでの 1 打目のサーブの方向（右、左）と、そのラリーが最終的にポイント獲得に繋がったかを分析した。サービスエース（レシーバーがリターンすることなくポイントを獲得）もあれば、長いラリーの後でポイントを獲得することもある。レシーバーの初動（右、左）を組み合わせれば、サーバーとレシーバーの間の 2×2 のゲームとして戦略的状況を記述できるが、サッカーとは異なり、2 選手間でのやり取りは長く続き得る。ウォールカーとウーダーは、実験室内実験での広く知られた結果（本節**1**）に反して、トップテニス選手は混合戦略ナッシュ均衡に近い行動をとると示した。つまり、サーバーがポイントを得る確率は左へのサーブと右へのサーブで同じであり、各戦略からの期待利得が同じという条件をデータは満たしていた。一方で、テニス選手が過去の自身のサーブの方向やその結果に影響されず、独立にサーブを打つかどうかについては懐疑的であった。サーバーはサーブを打つ方向を、確率的ではなく必要以上に左右に変化させて打っていたのである。

■ プロのスポーツ選手を用いた実験室内実験　混合戦略が重要なフィールドで活躍するプロは、混合戦略の遂行に必要なランダム化能力を、自身が活躍するフィールドとは別の環境にも適応できるのだろうか？　より具体的には、経済実験室でコンテキストのないニュートラル・フレーミングでの意思決定実験に参加した場合も、彼らは混合戦略を実践できるのだろうか？　この問いをパラシオ-ヒュエルタとボリジ [Palacios-Huerta & Volij, 2008] とレビットら [Levitt *et al.*, 2010] の両研究グループが**人為的フィールド実験**で分析したところ、正反対の結論を出した。

パラシオ-ヒュエルタとボリジ [Palacios-Huerta & Volij, 2008] は、スペインのプロサッカー選手を被験者として使い、2 種類の利得表を用いた実験を行った。1 つ目はペナルティキックと同じ構造をもつ 2×2 同時手番ゲーム、2 つ目はオニール [O'Neill, 1987] が使用した 4×4 同時手番ゲーム（**図表 5.12** (a)）である。すると、プロサッカー選手の意思決定は混合戦略ナッシュ均衡の予測と極めて近かった。まず、各戦略を混合戦略ナッシュ均衡が予測する割合とほぼ同じように混合し、そして各戦略から得られる期待利得が戦略間でほぼ同じであった。さらに、サッカー選手は、戦略選択を繰り返しても、意思決定は過去の自身の行動や結果に影響を受けず、高い精度でランダム化を実践していた。

レビットら [Levitt *et al.*, 2010] も 2 種類の利得表を用いた。1 つ目は 2×2 のハイド・アンド・シークゲームの 1 形態、2 つ目はパラシオ-ヒュエルタとボリジ [Palacios-Huerta & Volij, 2008] も使用したオニール [O'Neill, 1987] による 4×4 同時手番ゲームである。米国のプロサッカー選手と世界レベルのポーカープレイヤーを被験者として実験したところ、混合戦略ナッシュ均衡の予測とはかけ離れた結果が得られた。全ての被験者のデータを用いて各戦略を混合する割合で見ても、複数の戦略を適切にミックスし各戦略から得られる期待利得が同じになっているか個人レベルデータで見ても、また自身の過去の意思決定や結果に影響されずランダム化を実践しているかを見ても、検定の結果はいずれも均衡予測を支持しなかった。レビットらは、意思決定環境の差異が与える行動効果の幅は広く、コンテキストが少しでも異なればプレイヤーは異なる行動をとり得ると警鐘を鳴らしている。

6章

公共財供給と集団行動の問題

　我々の社会や組織には、様々な**公共財**（public goods）とその供給に関連するジレンマが存在します。公共財の例は、国防、きれいな空気や公衆衛生、自然環境の保護、所有権や契約履行のための制度や社会ルールの提供などのスケールの大きいものから、人々の居住環境でのルールや公園などの公共施設といったローカルなものまで無数にありますが、それらはどのように供給すべきでしょうか？　人々の自発的な貢献によって公共財を供給しようとした場合、社会的最適な供給が実現するのでしょうか？　市場や公の介入は必要でしょうか？　公共財供給問題は複数人からなる**集団行動の問題**（collective action problem）です [Olson, 1965]。集団行動問題は**社会的ジレンマ**（social dilemma）とも呼ばれます。皆が互いに協力すれば経済効率性（社会厚生の最大化）を達成できる一方で、個々人の利己的行動に委ねるとそれが達成できません。

　公共財供給にかかわらず、複数人による協力が社会的最適である事象は世の中に多数ありますが、人々の自発的意思に委ねた場合の、皆が互いに協力し合うための条件に関する経済学研究が進んでいます。5 章で学んだ2 人囚人のジレンマゲームを N 人に拡張した N 人囚人のジレンマゲームもありますが、公共財供給や集団行動問題について実験・行動経済学では、戦略集合がほぼ連続的な**公共財ゲーム**（public goods game）を用いて分析されることが多いです。

　本章では、公共財を含む社会的ジレンマの分権的な解決の可能性を議論します。まず、6.1 節で公共財の定義と公共財ゲームに関する概念を、6.2 節で典型的で頑健な実験事例と行動事実を学びます。6.3 節では、合理性と利得最大化に基づく経済理論からの予測に反して貢献行動をとる人が多数いるという事実と、人々の自発的貢献の理由を学びます。6.4 ～ 6.5 節では貢献を促すメカニズムとして、**グループサイズ効果**（group size effect）と**ピア・ツー・ピアの罰則**（peer-to-peer punishment）を紹介します。6.6 節では、その他の貢献を促す分権的なメカニズムを概説します。制度や介入など公的なジレンマの解決方法に関する実験研究は 11 章で学びます。

6.1 公共財の特徴と供給問題

1 公共財とは

　公共財は 2 つの性質をもつ財として定義できる。1 つ目は**非競合性**（non-rivalry）である。これは、あるプレイヤーの消費が他のプレイヤーの消費を妨げることはないという性質を指す。つまり、公共財の便益は皆に平等に届く。2 つ目は**非排除性**（non-excludability）である。これは、財・サービスの消費や便益の享受に関して誰も排除できないという性質を指す。公共財には、本章冒頭で説明した国防（安心・安全な社会秩序）やきれいな空気など多数の例がある。古典的な具体例として警察や消防を挙げよう。強盗にあった被害者のもとには警察が駆け付けるし、火事の際には消防車が消火に当たるが、その便益は非常時に皆が受けることができる。

　世の中には、2 つの性質のうち一方のみを満たす財も存在する。そのような財をまとめて**準公共財**（quasi-public goods または impure public goods）と呼び、2 種類の細分類がある（**図表 6.1**）。まず、非排除性は満たす一方で競合的な財は**共有資源**（コモンズ；common pool resources）と呼ぶ。例えば、海中の魚介類などの水産資源、林業における森林資源などから、グローバルなレベルの自然環境や宇宙まで様々なものが存在する。財が公共財と共有資源のどちらに属すかは世の中の状況による。自然環境（例：大気、深海層）は、その破壊が地球レベルの問題になるまでは公共財とみなすこともできたが、気候変動など環境破壊の影響の顕在化を受け共有資源としての性質が近年高くなった。また、混雑がほとんど発生しない無料一般道路や橋などの社会基盤（インフラ）は公共財であるが、普段混雑が発生している無料一般道路などの社会基盤は共有資源と分類できる。つまり、競合性とは、一部の人の消費が他の人の消費の妨げになる**負の外部性**（negative externalities）の存在を意味する。次に、非競合性を満たす一方で排除可能な財は**クラブ財**（club goods）と呼ぶ。これはサービスの対価を支払った人だけが便益を享受できる財のことで、例えば、渋滞がほとんど発生しない有料道路、空いている電車などの公共交通機関、有料またはマンションなど私有地内にある公園、有料ケーブルテレビなどがある[*1]。なお、非競合性と非排除性の両方ともが満たされない財は、**私的財**（private goods）と呼ぶ。

---

*1 　混雑が発生している有料図書館、有料道路や電車は、非競合性を満たさず、お金を支払っても十分にサービスを享受できないため、クラブ財には分類されない。

図表 6.1 財の分類

		非排除性	
		Yes	No
非競合性	Yes	**公共財** 例：国防など安心・安全な社会秩序や法制度、混雑が発生しない無料一般道路などの社会インフラ	**クラブ財** 例：空いている有料道路や、電車など公共交通機関、有料ケーブルテレビ
	No	**共有資源** 例：水産資源、森林資源、破壊の影響が顕在化した自然環境、汚染された大気	**私的財** 例：食料品、衣服、家電製品などの消費財、外食や娯楽関連サービス

　本章では公共財に焦点を当てるが、共有資源とクラブ財それぞれについても豊富な経済理論と実験事実がある。

2 公共財ゲームで表される複数人のジレンマ

　供給に必要な財源を人々の自発的貢献に委ねると、公共財は過少供給になる。これはミクロ経済学の入門書で習う自発的公共財供給の問題点であるが、その特徴を経済実験では、**線形公共財ゲーム**（linear public goods game）を用いて分析できる。公共財ゲームは**自発的供給メカニズム**（voluntary contribution mechanism）とも呼ぶ。線形公共財ゲームは、公共財供給問題を単純化したモデルであり、一般的に協力とフリーライド（ただ乗り）の利害衝突のある集団行動問題にも適用できる。ジレンマは、その他の線形ではない一般的な利得関数に対しても議論が可能だが、数学的に若干込み入った議論を必要とするため、詳細は本章付録 1 に譲る。

　線形公共財ゲームでは、各プレイヤーは初期財産 E_i（i はプレイヤーを表すラベル）を与えられる。ここでは N 人からなるグループに割り振られるものとしよう。つまり、$i = 1, 2, \cdots, N$ である。ところで、経済実験では、実験通貨単位（experimental currency unit；ECU）を用いて額を表記し、実験後に、獲得した額の合計を現金に換算（例：1 ECU 当たり 5 円）して被験者に報酬の支払いがなされる。以下、本書では、表記の簡素化のため、実験通貨が実験で使用された場合は、被験者の獲得額などを単位 ECU を付けずに数値だけで記載することがある。

　実験では、初期財産は全てのプレイヤーで同一と単純化することが多い。本項でも単純化のため、この仮定（すべての i に対して、$E_i = E$）を課そう。公共財ゲー

ムでは、各プレイヤーが独立に、自身の財産を**公的会計**（public account）（**グルー プ会計**（group account）とも呼ばれる）と**私的会計**（private account）にどう配分 するかを決定する。私的会計への配分は、単純に、公的会計に配分しなかった額の ことを指す。そこで、公的会計への配分（貢献額）額を c_i、私的会計への配分を $E - c_i$ とすると、プレイヤー i の利得 u_i は式 (6.1) で表される。

$$u_i(c_i, c_{-i}) = E - c_i + r \sum_{j=1}^{N} c_j \qquad (6.1)$$

ここで、c_{-i} は、i 以外の他の $N-1$ 人の貢献額を示す。多くの実験では、単純化の ため、配分額は整数と制限する。つまり、$c_i \in \{0, 1, 2, \cdots, E\}$ である。$E - c_i$ は、公 的会計に貢献しなかった額がそのままリターン率 1 で自身の利得となることを意 味する。$r\sum_{j=1}^{N} c_j$ は公的会計からのリターンである。r は公共財への投資額が 1 増えるごとに各プレイヤーが受け取る利得で、**限界収益率**（marginal per capita return：**MPCR**）と呼ぶ。ここでの特徴は、プレイヤー i が公的会計に 1 ユニット 貢献すると、自身が率 r のリターンを受けるのみならず、他のプレイヤーも同じ率 r のリターンを受ける点である。プレイヤー i も同様に、他のプレイヤーの貢献か ら率 r のリターンを受ける。見方を変えると、公的会計に集まった貢献額 $\sum_{j=1}^{N} c_j$ は 公共財投資によって $r \cdot N$ 倍の便益をグループに生み、それが各プレイヤーに均等 に $r\sum_{j=1}^{N} c_j$ ずつ配分されると解釈できる。

線形公共財ゲームでは、① $r < 1$ と② $r \cdot N > 1$ の 2 つの仮定が置かれる。仮定の 意味を、経済学の標準的前提である利己的個人（つまり、自身の利得のみを純粋に 最大化するように行動する経済主体）で考えてみる。

まず、仮定①は、全く貢献しないことが各プレイヤーの強支配戦略であることを 意味する。これは、式 (6.1) を c_i で偏微分して（つまり、他の $N-1$ 人のプレイヤー の貢献行動を所与の下でプレイヤー i 自身だけ c_i を微小変化させて）考えるとわか る。式 (6.1) を c_i で偏微分すると式 (6.2) が得られる。

$$\frac{\partial u_i(c_i, c_{-i})}{\partial c_i} = -1 + r < 0 \qquad (6.2)$$

式 (6.2) の通り、$\partial u_i/\partial c_i$ は他の $N-1$ 人の貢献行動 c_{-i} によらず、常に $-1 + r$ と負 の値である。このことは、他のプレイヤーの貢献行動によらず、常にできるだけ小 さい値をプレイヤー i は貢献額に選ぶことが利得最大化行動であり、$c_i = 0$ が強支 配戦略であることを意味する。線形公共財ゲームで各プレイヤーは、他のプレイ ヤーの貢献から恩恵を受けることができる。この強支配性は、利己的なプレイヤー は自身では貢献せず、他のプレイヤーの貢献にフリーライドするインセンティブが あることを意味する。

全てのメンバーが $c_i = 0$ を選ぶという強支配戦略均衡における利得は、式 (6.1) から $u_i(0, (0, 0, \cdots, 0)) = E$ となる。この全てのメンバーが $c_i = 0$ を選ぶ戦略プロファイルは、ナッシュ均衡でもある。

一方で仮定②は、全てのメンバーが全額を貢献することが総余剰を最大化する社会的に最適な状態であることを意味する。N 人のグループにおける利得の総和は、式 (6.1) を全てのメンバーで足し合わせることで、式 (6.3) と書ける。

$$\sum_{i=1}^{N} u_i(c_i, c_{-i}) = NE + (rN - 1) \sum_{j=1}^{N} c_j \qquad (6.3)$$

仮定②は $rN - 1 > 0$ を意味するため、$\sum_{j=1}^{N} c_j$ が最大のときに、式 (6.3) で表される利得の総和 $\sum_{i=1}^{N} u_i(c_i, c_{-i})$ が最大になる。全てのメンバーが財産を全額貢献するときの各メンバーの利得は、式 (6.1) により次のように計算される。

$$u_i(E, (E, E, \cdots, E)) = rNE > E$$

図表 6.2 に、$E = 10$、$N = 4$、$r = 0.4$ の場合の数値計算例を示す。この場合、公的会計への貢献 1 ユニット当たり、4 人全員が 0.4 のリターンを受ける（リターンの合計は 1.6）。各プレイヤーの利得は、式 (6.1) より次の式で表せる。

$$u_i(c_i, c_{-i}) = 10 - c_i + 0.4 \sum_{j=1}^{4} c_j$$

図表 6.2 (a)の各セルの数値は、あるプレイヤー（プレイヤー 1）の自身の貢献額 c_1 に対する利得 u_1 を示す。他 3 人の平均貢献額が 0、1、2、$\cdots$、10 の場合の利得を計算した（他の平均貢献額のケースは紙数の都合上省略する）。他のメンバーの平均貢献額がいくらであっても、それを所与の下で自身の貢献額を下げれば下げるほど自らの利得が大きくなる（図表中灰色のセル）。**図表 6.2** (b)は、各状況での 4 人のグループメンバー全員の利得の合計を示す。全員が全額の 10 ポイントを公共財に貢献するときに総利得が最大化する（図表中灰色のセル）。

まとめると、仮定①、②は、全てのメンバーが完全に協力することが総余剰を最大化する社会的最適な状態であるが、人々の合理性と利己的な利得最大化行動に委ねるとそれが実現できず、誰も全く貢献しない状況に陥ることを意味する。

■ **有限回繰り返しと理論予測**　上述の「全ての個人が貢献額として $0(c_i = 0)$ を選ぶ」という理論予測は、プレイヤーが公共財ゲームを 1 回プレイする環境下でのものである。被験者に学習機会を付与したい場合やゲームを繰り返したときの貢献行動の変化も併せて分析したい場合には、被験者に公共財ゲームを有限回繰り返させる実験が行われる。有限回繰り返しの公共財ゲームではどのような理論予測が得られるだろうか？　その答えは、次のように前提により異なる。

図表 6.2　私的最適と社会的最適の数値計算例（$E=10, N=4, r=0.4$）

(a) プレイヤー 1 の貢献額と利得

他の 3 人のメンバーの平均貢献額

プレイヤー 1 の貢献額 (c_1)	0	1	2	3	4	5	6	7	8	9	10
0	10.0	11.2	12.4	13.6	14.8	16.0	17.2	18.4	19.6	20.8	22.0
1	9.4	10.6	11.8	13.0	14.2	15.4	16.6	17.8	19.0	20.2	21.4
2	8.8	10.0	11.2	12.4	13.6	14.8	16.0	17.2	18.4	19.6	20.8
3	8.2	9.4	10.6	11.8	13.0	14.2	15.4	16.6	17.8	19.0	20.2
4	7.6	8.8	10.0	11.2	12.4	13.6	14.8	16.0	17.2	18.4	19.6
5	7.0	8.2	9.4	10.6	11.8	13.0	14.2	15.4	16.6	17.8	19.0
6	6.4	7.6	8.8	10.0	11.2	12.4	13.6	14.8	16.0	17.2	18.4
7	5.8	7.0	8.2	9.4	10.6	11.8	13.0	14.2	15.4	16.6	17.8
8	5.2	6.4	7.6	8.8	10.0	11.2	12.4	13.6	14.8	16.0	17.2
9	4.6	5.8	7.0	8.2	9.4	10.6	11.8	13.0	14.2	15.4	16.6
10	4.0	5.2	6.4	7.6	8.8	10.0	11.2	12.4	13.6	14.8	16.0

(b) グループ全員の利得の合計

他の 3 人のメンバーの平均貢献額

プレイヤー 1 の貢献額 (c_1)	0	1	2	3	4	5	6	7	8	9	10
0	40.0	41.8	43.6	45.4	47.2	49.0	50.8	52.6	54.4	56.2	58.0
1	40.6	42.4	44.2	46.0	47.8	49.6	51.4	53.2	55.0	56.8	58.6
2	41.2	43.0	44.8	46.6	48.4	50.2	52.0	53.8	55.6	57.4	59.2
3	41.8	43.6	45.4	47.2	49.0	50.8	52.6	54.4	56.2	58.0	59.8
4	42.4	44.2	46.0	47.8	49.6	51.4	53.2	55.0	56.8	58.6	60.4
5	43.0	44.8	46.6	48.4	50.2	52.0	53.8	55.6	57.4	59.2	61.0
6	43.6	45.4	47.2	49.0	50.8	52.6	54.4	56.2	58.0	59.8	61.6
7	44.2	46.0	47.8	49.6	51.4	53.2	55.0	56.8	58.6	60.4	62.2
8	44.8	46.6	48.4	50.2	52.0	53.8	55.6	57.4	59.2	61.0	62.8
9	45.4	47.2	49.0	50.8	52.6	54.4	56.2	58.0	59.8	61.6	63.4
10	46.0	47.8	49.6	51.4	53.2	55.0	56.8	58.6	60.4	62.2	64.0

注）(a)の各セルのプレイヤー 1（行プレイヤー）の利得は、$10 - c_1 + 0.4\sum_{j=1}^{4} c_j$ で計算される。灰色の
セルは、他 3 人の平均貢献額を所与としてプレイヤー 1 が利得最大化を図った場合に実現する利得を
示す。(b)の各セルの数値は総利得で、$40 + 0.6\sum_{j=1}^{4} c_j$ により計算される。灰色のセルは、利得の合計
が最大化されたときの状態を示す。これらは、式 (6.1) と (6.3) に $E=10$、$N=4$、$r=0.4$ を代入して
得られる。

(1) **利己的選好と合理性に関する共有知識がある場合**：経済学の標準的前提である、プレイヤーの利己的選好と合理性に関する共有知識の下では、公共財ゲームを何回繰り返しても、全てのラウンド（繰り返すゲームの番号をラウンドと呼ぶ。例えば「ラウンド5」は繰り返しゲームで第5期にプレイするゲームを指す）で「全ての個人が貢献額として0を選ぶ」ことが唯一の均衡である。繰り返しゲームからの利得は、全てのラウンドからの利得の合計である。ここでのポイントは、各ラウンドでのゲーム（**ステージゲーム**と呼ばれる）に唯一のナッシュ均衡があり、そのステージゲームが有限回繰り返される点である。時間的に後ろのラウンドから順に解く**バックワード・インダクション**（後ろ向き帰納法）により均衡を導出できる。最後のラウンド（$t = T$）を考えると、その時点では将来のラウンドがないため1回きりの意思決定環境と変わらない。つまり、利己的なプレイヤーにとって $c_i = 0$ が私的最適な貢献行動である。次に最後から1ラウンド前（ラウンド $T-1$）を考えよう。利己性と合理性に関する共有知識の前提から、各プレイヤーは、ラウンド $T-1$ にどの戦略を選択してもラウンド T には誰も全く貢献しないと予測する。自身の利得最大化を目指す各プレイヤーは、ラウンド $T-1$ で $c_i = 0$ を選択する。この考えを順々にラウンド1まで繰り返せばよい。この予測は**部分ゲーム完全（ナッシュ）均衡**（Subgame Perfect (Nash) Equilibrium）と呼び、ゲームの展開形を用いて分析できる。この均衡概念は8章で学ぶ。

利己的選好と合理性に関する共有知識は、ミクロ経済理論の根幹をなす前提である。ゲームを有限回繰り返してもプレイヤーの行動は1回きりのゲーム環境と変わらないという予測が、経済実験におけるベンチマークとして通常用いられる。

(2) **合理性に関する共有知識がない場合**：この場合には、ゲームが有限回繰り返されると無数の均衡が存在し得る。例えばクレプスら [Kreps *et al.*, 1982] は、仮に全てのプレイヤーが利己的選好をもっていたとしても、非利己的な戦略をとるプレイヤーがいるという信念（belief）を人々がもってさえいれば、人は協力を達成し得ると議論した。クレプスらが挙げた非利己的戦略の例は**しっぺ返し戦略**（tit for tat；TFT）である。これは、ラウンド t に相手が自分に対してとった戦略を、自分もラウンド $t+1$ に相手に対してとるという戦略である。囚人のジレンマゲームの設定では、相手が協力を選択すれば翌ラウンドに自分も協力で相手に応え、相手が裏切りを選択すれば翌ラウンドに裏切りで応える。公共財ゲームの設定では、**条件付貢献戦略**（conditional contribution strategy）

の形をとる。プレイヤーがラウンド t の貢献額を決める際に、ラウンド $t-1$ の他のメンバーの貢献額に条件付けする戦略である。このような非利己的プレイヤーが存在する場合、戦略的なプレイヤーはそれを真似て行動することで相手の**条件付貢献性向**（conditional willingness to contribute）から高い貢献額を引き出すことができ、高い利得を実現できる。クレプスらは、非利己的プレイヤーが実際に存在する必要はないとも論じる。つまり、仮に皆が利己的であっても、条件付き貢献行動をとる人が多くいると信じてさえいれば、他の人の貢献行動を誘発するために利己的動機から戦略的に強く貢献するという考えである。当然ながら、人々が誰も貢献しないというネガティブな信念をもっていれば、自身も貢献しない。つまり、共有知識の前提を取り除けば、人々の信念によっていかなる貢献パターンも実現するのである。

6.2 典型的な経済実験・行動事実

　これまでに、1回きりや有限回繰り返しでの線形公共財ゲーム実験が膨大な数だけ行われてきた[2]。本章の付録2に、実験前に被験者に配り口頭で読み上げる実験説明書（1.3節）の例を示す。高度な内的妥当性を実現するため、説明書の文言も含めて、貢献、公共財などの言葉は使用せずに、ニュートラル・フレーミングで実験を行う必要がある（1.2節**2**）。以下で示す通り、貢献行動に関する複数の頑健な行動特性がわかっているが、これらは利己的選好と合理性に関する共有知識に基づく経済理論とは異なる。

(1)　1回きりの線形公共財ゲーム実験でも、人は平均して約30〜60％の財産を貢献する。どの程度貢献するかは、被験者属性や実験のパラメータ設定により異なる。

(2)　有限回繰り返し線形公共財ゲームの最初のラウンドでは、人は平均して財産の30〜70％を公共財に貢献する。

(3)　公共財からのリターン、つまりMPCRが大きいほど人々の平均貢献額が高い。つまり、式 (6.1)〜(6.2) によると、経済理論で仮定する利己的個人の行動

---

*2　有限回繰り返しゲームの実験は、繰り返す回数を皆の共有知識にするために、実験の初めに、被験者に繰り返す回数を明確にした上で実施される。本章の付録2は、10ラウンドからなる有限回繰り返しゲーム実験の例である。

には、MPCR が 1 未満でありさえすれば MPCR の大きさは影響を及ぼさないが、現実の人々の意思決定は MPCR に左右される。
(4) 公共財ゲームを繰り返すと人々の貢献額は徐々に減少するが、平均貢献額が最後のラウンドでも 0 になるのは稀である。

線形公共財ゲーム実験は、特に有限回繰り返しの設定で行われることが多い。例として**図表 6.3** では、筆者が過去に行った実験の結果で、パートナー・マッチング下で被験者にゲームを有限回繰り返させた際の平均貢献額の推移を示す。上の(2)と(4)に整合的で、これらの実験での平均貢献額は初期財産の 30 〜 50 ％程度で始まり、ゲームを繰り返すたびに緩やかに減少するが、ゲームを 20 回近く繰り返しても平均貢献額が完全には 0 になっていない。

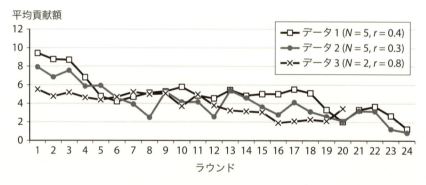

図表 6.3　有限回繰り返し線形公共財ゲームでの貢献行動

注）ソースは、データ 1 は亀井ら [Kamei *et al.*, 2015]、データ 2 はプッタマンら [Putterman *et al.*, 2011]、データ 3 は亀井 [Kamei, 2020b] の研究である。総ラウンド数（ゲームを繰り返した回数）は、亀井らとプッタマンらの実験では 24 回、亀井の実験では 20 回である。3 つの実験室内実験はいずれもパートナー・マッチングが使用され、各ラウンドでの初期財産は 20 である。どの実験でも、①$r<1$ と②$r \cdot N>1$ の 2 条件を満たしている。

上の(1)でまとめたように、厳密に 1 回きりの線形公共財ゲーム実験も、様々な国や実験設定で行われている（**図表 6.4**）。**図表 6.5** に、過去の実験結果の例を示す。実験実施地によって結果の多少の違いはあるものの、平均貢献額は、どの国の被験者であっても理論予測の 0 ポイントから明らかに乖離している。

これらの実験結果は、繰り返す回数によらずに「全ての個人が貢献額として 0 ($c_i = 0$) を選ぶ」という強支配戦略と部分ゲーム完全均衡の予測に反する。この標

図表 6.4　本節で例示した1回きり公共財ゲーム実験が実施された国

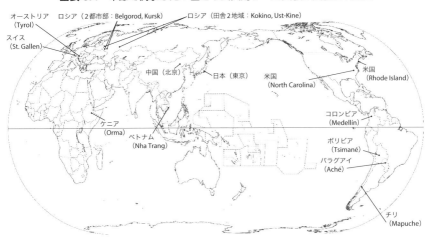

注）これよりも遥かに多くの国で様々な研究チームにより実験が実施されているが、紙数の都合上、一部の国のみ示している。

図表 6.5　1回きりの線形公共財ゲーム実験での平均貢献額の例

実験実施地	米国（ロードアイランド）[#1]	米国（ノースカロライナ）[#2]	コロンビア（メデジン）[#3]	スイス（ザンクト・ガレン）[#4]	オーストリア（チロル）[#2]
MPCR	0.6	0.6	0.4	0.5	0.6
N	2	3	4	3	3
貢献率	29.8%	40.6%	41.7%	30.0%	37.7%

実験実施地	ロシア（都市部）[#5]	ロシア（田舎）[#5]	日本（東京）[#2]	中国（北京）[#6]	ベトナム（ニャ-チャン）[#7]
MPCR	0.4	0.4	0.6	0.5	0.4
N	4	4	3	3	4
貢献率	52.2%	55.7%	36.1%	29.7%	25.8%

注）貢献率は、公的会計に貢献した初期財産の割合を示す。例えば初期財産が20で貢献率が40％の場合は、1人当たり平均8(=20×0.4)が公共財に貢献されたことを意味する。Nは公共財ゲームにおけるグループサイズである。データソースは、#1は亀井 [Kamei, 2016]、#2はコッカーら [Kocher et al., 2008]、#3はマーティンソンら [Martinsson et al., 2015]、#4はタイランとフェルド [Tyran & Feld, 2006]、#5はハーマンとトエニ [Herrmann & Thöni, 2009]、#6はボランら [Vollan et al., 2017]、#7はマーティンソンら [Martinsson et al., 2013] の実験のものである。

準的な経済学の理論は、①人々の利己性と、②合理性と利己性に関する共有知識という2つの前提に基づくが、上述の(1)と(4)でまとめた行動特性は、人々の利己性の前提を明確に否定するものである。さらに6.3節で説明するように、利己性のみならず、合理性と利己性に関する共有知識の前提も現実の人に対しては完全には成り立たない。

なお、学生ではない一般の人を対象にした人為的フィールド実験も様々な学者によって行われ、一部の人々が貢献行動をとるという特性の頑健性が立証されている。例えばヘンリヒら [Henrich *et al.*, 2005] は、ボリビア共和国のチマネ（Tsimané）、チリ共和国のマプチェ（Mapuche）のマプチェ族、同じマプチェのウニカ族、パラグアイのアチェ（Aché）、ケニアのオルマ（Orma）で、現地の人々を被験者とした実験を行ったところ、貢献額の分布はサンプルにより大きく異なるものの、平均貢献額はそれぞれ初期財産の54％、34％、58％、65％、58％であり、0％から大きく乖離していた。

コラム 6.1 ◆ 研究用経済実験ソフトウェア z-Tree と oTree

　　研究者が経済実験室で行う実験のためのソフトウェアに **z-Tree**（Zurich Toolbox for Readymade Economic Experiments）があります。これは、コンスタンツ大学のフィッシュバッハにより1998年に開発された無料ソフトウェアであり、簡単なプログラミングで実験をコンピューター化できます。このソフトは zTree.exe と zLeaf.exe という2つの exe ファイルから構成されます。zTree.exe をサーバーに置き、zLeaf.exe を被験者が使用するクライアントに置き制御して実験を行います。例えば、ピア・ツー・ピアの罰則が可能な同時手番の繰り返し線形公共財ゲーム実験（6.5節**1**）を20人の被験者で実施する場合を考えましょう。各ラウンドで、被験者が座る20台のクライアントに、まず**図表 6.6** (a)(i)のような配分のステージの画面が同時に映り意思決定をしてもらいます。全ての被験者が意思決定をすると、コンピューター画面は**図表 6.6** (a)(ii)のものに変わり罰則の意思決定に移ります（筆者が作成したプログラムを使用）。意思決定データは、サーバー上に Microsoft Excel などで利用できる汎用性の高い csv 形式で記録されます。新型コロナ危機以降、オンライン実験が盛んになりましたが、それに伴いインターネットで被験者のパソコンを遠隔で繋ぎ z-Tree 実験を行える z-Tree unleashed も、近年開発されました。

　　また、z-Tree より後に開発された **oTree** という実験ソフトウェアを利用する研究者数も増加傾向にあります。oTree はプログラミング言語 Python をベースにしたオープンソースソフトウェアであり、主にオンライン実験などインターネットを介したウェブベース実験用に開発されましたが、通常の実験室内実験でも使われます。oTree の o は **o**pen-source, **o**nline and **o**bject-oriented に由来します。oTree のイメージ画面

図表 6.6　実験ソフトウェアのクライアント画面例

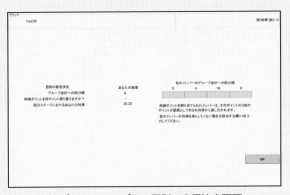

(i) 配分の意思決定画面

(ii) ピア・ツー・ピアの罰則の意思決定画面

(a) クライアント画面のスクリーンショット（z-Tree 実験）

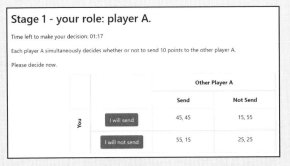

(b) クライアント画面のスクリーンショット（oTree 実験）

として、筆者らが英国とインドで行った第三者罰則の実験 [Kamei *et al.* 2023b] で使用したプログラムを筆者が微修正し、フェアとフィッシュバッハらの標準的な利得表の設定（5.2節**2**の、単独の第三者による規範遂行）でソフトウェアを実行したときのスクリーンショットを**図表6.6**(b)で示します。示した画面は、第三者による罰則のフェーズ前に囚人のジレンマゲームをプレイする被験者が見る意思決定画面です。初期保有として25ポイントずつもっており、相手に10ポイントを送るか（協力するか）を意思決定しました。送る場合は自身の利得は10ポイント減少しますが、送ったポイントが3倍され、その30ポイントが相手の利得となります。被験者は「送る（I will send）」「送らない（I will not send）」のボタンを押すことで意思決定します。

　40年前は紙と鉛筆を使った実験が主流でしたが、コンピューター化により実験実施が容易に、そして効率的になったことがわかります。

6.3 フリーライド行動と協力を促す要因

　人はなぜ、自身の利得最大化行動とは異なり、集団のために貢献するのだろうか？　特に3つの要因（間違いや混乱、戦略的動機、利己的でない選好の存在）が貢献行動の背後にあると議論されている。

1 間違いや混乱の可能性

　線形公共財ゲームでは、皆が全く貢献をしないこと（$c_i = 0$）が強支配戦略均衡である。実験では、各プレイヤーが選択する貢献額の戦略集合を0と初期財産の間と設定し、被験者に貢献の意思決定をさせる。ここでの潜在的な問題点は、実験ルールに対する被験者の**理解不足**や**混乱**（confusion）のため意思決定に間違い（error）が起こる場合、それは常に正の貢献額という形で現れることである。つまり、利己的選好と合理性に関する共有知識の仮定が厳密に成り立つ場合でも、強支配戦略をプレイすることを学ぶには時間がかかり、その結果として正の貢献額が観測されるという可能性を否定はできない。

　間違いや混乱の系統的影響を小さくするために、**非線形公共財ゲーム実験**も数多く行われている。非線形公共財ゲーム（nonlinear public goods game）は、ナッシュ均衡が、戦略集合の下限（$c_i = 0$）である端点解（corner solution）ではなく、$0 < c_i < E$のように下限や上限ではない正の貢献額からなる内点解（interior solution）として実現するように設計されたゲームである。過去の実験によると、非線形公共財

ゲームで均衡が内点解であっても、貢献額は均衡レベルより系統的に上方にブレる傾向にある。

非線形公共財ゲームの簡単な設計方法は、式 (6.4) のように、私的会計からのリターンと公的会計からのリターンを加法分離的に設定することである。

$$u_i(c_i, c_{-i}) = f(E - c_i) + g(C) \tag{6.4}$$

ここで、$E - c_i$ は私的会計への配分量（グループに貢献せず自分でキープした額）、$C = \sum_{j=1}^{N} c_j$ はメンバーによる公的会計への貢献額の合計である。線形公共財ゲームでは、$f(E - c_i) = E - c_i$、$g(C) = rC$ である。関数 $f(.)$ と $g(.)$ を変えることで様々な非線形公共財ゲームを構築できる。例えば、ローリーとホルト [Laury & Holt, 2008] が整理しているように、関数 $f(.)$ と関数 $g(.)$ のどちらかを非線形にすれば、内点解がナッシュ均衡になり得る。式 (6.5) と式 (6.6) はその例である。

f が 2 次関数の例：$u_i(c_i, c_{-i}) = a(E - c_i) - b(E - c_i)^2 + \alpha C \tag{6.5}$

g が 2 次関数の例：$u_i(c_i, c_{-i}) = a(E - c_i) + \alpha C - \beta C^2 \tag{6.6}$

ここで、a、b、α、β は数値（パラメータ）である。式 (6.5) では、線形公共財ゲームのように公的会計からのリターン率は α で一定であるが、私的会計からのリターンは c_i の 2 次関数である。式 (6.6) では、私的会計からのリターン率は a で一定であるが、公的会計からのリターンは貢献額の総和 C の 2 次関数である。

ナッシュ均衡を求めるために、式 (6.5) を c_i で偏微分し、利得を最大化する貢献額（最適貢献額 c_i^*）が満たす条件式を導出すると、式 (6.7) が得られる[*3]。

$$c_i^* = E + \frac{\alpha - a}{2b} \tag{6.7}$$

計算された最適貢献額 c_i^* は他のメンバーの貢献額 $c_j\,(j \neq i)$ に依存しないことから、この c_i^* は均衡貢献額そのものであり、成り立つ均衡は強支配戦略均衡である。パラメータ a、b、α を変えることで、c_i^* が 0 と E の間の値（内点解）になるようにし、また c_i^* の値を任意に設定できる。

例えばケサー [Keser, 1996] は、次の利得関数を実験に用いた。

$$u_i(c_i, c_{-i}) = 40(20 - c_i) - (20 - c_i)^2 + 15C$$

この設定では、$E = 20$、$a = 40$、$b = 1$、$\alpha = 15$ であり、式 (6.7) から $c_i^* = 7.5$ が強支配戦略とわかる。この実験で被験者は、整数を貢献額として選択した。$c_i = 7$ の場合の利得が $c_i = 8$ の場合より大きいことから、$c_i^* = 7$ が戦略集合を整数と制約を課した場合の最適貢献額である。

[*3] $\dfrac{\partial u_i}{\partial c_i} = -a + 2b(E - c_i) + a = 0$

同様に式 (6.6) を c_i で偏微分すれば、利得関数に対する均衡 C^* が満たすべき条件式が次のように導出できる[*4]。

$$C^* = \frac{\alpha - a}{2\beta} \tag{6.8}$$

式 (6.8) は、公的会計への貢献額の合計が $(\alpha - a)/(2\beta)$ であるという条件である。つまり、利得関数が式 (6.5) の場合とは異なり、ナッシュ均衡が複数存在する。ナッシュ均衡の数は、メンバーの貢献額の合計がちょうど $(\alpha - a)/(2\beta)$ になるような、メンバーの貢献額の組合せの数だけ存在する。

非線形公共財ゲーム実験では、被験者にとって、他のメンバーの貢献と自身の貢献の関係を把握することが難しい。利得計算も線形公共財ゲームに比べて遥かに複雑である。従って実験では、私的会計にある額とそれからの利得の対応表、貢献額の合計と公的会計からの利得の対応表や、自身と他のメンバーの貢献額と利得の対応表などを、視覚的にわかりやすい表や図などの形で被験者に提示し、認知負荷が過度にかからない配慮の下で被験者に意思決定をさせるケースも多い。

様々な実験室内実験（**図表6.7**）によると、以下でまとめる通り、人々の理解不足からくる間違いや混乱があったとしても、公共財への貢献行動はそれだけで起こるわけではないとわかる。

(1) 意思決定環境が式 (6.5) と式 (6.6) のどちらで設定されるかによらず、非線形公共財ゲーム実験でも人々の行動は、均衡から系統的に乖離する。

(2) 均衡貢献額が初期財産の 50% 未満の場合には、均衡貢献額が小さい環境ほど、人々の実際の平均貢献額が均衡から乖離する度合いが大きい。また乖離は、人々が均衡レベルよりも過剰貢献する形で現れる。

(3) 均衡貢献額が非常に大きく初期財産の全額に近い場合、人々の実際の貢献額は均衡貢献額よりも小さくなる傾向になる。しかしその乖離幅は(2)の場合の上方乖離幅よりも小さい。

ここで、(3)が意味している点は、均衡からの行動乖離が上方と下方で同じように発生するのではなく、上方へのブレの方が大きいことである。つまり人は、何らかの理由で、利己的水準よりも強く貢献するのである。

なお、実験環境の現実性を重視する場合、加法分離的定式化（式 (6.4)）とは異なり、公共財への貢献が私的会計からのリターンにも影響を与えるという定式化も

[*4] $\dfrac{\partial u_i}{\partial c_i} = -a + \alpha - 2\beta C = 0$

6.3 フリーライド行動と協力を促す要因 ● 129

図表 6.7 内点解と平均貢献率：過去の非線形公共財ゲーム実験研究の例

研究チーム	実験設定			結　果
	非線形環境	私的最適な 貢献レベル	社会的最適な 貢献レベル	実現した 平均貢献額
ケサー [Keser, 1996]	$f(.)$ を非線形	35.0 %	100.0 %	51.4 %
セフトンと スタインバーグ [Sefton & Steinberg, 1996]	$f(.)$ を非線形	25.0 %	87.5 %	49.5 %
	$g(.)$ を非線形	25.0 %	87.5 %	54.9 %
アイザックと ウォールカー [Isaac & Walker, 1998]	$g(.)$ を非線形	19.4 %	80.0 %	43.9 %
		50.0 %	100.0 %	44.2 %
		80.6 %	100.0 %	71.9 %

注）表中の数値は、初期保有額に対する貢献額の割合である。セフトンとスタインバーグ
[Sefton & Steinberg, 1996] は 2 種類のトリートメントの実験を行った。アイザックと
ウォールカー [Isaac & Walker, 1998] は 3 種類のトリートメントの実験を行った。

可能である。例えば亀井ら [Kamei *et al.*, 2023a] は、式 (6.9) で表される非線形公共
財ゲームを設計した。

$$u_i(c_i, c_{-i}) = V(C) f(E - c_i) + g(C) \tag{6.9}$$

各人の利得が自身の私的会計への配分額とグループ内の公的会計への貢献額の合計
に依存するという点は式 (6.9) も同じであるが、違いは係数 $V(C)$ が $f(E - c_i)$ にか
けられている点である。この係数 $V(C)$ は、公的会計への貢献額の合計 C の関数
であり、その導関数は $V'(C) \geqq 0$ を満たす。混合経済（市場で活動する家計や企
業という民間部門に加え、それを代替または補完する公的部門が混合して存在する
経済）では 2 種類の公共財が重要であり、そのモデル化が必要だと亀井らは論じ
る。1 つ目は、法や社会秩序、安心・安全な社会インフラ、環境問題への対応など
直接的便益を皆に与える公共財への投資である。その便益は $g(C)$ であり、全ての
メンバーにとって同一である。2 つ目は、人的資本向上への教育支援や契約履行の
ためのルール運営など、民間部門の生産性向上に間接的に便益をもたらす投資であ
る。$V(C)$ がその効果であり、私的会計からのリターンに影響を与える。

2 戦略的動機

　有限回繰り返しゲームでは、初期のラウンドほど貢献額が高い（6.2 節）。クレプスら [Kreps *et al.*, 1982] などの経済理論家は、非利己的選好をもつ他人の存在を人が信じている場合、彼らの貢献を引き出すために自らも戦略的に貢献することがあると論じる（6.1 節**2**）。この戦略的協力行動は**合理的協力**（rational cooperation）と呼ぶ。実験経済学者により次の 2 種類の行動特性が検出されている。

■ **マッチングと評判構築**　ストレンジャー・マッチングとパートナー・マッチングは、繰り返しゲームにおける代表的なマッチング方法である（1 章）。有限回繰り返しの線形公共財ゲームを用いた実験によると、ストレンジャー・マッチングよりパートナー・マッチング下で、人はより大きな額を貢献する。これと同じ行動特性が、繰り返し囚人のジレンマゲーム実験でも検出されている（5.2 節**4**）。パートナー・マッチングでは、同じグループメンバー同士で全てのラウンドをプレイする。一方でストレンジャー・マッチングでは、グループ構成が毎ラウンド、ランダムに変わる。

　例として、グループサイズが $N = 2$ と $N = 4$ の場合を取り上げよう。**図表 6.8** は、①全てのラウンドを通じて観測された平均貢献額、②一番最初のラウンドでの平均貢献額、③最後のラウンドでの平均貢献額を、それぞれ初期財産に対する割合で示す。全てのラウンドを通じて貢献行動は、常にパートナー・マッチングで強い。その中でもストレンジャー・マッチングとの差は、特に最初のラウンドで顕著である。将来のラウンドでの相手の貢献を引き出すには、できるだけ早いラウンドで強い貢献行動をとり、自身が非利己的選好をもつと相手に知らせるのが効果的であることを反映している。

　なお、**図表 6.8** の実験データにおいて、将来がない最後のラウンドでも人々の貢献額が 0 にならず、またパートナー・マッチング下ではストレンジャーの設定より貢献額が若干大きい点は、利己的でない選好を実際にもつ人がいる証左であるといえる。

■ **リスタート効果**　有限回繰り返し公共財ゲームでの貢献額は、最後のラウンドに近づくにつれ徐々に低下していく。しかし、有限回繰り返し公共財ゲーム（スーパーゲーム）を人々が繰り返すと、スーパーゲーム内の初期のラウンドでの貢献額が再び高いレベルで始まり、貢献額は同じような推移をたどり減少していく。スーパーゲームを繰り返す際に見られる初期のラウンドの高い貢献額を**リスタート効果**

図表 6.8　マッチングと平均貢献額の関係

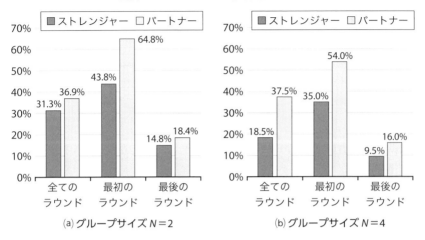

注）図中の数値は、初期財産のうち公的会計に配分された割合を示す。(a)のデータソースは亀井 [Kamei, 2019] の実験であり、N が 2、MPCR が 0.8、ラウンド数が 15 の公共財ゲーム実験での結果である。(b)のデータソースはフェアとガクター [Fehr & Gächter, 2000] の実験であり、N が 4、MPCR が 0.4、ラウンド数が 10 の公共財ゲーム実験の結果である。

（restart effect）と呼び、アンドレオニ [Andreoni, 1988] が最初に議論した。リスタート効果は、スーパーゲーム内で相手に協力を促すための評判構築効果と解釈でき、頑健性の高い行動効果である。

3 利己的でない選好

1 回きりの線形公共財ゲームにおける正の貢献や、有限回繰り返し線形公共財ゲームの最後のラウンドにおける正の貢献をする人々の存在（6.2 節）、そして非線形公共財ゲームにおける貢献の上方へのブレの強さ（本節 1 ）は、利己的でない選好をもつ人の存在を意味する。フィッシュバッハら [Fischbacher et al., 2001] は、人の条件付貢献性向を直接抽出する方法を提示し人々を分類した。彼らの方法は、被験者を特定の大きさのグループに割り振り、グループ内で次の 2 種類の意思決定から構成される 1 回きりの線形公共財ゲームをプレイさせることである。

(1) **非条件付貢献**：初期財産のうち公的会計に貢献する額を1つ決定する。

(2) **条件付貢献**：初期財産のうち公的会計に貢献する額を、他のメンバーの平均貢献額に条件付きで決定する。例えば、初期財産が20の場合、他のメンバーの平均貢献額が0、1、2、3、…、20それぞれのときに自身がいくら貢献するかを決定する。この21個の条件付き貢献額のリストを**条件付貢献スケジュール**（conditional contribution schedule）と呼ぶ。

全てのグループメンバーが(1)と(2)の両方の意思決定をした後で、コンピューターが乱数により、各グループの中で条件付貢献スケジュールが使用される1人をランダムに選ぶ。選ばれなかった他の人は、非条件付貢献額が自身の貢献額となる。例えばプレイヤー1が条件付貢献スケジュールが使用されるメンバーになったとし、プレイヤー1以外の非条件付貢献額の平均が8であり、さらに、プレイヤー1の条件付貢献スケジュールによると、その場合に自身は6を貢献すると表明していたとしよう。その場合、プレイヤー1の貢献額は6となる。この実験手続きのポイントは、非条件付貢献と条件付貢献のどちらの意思決定も誘因両立である点である。

フィッシュバッハらはグループサイズ N として4人を用いて、実験をスイスで行い、人々の間の選好の**異質性**（heterogeneity）を検出した。特に、次の3つのタイプが高い頻度で観測される。

- **条件付貢献者**（conditional contributor）：他のメンバーの平均貢献額に比例して自身も貢献する[5]。正の相関の度合いには個人差が大きい。
- **こぶ状貢献者**（hump-shaped contributor）：他のメンバーの平均貢献額が小さい場合には、同平均貢献額に比例して自身も貢献するが、他のメンバーの平均貢献額が十分大きくなると、自身はフリーライドして貢献額を減らし始める。こぶ状貢献者は、**三角形貢献者**（triangle contributor）とも呼ぶ。
- **フリーライダー**（free rider）：他のメンバーの貢献額によらず、常に何も貢献しない。フリーライダーは、利己的個人である。

この3種類のタイプに比べて割合は小さいことが多いが、それら以外にも様々な他の貢献タイプが存在する（例：他のメンバーの貢献によらず常に全額貢献する完全利他的タイプ）。多くの研究の被験者サンプルで、全ての人の条件付貢献スケジュールの平均を見ると、それらは**不完全条件付貢献者**（imperfect conditional cooperator）であることが多い。「不完全」は、他のメンバーの平均貢献額よりも

---

[5] この条件付貢献行動は、例えば不平等を嫌う選好などの社会的選好（9章）で説明できる。

常に（若干）少ない額を人は貢献する傾向にあることを意味する。つまり人は、皆が貢献すれば自身も貢献額を増やすが、同時に皆の貢献にフリーライドする傾向をもつのである。

　経済理論の前提の検証という重要性と、また理論の前提にある利己性に反する意思決定特性という点から、条件付貢献スケジュールの抽出実験が世界中の様々な国と地域で行われた。抽出された選好の分布に地域差があるものの、上の3つのタイプはほとんどの国で検出されている [Thöni & Volk, 2018]。例として筆者が米国（ロードアイランド州）と英国（ダラム郡）で行った抽出実験のデータを紹介しよう（**図表6.9**）。各図で横軸は他のグループメンバーの平均貢献額、縦軸は自身の貢献額を示す。米国、英国ともにサンプル全体の平均で見ると、45度線よりは低いが正の傾きをもつ不完全条件付貢献者である。細分類で見ると、条件付貢献者が最も大きな割合を占める。フリーライダーとこぶ状貢献者も存在する。

　なお、同じ国内でも人々の選好に地域差が出る場合がある。亀井 [Kamei, 2012] は、**図表6.9** の米国での結果と、コッカーら [Kocher et al., 2008] の米国（ノースカロライナ州）での抽出結果を比較した。コッカーらはアパラチア州立大学で実験を行った。ノースカロライナ州の実験ではサンプルの80.6%が条件付貢献者、0.0%

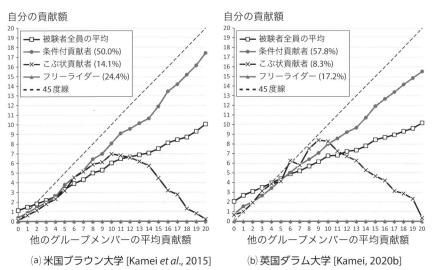

図表6.9　異質な条件付貢献スケジュールの例

(a) 米国ブラウン大学 [Kamei et al., 2015]　　(b) 英国ダラム大学 [Kamei, 2020b]

注）どちらの抽出実験でも、被験者は初期財産として20が与えられた。

がこぶ状貢献者、8.3％がフリーライダーであり、その分布は筆者のロードアイランド州での結果と比べて有意に異なる。筆者は、同じ米国内でも<u>州ごとに人口動態が全く異なる</u>と論じた。実験実施年において、被験者に占める白人の割合はノースカロライナ州のサンプルでは88.2％なのに対し、ロードアイランド州では46.8％である。州内出身の学生の割合はノースカロライナ州のサンプルで91.4％なのに対し、ロードアイランド州では5.6％のみである。日本でも県民性は異なるといわれているが、県・地域によって条件付貢献選好が異なり得るのである。

フィッシュバッハとガクター [Fischbacher & Gächter, 2010] は、条件付貢献選好と信念を用いて、有限回繰り返しの線形公共財ゲームで貢献額がラウンドを経るごとに低下する要因を考察した。彼らはストレンジャー・マッチングでの動学的パターンを分析した（当然ながら、同じロジックがパートナー・マッチングでも適用できる）。フィッシュバッハとガクターは、次の2つのメカニズムを実験室内実験の事実を基に提示した。

- 他のグループメンバーの貢献についての**信念の調整**：当ラウンドの信念は、1つ前のラウンドに自身がもった信念と、1つ前のラウンドで観測した他のメンバーの実際の貢献額の加重平均で形成される。つまり、他のメンバーがどう貢献するかという予想は、自身のゲームを通じて得た相手の行動選択に関する経験を踏まえて毎ラウンド、部分的に修正される。従って、人々の貢献額が時間を経るにつれて減少する場合、信念も同様に減少していく。
- 自身の**貢献行動の調整**：あるラウンドの自身の貢献額は、他のメンバーの貢献額に対する信念と、信念を基に条件付貢献スケジュールで計算される貢献額の加重平均である。従って、自身の貢献額は、予測する他のメンバーの貢献額よりは小さいが、条件付貢献スケジュールで示される水準より大きい。条件付貢献スケジュールからの水準より強く貢献する理由は、繰り返しゲーム下では他のメンバーの貢献を促す戦略的動機を人はもつためである。

図表6.10に、各ラウンドの信念（横軸）と貢献額（縦軸）の典型的な関係を示す。集団の平均的動学パターンを考察するため、プレイヤーは、条件付貢献スケジュールの傾きが45度より小さい不完全条件付貢献者であると想定する。このプレイヤーは、実現したラウンド $t-1$ の他のメンバーの平均貢献額 $\overline{C}_{t-1}$ を踏まえて、ラウンド t に他のメンバーがどの程度貢献するかを予測する。繰り返しゲームで相手を落胆させないように、プレイヤーは条件付貢献スケジュールにより選好される貢献額 $CC(B_t(\overline{C}_{t-1}))$ より多くの額を貢献する。一方で、不完全条件付貢献者は、他のプレイヤーに（幾分か）フリーライドしようとするため、ラウンド t の貢

献額は信念 $B_t(\overline{C}_{t-1})$ より低い値である。**図表 6.10** から明らかなように、フリーライダーが集団に 1 人も存在しなくても、条件付貢献性向の不完全性のため、ラウンド t の貢献はラウンド $t-1$ より減少するのである。

図表 6.10　不完全条件付貢献選好と貢献行動の動学的パターン

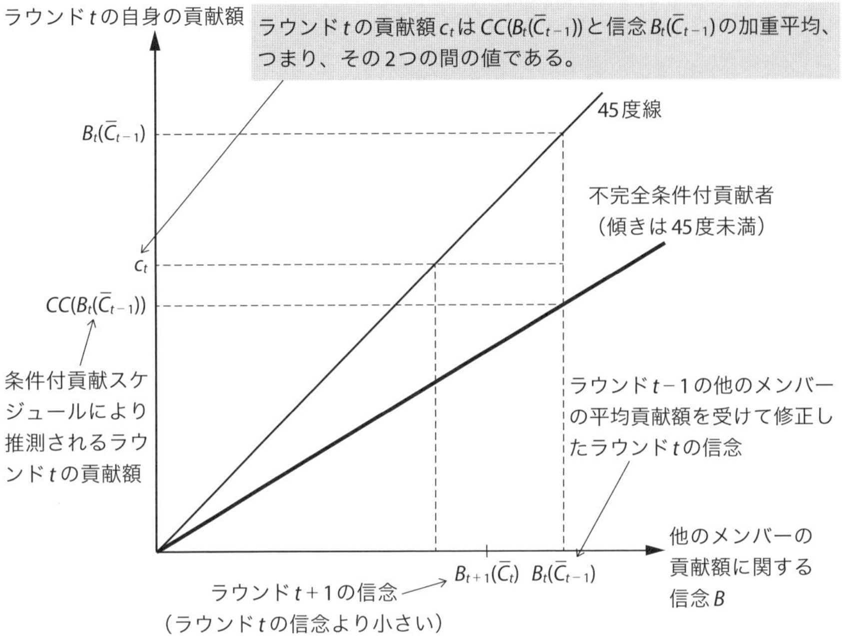

ラウンド t の自身の貢献額

ラウンド t の貢献額 c_t は $CC(B_t(\overline{C}_{t-1}))$ と信念 $B_t(\overline{C}_{t-1})$ の加重平均、つまり、その 2 つの間の値である。

$B_t(\overline{C}_{t-1})$

45度線

不完全条件付貢献者
（傾きは 45 度未満）

c_t

$CC(B_t(\overline{C}_{t-1}))$

条件付貢献スケジュールにより推測されるラウンド t の貢献額

ラウンド $t-1$ の他のメンバーの平均貢献額を受けて修正したラウンド t の信念

ラウンド $t+1$ の信念（ラウンド t の信念より小さい）

$B_{t+1}(\overline{C}_t)$　$B_t(\overline{C}_{t-1})$

他のメンバーの貢献額に関する信念 B

6.4　グループサイズ効果

　社会的ジレンマは主に線形公共財ゲームを用いて考察されてきたが（6.1～6.3 節）、その主要なパラメータは、**MPCR**（式 (6.1) の r）とグループに属する**メンバーの数 N** である（6.1 節**2**）。過去の膨大な実験により、MPCR が大きいほど人は自発的にグループのために貢献する（6.2 節）ことがわかっているが、グループサイズは人の貢献行動にどう影響するのだろうか？

　MPCR を固定した上で、グループサイズ効果を考えると、2 つの可能性が容易に思い付く。1 つ目は正のグループサイズ効果である。N が大きければ大きいほど、便益を受けるメンバーの数が大きい。人が利己的でない選好をもつのであれば、グ

ループのために貢献する利他的動機は N が大きいほど大きいであろう。2 つ目は負のグループサイズ効果である。N が大きければ、自身が貢献せずとも他の誰かが貢献すれば公共財が供給されるため、フリーライドの誘惑が大きいと推測される。

一方で、MPCR を固定するのではなく、公共財投資のリターン、つまり MPCR $\times N$ を一定にして考えると、グループサイズ効果はより懐疑的になる。この考えでは、貢献額の合計 C が公共財供給のために充てられ、投資効率が γ（$=$ MPCR $\times N$、ただし、$\gamma > 1$）の場合、貢献は $\gamma \times C$ の価値をグループに生む。それをグループでメンバーが平等に享受すると考えると、1 人当たりの便益は $\gamma C/N$ であり、MPCR は γ/N と計算される。つまり、投資効率 γ ($=$ MPCR $\times N$) が一定という条件は、N が大きければ大きいほど、1 人当たりの便益 MPCR、いい換えると公共財への貢献の 1 人当たりの金銭的インセンティブが小さいことを意味する。

グループサイズが 1 人当たりの貢献額に与える効果は、単純ではない。過去の実験によると、効果は MPCR に依存する（**図表6.11**）。これは、MPCR を固定して測るグループサイズ効果、投資効率 γ ($=$ MPCR $\times N$) を一定にして測るグループサイズ効果それぞれに対していえる。例えばアイザックとウォールカーの実験 [Isaac & Walker, 1988] では、MPCR が 0.3 と小さい場合、N を 4 人から 10 人に増やすと 1 人当たり平均貢献額が増加したが、MPCR が 0.75 と大きい場合には、N が 4 人と 10 人の実験で貢献額がほとんど同じであった。アイザックら [Isaac *et al.*, 1994] は、グループサイズとして 4 人、10 人、40 人、100 人と 4 種類を設定し、0.3 と 0.75 の 2 種類の MPCR 値の下でグループサイズ効果を考察した。アイザックとウォールカーの実験と整合的に、MPCR が 0.3 と低い場合にのみ、正のグループサイズ効果が検出された。MPCR が 0.3 の場合の正のグループサイズ効果は、ディートリヒら [Diederich *et al.*, 2017]、ノーゼンゾら [Nosenzo *et al.*, 2015] など別の研究グループの実験でも再現されている。一方で、MPCR が 0.02 や 0.04 と極めて小さい値の下で $N = 60$ と 100 の間の貢献行動を比較したヴァイマンらの実験 [Weimann *et al.*, 2019] では、小さいグループサイズ効果しか検出されなかった。ゼルマー [Zelmer 2003] は過去の線形公共財ゲーム実験のデータを集め、それを用いた回帰分析に基づくメタ分析を行い、人々の貢献額に与える各実験要素の効果の検証を試みた。それによると、グループサイズと貢献の大きさの間に正の相関を確認したが、その関係は統計的に 10 ％の有意水準でしかなく強いものではなかった。

投資のリターン、つまり MPCR $\times N$ を固定した場合のグループサイズ効果については、常にではないが、負のグループサイズ効果が得られることが多い（**図表6.11**）。負のグループサイズ効果を検出した研究の例では、アイザックとウォールカーの実験 [Isaac & Walker, 1988] がある。彼らは、N の増加に伴う MPCR の低下

の影響、つまり、公共財供給に対する 1 人当たりの金銭的インセンティブの低下が貢献を強く妨げると論じた。

図表 6.11　グループサイズ効果を分析した過去の実験研究の例

研究グループ	MPCR	対象のグループサイズ N	1 人当たりの平均貢献額への効果
アイザックとウォールカー [Isaac & Walker, 1988]	0.3	$N=4$ と $N=10$ の比較	N を大きくすると貢献額は増大
	0.75	$N=4$ と $N=10$ の比較	N の大きさと貢献額は無関係
		{MPCR = 0.75, $N=4$} と {MPCR = 0.3, $N=10$} の比較 (MPCR·$N=3$)	N を大きく（同時に MPCR を小さく）すると貢献額は減少 (#1)
アイザックら [Isaac et al., 1994]	0.3	$N=4$、10、40、100 の 4 種類の条件の比較	1 人当たり貢献額の順序は $C(N=40) \approx C(N=100) > C(N=10) > C(N=4)$
	0.75	$N=4$、10、40、100 の 4 種類の条件の比較	貢献額はどれも同程度であり、N と貢献額に関係性が見られない
	MPCR·N が一定の条件で、N を大きくする効果を計測		・アイザックとウォールカーの実験 [Isaac & Walker, 1988] の結果 (#1) を再現 ・{MPCR = 0.03, $N=40$} と {MPCR = 0.3, $N=4$} の比較では貢献額はほぼ同程度 ・{MPCR = 0.75, $N=40$} と {MPCR = 0.3, $N=100$} の比較では貢献額はほぼ同程度
ノーゼンゾら [Nosenzo et al., 2015]	0.3	$N=4$ と $N=8$ の比較	N を大きくすると貢献額は増大
	0.75	$N=2$、3、4、8 の 4 種類の条件の比較	N を大きくすると貢献額は減少 1 人当たり貢献額の順序は $C(N=2) > \{C(N=3), C(N=4)\} > C(N=8)$
ディートリヒら [Diederich et al., 2017]	0.3	$N=10$、40、100 の 3 種類の条件の比較	1 人当たり貢献額の順序は $C(N=100) > C(N=40) > C(N=10)$
ヴァイマンら [Weimann et al., 2019]	0.02	$N=60$ と $N=100$ の比較	$N=100$ の方が貢献額は若干大きい
	0.04	$N=60$ と $N=100$ の比較	$N=100$ の方が貢献額は若干大きい

6.5 ピア・ツー・ピアの罰則

公共財ジレンマでは貢献する人がいる一方で、交流を繰り返すとフリーライドが蔓延していくと学んだ（6.2節）。この動学パターンは悲観的なものであるが、これとは異なり我々の社会や組織では、協力関係が持続している多くの現実事例がある。例えば読者の居住地域での生活を考えてみると、多くの人々が非協力的行動をとる悪い状態に陥っているだろうか？

フリーライドの常態化が見られない理由の一つに、**ピア・ツー・ピアの罰則**などの分権的な規範遂行メカニズムがあると考えられている。本節では、ピア・ツー・ピアの罰則に関する実験研究を学ぶ。

1 第1世代モデル

公共財供給問題におけるピア・ツー・ピアの罰則メカニズムの分析は、特にフェアとガクター [Fehr & Gächter, 2000, 2002] の実験を契機に経済学で活発になった。本書では彼らの実験設定を**第1世代モデル**と呼ぶ。第1世代モデルでは、公共財ゲームの配分の意思決定の後に各プレイヤーに罰則の機会を与えることで、ピア・ツー・ピア罰則をモデルに組み入れる。具体的に第1世代モデルでは、グループに属する各メンバーはそれぞれ初期財産 E_i を与えられ、次の2段階で意思決定する（**図表6.12**）。

《**ステップ1**》各メンバーは独立に、初期財産を公的会計と私的会計の間で配分する。線形公共財ゲームと非線形公共財ゲームの2種類の構造があるが、フェアとフィッシュバッハの実験 [Fehr & Gächter, 2000, 2002] を含め、単純化のために線形公共財ゲームが使用されることが多い。

《**ステップ2**》ステップ1での他のグループメンバーそれぞれの貢献額を観測し、その上で各メンバーはそれぞれに、コストをかけてどの程度罰則を科すか決定する。

繰り返し公共財ゲーム実験では、この2段階からなるラウンドを繰り返す。ここで、ステップ2の罰則活動にコストがかかる点が重要である。つまり、罰則を科されたメンバーは利得を減らすが、罰則を科す側もコストがかかり利得が減少する。これは現実性を考慮した設定である。例えば、コミュニティが合意した活動目的があるが、それに協力せずフリーライドした規範逸脱者が住民の中にいたとしよう。

図表 6.12 第 1 世代モデルにおけるピア・ツー・ピアの罰則に関する意思決定のタイミング

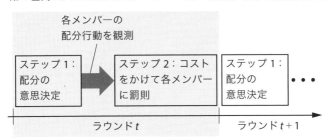

その場合、注意などピア・ツー・ピアで罰則を科し行動を正そうとする人がいるかもしれないし、時には排斥など強い罰則を科すかもしれない。その場合は、罰則を受ける側の方が通常大きな影響を受けるが、罰則を科す側も時間や心理的エネルギーなどのコストを被る。経済学では、いかなる非金銭的影響も金銭価値に換算して効用や利得を考える。

ステップ 2 の罰則の意思決定は、各プレイヤーが他のメンバーに罰則ポイントを科すという形態がとられる。そして、罰則ポイントを科す側の費用と科された側の損失の関係を、罰則費用関数で設定する。実験経済学文献で標準的に使用される関数（方法）は次の 2 つである。

- **方法 1（線形の罰則技術）**：1 罰則ポイントを他のメンバーに科すたびに、科す側は 1 の費用を負い、一方で科された側の利得が ξ 減少する。ξ はパラメータとして実験者が事前に設定する。$\xi = 3$ か $\xi = 4$（つまり 3 倍か 4 倍の罰則の効果）が使用されることが多い。本書で事例として扱うフェアとガクター [Fehr & Gächter, 2002]、ニキフォラキスとノーマン [Nikiforakis & Normann, 2008]、亀井とプッタマン [Kamei & Putterman, 2015]、フら [Fu *et al.*, 2018] の実験などは線形の罰則技術を使用している。
- **方法 2（非線形の罰則技術）**：1 罰則ポイントを科すたびに、科された側の利得が一定の割合（例えば 10 ％）で減少する。つまり、k 罰則ポイントが科されると、科されたプレイヤーは利得の $10 \times k$ ％を失う。罰則を科す側の費用は、科した総罰則ポイントの量に依存し、限界費用が逓増するように設定する。非線形の設定は、例えばフェアとガクター [Fehr & Gächter, 2000]、ニキフォラキス [Nikiforakis, 2008] やデナント-ボエモントら [Denant-Boemont *et al.*, 2007] で使用された。

つまり、総罰則ポイント P を科す費用 $C(P)$ は、方法 1 では $C(P) = P$ なのに対し、方法 2 では下に凸の単調増加関数である。ピア・ツー・ピアの罰則の効果は、罰則技術が線形か非線形かの別にあまり影響を受けないとわかっている。計算式の簡便さから、経済実験では方法 2 より方法 1 が使用されることが多いため、以下、利得式は、線形公共財ゲームを基に方法 1 で説明を展開しよう（方法 2 でも同様の定式化ができる）。議論の継続性のため、6.1 節 **2** の定式化をそのまま土台に使う。プレイヤー i がプレイヤー j に科した罰則ポイントを $p_{i \to j}$ と表記する。その場合、プレイヤー i が他のメンバーに科した総罰則ポイントは $P_i = \sum_{j \neq i} p_{i \to j}$ と表記でき、総費用は $C(P_i) = P_i = \sum_{j \neq i} p_{i \to j}$ である。一方で、プレイヤー i が受けた罰則ポイントによる損失は、$\xi \sum_{j \neq i} p_{j \to i}$ である。従って、プレイヤー i の利得は式 (6.10) で表される。式 (6.10) が式 (6.1) と違う点は、罰則に関する 2 つの項（$\xi \sum_{j \neq i} p_{j \to i}$, $\sum_{j \neq i} p_{i \to j}$）の存在である。

$$u_i = \underbrace{E - c_i + r \sum_{j=1}^{N} c_j}_{\substack{\text{ステップ 1} \\ \text{での利得}} } - \underbrace{\xi \sum_{j \neq i} p_{j \to i}}_{\substack{\text{受けた罰則} \\ \text{による損失}}} - \underbrace{\sum_{j \neq i} p_{i \to j}}_{\substack{\text{他人に罰則を科す} \\ \text{ためのコスト}}} \tag{6.10}$$

人々の利己性と、合理性に関する共有知識を前提とすると、罰則の可能性が公共財ジレンマで貢献に与える効果はない。その理由は、<u>罰則にはコストがかかるため</u>である。式 (6.10) によると、誰に対してもピア・ツー・ピアで罰則を科さなければ、$\sum_{j \neq i} p_{i \to j} = 0$ になり自身の利得最大化に寄与する。利己的個人は誰もステップ 2 で罰則を科そうとしないため、ステップ 1 での配分の意思決定は通常の公共財ゲームと同一である。罰則ありの公共財ゲームを有限回繰り返す場合でも、6.1 節 **2** の議論がそのまま適用できる。部分ゲーム完全均衡では、全てのメンバーが各ラウンドのステップ 2 で罰則活動に一切携わらず（つまり、全ての i, j について $p_{i \to j} = 0$）、ステップ 1 ではステップ 2 での行動を正しく予見するため、全てのプレイヤーは利己的に何も公的会計に配分しない（$c_i = 0$）。

しかしながら膨大な過去の経済実験によると、ピア・ツー・ピアの罰則の費用対効果が十分良ければ、つまり、<u>線形罰則技術では ξ の数値が十分大きく、また非線形の罰則技術では罰則を科す側の費用が十分低ければ</u>、ピア・ツー・ピアの罰則は人々に高いレベルでの貢献を促し、それを持続させる効果がある。**図表 6.13** (a) は、フェアとガクター [Fehr & Gächter, 2000] が非線形の罰則技術を用いて 10 ラウンドからなる線形公共財ゲーム実験を行ったデータである。1 罰則ポイントを科されるごとに、科されたメンバーは利得の 10 ％を失うが、(a)(i) で示すように、罰則を科す側も、科す罰則ポイントの量に応じて単調増加する費用を負う。例えば合計 5 罰

図表 6.13 線形公共財ゲームでのピア・ツー・ピアの罰則の効果の例

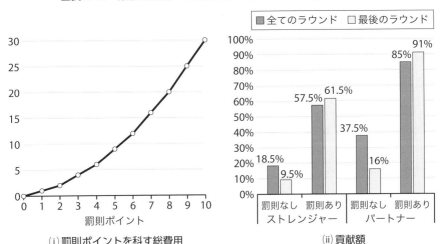

(i) 罰則ポイントを科す総費用　　(ii) 貢献額

(a) フェアとガクターの実験 [Fehr & Gächter, 2000]

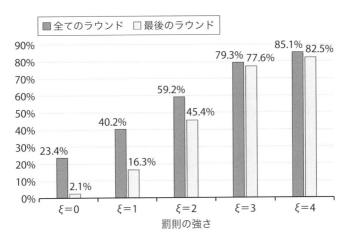

(b) ニキフォラキスとノーマンの実験 [Nikiforakis & Normann, 2008]

注) (a)(ii)と(b)の棒グラフの高さは、初期財産に対し公的会計に貢献した割合を示す。また、(a)、(b)ともに、$N=4$、MPCR$=0.4$、合計 10 ラウンドの設定で実験が行われた。なお、$\xi=0$ は、罰則なしの通常の線形公共財ゲームを意味する。

則ポイントを科すには9の費用が、10罰則ポイントを科す場合には30の費用がかかる。フェアとガクターは、罰則の効果をパートナー・マッチングとストレンジャー・マッチングそれぞれの場合で考察した。**図表6.13**(a)(ii)が示す通り、罰則ありとなしのトリートメントを比較すると、罰則があれば被験者は高い額を公的会計に貢献した。特に顕著な結果は、各グループが高い貢献を持続し、実験の最後のラウンドでも高い貢献額を実現できた点である。

図表6.13(b)にニキフォラキスとノーマンの実験結果 [Nikiforakis & Normann, 2008] を示す。彼らは、パートナー・マッチング下で、線形の罰則技術での罰則の強度を系統的に変えることで、罰則技術と貢献行動の関係を分析した。コストの比（ξ＝罰則を科される人の損失／罰則を科す費用）が高いほど、つまり小さいコストで強い罰則を科せるほど、人は高い額をグループに貢献し、その高い貢献行動がグループ内で持続した。罰則コスト比の効果は、アンダーソンとプッタマンの実験 [Anderson & Putterman, 2006] など他の様々な実験研究でも確認されるなど、頑健性が高い結果である。

罰則が貢献規範の強化に作用するメカニズムの特徴は、人々が部分ゲーム完全均衡の予測とは異なり、より強く、そして頻繁に罰則を非貢献者に科す点である。動学的に、あまり貢献をしなかった者は、強い罰則を受けると行動を改め、後に貢献額を増やす傾向がある。

フェアとガクター [Fehr & Gächter, 2002] は、パーフェクト・ストレンジャー・マッチング（1章）が用いられる繰り返し公共財ゲームでの、人々のピア・ツー・ピアの罰則行動を実験で考察した。パーフェクト・ストレンジャー・マッチングでは、ステップ1とステップ2（**図表6.12**）から構成される各ラウンドの終了後、他のメンバーとの交流が厳密に1ラウンドのみになるようにグループ構成がランダムに変わる。彼らの実験によると、将来再び交流する可能性が仮に0であっても、グループの平均貢献額より小さい貢献をしたメンバーに人は罰則を科す傾向にあり、その罰則は人々の貢献を高い水準に押し上げ持続させる効果があるとわかった。このパターンは、罰則と貢献行動が共に、人々の非利己的動機に影響を受けていることを示唆する。

■ **罰則がもたらす経済効率性への効果**　ピア・ツー・ピアの罰則が人々の貢献を高めると学んだが、これは高い社会厚生（social welfare）の達成を意味するだろうか？　罰則活動は、罰則を科す側と科される側の双方に損失をもたらす。従って、貢献額増加の効果が損失の影響を上回る場合にのみ、経済効率性が高まったといえる。過去の多数の実験によると、社会厚生に正の効果を生むためには、関係が長期

に及ぶ（つまりジレンマが繰り返される回数が多い）ことが求められる。繰り返し公共財ゲームの初期のラウンドでは、協力規範をグループに浸透させるために、メンバー間で激しい罰則活動が必要なことが多い。協力規範がグループ内に広がり、高い貢献がグループで実現すれば罰則が不要になるが、それまでに通常は時間がかかる。初期の罰則活動の激しさがゆえに、**図表6.13**(a)で見たフェアとガクターの実験 [Fehr & Gächter, 2000] のように、ジレンマが繰り返される回数が10ラウンド程度では社会厚生への効果が薄い。ガクターら [Gächter *et al.*, 2008] は、50ラウンドからなる線形公共財ゲーム実験 ($N = 3$、MPCR = 0.5) を行った。それによると、罰則が可能なトリートメントは可能でない場合に比べて、罰則活動による損失のため最初の6ラウンドでは、低い利得に甘んじるグループが多かった。しかし7ラウンド目以降では、高い貢献と低い罰則損失の達成から、罰則が可能なトリートメントでの平均利得が単調に増加を続け、高い経済効率性が実現された。これは、ラウンドごとに利得が単調に減少する罰則なしの公共財供給ジレンマ実験での結果とは異なるパターンである。つまり、経済効率性は、貢献額と利得のそれぞれで測る必要があるのである。

■ **国際比較と反社会的罰則**　ハーマンら [Herrmann *et al.*, 2008] は、ピア・ツー・ピアの罰則の効果の国際比較を行った。実験設定は、$N = 4$、MPCR = 0.4 の10ラウンドからなる標準的なピア・ツー・ピアの罰則付き繰り返し線形公共財ゲームである。罰則技術は線形のもので、$\xi = 3$ が使用された。全く同一の実験プロトコルを用いて**図表6.14**に示す16地域で実験室内実験を行ったところ、ハーマンらは公共財への貢献の水準に大きな地域間差異があるのを観測した。例えば、米国（ボストン）やデンマーク（コペンハーゲン）の被験者は平均して初期財産の約90％近くを公的会計に貢献した一方で、ギリシャ（アテネ）の被験者は財産の28.5％しか貢献しなかった。**図表6.14**で自明な貢献行動の地域間差異は一見すると理解し難く思えるが、ハーマンらは人々の罰則パターンの違いが貢献額の水準を説明すると提案した。まず、高い貢献規範を実現した米国（ボストン）、デンマーク（コペンハーゲン）、スイス（ザンクト・ガレン、チューリヒ）、英国（ノッティンガム）などでは、低い貢献をした者が頻繁に、そして強くピア・ツー・ピアで罰則を受けた。一方で、貢献規範が低迷したギリシャ（アテネ）、サウジアラビア（リヤド）、オマーン（マスカット）などでは、このような向社会的罰則（pro-social punishment）ではなく、**反社会的罰則**（anti-social punishment）、つまり貢献が高い者に対する非生産的な罰則行為が被験者間で蔓延していた。向社会的、反社会的のどちらの罰則が支配的になるかについて、ハーマンらは、地域で支配的な協力規範の特徴や法

6章 公共財供給と集団行動の問題

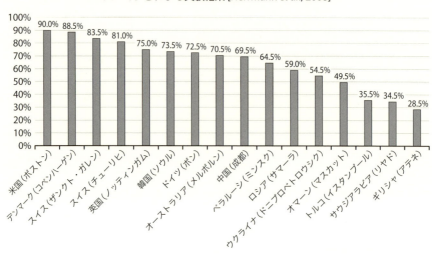

図表 6.14 ピア・ツー・ピアの罰則の効果の国際比較：
ハーマンらによる実験結果 [Herrmann et al., 2008]

注）棒グラフの高さは、線形公共財ゲームでの初期財産に対する公的会計に貢献した割合を示す。

的制度の量と質が影響すると論じる。これらの事実は、公共財ゲームなどでの協力に関する人々の行動特性には、文化、制度、国や地域など実験実施地の諸条件が影響し、従って、結果を一般化するには細心の注意が必要であることを意味する。

■ **条件付罰則性向**　公共財ゲームにおける公的会計への貢献の意思決定で人は平均して条件付貢献者として近似できるが（6.3 節 **3**）、ピア・ツー・ピアの罰則性向はどうだろうか？　この問いを亀井 [Kamei, 2014, 2017] は、配分の戦略集合を最小化した簡素な実験設定で考察した。この実験で被験者は、それぞれ初期財産として 10 が与えられた。そして彼らは 4 人からなるグループに割り振られ、その 10 の財産をグループに貢献するか否か二者択一の選択をした。貢献を選んだ人を協力者、貢献しなかった人を非協力者と呼ぼう。貢献した場合はグループの皆に便益 5 (MPCR = 0.5) が発生すると設定した。貢献の意思決定の後で、被験者は、以下の 2 種類の罰則に関する意思決定を行った。ピア・ツー・ピアの罰則では、線形の罰則技術で $\xi = 3$（つまり 1 罰則ポイントを課すごとに 1 を払う必要があるが、罰則を科されたメンバーは 3 の利得損失を被る）が使用された。

- **条件付罰則**：配分ステージの結果を知る前に、協力者、非協力者それぞれに対する条件付罰則の量を決定する。具体的には、他の2人がターゲットに科す平均罰則ポイントを0.5刻みで0.0、0.5、1.0、…、4.0の9つを想定し、それぞれの場合に、自身がターゲットに科す罰則ポイントを決定する。なお、$N = 4$であるため、各メンバーはそれぞれ3人のグループメンバーから罰則を受ける。9つの罰則量を協力者、非協力者それぞれに決めるため、各被験者は合計18個の条件付きの意思決定をする。
- **非条件付罰則**：全てのメンバーが条件付罰則の意思決定をした後で、配分ステージの結果が知らされ、その上で各グループメンバーの利得を（非条件付きで）罰則でどの程度減らすか意思決定する。

亀井は、6.3節 **3** で議論した条件付貢献スケジュールと同様のアプローチで、この**条件付罰則スケジュール**（conditional punishment schedule）を誘因両立にした。つまり、グループの4人のうち1人がランダムに選ばれ、条件付罰則スケジュールが使用されるメンバーとした。残り3人は、非条件付罰則が自身の罰則として遂行される。それを基に前者のメンバーの罰則が、自身の条件付罰則スケジュールにより決まる。

図表6.15は、米国（ミシガン州）と英国（ダラム郡）での選好抽出実験の結果を示す。接続された実線が示すサンプル全体の条件付罰則スケジュールを見ると、米国、英国ともに、人は、他のメンバーが科す罰則に条件付きで自らもコストをかけて非協力者に罰則を科す**不完全条件付罰則者**（imperfect conditional punisher）であるとわかる。ここで「不完全」は、他のメンバーが罰則を増加させても、自らは常に少ない率で罰則を増加させることを意味し、これは条件付罰則スケジュールの傾きが45°より小さいことを意味する。ハーマンらの実験 [Herrmann *et al.*, 2008] と整合的で、協力者への反社会的な罰則も見られるが、その罰則も条件付きでなされている。個人レベルのデータを見ると、罰則性向に個人差が大きいとわかる。米国では53.8％、英国では36.1％の人が、誰にも全く罰則を科さないフリーライダーと分類された。非協力者に罰則を条件付きで科す条件付罰則者（conditional punisher）も、それぞれ23.1％、20.8％存在した。貢献行動、罰則行動ともに、人には様々なタイプが存在するのは面白い。

図表 6.15 条件付罰則性向の抽出 [Kamei, 2014, 2017]

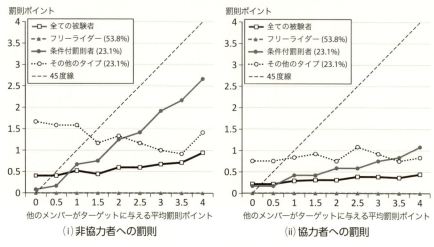

(a) 米国（ミシガン州アナーバー）

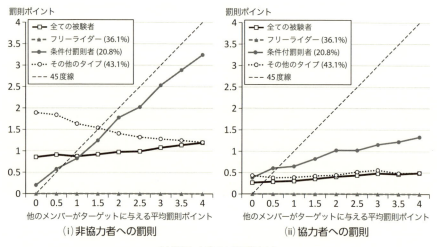

(b) 英国（ダラム郡ダラム）

2 第2世代モデル（高次罰則の導入）

フェアとガクターの実験 [Fehr & Gächter, 2000, 2002] を契機に活発化した分権的な罰則の研究に、ニキフォラキス [Nikiforakis, 2008] とディナン-ボエモントら [Denant-Boemont et al., 2007] が、実験設定の現実的妥当性の面から問題提起をした。第1世代モデルでは、ピア・ツー・ピアの罰則を科すとラウンドでの交流が終了するとモデル化されている。これに対して彼らは、受けた罰則に対して**人々が反応する機会がない**と疑問を呈したのである。ニキフォラキス [Nikiforakis, 2008] とディナン-ボエモントら [Denant-Boèmont et al., 2007] が特に注目したのは、罰を科されたメンバーによる**反撃**（counter-punishment）である。現実の例で見ても、電車内や公共スペースなどで規範逸脱者に注意などをし、逆ギレされ事件にまで発展したニュースは日本でも散見されるが、第1世代モデルでは、罰則を科された人が罰則を素直に受け入れることを強制する。ニキフォラキスとディナン-ボエモントらは、本節**1**で説明した2つのステップの後に、新たに次のステップを入れることで実験をやり直した。

《**ステップ3**》ステップ2で罰則を科されたメンバーは、罰則を科したメンバーに反撃として罰則を科す機会が与えられる。反撃するかどうかは罰則を科されたメンバー次第である。ステップ3での罰則技術はステップ2のものと同じとする。なお、ステップ2で罰則を科されなかったメンバーには反撃の機会が与えられない。

図表 6.16　第2世代モデルにおける罰則手続きの例

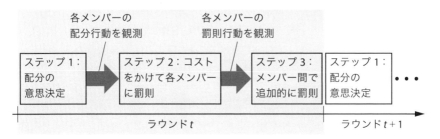

このように最初の罰則（**1次罰則**（first-order punishment）と呼ぶ）に対する追加的罰則（**高次罰則**（higher-order punishment）と呼ぶ）を組み入れたモデルを、本書では**第2世代モデル**と呼ぶ（**図表 6.16**）。例えばニキフォラキス [Nikiforakis,

2008] は、$N = 4$、MPCR $= 0.4$、各ラウンドの初期保有が 20 で 10 ラウンドからなる有限回繰り返し線形公共財ゲームを基に反撃の影響を考察した。過去の研究との比較を容易にするため、ニキフォラキスは罰則技術としてフェアとガクター [Fehr & Gächter, 2000] と同一のものを使用し、第 1 世代モデルの再現性実験も行った。それによると、反撃機会（ステップ 3）のない第 1 世代モデルでは、罰則なしの線形公共財ゲームに比べて、貢献額がパートナー・マッチング下で 2.97 倍、ストレンジャー・マッチング下で 2.15 倍となり、ピア・ツー・ピアの罰則の強い正の効果が検出された。この結果は、フェアとガクターの実験結果 [Fehr & Gächter, 2000] に整合的である。しかし反撃機会（ステップ 3）が追加された第 2 世代モデルでは、罰則の効果がそれぞれ 1.69 倍、1.24 倍と激減した。ニキフォラキスは、反撃される可能性が人々のピア・ツー・ピアの罰則活動を減退させ、罰則の効果を弱めるため、分権的な罰則による自己統治（self-governance）は実際には難しいかもしれないと結論付けた。

　亀井とプッタマン [Kamei & Putterman, 2015] は、ニキフォラキスの実験設定には問題があり、自己統治が不可能だという結論は誤解を招くと指摘し、第 2 世代モデルの実験の構築方法について論じた。問題点として挙げたのは、罰則を科された人が反撃できるというステップ 3 のモデルへの導入の仕方である。ステップ 3 は、ニキフォラキスの研究では、罰則を科された人だけが反撃でき、反撃のためだけに設けられた特別な段階である。この設定は反撃を暗に勧める**実験者需要効果**（1章）を誘発すると亀井とプッタマンは指摘し、実験事実をもって説明した。潜在的な実験者需要効果の影響を考察するために、次の 2 種類のトリートメントを設計し実験室内実験を実施した。

・「**無制限**」のトリートメント：ステップ 3 では、罰則を科された人だけでなく、誰でも 2 次の罰則を科せると設定する。これを亀井とプッタマンは、**FULL**（無制限）条件と呼び、FULL3、FULL3hist、FULL2 という 3 種類のトリートメントを構築した。FULL3 ではステップ 3 を導入し、この段階で他のメンバーのステップ 2 の罰則活動を観測し、その上で皆が誰に対しても追加の罰則を科せるとした。FULL3hist は FULL3 と同一であるが、人々の間の認知能力の差異を補うために、過去のラウンドでの 1 次、2 次の罰則の履歴も合わせて追跡できるように情報提供をするトリートメントである。FULL2 はステップ 3 を加えないトリートメントである。FULL2 では、ラウンド t での各被験者の 1 次の罰則パターンに対する追加的罰則を、次のラウンド $t + 1$ のステップ 2 の罰則の決定と同時にラグをもって意思決定させるトリートメントである。

・**「制限」のトリートメント**：ステップ 3 では、罰則を科された人だけに反撃する機会を与える。このデータは、「無制限」のトリートメントとの比較のために使用する。これを亀井とプッタマンは **EGO-CENTRIC** 条件と呼び、EGO3、EGO3hist、EGO2 の 3 種類のトリートメントを構築した。この 3 つは、FULL3、FULL3hist、FULL2 と並列に解釈できる。EGO3 はニキフォラキスと同じ設定であり、ステップ 3 という特別の段階で罰則を科されたメンバーだけが反撃できる。EGO3hist は EGO3 と基本的に同じであるが、反撃対象であるメンバーによる自身への過去のラウンドでの 1 次罰則量も合わせて表示される。EGO2 ではステップ 3 は存在しない。翌期のステップ 2 で 1 ラウンドのラグを伴って反撃が遂行できる。

「無制限」の条件では、2 次の罰則の機会を反撃以外の用途でも利用することができ、バイアスが少ない。世の中では、反撃以外の 2 次の罰則も可能だ。例えば、規範逸脱を見て見ぬふりをして罰則を科さなかったメンバーが、**2 次のフリーライダー**（second-order free rider）として他のメンバーから罰則を受けるかもしれない。ステップ 2 で規範逸脱者でなく協力者にピア・ツー・ピアで罰則を科した反社会的メンバーが、他のメンバーから正しくない行動を正すために罰則を受けるかもしれない。

亀井とプッタマンは、$N = 4$、$MPCR = 0.4$、各ラウンドの初期保有が 20 で 15 ラウンドという標準的な設定を用いて実験をした。第 1 世代モデル下での行動とも比較が可能なように、同モデルでのトリートメントも合わせて実施した[*6]。**図表 6.17** (a)が実現した平均貢献額の推移である。明らかに EGO3 は第 1 世代モデルよりも効率性が低く、平均貢献額が減少傾向で推移した。しかし、残りの全てのトリートメントでは、第 1 世代モデルと同程度かそれ以上の効率性を達成した。

無制限と制限の条件の違いは、人々の 1 次の罰則活動にどのような影響を与えるだろうか？　**図表 6.17** (b)は、追加されたステップ 3 での人々の反撃性向をまとめたものである。これによると、制限に比べ無制限のトリートメントでは、大きな額をステップ 1 で貢献したメンバーにステップ 2 で反社会的に罰則を科した者が、その貢献者から相対的により強く、頻繁に反撃を受けたとわかる。この 2 次の罰則パターンは、ステップ 2 での社会的に望ましい 1 次罰則規範（例：非貢献者が罰則をしかるべき強度で受ける）の構築を促すものであり、当事者だけでなく周りのメンバーも高次の罰則に潜在的に関与できる無制限の環境の方が規範醸成の点で優れて

---

*6　これを亀井とプッタマンの研究 [Kamei & Putterman, 2015] では Reference（参照条件）と呼ぶ。

図表 6.17 第 2 世代モデルでの貢献パターン：亀井とプッタマンの実験 [Kamei & Putterman, 2015]

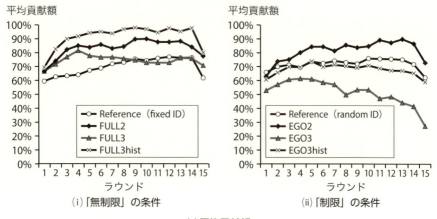

(a) 平均貢献額

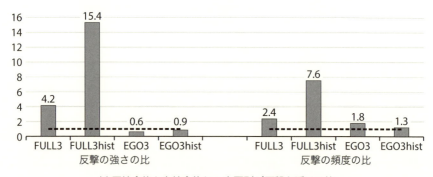

(b) 反社会的と向社会的な 1 次罰則が反撃を受ける比

注）(a)の縦軸の各数値は、初期財産に対し公的会計に貢献した割合を示す。(b)の縦軸の各数値は、(反社会的な 1 次罰則が受ける反撃の強さ（頻度）) ÷ (向社会的な 1 次罰則が受ける反撃の強さ（頻度）) を示しており、比が 1 の水準を比較のため破線で示す。

いることを示唆している。

なお、亀井とプッタマンの実験は、米国（ロードアイランド州）で行われた。同一の実験設定での再現性実験を、亀井とプッタマンがフらと共同で中国で行ったところ [Fu et al., 2018]、同じ示唆が得られた。つまり、文化、法制度や規範の異なる米国と中国の両国で、制限のない 2 次罰則の機会は、人々にとって高い貢献規範の形成と持続に役立つのである。

6.6 貢献を促す他のメカニズム

　様々な研究グループにより、ジレンマ克服に寄与する数多くの分権的メカニズムが提唱され実証されている。本節では例を5つ紹介するが、これらのメカニズムも、ピア・ツー・ピアの罰則と同様に、なぜ現実社会ではフリーライドが蔓延せず相互協力が持続する事象が多いかを読み解くヒントになる。

■ **コミュニケーション**　我々の人間社会の特徴の一つに、コミュニケーションの存在がある。メンバー間でのコミュニケーションは、その媒体と方法によっては、公共財供給に関する社会的ジレンマの克服、もしくは削減に大きく寄与する。例えばアイザックとウォールカー [Isaac & Walker, 1988] は、有限回繰り返しの線形公共財ゲームにおいて、各ラウンドの間に、グループメンバー同士が集まり、話し合う内容に制約を設けない対面でのコミュニケーション機会を設けた。コミュニケーションはあくまで拘束力のない議論・合意であり、コミュニケーション終了後に各メンバーは自身のデスクに戻り、それぞれが独立に貢献額を決定した。実験結果によると、対面でのコミュニケーション機会が与えられると、メンバーはグループのために強く貢献するとわかった。アイザックとウォールカーがコミュニケーション内容の分析を行ったところ、対面での会話がゲームの利得構造に関する各メンバーの正しい理解の助けとなり、また互いに対する信頼を醸成する機会になることがわかった。

　ブロージックら [Brosig *et al.*, 2003] とボシェら [Bochet *et al.*, 2006] は、プレイ前のコミュニケーション方法の系統的な比較を行い、貢献に与える効果が媒体と方法によって異なると提案した。

　まずブロージックらは、10ラウンドの繰り返し線形公共財ゲームの前に、内容に制約を付けない15分のコミュニケーションの機会を被験者に与えた。この与え方を変えることで、3種類のトリートメントを設計した。1つ目はテーブルを囲んでの対面での議論、2つ目はビデオ会議、3つ目はヘッドホンとマイクロフォンを使った音声会議（視覚的に他のメンバーが誰かはわからない）である。対面での議論とビデオ会議のトリートメントでは、どちらもほぼ100％の貢献という顕著な効率性を達成した。オンラインであっても顔を見て議論をすれば、実際に会って対面で議論するのと同程度の効果が生まれるのは興味深い。一方で、顔の見えない音声のみの会議の場合には、貢献額を押し上げる効果が限定的で小さかった。

　ボシェらは、①チャット・ルーム内で匿名にグループ内で会話することによる効

果と、②実際に会って対面で行うコミュニケーションの効果を比較した。彼らは有限回繰り返し線形公共財ゲームを用いて、毎ラウンドの貢献の意思決定前にコミュニケーションの機会を設けた。チャット・ルーム内では個人情報を開示することは認められなかった（皆がそのルールを正しく順守して実験に参加した）。まずボシェらは、アイザックとウォールカー [Isaac & Walker, 1988] とブロージックら [Brosig et al., 2003] の実験と整合的に、対面でのコミュニケーションは人々の貢献に強く影響し社会的最適の実現に寄与することを確認した。次に、チャット・ルーム内での会話は、対面に比べると効果は弱いが、会話ができない場合に比べれば貢献を高める効果が十分にあると明らかにした。オンライン・コミュニケーションは対面でのコミュニケーションに比べると効果が弱いが、それでも人々の貢献にポジティブに作用する点はフレーリヒとオッペンハイマー [Frohlich & Oppenheimer 1998] による N 人囚人のジレンマゲーム実験でも示されている。

なお、コミュニケーションによる効果は、人々のグループへの帰属意識（group identification）を高め貢献を促すことも背後にある。例えば、線形公共財ゲームをプレイする前に、グループメンバー間で協同作業をさせグループに対する帰属意識を高めることが、後のゲームでの貢献行動に有益であることが立証されている（例：チャーネスらの実験 [Charness et al., 2014]）。

■ **ピア・ツー・ピアの褒賞**　ピア・ツー・ピアの罰則はジレンマ克服に大きな効果がある（6.5 節）が、罰則ではなく**褒賞**（reward）も可能である。協力的に高い貢献をした者はメンバーが良い評判を口コミで伝えたり、他のメンバーから直接感謝を表現されたりお礼されるなどの恩恵を受けるかもしれない。褒賞行為は時間などコストをかけて行い、また褒賞対象は便益を（直接的または間接的に）受ける。従って、褒賞行為は、褒賞を与える側にはコストがかかる一方で、受ける側は便益を受ける。

セフトンら [Sefton et al., 2007] は、第 1 世代モデルに並列な形で、ピア・ツー・ピアの褒賞が可能な線形公共財ゲーム実験を行い、罰則と褒賞の間で効率性の比較を行った。彼らの実験によると、ピア・ツー・ピアの褒賞も、罰則と同様にメンバーに高い貢献を促す正の効果があった。一方で褒賞は、罰則よりも高い貢献を持続させる能力が劣っていた。彼らは、罰則と褒賞の両方が可能な場合に貢献に対する最も高い効率性を実現できると論じた。またサッターら [Sutter et al., 2010] は、ピア・ツー・ピアの罰則が規範となっている環境とピア・ツー・ピアの褒賞が規範となっている環境がそれぞれある場合、人々は自身が後者の経済環境に身を置くことを好むと提示した。

■ 社会的承認と不承認（ピア・ツー・ピアの褒賞と罰則の非金銭的な効果）　ピア・ツー・ピアの罰則では、罰則を科す側と課される側双方に損失を伴うが、罰則の効果はその損失が鍵だろうか？　それとも損失とは別で、メンバーから**社会的承認**（social approval）、**社会的不承認**（social disapproval）を表明されることによる心理的満足・コストから人々が貢献行動を変えているのだろうか？

　マスクレら [Masclet *et al.*, 2003] は、①罰則が利得に影響するトリートメントと、②利得には影響しない形で 10 段階で承認・不承認のレベルをメンバーに表明するだけのトリートメントの実験を行い、貢献行動を比較した。彼らの実験によると、①と②共にジレンマ下で人々に貢献を促す正の効果があったが、①の方がその効果は若干強く、罰則がもたらす利得損失の恐れから人々が行動を変える側面も示された。

　デュガー [Dugar, 2013] は、社会的承認と社会的不承認のどちらの効果が強いかを考察するために、①社会的承認のみが可能なトリートメント、②社会的不承認のみが可能なトリートメント、③両方が可能なトリートメントの 3 種類の実験を行った。彼の実験もマスクレらと同様に、各メンバーが配分の意思決定をした後で、それぞれが他のメンバーの貢献額を観測し承認か不承認の判断を行った。実験結果によると、社会的承認と不承認の表明はともに相手に貢献を促す契機となったが、人は社会的不承認を受けることを特に強く嫌う傾向にあり、社会的承認を求める効果よりも、不承認を避けるべく貢献する効果の方が強いことがわかった。

　なお、社会的承認と社会的不承認は、線形公共財ゲームのみならず、人々の市民的関与活動（例：投票、モニタリング）などの別の社会的ジレンマの解決にも役立つことが実証されている（例：亀井らによる実験 [Kamei *et al.*, 2023a]）。

■ ソーティング　ピア・ツー・ピアの罰則などの追加的なメカニズムがなくとも、**似たような**協力性向と貢献に関する考えをもつ人同士がグループにまとまれば、グループが高い貢献を実現できる。例えばガクターとトエニ [Gächter & Thöni, 2005] は、協力性向で被験者を事前にランク付けし、同じような協力性向をもつ人たちがメンバーになるようグループ分けを行い繰り返し線形公共財ゲームを実施したところ、ランダムにグループ構成が決まるトリートメントよりも高い貢献が実現した。

　また、公共財ゲームで同じような貢献行動をとったもの同士がグループになるという確約があれば、人は強く貢献する。例えばガンソースドッティアら [Gunnthorsdottir *et al.*, 2007] は、有限回繰り返し線形公共財ゲームで、毎ラウンドの配分の意思決定の後で、貢献額で降べきの順に被験者を並べ、貢献額が同じようなメンバーで各グループを構成する**ソーティング**（sorting）条件を導入したところ、強い貢献が実現した。ペイジら [Page *et al.*, 2005] と亀井とプッタマン [Kamei

& Putterman, 2017] は、**内生的ソーティング**（endogenous sorting）条件も高い効果があると論じる。つまり、実験での被験者のこれまでの貢献額を基に、**被験者自身**が相互選択で誰とグループになるか選択できるメカニズムを導入したところ、その内生的パートナー選択メカニズムが人々に強く貢献することを促した。パートナー選択や人々の属性の違いは人間の重要な要素である。いわゆるダーウィンの『進化論』[Darwin, 1984] では、動物が鳴き声や色などの特徴でパートナーを選択することを論じ、人類学者たちは同様のパートナー選択が人間社会の向社会性の実現に関係すると長く論じているが、これらの実験は、ラボにおけるパートナー選択の効果を実証したものといえる。

■ **匿名性の緩和**　実験では被験者の名前、外見などの様々な個人情報を伏せた状態で互いに経済取引をさせるが、匿名性（anonymity）を取り除くと何が起こるだろうか？

　匿名性の緩和は人々の向社会的行動を促す可能性がある。例えばアンドレオニとピーツゥリー [Andreoni & Petrie, 2004] は、グループメンバーの顔写真と貢献額がコンピューター画面上に表示される形で線形公共財ゲームを行った（顔写真は実験実施前に撮られた）ところ、人々は強く公的会計に貢献をした。なお、その貢献行動は、先の「コミュニケーション」の項目で説明した対面／ビデオでのコミュニケーションの効果よりは弱い。つまり、対面／ビデオでのコミュニケーションの効果は、匿名性緩和の効果とコミュニケーションの効果（表情等の視覚的、そして言葉による効果）の2つに起因すると解釈できるのである。

付録1　自発的公共財供給におけるフリーライダー問題（6.1 節 **2** の補足）

　フリーライダー問題は、線形公共財ゲームだけでなく一般的な利得関数に対しても現れる現象である（関数形 $u_i(.)$ と所得 I_i はプレイヤーによって異なり得る）。N 人からなるグループで、プレイヤー i が所得 I_i を持つ社会を想定する。各人は所得を私的財の購入（消費量 x_i）と公共財への貢献（貢献額 c_i）に充てると仮定する。供給される公共財の量 Z は、人々の貢献によって式 (6.11) に従って決定されるとしよう。

$$Z = f(C) \tag{6.11}$$

供給主体の非効率性や供給しない選択も含めると $Z \leq f(C)$ であるが、その可能性を単純化のため排除する。インセンティブ問題を明確にするために、自身の利得のみの最大化に基づく私的最適な公共財供給レベルとグループ全体の利得最大化を達成する社会的最適な公共財供給レベルを比較しよう。

個人 ($i = 1, 2, \cdots, N$) における最適化問題は式 (6.12) で定式化できる。

$$\max_{c_i} u_i(x_i, Z),$$

$$s.t. \quad Z = f(C), \quad C = \sum_{j=1}^{N} c_j, \quad x_i + c_i = I_i, \quad x_i \geq 0, \quad c_i \geq 0. \qquad (6.12)$$

ここで u_i は個人 i の利得関数であり、私的財の消費量 x_i と供給された公共財の消費量 Z に依存する。u_i は上に凸の形状で、x_i と Z それぞれの単調増加関数と仮定する。なお、非競合性と非排除性を満たすため、どの個人も同じ量 Z の公共財を消費できる。Z は自身と他のメンバーの公共財への貢献額の合計 $C (= \sum_{j=1}^{N} c_j)$ を基に式 (6.11)により供給される。$x_i + c_i = I_i$ は個人 i の予算制約式である。

一方で、グループ（社会）における最適化問題は次のように定式化できる。

$$\max_{\{c_1, c_2, \cdots, c_N\}} \sum_{j=1}^{N} \alpha_j\, u_j(x_j, Z), \qquad (6.13)$$

$$s.t. \quad Z = f(C), \quad C = \sum_{j=1}^{N} c_j,$$

$$\text{and} \quad x_i + c_i = I_i, \quad x_i \geq 0, \quad c_i \geq 0 \quad \text{for} \quad i = 1, 2, \cdots, N. \qquad (6.14)$$

式 (6.14) の $x_i + c_i = I_i$ は各個人の予算制約式である。私的最適化問題との違いは、式 (6.13) で示される目的関数である。目的関数は N 人の利得 $u_1, u_2, \cdots, u_N$ を重み付けして足し合わせたものである。α_j は社会全体の利得を計算する際の個人 j の利得に対するウェイトである。N 人の利得をどう合計するかは規範的な問題で難しい。$\alpha_1, \alpha_2, \cdots, \alpha_N$ は集計の仕方を意味するが、仮に各個人を平等に扱うなら（各個人に金銭をニュメレール[7]とする準線形関数を仮定し、功利主義を前提とすれば）、全ての j に対して $\alpha_j = 1$ とすればよい。

本付録では単純化のため内点解 (x_i と c_i がともに正) の場合のみを考えて議論する。端点解のケース ($c_i = 0$ または $c_i = I_i$ のケース) は紙数の都合上省略する。

■ **私的最適な貢献額** 式 (6.12) の目的関数を他の $N-1$ 人の c_j を所与の下で c_i で微分すれば、私的最適のための条件を導出できる。具体的には、連鎖律[8]を使用し、次の条件が得られる。

$$\frac{\partial u_i}{\partial c_i} = \frac{\partial x_i}{\partial c_i} \frac{\partial u_i(x_i, Z)}{\partial x_i} + \frac{\partial Z}{\partial c_i} \frac{\partial u_i(x_i, Z)}{\partial Z} = 0$$

予算制約式 $x_i = I_i - c_i$ から、$\dfrac{\partial x_i}{\partial c_i} = \dfrac{\partial (I_i - c_i)}{\partial c_i} = -1$ である。また、$\dfrac{\partial Z}{\partial c_i} = \dfrac{\partial C}{\partial c_i} \dfrac{\partial f(C)}{\partial C} =$

---

[7] 価格が 1 で他の財の基準とする財をニュメレール（numeraire）と呼ぶ。

[8] t の関数 x、y を変数とする 2 変数関数 z について、$\dfrac{dz}{dt} = \dfrac{dx}{dt} \dfrac{\partial z}{\partial x} + \dfrac{dy}{dt} \dfrac{\partial z}{\partial y}$ が成り立つ。

$f'(C)$ である。従って、上述の 1 階条件は式 (6.15) となる。

$$\frac{\partial u_i(x_i, Z)}{\partial x_i} = f'(C)\,\frac{\partial u_i(x_i, Z)}{\partial Z} \tag{6.15}$$

式 (6.15) の左辺は私的財消費からの**限界便益**である[*9]。メンバー i の公共財への貢献は自身の私的財消費量を減らすため、これは公共財貢献の**限界費用**でもある。一方、右辺は公共財への貢献からメンバー i が享受する限界便益である。

なお、$\dfrac{\partial u_i(x_i, Z)}{\partial Z} \Big/ \dfrac{\partial u_i(x_i, Z)}{\partial x_i}$ は、公共財への貢献と私的財消費の間のトレードオフを表す個人 i の限界代替率 MRS_i（marginal rate of substitution）である。MRS_i は公共財供給を微小量増加させるとき、プレイヤー i が私的財の消費をいくら進んで犠牲にするかを示す。一方、$1/f'(C)$ は、公共財供給に関わる技術的制約から追加的に公共財供給を 1 単位増やす際に消費を諦める必要がある私的財の量を示し、限界変形率 MRT（marginal rate of transformation）と呼ぶ。MRS と MRT の表記法を適用すると、条件式 (6.15) は、式 (6.16) のように簡素化できる。

$$\text{私的最適}:MRT = MRS_i, \quad \text{for} \quad i = 1, 2, \cdots, N. \tag{6.16}$$

■ **社会的な最適な貢献額**　式 (6.13) で示される目的関数を、他の $N-1$ 人の c_j を所与の下で c_i で偏微分することで、個人 i にとっての社会的最適貢献額の条件を導出する。連鎖律を使用し、次の条件が得られる。

$$\frac{\partial \sum_{j=1}^{N} \alpha_j\, u_j(x_j, Z)}{\partial c_i} = \alpha_i\, \frac{\partial x_i}{\partial c_i}\, \frac{\partial u_i(x_i, Z)}{\partial x_i} + \sum_{j=1}^{N} \frac{\partial Z}{\partial c_i}\, \frac{\alpha_j\, \partial u_j(x_j, Z)}{\partial Z} = 0$$

ここでも $\dfrac{\partial x_i}{\partial c_i} = -1$ と $\dfrac{\partial Z}{\partial c_i} = f'(C)$ であることから、上の 1 階条件は式 (6.17) となる。

$$\alpha_i\, \frac{\partial u_i(x_i, Z)}{\partial x_i} = f'(C) \sum_{j=1}^{N} \frac{\alpha_j\, \partial u_j(x_j, Z)}{\partial Z} \tag{6.17}$$

私的最適解との比較のために、式 (6.17) を式 (6.18) のように表記し直そう。

$$\frac{\partial u_i(x_i, Z)}{\partial x_i} = f'(C)\, \frac{\partial u_i(x_i, Z)}{\partial Z} + \boxed{f'(C) \sum_{j \neq i} \frac{\alpha_j}{\alpha_i}\, \frac{\partial u_j(x_j, Z)}{\partial Z}} \tag{6.18}$$

式 (6.18) の左辺と右辺第 1 項は、式 (6.15) の左辺と右辺とそれぞれ同じ形である。異なる点は四角囲みの項である。この項は、プレイヤー i による公共財への限界的貢献に対する他の $N-1$ 人の利得の増加を示す、正の外部性の項である。私的供給に委ねると、この正の外部性の考慮がないため公共財が過少供給になる。**図表 6.18** で示すように、正の外部性のため、社会的最適な貢献額 c_i^{**} は私的最適な貢献額 c_i^{*} より大きい。

式 (6.17) はそれぞれの個人に成り立つ。どの個人のケースも式 (6.17) の右辺は同

[*9]　ある財を消費することによる限界便益とは、その財の消費を追加的に 1 単位増やしたときに享受できる効用（つまり効用関数をその消費量で偏微分した量）を指す。また、財を追加的に 1 単位生産するのに必要な費用を限界費用と呼ぶ。

じであることから、次の等式が成り立つ。

$$\alpha_1 \frac{\partial u_1(x_1, Z)}{\partial x_1} = \alpha_2 \frac{\partial u_2(x_2, Z)}{\partial x_2} = \cdots = \alpha_N \frac{\partial u_N(x_N, Z)}{\partial x_N}$$

この等式とプレイヤー i の条件式 (6.18) を用いると、社会的最適条件として式 (6.19) が得られる。

$$\frac{1}{f'(C)} = \frac{\dfrac{\partial u_i(x_i, Z)}{\partial Z}}{\dfrac{\partial u_i(x_i, Z)}{\partial x_i}} + \sum_{j \neq i} \frac{\dfrac{\partial u_j(x_j, Z)}{\partial Z}}{\dfrac{\partial u_j(x_j, Z)}{\partial x_j}} \tag{6.19}$$

つまり、

$$\text{社会的最適}：MRT = \sum_{i=1}^{N} MRS_i \tag{6.20}$$

この式は、N 人の利得の合計を最大化するためには、<u>個人の公共財供給のための支払意思額の**総和**が MRT と一致すべきである</u>ことを意味する。この条件は**サミュエルソン条件** [Samuelson 1954, 1955] と呼ぶ。

図表 6.18　私的最適な貢献額と社会的最適な貢献額

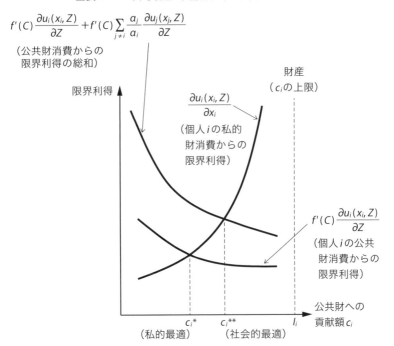

注）縦軸は限界利得の大きさを示す。私的財の消費量 x_i は $l_i - c_i$ である。公共財への貢献量が c_i^* のとき、私的財の消費量は、この図では、$c_i = l_i$ からの距離で表される。$c_i = l_i$ から左に離れれば離れるほど、私的財消費からの限界利得が減少する。

158 ● 6章 公共財供給と集団行動の問題

付録2　線形公共財ゲームの実験説明書と確認問題の例

　以下は、グループサイズ N が 4、MPCR が 0.4 の有限回繰り返しの線形公共財ゲーム実験に対する実験説明書の例である。説明書には研究の目的などを盛り込まず、ゲームのルールはニュートラル・フレーミングで書かれる。

実験へようこそ

　予定通り意思決定実験を始めます。実験参加費の x 円（x には正の整数が入る；例：500）に加え、実験での自身の意思決定と他の参加者の意思決定に応じた報酬を受け取ることができます。実験中に他の参加者と会話をすることは認められません。質問がある場合は手を挙げてください。質問には個別にお答えします。

　実験での他の参加者との交流によりポイントを獲得することができます。実験終了とともにあなたのポイント総額は日本円で次のレートで換算され現金で支払われます。

y ポイント＝ z 円

（y と z には正の整数が入る；例：1 ポイント＝3 円）

実験の開始とともに、あなたはランダムに<u>4 人からなるグループ</u>に割り振られ、グループ内で他の実験参加者と交流します。**グループ構成は実験を通じて同じであり変わることはありません**。本実験は<u>合計 10 ラウンド</u>から構成されます。

Ⓐ　各ラウンドにおけるあなたの意思決定

　毎ラウンド、あなたとその他 3 人のグループ構成員はそれぞれ **20 ポイントの財産**が与えられ、それを『**個人会計**』と『**グループ会計**』にどのように配分するか意思決定します。配分の意思決定は 4 人同時に行います。具体的には何ポイントをグループ会計に配分するか聞かれます（グループ会計に配分しなかったポイントは自動的に個人会計に配分されます）。当該ラウンドにおけるあなたの獲得ポイントは、<u>①個人会計にあるポイント数</u>と、<u>②グループ会計にある総ポイント数</u>によって決まります。

Ⓑ　各ラウンドにおける獲得ポイントの計算方法

　当該ラウンドにおけるあなたの獲得ポイントは、次の式で計算されます。

（あなたの個人会計にあるポイント数）

＋0.4×（あなた及び他の 3 人の構成員によるグループへの配分額の合計）

すなわち、個人会計からのあなたの利得は、自身の<u>個人会計に配分されたポイント数</u>になります。あなたの個人会計への配分が他の構成員の利得に与え

付録2　線形公共財ゲームの実験説明書と確認問題の例　●　159

る影響はありません。

　一方で、あなたのグループ会計からの利得はあなたを含めた4人の構成員による**配分額の合計に0.4を乗じた値**になります。つまり、あなたが1ポイントをグループ会計に配分すると、あなた自身は1ポイントよりも小さい0.4ポイントを獲得することになりますが、同時に他の3人の構成員もそれぞれ0.4ポイントを獲得します。従って、グループ内における総ポイント獲得数は1ポイントよりも大きい1.6($=0.4×4$)ポイントになります。同様に、他のグループ構成員が1ポイントを配分するたびに、あなたは0.4ポイントを獲得することができます。

　グループ構成員4人全てが配分に関する意思決定をした後、あなたのグループにおける配分問題の結果を知らされます。具体的には、当該ラウンドにおける自身の獲得ポイント数と、他の構成員3人のグループ会計への配分ポイント数が、匿名でランダムの順で表示され知らされます。

(C)　確認問題

(1)　あなたのグループの4人全員がグループ会計に0ポイント配分したと仮定してください。この場合、各メンバーは何ポイントを獲得しますか？

(2)　あなたのグループの4人全員がそれぞれ20ポイントをグループ会計に配分したと仮定してください。この場合、各メンバーは何ポイントを獲得しますか？

(3)　あなた以外の3人によるグループ会計への合計配分額が15ポイントであると仮定してください。

(i)　あなたのグループ会計への配分が0ポイントの場合、あなたは何ポイントを獲得しますか？

(ii)　あなたのグループ会計への配分が10ポイントの場合、あなたは何ポイントを獲得しますか？

(iii)　あなたのグループ会計への配分が20ポイントの場合、あなたは何ポイントを獲得しますか？

　質問はありますか？　全ての質問に答えた後で実験を開始します。

注）実験者が説明書を読み上げた後、被験者には実験者に質問をする時間が設けられる。その後、被験者はそれぞれ確認問題に取り組む。全員が解いた後で解答が説明される。確認問題の解答は次の通りである。

(1)　$20 - 0 + 0.4 × 0 = 20$

(2)　$20 - 20 + 0.4 × 80 = 32$

(3)(i)　$20 - 0 + 0.4 × (15 + 0) = 26$

(ii)　$20 - 10 + 0.4 × (15 + 10) = 20$

(iii)　$20 - 20 + 0.4 × (15 + 20) = 14$

7章

協　調

　　戦略的取引の多くは、人々の利己性と共有知識に関する前提を課したとしても、囚人のジレンマや公共財ジレンマのように均衡が一意ではなく、複数均衡の状況にあります。どの均衡が実現するかについて経済理論の予測は明確ではなく、均衡選択に関する別の考察が必要となります。5 ～ 6章では、強支配戦略均衡であり解の一意性も成り立つジレンマであっても、現実の人々の行動は理論予測から乖離することを学びました。人々の行動効果や非利己的選好なども考慮に入れれば、複数均衡がある経済取引下での人の意思決定や行動原理は複雑であると予想できます。キャメラー [Camerer, 2003] がまとめているように、過去の実験経済学・行動経済学的知見によると、特定の均衡の実現可能性は、均衡が実現した際の利得の大きさ、協調に失敗するリスク、先例などの歴史や慣例・慣習・規範、皆が選びたくなるような目立つ特徴の有無やフォーカルポイント（focal point）の有無などに依存して決まります。

　　本章では、複数均衡のうち**協調問題**（coordination problem）をモデル化した**協調ゲーム**（coordination game）を取り上げます。協調ゲームは調整ゲームとも呼びます。インフォーマルにいうと、協調ゲームは、プレイヤーが互いに特定の同じ戦略をとることが均衡であり、その状態で互いに高い利得を獲得できる一方で、複数の純粋戦略ナッシュ均衡が存在する戦略的状況を指します。複数均衡がある場合、どのような条件下で人々は利得の総和が最も大きい（効率的な）均衡を達成できるのでしょうか？ 7.1 節では、協調問題の代表的な例として 2 人スタグ・ハント・ゲーム（鹿狩りゲーム；stag hunt game）を基に、**リスク支配性**（risk dominance）と**利得支配性**（payoff dominance）を学びます。7.2 節では、3 人以上の協調問題であるミニマム・エフォート・ゲーム（最小努力ゲーム；minimum effort game）の構造を学び、実験事例と行動事実を紹介します。最後に 7.3 節では、その他の協調ゲームとして無限期間繰り返しゲームと閾値のある公共財ゲームの理論的特徴と、それを基にした実験事例を簡単に考察します。なお、各節では協調を促す方法もいくつか論じます。

7.1 スタグ・ハント・ゲームから見る利得支配性とリスク支配性

互いが均衡の実現に共通の利害をもつ一方で複数均衡がある戦略的状況は多数存在する[*1]。3種類の2人協調ゲームの例を**図表7.1**に示す。

(a)は、マッチング・ゲーム（matching game）と呼ばれる**純粋協調ゲーム**（pure coordination game）の例である。純粋協調ゲームとは、均衡に甲乙が付けられず、どう協調するか手がかりが全くないゲームである。マッチング・ゲームは、面識のない2人がコミュニケーションなく同時に硬貨の表と裏を出し、互いが同じ面を出した場合には両者に同一の報酬が与えられる一方で、異なる面を出した場合には両者とも何ももらえない（例：メータらによる実験 [Mehta *et al.*, 1994a, b]）。純粋戦略ナッシュ均衡には (表, 表)、(裏, 裏) の2つが存在するが、対称な構造のため、両者にとって協調の手がかりがない。

(b)は、ルースとリファ [Luce & Raiffa, 1957] が議論した**男女の争いゲーム**（battle of the sexes game）の例である。別々の地域に住んでいる男女が、コミュニケーションで事前に目的地を定めることなく、博物館鑑賞か（野球観戦のため）近隣の野球場か、どちらかに出かけ現地で待ち合わせることを想定する。ここでは、男性は野球観戦を好み、一方で女性は博物館鑑賞を好むと仮定しよう。2人とも博物館に行けば女性の方が高い利得を獲得し、野球場に行けば男性の方が高い利得を獲得するが、共に過ごすことを望むため、選好の低い場所で過ごすことになってもそれぞれは正の利得を得る。しかし協調に失敗し、各人が別の場所に行き、2人が会えなければ利得が0となるゲームである。(博物館, 博物館) と (野球場, 野球場) の2つの純粋戦略ナッシュ均衡が存在する。

(c)は、**スタグ・ハント・ゲーム**である。このゲームは**保証ゲーム**（assurance game）とも呼ばれ、高い利得を求め社会的協力を目指すか、リスクを回避し小さな利得を確実にとるかの対立を表す。狩人が2人でシカ（stag）を狩りに出かけた。シカは体が大きく狩ることができれば両者に大きな利得をもたらすが、狩るには狩人が2人必要である。ウサギ（hare）なら1人で必ず捕れる。ウサギを狩った利得は5、シカを狩った場合の共同利得は16で、狩れた場合2人は平等に半々の利得8を得る戦略的状況である。スタグ・ハント・ゲームでは (シカ, シカ) と (ウサギ, ウサギ) の2つの純粋戦略ナッシュ均衡が存在する。ここでの特徴は、シカを狩ろ

[*1] 単純化のため、純粋戦略ナッシュ均衡が複数存在する戦略的状況を扱い、混合戦略ナッシュ均衡は扱わない。つまり、純粋戦略ナッシュ均衡間での均衡選択が、本章のトピックスである。

162 ● 7章 協 調

図表7.1 協調ゲームの例

プレイヤー2

プレイヤー1	表	裏
表	**1, 1**	0, 0
裏	0, 0	**1, 1**

(a) 純粋協調ゲーム

男性

女性	博物館	野球場
博物館	**3, 1**	0, 0
野球場	0, 0	**1, 3**

(b) 男女の争い

狩人2

狩人1	シカ	ウサギ
シカ	**8, 8**	0, 5
ウサギ	5, 0	**5, 5**

(c) スタグ・ハント・ゲーム1

プレイヤー2

プレイヤー1	A	B
A	**9, 9**	1, 8
B	8, 1	**5, 5**

(d) スタグ・ハント・ゲーム2

プレイヤー2

プレイヤー1	A	B
A	**350, 350**	350, 250
B	250, 350	**550, 550**

(e) 協調ゲーム（クーパーら [Cooper *et al.*, 1990] が使用したもの）

注）下線を引いた太字の数値は縦のプレイヤー（プレイヤー2、男性、狩人2）の戦略を所与とした場合のそれぞれ横のプレイヤー（プレイヤー1、女性、狩人1）の最適反応戦略を示す。下線のない太字の数値は横のプレイヤーの戦略を所与とした場合の縦のプレイヤーの最適反応戦略を示す。

うとしているときに目の前を通ったウサギに誘惑されパートナーを裏切る場合に、裏切られた側の利得が0になる点とウサギは1人でも確実に狩れる点である。

　スタグ・ハント・ゲームは、(c)のように一方の戦略から常に同じ利得が得られる利得構造（(c)の例ではウサギを追った場合の利得が常に5）である必要はなく、もっと一般的に、(d)のような対称な状況で (A, A) と (B, B) が均衡であり、一方の均衡が利得支配性（後述）、他方がリスク支配性（後述）を満たす戦略的状況を広く指す[2, 3]。

---

[2] 非対称なゲームでもリスク支配均衡と利得支配均衡の定義が可能だが、複雑になるため、本書では対称なゲームに焦点を絞る。

[3] スタグ・ハント・ゲームには混合戦略ナッシュ均衡も存在し、それがリスク支配均衡となる場合もあるが、本書の範囲を超えるため詳細は省く。

7.1 スタグ・ハント・ゲームから見る利得支配性とリスク支配性

協調問題での人間行動は興味深く、経済学者のみならず哲学者なども含め古くから学者たちによって議論されてきた。例えば、スカームス [Skyrms, 2001] によると、スタグ・ハント・ゲームの起源は、ジャン-ジャック・ルソー（Jean-Jacques Rousseau, 1712～1778）の著書『人間不平等起源論（A Discourse on Inequality）』(1755) とされる。ルソーは同書の中で次の議論をする。

ジャン-ジャック・ルソー（Jean-Jacques Rousseau）の肖像画（Maurice Quentin de La Tour の作品、パブリックドメイン）

【原文】"If it was a matter of hunting a deer, everyone well realized that he must remain faithful to his post; but if a hare happened to pass within reach of one of them, we cannot doubt that he would have gone off in pursuit of it without scruple."

【筆者訳】「シカを狩ることだけが問題だったなら、皆、自身の役割に忠実でい続ける必要があるとよく認識した。しかし、野ウサギが 1 人の手の届く距離のところを通り過ぎたのなら、彼は良心の呵責なく野ウサギを捕まえようと立ち去るだろうと、我々は疑わずにはいられない。」

利得構造への言及はなく、ルソーがジレンマと協調のどちらの問題を論じたかは不明だが、300 年以上も前にこの戦略的状況が論じられたのは興味深い。スタグ・ハント・ゲームと類似の利得構造をもつ現実事象は多数存在する。古典的な例に軍拡競争（例：ヴァリアンが示した現実事例 [Varian, 2010]）がある。NATO とロシアが互いに軍縮を実行すれば双方が高い利得を実現する一方で、相手が軍拡に踏み切る可能性がある。軍拡には費用がかかり相手が軍縮をする限り逸脱する利益はないが、相手が軍拡を進める場合には自らも軍拡を選ぶ方が利益はあり、軍拡が確実な戦略かもしれない。その構造は、相互に軍縮する状態、相互に軍拡を敢行する状態いずれもが均衡と捉えることが可能であろう[4]。

個人で生産した財（例：野菜、果物）を自ら消費するか、道沿いなど人が多い場

---

[4] 仮に軍拡のコストが小さい場合には、1 つの時点でのみ見れば軍拡競争は、互いにとって軍拡が強支配戦略であるという囚人のジレンマ構造にある。しかしながら冷戦的対立は継続する。対立が無期限に続き得る繰り返し戦略的状況を考慮して長期にわたる利得の総和で考えると、安全保障ジレンマはスタグ・ハント・ゲームで考えることができる（例えばジャーヴィス [Jervis, 1978] はそのようなモデル化を提案した）。無限期間繰り返しの効果は 7.3 節で概説する。

所やバザーに出向き販売や物々交換をするかという対立もスタグ・ハント・ゲームである。カールソンとヴァンダム [Carlsson & van Damme, 1993] が議論したように、販売や物々交換には時間などコストがかかり、また取引相手が集まらない可能性がある。売らずに自ら消費するのがリスクのない戦略であるが、互いに望む取引がバザーなどで第三者と実現できれば相互に高い効用が得られる。また、7.3 節 **2** で概説する閾値のある公共財ゲームは、N 人からなるスタグ・ハント・ゲームの一種と捉えることもできる。

　純粋協調ゲームや男女の争いゲームなど多数の同時手番協調ゲームがあり、それぞれに対して示唆に富む十分な量の実験事実があるが、本節では、<u>利得支配性とリスク支配性の対比があり均衡選択に関する行動経済学的意義が大きい</u>スタグ・ハント・ゲームに焦点を当てる。

1 利得支配性とリスク支配性

　スタグ・ハント・ゲームの特徴は、1 つの均衡が**利得支配均衡**（payoff-dominant equilibrium）、もう 1 つが**リスク支配均衡**（risk-dominant equilibrium）であるという構造にある。

　「戦略プロファイル s が別のプロファイル s' を利得支配する」とは、<u>全てのプレイヤーが s の下で高い、もしくは s' の場合と同じ水準の利得を獲得し、少なくとも 1 人は s の下で厳密に高い利得を獲得することである</u>。例えば**図表 7.2**(a)で、$A \geq B$ と $a \geq b$ が成り立ち、かつ少なくとも 1 つの $\geq$（大なりイコール）が厳密には $>$（大なり）であるとき、戦略プロファイル (x, x) は (y, x) を利得支配する。利得支配均衡とは<u>他の全ての均衡を利得支配する均衡のことである</u>。対称ゲーム（**図表 7.2**(b)）でスタグ・ハント・ゲームを考えると、一方の均衡が他方の均衡を利得支配する。具体的な例が**図表 7.1**(c)、(d)であるが、(シカ, シカ) と (A, A) が、それぞれ (ウサギ, ウサギ) と (B, B) を利得支配する。

図表 7.2　2×2 利得表

プレイヤー 2

		戦略 x	戦略 y
プレイヤー 1	戦略 x	A, a	C, c
	戦略 y	B, b	D, d

(a) 一般の利得表

プレイヤー 2

		戦略 x	戦略 y
プレイヤー 1	戦略 x	X, X	W, Y
	戦略 y	Y, W	Z, Z

(b) 対称ゲームの利得表

一方で、それぞれの利得表でウサギと B の戦略は、相手がどの戦略をとっても獲得する利得の大きさの変動が少ないため、リスクの小さい戦略である。リスク支配性は**ハーサニとセルテン** [Harsanyi & Selten, 1988] が定義した概念である。ハーサニとセルテンは、**均衡から逸脱した際の各プレイヤーの損失の積（ナッシュ積（Nash product）と呼ぶ）が最も大きい均衡**は、逸脱損失の大きさからプレイヤーが逸脱を避けるため、安定的な均衡であると論じ、それをリスク支配と定義した。**図表 7.2**(a)の一般的な利得表で、戦略的プロファイル (x, x) と (y, y) がナッシュ均衡と仮定しよう。均衡から戦略を変えると、プレイヤーは損失を被る。具体的には、(x, x) でプレイヤー 1 が戦略 x から y に逸脱すると、プレイヤー 1 の利得は $A - B$ だけ減少する。プレイヤー 2 が戦略 x から y に逸脱すると、プレイヤー 2 の利得は $a - c$ だけ減少する。従って利得損失の積は $(A - B)(a - c)$ と計算される。同様に、(y, y) からの逸脱による利得損失の積は $(D - C)(d - b)$ と計算される。従って、式 (7.1) が成り立つとき、(y, y) が (x, x) をリスク支配する。

$$(A - B)(a - c) < (D - C)(d - b) \tag{7.1}$$

逆向きの不等号が成り立つときは、(x, x) が (y, y) をリスク支配する。

この定義は、2 つの均衡をもつ 2 人対称ゲームの場合に直観的な解釈を与える。各プレイヤーは、相手のとる戦略が全くわからずランダムにそれぞれの戦略をとるという信念をもつと仮定しよう。この仮定の下で両プレイヤーにとって厳密に選好される戦略が存在する場合、それがリスク支配均衡である。**図表 7.2**(b)の利得表を用いれば、相手がランダムな選択をとると想定する場合、プレイヤー 1 が戦略 y をとると期待利得は $0.5Y + 0.5Z$、戦略 x をとると期待利得は $0.5X + 0.5W$ である。従って、$0.5Y + 0.5Z > 0.5X + 0.5W$ が、(y, y) が (x, x) をリスク支配する条件である[5]。より具体的に**図表 7.1**(c)の例では、(ウサギ, ウサギ) がリスク支配均衡である。相手がランダムに戦略を選ぶ場合、自身がウサギを選べば期待利得は 5(= 0.5 × 5 + 0.5 × 5)、シカを選択すれば期待利得は 4(= 0.5 × 8 + 0.5 × 0) である。

以上の説明から、次の**定義 7.1** のようにまとめられる。

> **定義 7.1** （リスク支配均衡）
>
> (1) 均衡から逸脱した際の各プレイヤーの<u>損失の積（ナッシュ積）が最大である均衡が最も安定的</u>であり、その均衡を**リスク支配均衡**と呼ぶ。

---

[5] (x, x) と (y, y) がナッシュ均衡である 2 人対称ゲームで、各利得（**図表 7.2**(b)）を式 (7.1) に適用すれば、$(X - Y)^2 < (Z - W)^2$、つまり、$X - Y < Z - W$ が、(y, y) がリスク支配均衡である条件式であり、書き直して 0.5 を乗じれば、文中の議論と同じ条件式：$0.5X + 0.5W < 0.5Y + 0.5Z$ となる。

166 ● 7章 協調

(2) 2人対称ゲームでは、(1)で定義したリスク支配性は次の定義と一致する。各プレイヤーは相手がランダムに戦略を選択すると想定し、利得の期待値が最大である戦略を選ぶ場合に、両者によって厳密に選好される戦略が存在するとき、それが**リスク支配均衡**である。

2 経済実験・行動事実

複数均衡が存在する戦略的状況で利得支配均衡がある場合、人々はその均衡に協調できるのだろうか？ この問いはクーパーら [Cooper *et al.*, 1990] の実験により考察され、以後、協調に関する実験研究が活発になる。クーパーらは、利得支配均衡とリスク支配均衡の間の選択の考察ではなく、強支配され明らかに劣る戦略の存在が人々の利得支配均衡の選択に影響を与えることがないかを分析した。彼らが使用した利得表のベースは、**図表7.1** (e)である。均衡 (*B, B*) が、利得支配でかつリスク支配である。この状況で強支配される戦略を第3の戦略として加え、3×3の利得表からなるゲームを人々にプレイさせた場合、彼らの選択が追加の戦略からどう影響を受けるかがクーパーらの問いである。理論的には、強支配される戦略が人の意思決定に影響を与えることはない。しかし実験では、追加された戦略が、仮に選択されると相手の利得を高めるような協力的な戦略である場合、被験者が互いにその追加された戦略をとり合うことがあると論じた。強支配されていても協力的戦略を選択するプレイヤーが存在することは、ジレンマ下での人々の行動特性（5～6章）と合致する。全く貢献しないことが強支配戦略である線形公共財ゲームであっても、正の貢献額を多くの人々は選択する（6.2節）。

その後、利得支配均衡とリスク支配均衡が異なるスタグ・ハント・ゲームでの均衡選択に学術的焦点が移る。複数の研究グループが活発に研究し、ゲーム理論家や実験経済学者の関心を集めた。初期の研究として、例えばストラウブ [Straub, 1995]、バタリオら [Battalio *et al.*, 2001]、シュミットら [Schmidt *et al.*, 2003] がある。いずれの研究も2×2の利得表を系統的に変えて、人々の戦略選択にとっての利得支配性とリスク支配性の間の相対的重要度を考察した。過去の実験結果の特徴は、次の通りまとめられる。

(1) 繰り返しゲームの最初には利得支配均衡戦略を選択する人々がいる。しかしゲームを繰り返すと、リスク支配均衡戦略が優勢になっていくことが多い。

(2) 利得支配均衡とリスク支配均衡から得られる利得の差（**図表7.2**(b)では$X - Z$の大きさ）が小さいほど、リスク支配均衡が実現しやすい。

(3) 相手がランダムに戦略を選ぶと想定した際に実現する期待利得の戦略間での差（**図表7.2** (b)では $0.5Y+0.5Z$ と $0.5X+0.5W$ の差）が大きいほど、いい換えると式 (7.1) の右辺と左辺の差が大きいほど、リスク支配均衡が実現しやすい。

例として**図表7.3**に、バタリオら [Battalio *et al.*, 2001] が使用した3つの利得表と実験で戦略 X が選択された割合を示す。戦略は X か Y の2つがあり、いずれの利得表でも (X, X) が利得支配均衡、(Y, Y) がリスク支配均衡であるが、利得支配均衡の実現率は利得表に大きく依存する。3つの利得表の主な違いは、リスク支配均衡からの利得である。その利得は利得表(a)、(b)、(c)の順に小さくなる $(40 > 20 > 12)$。ストレンジャー・マッチング（ランダム・マッチング）での繰り返しゲーム実験において、利得表(a)ではほぼ9割の被験者が戦略 Y を選択した。利得表(a)では、戦略 Y を選んでおけば、プレイヤーは35か40という高い利得をリスクなく獲得できるからだ。Y の選択率は、利得表(a)、(b)、(c)の順に小さくなる。

上でまとめた(2)と(3)のような、均衡戦略が利得支配性とリスク支配性だけでは白黒付かない実験結果を受け、均衡選択を決定する指標がいくつかの研究グループにより提案されている。例えば、ダルボウら [Dal Bó *et al.*, 2021] は、式 (7.2) で定義される**利得支配均衡戦略の吸引域**（basin of attraction）**の大きさ**が、同均衡の実現に関係すると提案した。

図表7.3 スタグ・ハント・ゲームの利得表と戦略選択：
バタリオらの実験 [Battalio *et al.*, 2001]

プレイヤー2

		X	Y
プレイヤー1	X	**45, 45**	0, 35
	Y	35, 0	**40, 40**

(a) X 選択率＝10.5％

プレイヤー2

		X	Y
プレイヤー1	X	**45, 45**	0, 40
	Y	40, 0	**20, 20**

(b) X 選択率＝39.2％

プレイヤー2

		X	Y
プレイヤー1	X	**45, 45**	0, 42
	Y	42, 0	**12, 12**

(c) X 選択率＝49.4％

注）いずれの利得表でも (X, X) が利得支配均衡、(Y, Y) がリスク支配均衡である。

$$吸引域の大きさ = \frac{X-Y}{(X-Y)+(Z-W)} \tag{7.2}$$

式 (7.2) は、**図表 7.2**(b) の利得表中の記号を用いて表記した。$X-Y$ は、利得支配均衡が実現しているときに自身だけが逸脱した場合に被る損失である。$Z-W$ は、リスク支配均衡が実現しているときに自身だけが逸脱した場合に被る損失である。つまり、後者の利得損失に対して前者の利得損失の大きさが相対的に大きいほど、式 (7.2) で表される吸引域の大きさは大きくなる。ダルボウらは、式 (7.2) の値が大きいほど、相対的に利得支配均衡からの逸脱損失の影響が大きく、人は逸脱を避けるという意味で利得支配均衡がより実現しやすいと論じた。ダルボウらの議論は、**定義 7.1**(1) のナッシュ積の議論の発展と見ることもできる[6]。なお、吸引域の大きさだけでは全ては説明できず、均衡選択は未だ残された重要な研究課題である点を補足する。例えば**図表 7.3** のバタリオら [Battalio *et al.*, 2001] では、利得支配均衡への協調率が 3 つの利得表で大きく異なったが、吸引域はいずれも 0.2(= 10/50 [(a) の利得表] = 5/25[(b) の利得表] = 3/15[(c) の利得表]) と計算され、同一の値である。

■ **利得の符号と損失回避性**　ライドバルとオルトマン [Rydval & Ortmann, 2005] とフェルトヴィシュら [Feltovich *et al.*, 2012] は、利得の**符号**（**正か負か**）が均衡選択に影響を与えると論じた。**図表 7.1** と**図表 7.3** のそれぞれの例の各利得は全て 0 以上である。一方で、戦略的取引への参加が**利得を下げる**現実事象も一般的に存在する。例えばスタグ・ハント・ゲームにおいて、狩りに行く費用を考慮すると、大きな獲物（シカ）を捕らない限り採算はとれないかもしれない。彼らの議論のポイントは、人は負の利得が起きやすい戦略を損失回避性（loss aversion）から避ける傾向にあり、それが均衡選択を変えるという点である。彼らは、所与のスタグ・ハント・ゲームの全ての利得から一定額を引くことで、利得支配均衡からの利得以外の全ての利得が負になるように変換して実験を行った（**図表 7.4**）。この変換によりゲーム構造は影響を受けない。例えばライドバルとオルトマンは、**図表 7.4** で利得表(a)(i) の全ての利得から 60 を引くことで利得表(a)(ii) を構築した。各プレイヤーは 60 を支払い、(a)(i) のゲームをプレイすると解釈できる。(a)(i)、(a)(ii) のどちらの状況でも、(X, X) が利得支配均衡、(Y, Y) がリスク支配均衡である協調ゲームである。実験結果によると、リスク支配均衡戦略 Y が常に負の利得に繋がる場合には、その戦略 Y を特に避ける傾向、つまり利得支配均衡戦略の選択率の上昇

---

[6]　式 (7.2) が 0.5 未満であることが、(y, y) がリスク支配である条件である。

7.1 スタグ・ハント・ゲームから見る利得支配性とリスク支配性

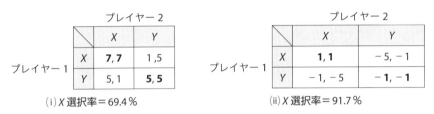

図表7.4 損失回避性と戦略選択

(a) ライドバルとオルトマン [Rydval & Ortmann, 2005] が使用した利得表

(b) フェルトヴィシュ [Feltovich et al., 2012] が使用した利得表

注）利得表(a)(ii)は利得表(a)(i)の各利得から60を引いたもの、利得表(b)(ii)は利得表(b)(i)の各利得から6を引いたものである。いずれの利得表でも(X, X)が利得支配均衡、(Y, Y)がリスク支配均衡である。各被験者は、被験者内計画の下、それぞれの利得表で1回のみ意思決定した。経験の効果を分析するためにフェルトヴィシュらは、ストレンジャー・マッチング下での繰り返しゲーム実験も行ったが、1回きりの実験と整合的に、人々の損失回避性が利得支配均衡戦略の選択を高めることが見られた。

が見られた。従って、人の選好や意思決定は、利益と損失で異なるといえる（本章付録で損失回避の選好を簡単に紹介する）。

■ **コミュニケーションと戦略選択の可視化** スタグ・ハント・ゲームでは、利得支配均衡が最も効率的である。利得支配均衡に協調するメカニズムとして、**コミュニケーション**と**過去の戦略選択情報の透明化**がある。ストレンジャー・マッチングの下で繰り返す2人スタグ・ハント・ゲーム実験を行ったダフィとフェルトヴィシュ [Duffy & Feltovich, 2002] では、どの戦略をとるつもりか一方が他方のプレイヤーにメッセージを送れるようにしたところ、利得支配均衡戦略の選択率が37.6%も上昇した。拘束力のない一方通行のメッセージだけで大きな効果が生まれるのは、社会的ジレンマ実験（6.6節「コミュニケーション」）と全く異なる。しかし、効率的な戦略プロファイルは、互いに逸脱インセンティブのない均衡である。偽りのメッセージの送信は、協調の失敗に繋がる。効率的な協調につながるように、正

しくメッセージを送り、それに互いが従い利得支配均衡戦略をとるのが最善と想像され、コミュニケーションの効果が社会的ジレンマ実験より強いのは当然とも解釈できる。クラークら [Clark et al., 2001] は、互いが相手にどの戦略をとるつもりかメッセージを送れる双方向のコミュニケーションの効果を、実験室内実験を行うことで、分析した。共に利得支配均衡戦略を表明し、お互いの利害が一致するケースが多く、メッセージは利得支配均衡の実現に寄与した。

ダフィとフェルトヴィシュ [Duffy & Feltovich, 2002] は、コミュニケーションの代わりに、現在のパートナーの1期前にとった戦略選択の情報が知らされるメカニズムを導入したところ、利得支配均衡戦略の選択率が24.7％上昇した。現実世界では、人々は口コミで情報を得る機会があり、またソーシャルメディアなどで過去の行動が明らかになるケースも多い。情報が人々の間の慣例や慣習の構築に繋がり協調を可能にすると解釈でき、情報プラットフォームの有用性に関する現実事例とも合致する。

このような合意や慣例の重要性は、協調問題に対して洞察が深いデビッド・ヒューム（David Hume, 1711〜1776）も著書『人間本性論（A Treatise of Human Nature）』（1739）で議論する。

【原文】 "Two men who pull at the oars of a boat, do it by an agreement or convention, tho' they have never given promises to each other."

【筆者訳】「互いに約束していたわけではないが、ボートのオールを漕ぐ2人の男は、合意または慣例に従ってそれを行っている。」

ボートは2人そろって漕がなければ進まない。1人で漕いだ場合は無駄骨となり負の利得を被る。「互いに合わせて漕ぐ」、「共に漕がない」という2つの均衡があると解釈できる。

エディンバラ市内にあるデビッド・ヒューム像（David Hume statue）（写真：筆者撮影）

なお、コミュニケーションや過去の戦略選択情報の利用可能性だけでは、利得支配均衡への協調が100％近くになるのは稀であるという点に留意が必要である。**シグナルへの懐疑性**からリスク支配均衡戦略をとる人々が通常、一定割合存在し、その割合は利得構造によっては大きいこともある。その場合は、効率性向上のために追加的なメカニズムが必要となる。

7.2 ミニマム・エフォート・ゲーム

7.1 節では 2 人スタグ・ハント・ゲームに関する文献を学んだが、**グループサイズ（プレイヤーの数）**が均衡選択に与える影響はどの程度だろうか？ プレイヤーの数が増えれば戦略的不確実性（strategic uncertainty）が増す。この問いを考察するために、N 人スタグ・ハント・ゲームの一種と解釈できる**ミニマム・エフォート・ゲーム**を用いた経済実験が多数実施されてきた。このゲームは単に**ミニマム・ゲーム**（minimum game）、もしくは効率的均衡への協調の難しさから**ウィーク・リンク・ゲーム**（weak-link game）とも呼ぶ。7.1 節で説明したスタグ・ハント・ゲームとの違いは、戦略の数が 2 つより多い点である。以下では、表記の簡単さからミニマム・ゲームで統一する。まず **1** では、同ゲームの基本的設定と典型的な実験結果を説明する。そして **2** で、協調を促す方法を探索した研究グループによる実験事例のいくつかを概観する。

1 ヴァン-ハイクらによる実験

ミニマム・ゲームは、ヴァン-ハイクら [Van Huyck *et al.*, 1990] によって最初に実験がされた複数均衡がある協調ゲームである。ミニマム・ゲームでは利得支配均衡への協調が極めて難しい。多くの研究グループが様々な実験を行い、協調が難しいという結果の頑健性の高さも確認されている。本項では、ヴァン-ハイクらの実験を基にミニマム・ゲームを学ぶ。

ヴァン-ハイクらは、**完全補完的**な生産技術の下で労働する N 人のプレイヤーの戦略的状況をゲームで記述した。完全補完的とは、<u>全てのメンバーからの貢献がないとグループが生産物を生み出せない</u>状況を指す。N 人が専門を特化し各人が他が代替できない役割をもつ生産環境が例として挙げられる。N 人がそれぞれもち場をもつライン生産方式の工場や作業場で、誰か 1 人の作業が欠けるだけで製品やサービスを提供できない生産体制や、製品の一部の質の問題が全体の質を下げるケースも例に該当する。各プレイヤーの戦略はグループへの労働貢献量 e_i である。意思決定は同時手番で行われる。プレイヤー i は、実現した戦略プロファイルから式 (7.3) で定まる利得を獲得する。

$$u_i(e_i, e_{-i}) = a \min\{e_1, e_2, \cdots, e_N\} - be_i + c \tag{7.3}$$

式 (7.3) の a と b は $a > b$ を満たす正の数値である。c は定数であり、固定報酬を指す。$\min\{e_1, e_2, \cdots, e_N\}$ は N 人の選択の中で最小の労働貢献量を指し、グループ生

産 1 単位当たりの出来高給が a、自身の労働費用が be_i である。ヴァン-ハイクらは $a = 0.2$ ドル（1 貢献当たり）、$b = 0.1$ ドル（1 貢献当たり）、$c = 0.6$ ドル、そして労働貢献の度合い（戦略集合）は 1 から 7 の間の整数 $e_i \in \{1, 2, 3, 4, 5, 6, 7\}$ と設定した。この設定で、利得は式 (7.4) で表される。

$$u_i(e_i, e_{-i}) = 0.2 \min\{e_1, e_2, \cdots, e_N\} - 0.1 e_i + 0.6 \tag{7.4}$$

ミニマム・ゲームでは、全てのプレイヤーが同じ労働貢献をすること（$e_1 = e_2 = \cdots = e_N = e$）が純粋戦略ナッシュ均衡であり、戦略の数だけ均衡が存在する。ヴァン-ハイクらの設定での均衡の数は、7 個である。このことはナッシュ均衡のロジックから導出できる。式 (7.3) の通り、プレイヤー i の利得は、①自身の労働貢献量の選択 e_i と②他の $N-1$ 人の中での最小の労働貢献量 e' で決まる。自身が e' 以上の貢献をする限りにおいて、報酬は常に ae' である。e' より大きな貢献をしても、$e_i - e'$ は無駄骨となり、式 (7.3) の第 2 項が示すように b の率で負効用を $b(e_i - e')$ だけ追加的に被る。つまり、他のメンバーの最低労働貢献量と同じだけの貢献をすることが最適戦略なのであり、純粋戦略ナッシュ均衡は $(e_1, e_2, \cdots, e_N) = (k, k, \cdots, k)$ である。k は 1 から 7 の間の整数のどれかである。**図表7.5** (a)は具体例として、ヴァン-ハイクらの設定で、プレイヤー i の利得が、自身の e_i と他の $N-1$ 人の最小の労働貢献量でどう計算されるかを示す。$N-1$ 人の最小の労働貢献量を所与にすれば、$a > b$ のため、各メンバーがそれと同じ量の労働貢献を選択することが最適とわかる。戦略集合は $\{1, 2, 3, 4, 5, 6, 7\}$ であることから 7 つの対称均衡があるが、その中で、**全てのメンバーが $e_i = 7$ を選ぶ均衡が利得支配均衡である**[7]。

経済実験で被験者は、戦略集合から 1 つを労働貢献量として選択し、式 (7.3) で定まる額を実験参加報酬として受け取る。式 (7.4) を用いたヴァン-ハイクらは、14 人から 16 人のグループサイズ N で実験を 7 回行った。全てのメンバーの意思決定

---

[7] リスク支配均衡は式 (7.3) の a と b の値に依存して決まる。$N = 2$ の場合とは異なり、$N > 2$ のゲームでリスク支配性をどう定義するかは議論が分かれ明確な定義はないが、任意の 2 つの均衡（それぞれの均衡での労働貢献量 e_i^* を s と k としよう）を取り上げ、ハーサニとセルテン [Harsanyi & Selten, 1988] による**定義 7.1** (a)に基づきリスク支配性を考えてみる。一般性を失わず $s > k$ と仮定できる。高い労働貢献量 $e^* = s$ の均衡から $e^* = k$ への逸脱損失は、$a(s - k) - b(s - k) = (a - b)(s - k)$ である。$a(s - k)$ は失うグループ生産からの利得、$b(s - k)$ は小さくなった労働費用である。N 人いるため、逸脱損失の積は $(a - b)^N (s - k)^N$ である。同様の計算で、低い労働貢献量 $e^* = k$ の均衡から $e^* = s$ への逸脱損失の積は、グループ生産を変えずに逸脱した者が $b(s - k)$ の費用だけ追加で被るため、$b^N (s - k)^N$ と計算される。$(a - b)^N (s - k)^N < b^N (s - k)^N$、つまり $b > a/2$ が、$\{e_1 = e_2 = \cdots = e_N = k\}$ が $\{e_1 = e_2 = \cdots = e_N = s\}$ をリスク支配する条件である（逆に $b < a/2$ の場合は $\{e_1 = e_2 = \cdots = e_N = s\}$ がリスク支配する）。この計算から、労働の単位費用 b が $b > a/2$ を満たすほど十分大きければ、最も非効率的な均衡が、ハーサニとセルテンの考えのリスク支配均衡であるとわかる。ヴァン-ハイクらの実験では $a = 0.2$、$b = 0.1$ であるため、任意の 2 組の均衡比較に基づくとリスク支配均衡は存在しない。

図表 7.5 ミニマム・ゲームにおける協調の難しさ：
ヴァン-ハイクらによる実験 [Van Huyck et al., 1990]

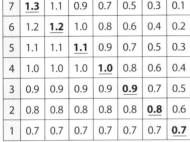
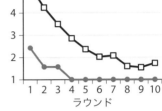

(a) 利得表　　　　　　　　　　　(b) 実験結果

注）グループサイズ N は 14 から 16。(a)の各セルの数値はプレイヤー i の利得を示す。下線を引いた太字の数値は、$N-1$ 人の他のプレイヤー（表の列プレイヤー）の戦略に対するプレイヤー i（行プレイヤー）の最適反応戦略を示す。(b)は、被験者が選択した労働貢献 e_i の平均と実現したグループ生産 $\min\{e_1, e_2, \cdots, e_N\}$ の平均の推移を示す。この推移はヴァン-ハイクらの論文の Table 2 のデータを基に作成した。

の後で、グループ生産量（最小の労働貢献量 e）が各メンバーに知らされる。彼らはミニマム・ゲームを 10 ラウンド繰り返させた。実験結果によると、ラウンド 1 では効率的な協調を目指す被験者が観測された。32％の被験者が、利得支配均衡戦略の 7 を労働貢献として選択したのである（総利得が最小になる 1 を戦略として選んだ被験者は 2％のみであった）。しかしミニマム・ゲームでは、他のメンバー1 人でも低い労働貢献量を選択すると、自身も低い貢献の戦略を選ぶ金銭的動機がある。多くの被験者は協調の失敗をすぐに経験し、ゲームの繰り返しは労働貢献の急激な低下を招いた。7 回全ての実験でグループ貢献量（グループ内で選択された最も小さな労働貢献で決まる量）は、第 4 ラウンド以降の各ラウンドで最小の 1 が実現した。

協調の失敗についてヴァン-ハイクらは、①他のメンバーより高い労働貢献をすると罰則のように自身だけが負効用を被る点と、②メンバー間での異質な選好の影響を指摘する。つまり、大きいグループサイズでは、戦略的不確実性を嫌い最小の貢献を選ぶメンバーが常に数人はいるのである。メンバーの数が多いと全ての人の選好と考えが一致するのは極めて難しい。

174 ● 7章 協調

ヴァン-ハイクら [Van Huyck *et al.*, 1990] は、最小のグループサイズ ($N = 2$) でもミニマム・ゲーム実験を行い、グループサイズが協調に与える影響を考察した。$N = 2$ では、驚くべきことにほとんど全てのペアで利得支配均衡が実現した。$14 \leq N \leq 16$ と $N = 2$ での結果の顕著な違いは、戦略的不確実性が強い意思決定環境である大きなグループサイズが協調を困難にする事実を示す。例えば、仮にプレイヤーが、20％の割合で低い労働貢献量を選ぶメンバーがいると予想するとしよう。$N = 14$ の場合、自身以外の 13 人全員が高い労働貢献をとる確率は 5.5％ ($= (1 - 0.2)^{13} \times 100$) のみである。

2 効率的な協調を促すメカニズム

多くの研究チームにより、ミニマム・ゲームで協調を促すメカニズムが提案されている。本項では例を 7 つ（以下の(A)～(G)）取り上げる。その他、協調を可能にする直接の利得関数の変更を論じた例（以下の(H)）も紹介する。

■ (A)協調の利益と労働費用の大きさ 協調の成功は利得構造に左右される。式 (7.3) が示す通り、高い労働貢献を促し効率的な協調に導くインセンティブは**出来高給率 a** であり、また自身だけが他より大きな労働貢献をした際に被る利得損失の大きさは**労働の単位費用 b** によって決まる。ゴーリーとホルト [Goeree & Holt, 2005] は、a と b の相対的大きさの影響を考察するために、トリートメントとして複数の異なる b の値を設定し、利得構造と協調の難しさの関係を考察した。実験結果によると、労働の単位費用 b が出来高給率 a より十分小さければ、効率的で高い労働貢献水準の均衡が実現した。ゴーリーとホルトは、b が十分小さければ、効率的均衡がリスク支配になることも可能だと論じる（**1**の脚注 7 も参照）。

ブラントとクーパー [Brandts & Cooper, 2004] は、出来高給率 a をサプライズで増加させるとグループ生産が増加すると提示した。一般的なミニマム・ゲームを繰り返しプレイし最も非効率的な均衡（最小のグループ生産量）に落ち着いた後で、a をサプライズで上げることで、グループの協調インセンティブを強制的に変えたところ、グループ生産量が上昇し、上昇した被験者の労働貢献は持続した。これを彼らはショック療法と呼ぶ。単価の増加に反応し労働貢献 e_i を増加させるメンバーがいたのに加え、それを観測することで、最初は反応しなかった消極的メンバーも労働貢献の増加に追随したのだ。この結果は、インセンティブ付与の履歴や周りの行動変化に人々が反応することを意味し、インセンティブの動学的変化を工夫することで協調問題を軽減できることを示唆する。

■ (B)**漸進的に協調規範を構築**　小さいグループサイズでの戦略的取引を通じて協調規範を構築し、グループサイズを徐々に大きくする**漸進的成長**（gradualism）の効果が指摘されている。7.2 節**1**で説明したように、$N = 2$ などグループサイズが十分小さければ、効率的協調が容易に達成できる。漸進的成長の可能性を示した実験として、例えばウェバー [Weber, 2006] がある。彼はまず、被験者に 2 人ミニマム・ゲームを十分長い間プレイさせ、効率的な協調規範を築かせた。グループに後に入る被験者には、利得支配均衡が持続する様子と高い協調規範を観測させ、1 人ずつゆっくりとグループに入れ、少しずつグループを大きくしていく漸進的参入設定を用いた。全てのグループではないが、グループが大きくなっていっても高い労働貢献均衡への協調を持続できたグループが多数存在した。

　グループサイズの漸進的成長ではない、別の漸進主義的アプローチもある。例えばイェら [Ye et al., 2019] は、協調のために必要な貢献額を小さいレベルから始め、徐々に貢献額を大きく設定していくことで、最終的に高い水準で協調させることが可能だと論じる。現実社会でも、最初は規模が小さく比較的単純な目的達成のために協調を成功させることから始め、徐々に目的や投資を大きくする事例（例：スタートアップ企業）が多いと説明する。イェらの協調ゲーム実験では、グループサイズを一定に保った状態で、協調のために各人に必要な自発的貢献額を小さい水準から始めさせ、協調の成功を経験させた後で、必要な貢献額を漸進的に大きくして（協調問題を大きくして）いったところ、最終的には多くのグループで自発的に高い水準の協調が実現された。

■ (C)**グループ間競争の導入**　社会の多くの戦略的状況で、グループは競争にさらされている。例えば企業活動を見ると、企業間競争や企業内でのチーム間競争があり、勝者と敗者で報酬が異なる。過去の多くの実験室内実験によると、競争はグループ内での効率的協調を促す。例えばボーンスタインら [Bornstein et al., 2002] は、ミニマム・ゲームで、最小の労働貢献量で決まるグループ生産量を基にしたグループ間競争を導入した。相手グループより高いグループ生産を実現した勝者グループだけが報酬を受け取るという設定でも、勝者グループが通常のミニマム・ゲームの報酬に加えてボーナス（追加報酬）を獲得するという設定が用いられても、競争は労働生産を引き上げ効率的な協調の実現に寄与した。ボーンスタインらは、競合相手との競争の存在により、労働貢献を互いに上げて「勝つこと」が皆のフォーカルポイント（コラム 7.1）になると論じた。

　なお、協調ゲームのみならず、複数のグループ間での競争は、公共財ジレンマ（6章）における協力問題など、他の問題でも社会厚生を向上させると実証されている。

■ (D)**モニタリング**　ミニマム・ゲーム実験では、通常、取引終了後に他のメンバーそれぞれの労働貢献量を各メンバーに知らされない。誰かがとった最小の労働貢献量 $\min\{e_1, e_2, \cdots, e_N\}$ のみがグループ貢献量として知らされる。一方で、モニタリング（monitoring）を強化し、取引後に全てのメンバーの労働貢献選択が各メンバーに明らかになる場合、人々の戦略選択は情報に影響されるだろうか？　情報そのものの効果を測るために匿名性を保ち（つまり被験者の素性を明かさずに）、メンバーが選択した労働貢献量の分布や実験で割り当てた ID 番号を通じて貢献量を表示する方法で、様々な研究グループが情報の効果を分析したが、情報開示・モニタリングだけで協調の失敗が克服されるかは議論が分かれている。例えば、ブラントとクーパー [Brandts & Cooper, 2006] やバーニングハウスとエアハルト [Berninghaus & Ehrhart, 2001] などの実験ではモニタリングが効率的協調を促した一方、ヴァン-ハイクら [Van Huyck *et al.*, 1990]、デェビータグ [Devetag, 2005] やエンゲルマンとノーマン [Engelmann & Normann, 2010] などによる実験ではモニタニングの効果が見られなかった。効率的な協調の実現のために明確な効果を期待するには、<u>モニタリングと別のメカニズムを組み合わせること</u>が必要といえる。

■ (E)**コミュニケーション**　2×2 対称ゲームにおけるコミュニケーションの正の効果を 7.1 節 **2** で概説したが、<u>グループサイズがより大きいミニマム・ゲームでもコミュニケーションは効力を発揮する</u>。例えばブルームとオルトマン [Blume & Ortmann, 2007] は、各ラウンドが 2 段階から構成される繰り返しミニマム・ゲーム実験を行った。1 段階目では、各メンバーに、戦略選択前に労働貢献の数値をメッセージとして皆に知らせる機会が与えられた。労働貢献の戦略集合は $\{1, 2, 3, \cdots, 7\}$ であり、この段階では、この中で 1 つをメッセージとして選ぶ。その後、送られたメッセージの分布（各数字を何人が選んだか）がグループ内で共有される。2 段階目は通常の労働選択の局面である。大部分のメンバーが 7 など効率的な労働貢献量をメッセージとして選び、それがシグナルとなり高いグループ生産である効率的協調が実現・持続した。似たような実験事実はデックとニキフォラキスによる実験 [Deck & Nikiforakis, 2012] でも見られた。デックとニキフォラキスは、「リアルタイム・モニタリング」が効率的協調を促すと論じる。各ラウンドが 60 秒続くという繰り返しミニマム・ゲーム実験で、60 秒の間にメンバーは労働貢献プランを何回でも互いに提示でき、時間終了後に最終決定するという設定を用いたところ、高い水準のグループ生産が持続した。文章で意思疎通せずとも、数値をメッセージとして送るだけで協調の失敗が改善されるのは興味深く、協調のためのきっかけさえ与えられれば、それをうまく利用できるのが人間なのであろう。

グループ内でのコミュニケーションだけでなく、**経験者からの助言**も有効だ。チャウドリーら [Chaudhuri *et al.*, 2009] は、2世代からなる実験を実施した。まず最初の被験者は通常の繰り返しミニマム・ゲームをプレイし、自らの経験を基に次にミニマム・ゲームをプレイする人々にアドバイスを与えることができると設定し実験を行った。実験結果によると、第1世代が協調を強く促すアドバイスをし、それが次のグループの皆に公開され共有知識になるときに、人々は説得され効率的協調が達成されるとわかった。

■ (F)**先導者やリーダーシップの導入**　リーダーシップ（leadership）は協調の改善に効果を与える。例えば、カートライトら [Cartwright *et al.*, 2013] は、人々はメンバーに行動で手本を見せることができると論じ、逐次手番ミニマム・ゲーム実験を実施した。グループ内の1人が先導者となり最初に労働貢献 *e* を選択し、その選択がグループ内の皆に知らされ、その後で他のメンバーが労働貢献を選ぶという実験だ。この先導者がいるゲームでは、同時手番ゲームに比べて高い協調が実現した。そのメカニズムは、先導者が高い労働貢献量を選択すればするほど、残りのメンバーも高い労働貢献を選択するというものだ。しかし、手本だけでは戦略的不確実性を下げるのに十分ではなく、効果は弱かった。

　手本より、リーダー（leader）からのコミュニケーションの効果の方が高い。例えば、各グループにリーダーのいる繰り返しミニマム・ゲーム実験を行ったブラントら [Brandts *et al.*, 2015] は、リーダーが他メンバーにメッセージを送れるとモデル化した。それ以外の点ではリーダーは他のメンバーと同一である（グループ構成員として労働貢献の選択をする）が、グループはリーダーと各メンバーとの間のコミュニケーションにより高い労働貢献を実現できた。さらにブラントらは、リーダーが（過去の労働貢献量などを基に）グループ内での民主的な投票で選出されるとリーダーの正当性が高まり、また的確な助言ができる有能なリーダーが選出されることで効率性が高まると論じた。なお、リーダーはグループ内にいる必要はない。例えばブラントとクーパー [Brandts & Cooper, 2007] は、グループの外に利害を共にする別プレイヤー（マネージャー）を置き、マネージャーにグループメンバーと双方向でコミュニケーションをさせたところ、協調の失敗を大きく軽減できた。

■ (G)**パートナー選択**　人々にパートナーを自分で選ばせれば、効率的な協調が達成しやすくなる。これまで紹介した全ての実験は、実験者が決めたグループ構成の下、人々が与えられた相手とミニマム・ゲームをプレイした事例である。これに対してリードルら [Riedl *et al.*, 2016] は、現実組織や社会では、人々は取引相手を選

ぶことができると指摘する。彼らの実験で各被験者は、相手の過去の平均労働貢献額を観測した上で、互いに繋がりたいかの意思決定をし、双方の合意があるときのみ繋がった。つまり、各プレイヤーでグループサイズが異なり、繋がった隣人の数によりグループサイズが内生的に決まる設定だ。実験結果を見ると、パートナー選択は人々に高い労働貢献を促し、効率的な協調が実現した。その背後にあるメカニズムは、**非効率的労働者の排斥**（exclusion）である。貢献が高い労働者は低い労働貢献者をパートナーとして選ばない傾向にあり、排斥される経験が後者に労働貢献を高めるように改めさせるのである。

■ **(H) ミディアン・エフォート**　何らかのメカニズムなしにミニマム・ゲームで効率的な協調を達成するのは極めて難しいが、生産技術（利得関数）を何らかの方法で改良すれば、協調の克服が容易になる。例えば、過去の膨大な実験によると、式 (7.5) で表される**ミディアン・エフォート・ゲーム**（median effort game）は、ミニマム・ゲームより利得支配均衡への協調が遥かに容易だとわかっている（例：ヴァン-ハイクらの実験 [Van Huyck *et al.*, 1991]）。このゲームは単に**ミディアン・ゲーム**とも呼ぶ。

$$u_i(e_i, e_{-i}) = a \text{ median}\{e_1, e_2, \cdots, e_N\} - be_i + c \quad (7.5)$$

ここで、median$\{e_1, e_2, \cdots, e_N\}$ は $\{e_1, e_2, \cdots, e_N\}$ のミディアン（中央値）を意味する。ミディアンは真ん中の値を指す。例えば 5 人の労働者からなるグループで、それぞれの労働貢献が 1、4、3、5、5 であるとき、ミディアンは 4 である。協調が容易になる理由は、戦略的不確実性がミニマム・ゲームより小さいからである。

コラム 7.1 ◆ フォーカルポイント

2005 年にロバート・オーマン（1930〜）と共にノーベル経済学賞を受賞したトーマス・シリング（1921〜2016）は、**フォーカルポイント**の存在が協調問題での均衡選択に影響すると論じています。経済実験では、現実的側面を捨象し抽象化した設定（ニュートラル・フレーミング）を使用します（1 章）。特定の文脈が与える

ストックホルムでのノーベル賞受賞インタビュー、左がトーマス・シリング（Thomas Schelling）、右がロバート・オーマン（Robert Aumann）
（© Nobel Media AB 2005, 写真：Hans Mehlin）

影響を制御するためですが、現実の個別文脈での行動予測には適さないかもしれません。どの均衡を互いに選ぶのが自然かについて、現実には暗黙に共有された選択の考えや共通の経験などが人々の間にあり、その選択肢をフォーカルポイントと呼びます。

メータら [Mehta *et al.*, 1994a] は、シリング [Schelling, 1960] による純粋協調ゲーム（**図表 7.1** (a)）に基づく実験とフォーカルポイントの議論について、十分な数の被験者を基に実験室内で再現実験を行いました。実験は英国で行われました。各被験者は別の被験者とペアになり、相手とコミュニケーションせずに質問に答え、同じ回答をした場合にのみ報酬としてポイントを獲得するという実験です。人々は協調のための暗黙の選択ルールを基に回答を探る必要があります。例えば「正の数をどれか記載しなさい」「コインを投げたときに表と裏のどちらが出たか答えなさい」「色を記載しなさい」などの質問です。いくつか同じ質問がシリング [Schelling, 1960] で使用されています。上の 3 つの質問では、答えの候補が無数にあるにもかかわらず、メータらの実験では 40.0 ％が「1」、86.7 ％が「表」、58.9 ％が「赤」と答え、匿名のパートナーとうまく協調しました。この協調結果は、単に目立つ選択肢（salience）を選んだ結果ではありません。メータらは、各被験者にとっての目立つ選択肢を探るため、それぞれを他の被験者とペアにせずに同じ質問をしました。その場合は「1」、「表」、「赤」と答えた被験者がそれぞれ 4.5 ％、76.1 ％、33.0 ％と協調ゲームでの回答率より遥かに低い割合でした。「表」は後者のトリートメントでも最も選択された回答でしたが、数と色の質問では「7」と「青」の方が回答数は多かったのです（11.4 ％が「7」を、38.6 ％が「青」を選びました）。この 2 つの実験での割合の違いは、「1」、「表」、「赤」が単に目立つ存在ということではなく、社会環境、文化、規範、慣習、共通の経験などを考慮した場合の協調装置として、人々が選ぶフォーカルポイントとして同選択肢が機能していたことを示唆します。つまり、現実の人々の選択は、<u>選択肢のラベリングに影響を受ける</u>のであり、（混合戦略ナッシュ均衡というランダムに選択肢を選ぶ）ゲーム理論の予測より、<u>人は、文脈を活用し協調のために適した選択ルールを皆で共有し、従って遥かに優れた協調を実現できる</u>のです。

7.3 その他の協調ゲーム

囚人のジレンマゲーム（5 章）を無限回、もしくは不定期回繰り返す戦略的状況も、条件を満たせば協調問題である。公共財供給問題（6 章）は、グループで閾値以上の貢献がなければ公共財が生産されないという制約を付けると協調問題になる。最後にそれぞれを概説する。

1 無限期間繰り返しジレンマ

5章で世の中の多くの経済取引は囚人のジレンマ（**図表5.2**）であると学んだが、相手との取引は現実には終わりなく続き得る。例えば、1.1節で例示したボーイング社とエアバス社の間の戦略的状況は、単年のみでなく継続するため、全ての期の利得を考慮して最適戦略を考える必要があるが、いつまで続くかはわからない。5.2節で例示した職場での同僚間のジレンマや居住地域での隣人との環境配慮に関する戦略的状況も、転職や転居で状況が突然終わることもあるが、明確な終わりがわからず継続する[*8]。プレイヤー i のラウンド t の利得を $u_{i,t}$、割引因子（3章）を $\delta (=1/(1+r))$ と書けば、プレイヤー i にとっての利得の総和の現在価値（ラウンド1）は式 (7.6) となり、これをプレイヤー i は最大化する。

$$V_{i,1} = u_{i,1} + \delta u_{i,2} + \delta^2 u_{i,3} + \delta^3 u_{i,4} + \cdots = \sum_{t=1}^{\infty} \delta^{t-1} u_{i,t} \tag{7.6}$$

取引が不定期間続く場合には、δ の代わりに、継続確率とプレイヤー i の割引率 r の両方を考慮した値で各ラウンドの利得を割り引けばよい。

無限期間繰り返しゲームでは、プレイヤーが十分我慢強ければ（δ が1に十分近く将来を重く見れば）、各ラウンドで常に協力を選ぶことが（部分ゲーム完全）ナッシュ均衡となり、戦略的状況は協調ゲームとなるが、それを次の2つの戦略を基に学ぼう。

- **AD戦略**（<u>A</u>lways <u>D</u>efect）：毎ラウンド、常に裏切りを選択する。
- **GT戦略**（<u>G</u>rim <u>T</u>rigger）：これまでに相手が一度も裏切らず協力を選択した場合に自身も協力を選択する。一度でも相手が裏切れば、自分も裏切りに選択を変え、以後二度と許さず裏切りをとり続ける。

GT戦略が意味する、相手の裏切りに対して強い裏切りで返す行為は、強い罰則と解釈できる。単純化のため、2人繰り返し囚人のジレンマゲームで、各ラウンドの利得表が**図表7.6**(a)で表される具体例で議論しよう。各ラウンドの取引を**ステージゲーム**（stage game）と呼ぶ。ナッシュ均衡は互いに最適反応し合っている状況

[*8] 経済学には、文字通り取引が無限に継続する設定での無限期間繰り返しゲーム（infinitely repeated game）に関する膨大な理論がある。完全に同義ではないが、（無限回続く実験を実施することは不可能なことを受け）無限期間繰り返しゲームを経済実験では、取引が不定期間（所与の確率で）続くとモデル化する。無限期間繰り返しも不定期間繰り返しも、期待利得の現在価値の総和は同じ式 (7.6) で表される。厳密さを緩め本書では、無限期間繰り返しゲームと不定期間繰り返しゲーム（indefinitely repeated game）を区別せずに議論する。

7.3　その他の協調ゲーム　●　181

図表7.6　無限期間繰り返し囚人のジレンマゲーム

プレイヤー2

		C（協力）	D（裏切り）
プレイヤー1	C（協力）	10, 10	0, **15**
	D（裏切り）	**15**, 0	**5**, **5**

(a) ステージゲーム

プレイヤー2

		GT 戦略	AD 戦略
プレイヤー1	GT 戦略	$\dfrac{\mathbf{10}}{\mathbf{1-\delta}}$, $\dfrac{\mathbf{10}}{\mathbf{1-\delta}}$	$\dfrac{5\delta}{1-\delta}$, $15+\dfrac{5\delta}{1-\delta}$
	AD 戦略	$15+\dfrac{5\delta}{1-\delta}$, $\dfrac{5\delta}{1-\delta}$	$\dfrac{\mathbf{5}}{\mathbf{1-\delta}}$, $\dfrac{\mathbf{5}}{\mathbf{1-\delta}}$

(b) GT/AD ゲームの利得表（$\delta > 0.5$）

注）下線を引いた太字の数値や式は、プレイヤー2の戦略を所与とした場合のプレイヤー1の最適反応戦略を示す。下線のない太字の数値や式は、プレイヤー1の戦略を所与とした場合のプレイヤー2の最適反応戦略を示す。(b)の各利得は、全期間の利得を今期時点から見て足し合わせた場合の利得（割引利得の総和）である。

である。相手が GT 戦略をとっているときに自身も GT 戦略をとり相互協力を続けた場合の総利得は、式 (7.7) で表される[9]。

$$V^{\text{GT}} = 10 + 10\delta + 10\delta^2 + 10\delta^3 + \cdots = \frac{10}{1-\delta} \qquad (7.7)$$

　一方で、逸脱する（裏切る）場合の最大の利得は式 (7.8) で表される[9]。プレイヤー i が裏切りに逸脱すると、そのラウンドに利益 15 を獲得するが、以後相手の戦略は裏切りとなる。従って一度でも裏切る場合は、自身も裏切りをとり続けた方がよい。

$$V^{\text{逸脱}} = 15 + 5\delta + 5\delta^2 + 5\delta^3 + \cdots = 15 + 5\delta\left(1+\delta+\delta^2+\cdots\right) = 15 + \frac{5\delta}{1-\delta} \quad (7.8)$$

　GT 戦略からの逸脱インセンティブがなく、互いに GT 戦略をとるのがナッシュ均衡である条件式は $V^{\text{GT}} > V^{\text{逸脱}}$ であり、式 (7.7)、(7.8) から δ で式を整理すると、

---

[9]　数列の和の公式 $1+\delta+\delta^2+\delta^3+\cdots = \dfrac{1}{1-\delta}$（なお、$0<\delta<1$）を用いた。

$\delta > 0.5$ が得られる。つまり、プレイヤーが将来の利得を 0.5 より大きい割引因子で重く考慮する場合に、効率的な協調が均衡として実現可能なのである。効率的な協調が実現する δ の下限は、ステージゲームの利得表により決まる。一方で、δ の値によらず、互いに AD 戦略を取り合う状況もナッシュ均衡である。相手が AD 戦略をとっている場合、自身だけ協力に逸脱すると相手に搾取され利得が下がる[10]。**図表7.6** (a) に対して、AD 戦略と GT 戦略の選択に関わる戦略的状況をまとめると、(b) で示されるように、**$\delta > 0.5$ のときに協調ゲーム**となる。

■ **経済実験の仕方**　実験で被験者に無限回の意思決定をさせることが不可能であることを受け、無限期間繰り返しゲームの検証には、**ランダム継続ルール**（random continuation rule）が用いられる。これは、ロスとマーニガン [Roth & Murnighan, 1978] が提案し最初に使用した方法である。この方法では、**ランダム継続確率 p** が利用され、ラウンド t にいる被験者は確率 p でステージゲームが継続しラウンド $t+1$ に移ると設定する。逆にいうと確率 $1-p$ でゲームが終了する。ランダム継続ルールでは、プレイヤー i にとっての利得の総和の期待値が式 (7.9) となり、式 (7.6) と同じ形の式となるため、p を割引因子と類似的に扱える[11]。

$$E[V_{i,1}] = u_{i,1} + pu_{i,2} + p^2 u_{i,3} + p^3 u_{i,4} + \cdots = \sum_{t=1}^{\infty} p^{t-1} u_{i,t} \tag{7.9}$$

ランダム継続ルールが最もよく使用される方法であるが、この手法はゲームが確率的にすぐに終了し得るという問題点がある。例えば $p = 0.9$ の場合、10％の確率でゲームがラウンド 1 で終了するが、その場合には十分な観測数が得られず、また被験者に学習の機会を与えることもできない。それを克服するため、例えば、最初の T ラウンドでは全ての利得の大きさが毎ラウンド p の割合で減少していき、ラウンド $T+1$ から利得減少を止めランダム継続ルールを導入するという、利得の定率減少とランダム継続ルールを組み合わせた手法もある。その場合はラウンド $T+1$ までの意思決定データを確実に収集できる。

----

[10]　興味のある読者のために、GT 戦略を互いにとる戦略プロファイルが部分ゲーム完全均衡（8 章で説明する概念）でもあることを補足する。過去の全てのラウンドの結果が相互協力である場合のラウンド t から始まる部分ゲームでは、互いに GT 戦略をとることがナッシュ均衡である。この部分ゲームは、全体の無限期間繰り返しゲームと同一である。過去一度でも裏切りがあった場合のラウンド t から始まる部分ゲームでは、常に互いに裏切りをとるのがナッシュ均衡である。これも、全体のゲームでのナッシュ均衡と同一である。つまり、全ての部分ゲームでナッシュ均衡となっているとわかる。

[11]　実験では、利得の総獲得ポイントに応じた額を被験者は報酬として受け取る。獲得金額の確率に基づく加重平均が無限期間繰り返しゲームの総利得と等価になるには、被験者のリスク中立性（3 章）が理論的には必要である。

■ 典型的な実験事実　パートナー・マッチング下での無限期間繰り返しゲーム実験がこれまでに多数行われ、ダルボウとフレシェット [Dal Bó & Fréchette, 2018] が調査した通り、以下で例示する頑健性の高い行動結果がある。

・ランダム継続確率 p が大きければ大きいほど、人々は高い確率で協力を選択する。
・特に、①各ステージゲームで相互協力を実現させる戦略（例：GT 戦略）の選択が均衡となり、②その選択がリスク支配になるくらい継続確率 p が十分大きいときに、協力の選択率が高い。その場合、スーパーゲームを繰り返して被験者に経験を積ませると、無限期間繰り返しジレンマで人々は協力を選択することを学ぶ。
・戦略は無数にあるが、AD 戦略と TFT 戦略（6.1 節 **2**：直前の相手が協力をとれば自身も協力をとり、裏切りをとれば自身も裏切りをとる戦略）が人々に最も頻繁に選ばれる[12]。

2 閾値のある公共財ゲーム

　6 章の設定とは異なり、公共財供給問題で所定のレベルの貢献額（閾値）が集まらなければ公共財が供給できない状況も世の中には多く存在する。例えば、公共財供給プロジェクトの中には、最低限必要な費用が大きいもの（例：公園整備、環境対策、防犯設備の設置）がある。その公共財供給に際して、税などで費用を強制的に徴収せず、住民の自発的供給に委ねた場合、必要な資金は集まるだろうか？　線形公共財ゲームとは異なり、パラメータによっては、**閾値のある公共財ゲーム**（threshold public goods game）は協調問題となる。

　単純化のため、各人の初期財産 E が 20、必要な貢献額の総額が 40、グループサイズ N を 4 人、公共財が供給された際は皆がそれぞれ便益 15 を受ける（総便益は $60(=15 \times 4)$ である）という具体的な例で、4 人が同時に貢献額 c_i を決定する状況

---

[12] 本項では同じ相手とマッチし無限回（不定期間）繰り返すパートナー・マッチング下での囚人のジレンマを取り上げたが、毎ラウンドパートナーが変わるランダム・マッチング下での無限期間繰り返し囚人のジレンマも世の中には一般的に存在する。例えば、N 人の居住地域での住民間のやり取りを考えると、常に同じ相手とでなく、色々な人と交流をする。オンライン市場でユーザーは、匿名の違う相手と様々な取引を行う。これらの例では、所定のコミュニティ内で、毎ラウンドにランダムにマッチした相手と囚人のジレンマ取引を行うと近似できる。亀井とネステロフ [Kamei & Nesterov, 2024] は経済実験を行うことで、ランダム・マッチング下での無限期間繰り返しの囚人のジレンマゲームでは、AD 戦略と TFT 戦略に加えて、GT 戦略も人々によく選択されると明らかにした。

を考える。また、①貢献額の総額が 40 未満の場合には、公共財プロジェクトが遂行されず貢献額は各自に返金される一方で、②総額が 40 以上の場合には、40 を超えた分は公共財プロジェクトの管理費などに使われ返金されないと仮定しよう。この閾値のある公共財ゲームでも、皆が全く貢献しない戦略プロファイル（全ての i に対して $c_i = 0$）はナッシュ均衡である。1 人だけの貢献では公共財の供給基準が満たされることはない。従って、皆が全く貢献しないプロファイルでは、各プレイヤーに逸脱のインセンティブが存在しない。また、①の返金ルールのため、公共財が供給されないその他の非効率的均衡も多数存在する。例えば $(c_1, c_2, c_3, c_4) = (20, 0, 0, 0)$ の場合、公共財が供給されず、プレイヤー 1 には 20 が返金される。プレイヤー 2〜4 のそれぞれは、他の 3 人のプレイヤーを所与の下で自身だけが貢献額を変えても利得を高めることはできない。つまり、$(c_1, c_2, c_3, c_4) = (20, 0, 0, 0)$ も、誰も逸脱インセンティブをもたないナッシュ均衡である。

　一方で、<u>各プレイヤーの貢献額が公共財供給からの 1 人当たり便益である 15 以下で（$c_i \leq 15$）、貢献額の総額が厳密に閾値の 40 である戦略プロファイルもナッシュ均衡である</u>。この状態で各プレイヤーは、自身の貢献額以上の便益 15 を公共財から享受するため、他の 3 人の戦略を所与とした場合に貢献戦略を変えるインセンティブがない。仮にプレイヤー i が貢献額を減らすと、公共財が供給されなくなり利得が下がる。貢献額を増やしても、公共財からの便益が増えないため、プレイヤー i にとって費用がかかるだけである。ここでのポイントは**効率的な均衡の達成方法が無数にある点**である。$(c_1, c_2, c_3, c_4) = (10, 10, 10, 10)$ と皆が同じ額の貢献をする状況もナッシュ均衡であるし、$(c_1, c_2, c_3, c_4) = (11, 11, 9, 9)$ と貢献額が不平等な状況もナッシュ均衡である。

　過去の閾値のある公共財ゲーム実験によると、上述①で示す払戻規定があれば、貢献額の合計は閾値付近になるものの、貢献額は個人差が大きく、公共財供給が常に成功するとは限らないことが知られている。例えばクローソンとマークス [Croson & Marks, 2000] は、各人の初期財産が 55、公共財供給に必要な貢献額の総額が 125、グループサイズが 5 人と設定した。公共財供給による 1 人当たり便益が 30、50、75 の 3 通りで実験を米国で行ったところ、便益が大きいほど貢献額が増え、公共財の自発的供給の成功率が上がった（**図表 7.7**）。しかし、いずれの場合でも、相手に少しでもフリーライドしようとする機会主義的な人が存在し、閾値に達しないこともしばしば起こったのである。

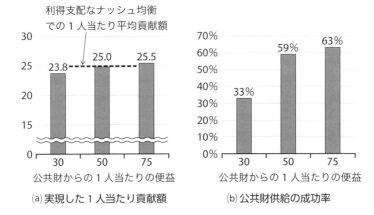

図表 7.7 閾値のある公共財ゲームでの貢献行動：
クローソンとマークス [Croson & Marks, 2000] の実験結果

(a) 実現した1人当たり貢献額

(b) 公共財供給の成功率

注）図は、3種類のトリートメント（公共財供給による1人当たりの便益が30、50か75）での貢献結果を示す。実験で被験者はゲームを25回繰り返した。公共財供給の総便益は、各人の便益の5倍、つまりそれぞれの実験設定で150(=30×5)、250(=50×5)、375(=75×5) である。(b)の公共財供給の成功率は、グループでの貢献額の合計が125以上になった割合を示す。

付録　損失回避とプロスペクト理論

　同じサイズの利益と損失を比べると、人は利得の増加（利益）より損失に過大に反応する。この特性を**損失回避**（loss aversion）と呼ぶ。損失回避行動を説明する理論に、カーネマンとトベルスキー [Kahneman & Tversky, 1979] による**プロスペクト理論**（prospect theory）がある。プロスペクト理論の基本的な考え方は、人々のリスク下での意思決定が現在持つ金額の水準（status quo）からの変化によってなされるというもので、**図表7.8**(a)で示すように、利益についてはリスク回避的、損失についてはリスク愛好的な選好をもつ**価値関数**（value function）を定義して、それに基づき人が選択肢を評価する。これは、実験や実証データで見られる意思決定パターンを説明する記述的なモデル（descriptive model）である。効用と価値の違いは、価値の符号と大きさが現在の参照点（reference point）からの増減で決まる点である。カーネマンとトベルスキーは、例えば**図表7.9**で表される二者択一でのくじの選択を被験者にさせた。選択問題1と3は利益を生む。一方で、選択問題2と4はそれぞれ選択問題1と3に－1をかけて損失のくじに変換した場合の意思決定問題である。まず選択問題1と2を比較すると、選択問題1では大多数の被験者が、くじ2（確実に3,000を獲得できるくじ）を選好した。一方で選択問題2では、くじ2（確実に3,000の損失を被るくじ）よりリスクのあるくじ1を好む被験者の方が遥かに多かった。

図表 7.8　資産の変化量に対する価値関数の形状：プロスペクト理論

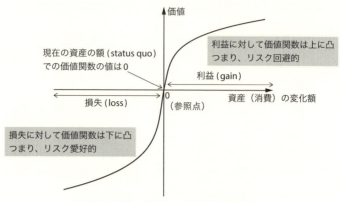

(a) 利益と損失に対する一般的な価値関数

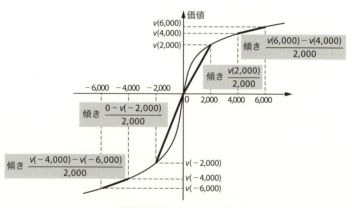

(b) 選択問題 3 と 4 からの示唆

　選択問題 3 と選択問題 4 でも同様に、利益と損失で確実性・リスクに対する選好が反転する。選択問題 3 の意思決定結果を価値関数 $v(x)$ を用いて式で表すと、$0.25v(6,000) < 0.25v(4,000) + 0.25v(2,000)$、つまり書き直すと（両辺を 0.25 で割り $v(4,000)$ を左辺に移し、そして両辺を 2,000 で割ると）、次のようになる。

$$\frac{v(6,000) - v(4,000)}{2,000} < \frac{v(2,000)}{2,000}$$

この不等式は、**図表 7.8**(b) で示すように、利益に対する価値関数の傾きが利益が大きくなるほど逓減する、つまり価値関数が上に凸であることを意味する。上に凸の価値関数は利益に対して人がリスク回避的である（**図表 3.2**(a)）ことと等価である。

付録　損失回避とプロスペクト理論　● 　*187*

図表7.9　利益と損失で変わる人々のリスク選好：
カーネマンとトベルスキー [Kahneman & Tversky, 1979] の実験結果

	A. 利益		B. 損失	
	選択問題 1（被験者数 = 95）		選択問題 2（被験者数 = 95）	
	くじ 1	くじ 2	くじ 1	くじ 2
選択肢	確率 80 % で 4,000 の利益	確率 100 % で 3,000 の利益	確率 80 % で 4,000 の損失	確率 100 % で 3,000 の損失
選択者数	19 人	76 人	87 人	8 人
	選択問題 3（被験者数 = 68）		選択問題 4（被験者数 = 64）	
	くじ 1	くじ 2	くじ 1	くじ 2
選択肢	確率 25 % で 6,000 の利益	確率 25 % で 4,000、確率 25 % で 2,000 の利益	確率 25 % で 6,000 の損失	確率 25 % で 4,000、確率 25 % で 2,000 の損失
選択者数	12 人	56 人	45 人	19 人

注）金額の単位はイスラエル・ポンドである。

選択問題 4 の結果を式で表すと $0.25v(-6,000) > 0.25v(-4,000) + 0.25v(-2,000)$、つまり同様に書き直すと次のようになる。

$$\frac{v(-4,000) - v(-6,000)}{2,000} < \frac{0 - v(-2,000)}{2,000}$$

この不等式は、損失が大きくなるほど価値関数の傾きが逓減する、つまり価値関数が下に凸であることを意味する。下に凸の価値関数は損失に対して人がリスク愛好的である（**図表3.2**(c)）ことと等価である。つまり、資産（消費）の変化で考えると、人は利益と損失でリスクへの態度が異なるのである。

参照点からの金銭の微小減少と微小増加を比較すると（**図表7.8**(a)）、損失で被る価値減少幅は、利益で享受する価値増加幅より大きい。カーネマンとトベルスキーは、利益に対する誘惑に比べて、人が損失を回避する相対的な度合いが約 2 倍だと論じた。彼らの実験以後、膨大な実験研究が行われ、プロスペクト理論や相対的な損失回避の強さに対する結果の頑健性は高いと判明している。例えばブラウンら [Brown *et al.*, 2024] は、150 本の実験論文を基に統計分析を行い、参照点からの利益に比べ損失を嫌う度合いを推計したところ、その平均が 1.97 倍であり、カーネマンとトベルスキーの実験結果とほとんど同じであった[13]。

---

[13]　厳密には、利益 ($x > 0$) に対して $v(x) = x^{\alpha}$、損失 ($x < 0$) に対して $v(x) = -\gamma(-x)^{\beta}$ という価値関数を設定し、$\gamma > 0$ が相対的な損失回避の強さとして定義される。ただし、$0 < \alpha < 1$，$0 < \beta < 1$ である。推計された γ はサンプルによってばらつきがあるが、その平均値は 1.97 であった。

上述の議論では、価値を客観確率で加重平均をしてくじの評価を行った。しかしながら、利益と損失でリスク選好が変わる価値関数（**図表7.8**(a)）だけでリスク下での人の意思決定の全てを説明することはできない。カーネマンとトベルスキーは、小さい確率で起こる事象を過大に評価し、大きい確率で起こる事象を過少に評価する人のバイアスに注目し、継続研究で、心理特性を基に確率を主観的なものに修正する方法を**確率加重関数**（weighting function）の形で表した。そして、価値関数を確率加重関数（**図表7.10**）で加重平均するモデルを提示して、それが人々のリスク下での多くの意思決定パターンを説明できると論じた。例えば、確率 p_1 で x_1、確率 p_2 で x_2 を獲得できるくじ（$p_1 + p_2 = 1$）を考えると、プレイヤーが得られる期待価値 V は

$$V = \pi(p_1) v(x_1) + \pi(p_2) v(x_2) \tag{7.10}$$

で計算される。ここで、$\pi(.)$ は確率加重関数を示す。客観確率の和は1であるが、バイアスのため $\pi(p_1) + \pi(p_2)$ は1以下にも1以上にもなり得る。

図表7.10　確率加重関数の例
（トベルスキーとワッカー [Tversky & Wakker, 1995] の例示）

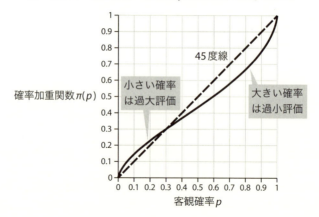

経済理論における重要な概念である期待効用 U は、客観的確率で効用を重み付けするものである。期待価値 V との比較のため、初期資産量を e とすると期待効用 U は式 (7.11) で表される。資産の変化ではなく資産水準 ($e+x$) で効用が決まる点も、効用が価値と大きく異なる点である。

$$U = p_1 u(e + x_1) + p_2 u(e + x_2) \tag{7.11}$$

なお、プロスペクト理論を適用する際の問題点の一つは、プレイヤーの現在の参照点がどこであるかが不明な場合が多いことである。

8章

交渉問題と信頼

　4〜7章ではプレイヤーが同時に意思決定をする同時手番の戦略的状況を考察しましたが、プレイヤーごとで意思決定に順序のある動学的な戦略的状況も普遍的に存在します。例えば、小売店の価格付けと消費者の購買行動、政府による税率（例：所得税）の設定と人々の労働時間選択、提案と反対提案のやり取りがされる交渉、オークションで逐次的に出される参加者の入札と自身の入札額の更新など、枚挙にいとまがありません。

　本章ではまず、これまで学んだゲーム理論に動学的タイミングを明示的に導入する方法（8.1節）と、逐次手番ゲームでの重要な均衡概念である部分ゲーム（サブゲーム）完全均衡（8.2節）を簡単に学びます。その上で、実験経済学・行動経済学の事例として、8.3節で最後通牒ゲーム、8.4節で信頼ゲーム、8.5節でセンティピードゲームを学びます。これまでと同様に完備情報ゲーム（4.1節）に焦点を当てます。

8.1　逐次手番ゲーム

　完備情報下での逐次手番ゲームの定義でも、プレイヤー、戦略、利得が重要な要素であるが、追加的に意思決定のタイミングとプレイヤーが知っている履歴情報を指定する必要がある。また、戦略の設定に注意が必要である。逐次手番ゲームでは**展開形**（extensive form representation）を用いて状況を記述する。展開形では、①プレイヤーが誰で、②各プレイヤーにいつ手番があり、③手番の際に何をすることが可能で、④意思決定のために何の情報をもっており、⑤各プレイヤーの手番の結果としてそれぞれが獲得する利得が何かを明示する。4.1節で説明した通り、各プレイヤーは可能な戦略集合 S_i から1つの戦略 $s_i (\in S_i)$ を選ぶが、戦略は、**全ての可能な**状況でプレイヤーがとる行動を網羅的に記述する。つまり戦略は、**完全な行動の計画**である。

図表 8.1 に具体的な展開形の例を示す通り、動学的な戦略的状況は、**ゲームの木**（tree）で表すことができる。この例では、プレイヤー1が最初に手番をもち、その戦略選択を見た上でプレイヤー2が手番をもつ。プレイヤー1は1つだけ手番をもっていることから、行動計画はそこでの選択肢そのものになり、戦略集合には左と右の2つがある。これに対してプレイヤー2は2つの手番をもっていることから、その戦略は単に「左」のようには書けない。プレイヤー2は、プレイヤー1の2種類の戦略を知っており、それぞれの状況で自身も2種類の戦略から1つを選択するため、次の4（= 2×2）種類の戦略がある。ここで「$x|y$」はプレイヤー1が戦略 y をとるときにプレイヤー2が戦略 x をとることを意味する。

- 常に左 ：$s_2^1 = (左|左, 左|右)$
- 相手と同じ戦略をとる ：$s_2^2 = (左|左, 右|右)$
- 相手と反対の戦略をとる ：$s_2^3 = (右|左, 左|右)$
- 常に右 ：$s_2^4 = (右|左, 右|右)$

図表 8.1　ゲームの木の例

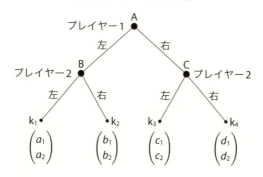

プレイヤーに手番のある時点を**ノード**（node；点）と呼び、**図表 8.1** の例では A、B、C の3つのノードがある。それぞれのノードで各プレイヤーが選択できること、つまりノードから伸びる経路を**ブランチ**（branch；枝）と呼び、**図表 8.1** では左と右のブランチが各ノードにある。ゲームの最後の終着点を**ターミナルノード**（terminal node；終点）と呼び、全てのプレイヤーの**利得**を記載する。**図表 8.1** では k_1、k_2、k_3、k_4 の4つのターミナルノードがあり、a_1、b_1、c_1、d_1 がプレイヤー1の利得、a_2、b_2、c_2、d_2 がプレイヤー2の利得である。

展開形を標準形で表記することも可能であるが、意思決定が逐次的な場合には、そうすることで意思決定のタイミングの情報が失われる。標準形は静的な同時手番

ゲームを正確に表す表記法である。また、逐次手番ゲームを標準形で表すと、戦略の数が多くなるため煩雑になるという問題点もある。例えば**図表 8.1** で示される戦略的状況の場合、プレイヤー 1 は 2 つの戦略、プレイヤー 2 は 4 つの戦略があるため、標準形は**図表 8.2** のように 2×4 の利得表で記載される。

図表 8.2　図表 8.1 の逐次手番ゲームの標準形での表記

プレイヤー 2

		常に左 (左|左 , 左|右)	相手と同じ戦略 (左|左 , 右|右)	相手と反対の戦略 (右|左 , 左|右)	常に右 (右|左 , 右|右)
プレイヤー 1	左	a_1, a_2 [ターミナル ノード k_1]	a_1, a_2 [ターミナル ノード k_1]	b_1, b_2 [ターミナル ノード k_2]	b_1, b_2 [ターミナル ノード k_2]
	右	c_1, c_2 [ターミナル ノード k_3]	d_1, d_2 [ターミナル ノード k_4]	c_1, c_2 [ターミナル ノード k_3]	d_1, d_2 [ターミナル ノード k_4]

注）各セルには、両プレイヤーの利得と、対応するゲームの木のターミナルノードの記号（角括弧で囲んだ）を、それぞれ記載した。

情報集合（information set）を用いて同時手番の戦略的状況をゲームの木で描写することも可能である。また、そうすることにより意思決定タイミングの情報が喪失することもない。同時手番ゲームの特徴は、**相手の戦略選択に対する無知**、すなわち相手の戦略選択を知らずに自身が戦略を選ぶ点にある。情報集合は、①自身が意思決定の際に情報集合内の**どのノードにいるかわからず**、②同じ情報集合に入っている全てのノードには同じ選択肢（行動）がなければならず、③ 1 つの情報集合につき**1 つの意思決定**をする制約がある。つまり、同じ情報集合に入っている全てのノードでは同じ行動を計画することになる。

　例として**図表 7.1**(c)の同時手番スタグ・ハント・ゲームを考えよう。この戦略的状況は**図表 8.3**(a)(i)のような木で表せる。情報集合の記載の仕方は、それに含まれる全てのノードを点線で囲む、もしくはノードを点線で単純に繋ぐことで行われる。狩人 2 は狩人 1 がシカとウサギのどちらを追うかわからないため、自身が B と C のどちらのノードにいるかわからない。つまり、条件付きでの意思決定はできず、非条件付きで狩人 2 はシカかウサギのどちらか 1 つを選択する。この戦略選択は、ゲームの木では①を付けた実線の矢印（シカを追う）と②を付けた破線の矢印（ウサギを追う）に該当する。ここでのポイントは、情報集合内のノードを区別できないため、狩人 2 の選択が、情報集合内の全てのノードでシカか、もしくは全

てのノードでウサギかの2択である点である。

参考までに、逐次手番のスタグ・ハント・ゲームを**図表8.3**(a)(ii)に示す。狩人1が先行者とすると、後行者の狩人2は、先行者の選択を観測しBとCのどちらのノードに到達したかが明確になった後で手番をもつ。つまり、この逐次手番ゲームでは、1つのノードからなる情報集合（**シングルトン**（singleton）と呼ぶ）がA、

図表8.3 スタグ・ハント・ゲーム

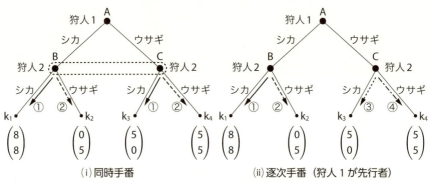

(i) 同時手番　　　　　　(ii) 逐次手番（狩人1が先行者）

(a) ゲームの木を用いた展開形表記

狩人2

		シカ	ウサギ
狩人1	シカ	8, 8	0, 5
	ウサギ	5, 0	5, 5

(i) 同時手番

狩人2

		シカ|シカ シカ|ウサギ	シカ|シカ ウサギ|ウサギ	ウサギ|シカ シカ|ウサギ	ウサギ|シカ ウサギ|ウサギ
狩人1	シカ	8, 8	8, 8	0, 5	0, 5
	ウサギ	5, 0	5, 5	5, 0	5, 5

(ii) 逐次手番

(b) 標準形表記

注）(a)(i)では、ノードAからなる集合、ノードBとノードCからなる集合の2つの情報集合がある。
　　(a)(ii)では、ノードA、B、Cそれぞれからなるシングルトンの情報集合が3つある。
　　(b)は、(a)の展開形に対応する標準形である。

B、C と 3 つある。狩人 2 はノード B とノード C それぞれで独立に意思決定をする。つまり、(a)(ii)内の①、②、③、④の矢印で示す 4 つの行為を自由に選択できる。組合せの数は、**図表 8.2** で見た通り 4 種類である。

　従って、これら同時手番、逐次手番スタグ・ハント・ゲームを標準形で表すと、**図表 8.3**(b)のように、それぞれ 2×2 と 2×4 の利得表として示すことができる。

　全てのノードでそれぞれが過去全ての履歴を知っている状況、つまり**図表 8.3**(a)(ii)のように情報集合が全てシングルトンである状況を**完全情報**（perfect information）と呼ぶ。これに対して、ゲームのある手番で過去全ての履歴を知らない状況（シングルトンでない情報集合がある状況）は、**不完全情報**（imperfect information）と呼ぶ。情報集合を用いることで、同時手番と逐次手番が混在した不完全情報ゲームを、木を用いて描写できるのである。

8.2　部分ゲーム完全（ナッシュ）均衡

　ナッシュ均衡（5.1 節）は同時手番ゲームでの均衡概念としては優れているが、逐次手番ゲームに当てはめると**信憑性のない脅し**（non-credible threat）を含むナッシュ均衡が解となり得る。そのため、均衡概念の精緻化として**部分ゲーム完全（ナッシュ）均衡**（subgame perfect（Nash）equilibrium；SPE または SPNE)があり、逐次手番ゲームで使用される。本節では、ナッシュ均衡の問題点と部分ゲーム完全均衡を、例を用いて学ぶ。

　まず、**部分ゲーム**（サブゲーム；subgame）を定義する必要がある。逐次手番ゲームの部分ゲームは、次の 2 条件を満たすゲームの木の一部を指す。

【条件 1】部分ゲームはシングルトンの情報集合にあるノードから始まり、そのノードから繋がる全てのブランチとノードを含む（ターミナルノードも含む）。

【条件 2】部分ゲームにノードが含まれる場合、そのノードが属する情報集合に含まれる他の全てのノードもその部分ゲームに含まれなければならない。つまり、部分ゲームは情報集合を切ってはならない。

　部分ゲームには全体の木も含まれる。**図表 8.3** のスタグ・ハント・ゲームでは、同時手番ゲームか逐次手番ゲームかで部分ゲームの数が異なる。同時手番では、そもそもシングルトンの情報集合が 1 つ（ノード A）しかなく、部分ゲームは全体の木 1 つである（**図表 8.4**(a)）。逐次手番では、ノード A、B、C からそれぞれ始まる部分ゲームが 3 つある（**図表 8.4**(b)）。どの部分ゲームも上の 2 条件を満たしている。

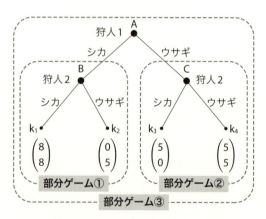

図表 8.4　部分ゲームの例

(a) 同時手番スタグ・ハント・ゲーム

(b) 逐次手番スタグ・ハント・ゲーム

　部分ゲーム完全均衡とは、**それぞれ全ての部分ゲームでナッシュ均衡が成り立っている状態**を指す。部分ゲーム完全均衡は、次の手順による**バックワード・インダクション**で導出できる。部分ゲーム完全均衡はナッシュ均衡の一部である。

《**ステップ1**》ターミナルノードにできるだけ近い部分ゲームを特定し、ナッシュ均衡を求める。もし1人の意思決定であったら、手番をもつプレイヤーの利得を最大にする行動を見つける。

《**ステップ2**》ターミナルノードに次に近い部分ゲームを特定し、ステップ1の最適反応を前提としてナッシュ均衡を求める。もし1人の意思決定であるなら、手番をもつプレイヤーの利得を最大にする行動を見つける。
……
《**ステップN**》全てのノードでの手番が決まるまで、部分ゲームの特定とナッシュ均衡（利得を最大にする行動）の導出を、できるだけ後方のノードから順に繰り返す。

　以下、具体的に逐次手番スタグ・ハント・ゲーム（**図表8.4**(b)）を用いて、バックワード・インダクションの適用の仕方と、逐次手番ゲームでナッシュ均衡を使用しない理由を学ぶ。バックワード・インダクションの手続きに従い、部分ゲーム①と部分ゲーム②での狩人2の最適反応を最初に特定する。その結果を**図表8.5**に矢印を付けることでまとめた。先行者の狩人1がシカを選ぶ場合のノードBから始まる部分ゲーム①を考えると、最適反応は狩人2もシカを選択することである。シカを追えば利得が8、ウサギを追えば利得が5である。狩人1がウサギを選ぶ場合のノードCから始まる部分ゲーム②を考えると、狩人2もウサギを選択することが最適である。ウサギを追えば利得が5、シカを追えば利得が0である。最後に部分ゲーム③で、ノードBとノードCでの狩人2の最適反応を考慮した上でノードAでの狩人1の最適戦略を考えると、シカを選ぶことが狩人1にとって最適である。シカを選べば利得8、ウサギを選べば利得5を獲得する。つまり、部分ゲーム完全均衡は(シカ, (シカ|シカ, ウサギ|ウサギ))と一意に定まる。なお、狩人1

図表8.5　逐次手番スタグ・ハント・ゲームの部分ゲーム完全均衡

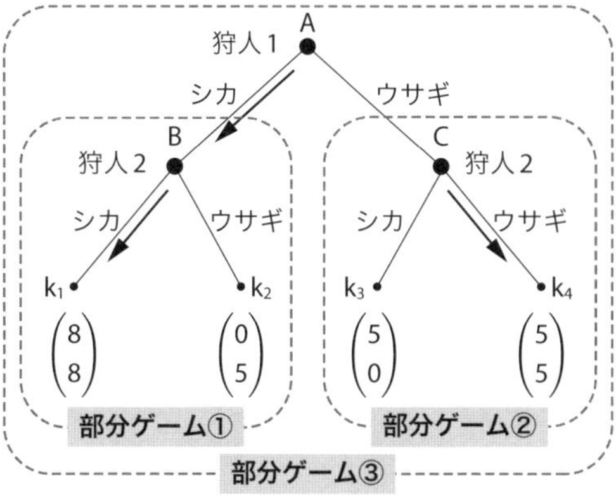

はウサギを選ばないが、「ウサギ|ウサギ」のように、ウサギを狩人1が仮に選んだ場合の狩人2の反応の計画も明確にする。

図表8.6(a)は、狩人1が先行者である逐次手番スタグ・ハント・ゲームを標準形で記述してナッシュ均衡を導出した結果を示す。これによると3つのナッシュ均衡が存在する。均衡2は部分ゲーム完全均衡と一致するが、均衡1と均衡3はどのような均衡だろうか？ この2つの均衡の特徴を見るために、それぞれの戦略プロファイルを**図表8.6**(b)に示す展開形で見てみる。まず、均衡3（**図表8.6**(b)(ii)）は、仮に狩人1がシカを選んだ場合には狩人2がウサギを追うというものだ。狩人2は、狩人1がウサギを選択する場合も一貫してウサギを追う。この状況は、狩人2が、仮に狩人1がシカを選択した際には協調しないと脅しをかけていると解釈できる。この狩人2の戦略選択のため、仮に狩人1がシカの選択を強行すると、狩人1自身の利得が0になる。しかしここでの問題点は、脅しには信憑性がないことで

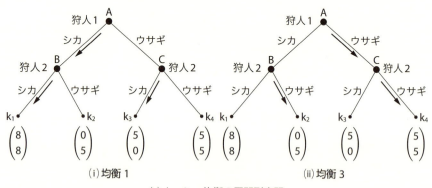

図表8.6 逐次手番スタグ・ハント・ゲームのナッシュ均衡

(a) 標準形での描写とナッシュ均衡の導出

(b) ナッシュ均衡の展開形表記

注) (a)で、下線を引いた太字の数値は、狩人2の戦略を所与とした場合の狩人1の最適反応戦略を示し、下線なしの太字の数値は、狩人1の戦略を所与とした場合の狩人2の最適反応戦略を示す。均衡2は、**図表8.5**の部分ゲーム完全均衡と一致する。

ある。本当に狩人 1 がシカを追った場合は、ゲーム理論では利得最大化の前提を置くため（4 章）、後行者の狩人 2 はシカを選ぶはずである。シカの代わりにウサギを選ぶと自身の利得が 8 ではなく 5 と低くなってしまう。このことは、<u>ナッシュ均衡では全ての部分ゲームでプレイヤーが最適反応をとることを求めていないことを意味する</u>。均衡 1（**図表 8.6**(b)(i)）は説明することがさらに難しい。均衡 1 が均衡 2 と異なるのは、ノード C で狩人 2 がウサギではなくシカを選択している点である。この行為は脅しにもなっていない。ノード C でシカを追うことは、狩人 2 自身の利得を 5 から 0 に下げるだけの行為である。狩人 1 がウサギを追えば、狩人 2 のノード C での行為によらず狩人 1 は利得 5 を得る。部分ゲーム完全均衡の特徴は、このような**カラ脅しや非合理的な均衡を排除できる**点にある。

8.3 最後通牒による交渉

　我々の組織や社会の至る所では、雇用契約（例：賃金、労働条件）、価格など売買条件（例：企業間、消費者と小売店間）や 2 国間関係（例：通商条件、安全保障）など交渉（bargaining）が関係する経済事象が無数にある。交渉に関する様々な経済理論が発展してきたが、逐次手番ゲームとして単純で理論予測が明快であり、また人々の利己的でない選好の存在の考察に優れていることから、最後通牒ゲーム（ultimatum game）を用いた膨大な実験がこれまでになされ、豊富な行動事実が蓄積されている。最後通牒ゲームは、ハーサニ [Harsanyi, 1961] が最初に理論的に議論し、グースら [Güth *et al.*, 1982] によって初めての経済実験が実施された。**1**で典型的な実験設定とゲーム理論における均衡を学んだ上で、**2**で実験事例を概観する。

1 最後通牒ゲームでの意思決定

　一般的な最後通牒ゲーム実験では、被験者は他の被験者とランダムにペアになり、一方に**提案者**（proposer）、他方に**応答者**（responder）の役割が与えられる。ペアには固定金額（pie）が与えられ、それに対して提案者が、自身と応答者でどう分割するか応答者に提案する。具体的に金額を 10 ドルとし、分割の際の金額の最小単位をドルとしよう。例えば、6 ドルが提案者の取り分、4 ドルが応答者の取り分という提案が可能である。プレイヤーの意思決定は次の 2 段階で行われる。

《**第 1 段階**》提案者が分割の提案をする。自身の取り分を s_1 とすれば、$s_1 \in S_1 = \{0, 1, 2, \cdots, 10\}$ である。ここで s_1 と S_1 は、それぞれ提案者の戦略と戦略集合である。

《**第 2 段階**》応答者が提案を受諾するか拒否するか決定する。つまり、応答者の戦略集合は、{受諾する、拒否する} である。

以下、表記法として、提案者と応答者の変数には、それぞれ下付きで 1 と 2 を付ける。ゲームの結果として得られる利得 u は、応答者が拒否をしたときには両者共に 0 ドルである。応答者が受け入れた場合には、利得の分配は提案通りに遂行される。つまり、自身の取り分が s_1 という提案者の提案が受諾された場合、提案者が s_1 ドル、応答者が $10 - s_1$ ドルを獲得する。

■ **理論予測**　最後通牒ゲームは逐次手番ゲームであり、<u>ナッシュ均衡は予測力を全くもたない</u>。具体的には、<u>金額のいかなる分割もナッシュ均衡として成立する</u>。0 から 10 の任意の整数 k に対して、次の戦略プロファイルが互いが互いに最適反応をするナッシュ均衡であり、提案者が k ドル、応答者が $10 - k$ ドルという分配が結果として成り立つ。

- 提案者の戦略：自身の取り分として $s_1 = k$ ドルを提案する（応答者の取り分は $10 - k$ ドルである）。
- 応答者の戦略：$s_1 = k$ の提案は受け入れる一方で、他の全ての提案は拒否する。

この戦略プロファイルでは、両者共に逸脱のインセンティブがない。応答者の極端な戦略から、提案者が提案を変えると自身の取り分が 0 ドルとなる。また、提案者の提案を所与の下で、応答者がどのように逸脱しても利得を $10 - k$ ドルより高めることはできない。オファーされた応答者の取り分が $10 - k$ ドルのため、応答者が得られる最大の利得は $10 - k$ ドルである。

応答者の「$s_1 = k$ 以外の全ての提案を拒否する」という戦略は、8.2 節で学んだ**信憑性のない脅し**である。カラ脅しを排除できる部分ゲーム完全均衡は、ナッシュ均衡とは全く異なる予測をする。**図表 8.7** は、ゲームの木を用いた最後通牒ゲームの展開形表記である。ここでは、後行者である応答者の最適反応を矢印で表した。応答者の取り分が 1 ドル以上となる提案であれば、受諾することに金銭的メリットがある。拒否すると自身の報酬は 0 である。従って応答者は、自身の取り分が正であればどれでも受諾する。応答者の取り分が 0 ドルの提案（$s_1 = 10$ ドル）の場合は、受諾と拒否のどちらでも、自身の利得は 0 ドルなので無差別である。つまり、

$s_1 = 10$ ドルに対して応答者が受諾する場合と拒否する場合の別で、次に示す 2 つの部分ゲーム完全均衡が存在する（それ以外の均衡は存在しない）。なお、均衡では全てのノードでどう行動するか指定することが必要であるため、応答者は提案者の戦略 s_1 に条件付きで 11 個の反応を指定する。

- $(s_1 = 9,$ (拒否$|s_1 = 10,$ 受諾$|s_1 = 9,$ 受諾$|s_1 = 8,$ 受諾$|s_1 = 7, \cdots,$ 受諾$|s_1 = 0))$。つまり、提案者は $s_1 = 9$ ドルを提示し、応答者は自身の取り分が正である限り全ての提案を受け入れる。実現する利得は $(u_1, u_2) = (9 ドル, 1 ドル)$ である。
- $(s_1 = 10,$ (受諾$|s_1 = 10,$ 受諾$|s_1 = 9,$ 受諾$|s_1 = 8,$ 受諾$|s_1 = 7, \cdots,$ 受諾$|s_1 = 0))$。つまり、提案者は $s_1 = 10$ ドルを提示し、応答者は全ての提案を受け入れる。実現する利得は $(u_1, u_2) = (10 ドル, 0 ドル)$ である。

図表 8.7　最後通牒ゲームの展開形と応答者の最適反応

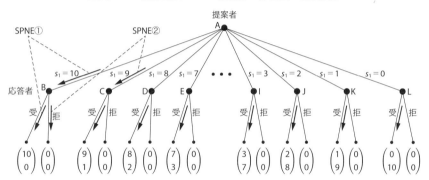

注）図中の「受」「拒」はそれぞれ、受諾する、拒否するの略である。ターミナルノードに書かれた上の数値は提案者の利得、下の数値は応答者の利得である。s_1 は、提案者の取り分の提案（応答者の取り分は $10 - s_1$）を示す。応答者の手番で描かれた矢印は、応答者の最適反応を示す。ノード B の提案は提案者が 10 ドル、応答者が 0 ドルのものであり、応答者にとって受諾と拒否は無差別であるため、矢印は 2 つのブランチ両方に描かれている。2 種類の部分ゲーム完全均衡があるが、ノード C 〜 L での応答者の選択はどちらの均衡でも同一である。

どちらの部分ゲーム完全均衡でも、利己的で合理的な応答者が受諾する限りにおいて、できるだけ自身が多く取る分配を提案者がオファーする点は共通している。

2 経済実験・行動事実

グースら [Güth *et al.*, 1982] の実験以来、膨大な最後通牒ゲーム実験が世界各地で行われた。例えばオースタビークら [Oosterbeek *et al.*, 2004] によると、0 か正の

最小の値が応答者の取り分として提案されると予測する部分ゲーム完全均衡とは異なり、応答者は不公平に扱われるのを嫌い、自身の取り分がある程度ないと提案を拒否し、また提案者は平均して約 40％の分け前を応答者に提案する。伝統的な利己的選好とは異なる人の向社会的行動は、ジレンマ下での行動原理（5～6 章）と類似する。具体的にオースタビークらは、1982～2003 年の間に世界各地の様々な研究グループによって行われた合計 75 個の 2 人最後通牒ゲーム実験の特徴を分析した。合計 25 か国のデータを網羅した。**図表 8.8** に、提案者から提案された分配の平均額を、国ごとに、応答者の取り分の割合の形式で示す。異なる国々の間での相違はあるものの、提案された応答者の割合は 51～26％の間の値であり、0 から大きく乖離している。

図表 8.8　提案者から提案された分配における応答者の取り分の割合の平均

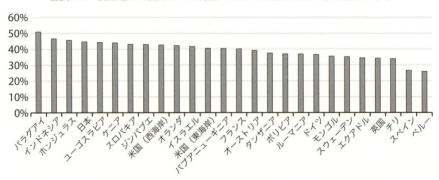

注) オースタビークら [Oosterbeek *et al.*, 2004] の論文の Table 1 の mean offer を図にしたものである。

実験で提案者と応答者が分けるべき金額の大きさは、研究グループごとに異なる。オースタビークら [Oosterbeek *et al.*, 2004] の整理で顕在化した行動特性は次の点である。

(1) 分けるべき金額が大きいほど、提案者は自身が多くの割合を分け前として要求する傾向にある。
(2) 分けるべき金額が大きいほど、また応答者に与えられる取り分の割合が大きいほど、応答者は提案を受諾する傾向にある。つまり、応答者の受諾か拒否の決定は、自身の分け前の額の大きさに依存する。

提案と拒否の意思決定が2人で分けるべき金額の大きさに依存する点は、アンダーセンら [Andersen *et al.*, 2011] も議論した。アンダーセンらは、インド北東部に位置するメーガーラヤ州（Meghalaya）の村落で、ペアごとに分ける金額の大きさを20、200、2,000、20,000インドルピーの4種類の場合で最後通牒ゲーム実験を行った。インド村落を実験地に選んだ理由は所得水準の低さだ。実験実施時の現地村落の平均日給は100インドルピーである。金額が最も大きいトリートメントでは、分けるべき金額が日給の200倍(＝20,000/100)に相当する。アンダーセンらは、特に、不平等な提案に対する応答者の反応に関心があった。不平等な提案を誘発させるため、部分ゲーム完全均衡が予測する合理的行動を提案者に知らせた上で実験を実施した。実験では**図表8.9**(a)が示す通り、オースタビークらの分析より利己的な提案が多く、どのトリートメントでも提案に占める応答者の取り分の割合が平均25％未満であった。ペアで分ける金額の大きさの影響を見ると、上述(1)のオースタビークらの分析結果と整合的で、分けるべき金額が大きいほど、提案者は応答者が取る割合の小さい提案をした（**図表8.9**(a)）。

応答者の拒否行動が興味深い。**図表8.9**(b)は、分けるべき金額に対して応答者が受け取る割合が20％以下の不平等な提案に対する拒否率を示す。金額が20、200、2,000、20,000インドルピーそれぞれのトリートメントで、拒否率が42.9％、

図表8.9 応答者の拒否行動：アンダーセンらによる実験 [Andersen *et al.*, 2011]

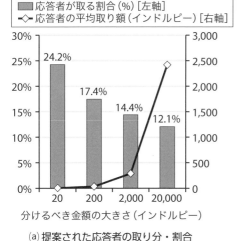
(a) 提案された応答者の取り分・割合

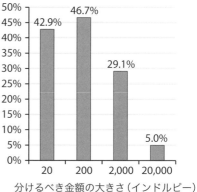
(b) 20％以下の提案に対する応答者の拒否率

注）被験者間計画の下、各被験者は1つのトリートメントでのみ意思決定した。

46.7％、29.1％、5.0％であった。分ける金額が大きい場合、特に20,000インドルピーの場合の拒否率の小ささが顕著である。金額が20,000インドルピーと大きいときには、受け取る割合は平均12.1％で小さいものの、受け取る額で見ると他のトリートメントより遥かに大きい（**図表8.9**(a)）。不公平な分配に対して相手への罰則として拒否したいという気持ちと、額が大きいときに拒否をして被る金銭的損失の大きさは対立するが、<u>応答者は受け取れる額が大きいときには不平等を甘受する傾向にある</u>とわかる。

最後通牒ゲームにおける一部の提案者の寛大な提案は、①**公平性**（fairness）**への選好**と、②**拒否の懸念**、つまり**取り分が小さい提案は応答者が拒否するとの予想**、の2要因によって起こる。提案と拒否の動機を考察する研究が多数行われたが、そのうちフォーサイスら [Forsythe *et al.*, 1994] の実験を紹介する。最後通牒ゲームでの提案者の行動を公平性の選好のみで説明できるか探るために、彼らは**ディクテイターゲーム**（4章のコラム4.2参照）を設計し、それを実験経済学の文献で初めて実験した（**図表8.10**）。ディクテイターゲームでも被験者は2人からなるペアに割り当てられるが、最後通牒ゲームとは異なり、ペア内での分配が常に提案者の提案通りに決定する。フォーサイスらは、分けるべき金額が5ドルと10ドルの2種類の場合で実験を行った。それによると、最後通牒ゲームでは、提案者が、それぞれ

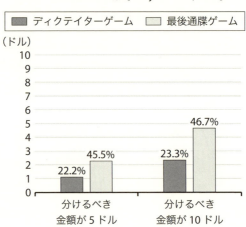

図表8.10　最後通牒ゲームとディクテイターゲーム：
フォーサイスらの実験 [Forsythe *et al.*, 1994]

注）図の棒グラフはディクテイターゲームでレシピエントが受けた額の平均と、最後通牒ゲームでの提案における応答者の取り分の平均を示す。分けるべき金額に対するそれぞれの割合を棒の上に記載した。

の場合で平均 2.27 ドルと 4.67 ドルを、つまり分けるべき金額の 45.5 ％と 46.7 ％を
パートナーの取り分として提案した。これは、オースタビークら [Oosterbeek *et al.*,
2004] がまとめた典型的な提案行動と一致する。一方で、ディクテイターゲームで
ディクテイターがパートナーに渡した額は、それぞれの場合で平均 1.11 ドルと
2.33 ドルであった。つまり、最後通牒ゲームにおける提案の半分程度は公平性の
選好で説明できるが、応答者の拒否権限も強く提案行動に影響するのである。

　不平等な提案に対する応答者の拒否は、利己的な提案者に対する**罰則**、または**社
会的不承認**（social disapproval）**の意思表示**とも解釈できる。つまり、大きな額を
提案者が受け取るのを妨げたい、または提案者に不同意を表明したいという非金銭
的な動機が、提案された少ない取り分の拒否により失う金銭の損失からの負効用を
上回るという考えだ。シャオとハウザー [Xiao & Houser, 2005] は、応答者の拒否は、
ほかに感情のはけ口がないため起こる現象であると論じる。彼らは、応答者が拒否
と受諾の意思決定をする際に、併せて提案者に直接メッセージを送れるように設定
を変えて 1 回きりの最後通牒ゲーム実験を行った。比較対象として、応答者がメッ
セージを送れない、標準的な最後通牒ゲームの設定でも実験が行われた。実験デー
タを見ると、応答者の取り分が 20 ％以下の不公平な提案に対する拒否行動の違い
が顕著である。メッセージを送れないトリートメントでは、60 ％の応答者が提案
を拒否した。一方でメッセージを送れるトリートメントでは、32 ％という遥かに
低い割合の応答者のみが不公平な提案を拒否し、代わりに怒りや非難といった負の
感情を込めたメッセージを応答者に送った。シャオとハウザーは、①提案の拒否と
②負の感情を込めたメッセージの送付は共に提案者への罰則や不承認の表明であ
り、その 2 つは**代替物**（substitute）であると論じた。

　応答者から負の感情や非難を受ける可能性は、提案者の行動にどう影響を与える
だろうか？　社会的非難を嫌い、そして社会的承認を好む選好を人がもつのであれ
ば、評価を含むメッセージの伝達は提案者が公平に振る舞うのを促すのかもしれな
い。シャオとハウザー [Xiao & Houser, 2005] の研究は 1 回きりの最後通牒ゲーム
実験であるため、この問いを彼らの実験データから検証することはできない。繰り
返し最後通牒ゲームで応答者による提案者の評価の効果を考察した研究にチェンと
亀井 [Chen & Kamei, 2018] がある。彼らは、被験者に最後通牒ゲームを 50 回繰り
返させた。繰り返しゲームのため単純化を図るべく、毎ラウンドのゲームの後に
メッセージではなく、応答者が提案者の提案に対して 11 段階（0 ＝ 極めて不公平、
…、3 ＝ 不公平、…、7 ＝ 公平、…、10 ＝ 極めて公平）で評点を付け、評点がパー
トナーの提案者に知らされる形で実験がされた。実験は米国と台湾で実施された
が、どちらにおいても評点機会がある環境では、**図表 8.11** の通りほぼ平等な分割

(50：50) の提案がされた。比較のために評点機会がない標準的な繰り返し最後通牒ゲーム実験も行われたが、評価されない場合には不公平な提案が多かった。利己的行動の抑制に、評点という間接的なコミュニケーションでも効果が高いのは面白い。

図表 8.11 応答者からの評点が提案に与える効果：チェンと亀井の実験 [Chen & Kamei, 2018]

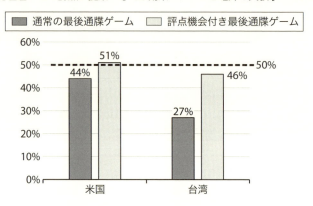

注）繰り返し最後通牒ゲームにおける提案者からの提案に占める応答者の取り分の割合の平均。全く同一の実験が米国と台湾で行われた。

8.4 信頼（トラスト）

　最後通牒ゲームと同じように、経済学者により頻繁に実験がなされ、人々の行動特性について豊富な示唆を与えてきたゲームに**信頼ゲーム**（trust game）がある。信頼ゲームは**投資ゲーム**（investment game）とも呼ぶ。人々の**信頼**（trust）と**信用性**（trustworthiness）の度合いを測るゲームである。様々な経済取引や社会生活では信頼は不可欠である。例えば、他者や金融機関に資産の一部を託す行為（例：預貯金や投資）、労働に際して雇用主の諸制度（例：給与体系や職場環境）の運営や維持に対する信頼、職場における同僚との共同作業や部署横断的な協働、貴重品をなくした際に発見者が正しく届けることへの信頼、日常生活における近隣住民との関わりや、自治会や町内会への会費支払いと適切な資金運用に関する信頼、寄付に際する任意団体への信頼（例：掲げる目的の約束通りの遂行）など数多くの事例が挙げられる。

　信頼ゲームはまず、クレプス [Kreps, 1990] やキャメラーとヴァイゲルト [Camerer & Weigelt, 1988] が、二者択一のゲーム構造を使い議論した。前者のクレプスの研

究は理論的な考察である一方で、後者のキャメラーとヴァイゲルトの研究は実験室内実験も行った。その後にベルクら [Berg *et al.*, 1995] が、**連続型の信頼ゲーム**を設計し、その経済実験を初めて行い、経済学者から大きな関心を得る。**図表 8.12** は、木を用いた展開形表記での、二者択一と連続型それぞれの信頼ゲームを示す。どちらの設定でも、プレイヤーは 2 人 1 組となり、逐次番手で意思決定する。最初に意思決定をする**送り手**（sender）は、**トラスター**（trustor）、**先行者**（first mover）、**投資家**（investor）とも呼ぶ。送り手の手番の後で意思決定をする**応答者**は、**トラスティー**（trustee）、**後行者**（second mover）とも呼ぶ。本書では日本語名称の簡単さから送り手・応答者という用語を使用する。送り手が相手（応答者）をどの程度信頼するか意思決定し、それを見た上で応答者が信頼にどの程度応えるかを決める。取引の開始時には、送り手は初期保有 E を持つ。ベルクらは応答者も同額の初期財産を保有すると設定して実験を行ったが、実験経済学の文献では、送り手のみが初期財産を持つ設定が使用されるケースの方が多い。

　具体的な戦略を**図表 8.12** で見ると、クレプス [Kreps, 1990] の研究(a)では、送り手の戦略は信頼するか否かであり、信頼した場合には応答者が信頼に応えるか裏切るかを決定する。キャメラーとヴァイゲルト [Camerer & Weigelt, 1988] は、送り手が銀行、応答者が起業家という文脈で、戦略はそれぞれ融資するか否か、返済するか負債を無視するかという戦略的状況で議論した。一方で、ベルクら [Berg *et al.*, 1995] の連続型の設定(b)では、送り手は自身の財産のうちいくらを応答者に託す、つまり送るかを決める。託した額は投資の結果として所定の倍数 m で額が大きくなり応答者の利得となる。m は 1 より大きい数値であり、ベルクらは $m = 3$、各プレイヤーの初期財産 E を 10 ドルと設定した。託す額 x に対して増分は $(m-1)x$ であることから、投資効率は $m-1$ と解釈できる（例：5 ドル送ると 10 ドル増えて 15 ドルになる）。そして、応答者はいくらを送り手に返すかを意思決定する。本節では、実験事例の多さから、連続型の信頼ゲームに焦点を当てて人々の行動特性を紹介する。**1** でゲーム理論における均衡を簡単に学び、**2** で実験事例を概観する。

1 理論予測

　信頼ゲームにおけるゲーム理論予測は明快である。バックワード・インダクションを適用し考察する。まず 2 段階目の、送り手が x ドルを送った場合の応答者の手番では、応答者にとって 1 ドルも送り手に返さないこと（つまり $s_2 = 0$）が利得を最大化する最適反応である。結果として利得は、送り手が $E-x$、応答者が $E+mx$ である。「全く送り返さない」という最適反応は、送り手の送る額 x に依存しない。

図表 8.12 信頼ゲームの展開形

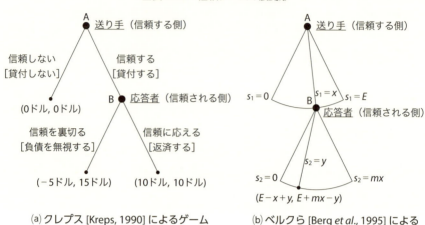

(a) クレプス [Kreps, 1990] によるゲーム

(b) ベルクら [Berg et al., 1995] による連続型ゲーム

注）ターミナルノードの利得のペアのうち、左の数値は送り手の利得、右の数値は応答者の利得である。(a)の角括弧で記した戦略は、キャメラーとヴァイゲルト [Camerer & Weigelt, 1988] の研究で使用された戦略のフレーミングである。(b)は送り手が x を応答者に送り、応答者が y を送り手に返す場合をゲームの木に描写した。送り手、応答者共に、ゲーム開始時に同額の初期財産 E を持つと仮定した。

次に、応答者の最適反応を踏まえた第 1 段階では、送り手が何も応答者に送らないことが最適戦略である ($s_1 = 0$)。つまり部分ゲーム完全均衡は次でまとめられる。

・送り手は、応答者に何も送らない ($s_1 = 0$)。
・応答者は、送り手が送る額にかかわらず、常に何も送り返さない（それぞれの x に対して $s_2 = 0$）。

つまり、信頼することは、**リスクを伴った行動**である。理論予測に反して送り手が（応答者が自身に送り返してくれると信頼し）応答者に送る額を信頼の度合い、送られた額に対して応答者の送り返す行動を信用性の指標として、行動分析に用いられる。

なお、部分ゲーム完全均衡はナッシュ均衡でもあるが、ナッシュ均衡には、それ以外の非現実的な均衡も存在する。従って、通常、部分ゲーム完全均衡が経済理論のベンチマークとして使われる。既に説明した通り、ナッシュ均衡では、①均衡経路で各プレイヤーが最適反応をとることが必要であるが、②均衡経路外では最適反応をとる必要がないため現実性に欠ける。まず、正の値 x に対して $s_1 = x$ が均衡戦略になることはない。反例として、$s_1 = x$ が送り手のナッシュ均衡戦略であると仮

定しよう。$s_1 = x$ を受けた反応者の最適反応は $s_2 = 0$ を選択することである。結果として利得 $(E - x, E + 3x)$ が実現する。しかし応答者の均衡経路外の選択がどうであれ、送り手は $s_1 = 0$ に逸脱することで、$E - x$ より大きな利得 E を獲得できる。このことは、$s_1 = x$ が均衡戦略という前提が間違っていることを意味する。

　一方で、$s_1 = 0$ に対しては、応答者の戦略の違いで複数のナッシュ均衡が存在する。$s_1 = 0$ が均衡戦略と仮定しよう。この場合は (E, E) が実現する利得である。応答者の戦略として、部分ゲーム完全均衡でないもの、例えば「$s_1 = 5$ であれば 1 ドルを送り手に返す一方、他の全ての $s_1 = x$ に対しては何も送り返さない」を考えよう。この場合、送り手に戦略を変えるインセンティブはない。$s_1 = 0$ から逸脱する（正の額を送る）と、送り手の利得は E より低くなる。送り手の戦略 $s_1 = 0$ を所与の下では、応答者も自身の戦略から逸脱するメリットはない。どの戦略に変えても利得は E のままである。つまり、この戦略プロファイルもナッシュ均衡である。

2 経済実験・行動事実

　ベルクら [Berg *et al.*, 1995] による実験以降、膨大な数の信頼ゲーム実験が世界各地で実施された。**図表 8.13** はジョンソンとミズリン [Johnson & Mislin, 2011] が整理した 35 か国での実験結果のまとめである。(a)が示すように、送り手が応答者に託す額は、初期財産の 74 ％（スウェーデン）から 33 ％（ベトナム）と国ごとで大きな違いがあるが、いずれも **1** で学んだ部分ゲーム完全均衡の予測である 0 ％から大きく乖離している。(b)は信用性のデータを示す。応答者が送り手に返す額も、送り手からの信頼により受け取った額 $m \times s_1$ の 55 ％（中国）から 22 ％（ニュージーランド）と国ごとの違いが大きい。しかしどの国でも、理論予測の 0 ％とは大きく異なる。各国内のデータを見ると個人差も大きい。応答者に全く送らない送り手から全額を送る人まで存在する。応答者の信用性も同様である。信頼に応え送り手に平等に利益を共有する応答者から、何も送り返さない人まで様々である。

　ジョンソンとミズリン [Johnson & Mislin, 2011] は、送り手の信頼と応答者の信用性が実験設定にどの程度頑健か考察した。それによると、ゲームの最初に送り手に与えられる初期財産の大きさは、信頼ゲームでの人々の行動に影響を与えないことがわかった。一方で影響を与える要素もあった。例えば、送り手は、ロボット（コンピューター）の応答者より人間の応答者がパートナーとして割り当てられたときに強く信頼する。人々の信頼の度合いを計測するため、実験予算の節約のためコンピュータープログラムを信頼ゲームの応答者に設定し、その設定を被験者に開示した上で信頼の意思決定をさせる実験もあるが、それは問題であるという分析結果

図表 8.13　信頼と信用性の国際比較

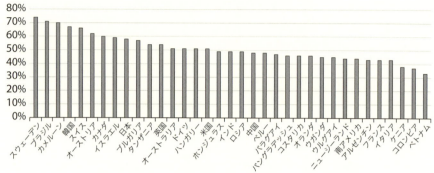

(a) 信頼の度合い（初期財産のうち応答者に送った額の割合）

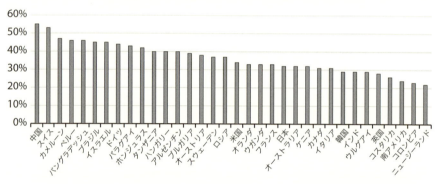

(b) 信用性の度合い（乗数がかかり受け取った額 $m \times s_1$ に対して送り返した額の割合）

注）ジョンソンとミズリンの論文 [Johnson & Mislin, 2011] に含まれる Table 3 の情報を、降べきの順に並べ替えグラフ化したものである。

だ。また、被験者属性も人々の意思決定に影響する。例えば、送り手としての信頼行為は、大学生か否かで大きな違いはないが、大学生は社会人より応答者としての信用性が低い。行動の地理的差異を見ると、過去のデータによれば、アフリカの人々は他の地域（例：北米国）に比べて、信頼と信用性の度合いが共に低い。

　人が他人を信頼する理由は、信用性、つまり相手が信頼に応えるという期待があるためである。では、なぜ人は信用性のある行動をとるのだろうか？　信頼と信用性の背後にある動機を探る実験研究も多数行われている。例えばコックス [Cox, 2004] は、信頼ゲームの行動から、**利他的動機**（altruism）、純粋な意味での**信頼**

（trust）、**互恵性**（reciprocity）を区別しようと試みた。彼の分類では、利他的動機とは、相手からの見返りを求めない非利己的動機である。一方で、信頼は相手からのお返しを期待して行う行為、また互恵性は、相手の善意に対し善意で応えようとする特性と定義した。コックスは、次の(1)～(3)の3つのトリートメントを実行した。(2)と(3)はディクテイターゲームの一種である。

(1) ベルクら [Berg *et al.*, 1995] の信頼ゲームと同一の設定で、送り手と応答者が逐次的に意思決定をする。

(2) (1)と同じ実験パラメータを用いるが、送り手のみが意思決定をする。送り手が相手に送る額を決定をし、その3倍が応答者の金銭報酬となる。応答者は何の意思決定もしない。

(3) (1)で実現した送り手の送金額を基にした分配を、別の送り手と応答者に適用する。その上で応答者が、自身のパートナーである送り手にいくら渡すか決定する。

コックスは、(2)の設定で送り手が応答者に送る額が利他的動機に基づく額であり、(1)で送り手が選択した額と(2)の額の差が、相手を信頼する行為（つまり見返りを求めて応答者に送る行為）であると説明した。彼の実験結果によると、送り手が応答者に送る額は、(1)では(2)に比べて約65％多かった。つまり、信頼ゲームにおける送り手の行動は、利他的動機のほかに、純粋な意味で相手から見返りを求める動機も背後にあるのである。

(3)で応答者が送り手に金銭を渡す行為は、利他的動機に基づく。マッチした送り手が分配を決めたわけではない。そのため、送り手に対する応答者からの互恵性の動機は存在しない。コックスの実験結果によると、(1)で応答者が送り返した額は、(3)の額に比べて2倍以上大きかった。つまり、信頼ゲームにおける応答者の意思決定には、送り手の意図に反応する正の互恵性も大きく影響しているのである。

ボネットら [Bohnet *et al.*, 2008] は、人は**裏切られるのを嫌う選好**（betrayal aversion）をもつと論じる。3章で説明したように、リスク回避的な人はギャンブルなどリスクを伴う選択を避ける。ギャンブルと同様に、信頼には相手から裏切られる可能性があるため、信頼行為には金銭的リスクが伴うが、それと共に裏切られたときには心理的負荷も負う。ボネットらは、信頼の意思決定と、確率的に同等な金銭分布を生むくじ (lottery) の購買の意思決定を比較すると、人はくじの購入以上に信頼行為を避けると、米国、トルコ、スイス、オマーンでの経済実験で明らかにした。つまり、他人を信頼するかどうかを決める際に、人は、自身のリスク回避度に加え、人に裏切られた際の心理的負効用も考慮するのだ。

最後に、高い信頼と信用性をコミュニティ内で実現するために、人々の過去の行動履歴の情報の開示が効果的である点を補足する。信頼と信用性は明らかにゲーム理論予測とは異なるが（図表8.13）、送り手が選ぶ額は初期財産の100％よりは遥かに小さい割合である。経済主体間で信頼を高めることが可能なら、取引の経済効率性は高まる。

我々の社会では、**過去の行動情報が利用可能な環境**が多数存在する。例えば、匿名のユーザー同士が売買をするプラットフォームとして、アマゾン（Amazon）やイーベイ（eBay）などのオンライン市場がある。オンライン市場での取引は、信頼ゲームで描写できる。買い手は、売り手を信頼して商品を購入するか意思決定をする。売り手は、掲載した商品を約束通り出荷するか粗悪品を送るか、また期日通りに出荷するかなどを決める。つまり、後行者である売り手は、機会主義的な行動がとれる。オンライン市場では、ユーザーが相手を評価しフィードバック（例：評点、レビューコメント）を残すことができ、それが他のユーザーに参照される。様々な研究グループ（例：ボルトンら [Bolton *et al.*, 2004]）が公になるユーザーの行動履歴の効果を実験室内実験で考察したところ、履歴情報は信頼と信用性を共に高めるとわかった。行動履歴の効果を測る実験には、繰り返し信頼ゲームが用いられる。毎ラウンドの第1段階では、送り手はマッチした応答者の信用性情報（平均何％を送り返したか）を観測した後で、送る額を決定する。高い信用性は送り手からの信頼を得る効果があるため、応答者は戦略的に信用性の高い行動をとる。

コラム 8.1 ◆ 援助ゲームと間接互恵性

信頼の鍵となる要素は相手の信用性ですが、信用性には人の互恵的選好が関係していることを学びました。一方で、人は自分以外の第三者に利他的に手助けをした人に出会ったとき、その人にどう接するでしょうか？　自身に対してではないが社会的に望ましい行為をしたとして、正の互恵性をもって応えるでしょうか？　ノワックとシグマンド [Nowak & Sigmund, 1998] は、繰り返し**援助ゲーム**（helping game）を設計し、人のもつ**間接互恵性**（indirect reciprocity）の意義を論じました。直接互恵性（direct reciprocity）と間接互恵性は**図表8.14**で描写できます。(a)のように自身に善意をもって対応したパートナーに善意で応えるのが直接互恵性です。信頼ゲームでの応答者の信用性は直接互恵性が背後にあります。一方で(b)のように、第三者（プレイヤー3）に善意をもって対応した人（プレイヤー2）が、それを観測した別の人（プレイヤー1）から善意をもって対応されるのが間接互恵性です。人々が間接互恵性をもつのであれば、人間社会で人は、向社会的な人物としての評判（reputation）を築く動機をもつでしょう。

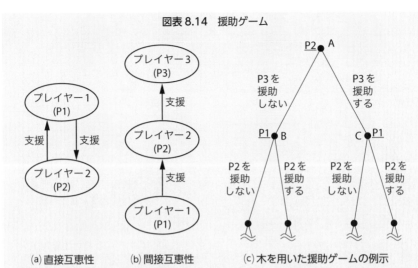

図表8.14 援助ゲーム

(a) 直接互恵性　(b) 間接互恵性　(c) 木を用いた援助ゲームの例示

注）援助ゲームでは、ペア構成が毎ラウンドでランダムに変わる。また、各ペアではランダムにドナーとレシピエントの役がメンバーに割り当てられる。(c)は厳密さを欠く描写であるが、援助ゲームの直感的な理解のために簡略化した木を記載した。

援助ゲームでは、プレイヤーがランダムに N 人（N は偶数）からなるグループに割り振られます。プレイヤーは毎ラウンド、グループ内で他のプレイヤーとランダムにペアになります。また、ペアのうち一方に**ドナー**（donor）、他方に**レシピエント**（recipient）の役割がランダムに与えられます。意思決定はドナーのみがします。ドナーは費用 c を支払い、レシピエントを援助するか否かを決めます。援助する場合は、レシピエントは c より大きい利益 b を受けます。ここで b と c は正の数値です。

ドナーとしての過去の振舞いに対する第三者ドナーからの間接互恵性の存在を考察するために、サイネンとシュラム [Seinen & Schram, 2006] とボルトンら [Bolton et al., 2005] は、b と c の比が $b/c = 5/3$ を満たす設定で経済実験を行いました（**図表8.15**）。b が c より約67％も大きいため、皆が助け合えばグループ全体の総余剰が飛躍的に向上します。サイネンとシュラムの実験で各ドナーは、マッチしたレシピエントの評判情報、つまりレシピエントがドナーとして行動した直近6ラウンドでの（他のレシピエントへの）援助率の情報を知り、その上でそのマッチした相手への援助の意思決定をしました。このレシピエントの向社会性に関する**1次の情報**（first-order information）は、コミュニティ内における人々の援助率の上昇に大きく貢献しました。一方、ボルトンらの実験は、評判情報の質の効果を考察しました。彼らの実験でも、ドナーはレシピエントの評判情報を見た上で援助を決定します。1次の情報は、レシピエント自身が直近ラウンドでドナーであったときの選択の情報（援助したか否か）です。**2次の情報**（second-order information）は、自身が直近でドナーだった

図表 8.15　援助ゲームで評判情報が援助率に与える効果

研究チーム	実験の設定		実験結果	
	利用可能情報	いつの情報か？	援助率	行動特性の詳細
サイネンとシュラム [Seinen & Schram, 2006]	1 次の情報	直近 6 ラウンド	70 %[#1]	過去にドナーとして援助率が高いという評判情報をもつレシピエントほど、他のドナーから高い確率で援助を受ける。
	情報なし	n.a.	22 %	n.a.
ボルトンら [Bolton *et al.*, 2005]	2 次の情報	直近のラウンド（1 ラウンド前）	46 %	2 次の情報への条件付けが見られる。例えば、過去に援助者を援助したレシピエントは、非援助者に援助したレシピエントより高い確率でドナーから援助を受ける。
	1 次の情報	直近のラウンド（1 ラウンド前）	35 %	ドナーとして援助した評判をもつレシピエントほど高い確率でドナーから援助を受ける。
	情報なし	n.a.	19 %	n.a.

注) #1　サイネンとシュラムの実験でのゲームの長さは 90 ラウンド以上で、90 ラウンド目以降はランダム継続確率で取引が継続した。ボルトンらの実験は有限回繰り返しゲームを使用し、ゲームの長さは 14 ラウンドのみであった。ゲーム構造の違いと履歴情報の長さ（直近 6 ラウンドか 1 ラウンドか）が、サイネンとシュラムの実験での 1 次の情報の大きな効果に繋がったと解釈できる。

ときの援助に関する選択と、そのときマッチしたレシピエントの履歴情報（過去のラウンドで援助したか否か）の 2 つからなります。2 次の情報は、プレイヤーの過去の援助行動を説明する理由を含み得ます。例えば、あるドナーがレシピエントを援助しなかったのは、そのレシピエントが過去にドナーとして援助を拒んだ者だからかもしれません。2 次の情報があれば、援助の有無に正当な理由を見出すことができます。ボルトンらは、2 次の情報は 1 次の情報よりも援助率を高める強い効果があるという実験結果を提供しました（**図表 8.15**）。ノワック、シグマンドら理論生物学者も、向社会的行動に関する履歴情報は人々の社会的ステータスであり、1 次の情報でも十分に高い効果があるが、2 次の情報は 1 次の情報よりもさらに効果的であるとシミュレーションなどの理論的分析を基に主張しています。

8.5 センティピードゲーム（ムカデゲーム）

　最後に、ローゼンタール [Rosenthal, 1981] が最初に理論的に論じ、人の利己性と協力のジレンマを逐次手番ゲームで絶妙に表す**センティピードゲーム**（centipede game）を取り上げる。Centipede はムカデを意味する英単語で、ゲームの木がムカデ（百足）に似ている。センティピードゲームという名称は、100 個の手番をもつゲームを用いて議論したケン・ビンモア（Ken Binmore）によるものである。マケルビーとパルフリー [McKelvey & Palfrey, 1992] が最初にセンティピードゲーム実験を行い、部分ゲーム完全均衡とは異なる行動を人はとると明らかにした。

　図表 8.16 に、ローゼンタール [Rosenthal, 1981] とマケルビーとパルフリー [McKelvey & Palfrey, 1992] それぞれが使用したゲームの展開形を示す。センティピードゲームの特徴は、①2 人のプレイヤーが交互に手番をもち、②手番では自身が相手より大きい利得を得てゲームを終了する機会が与えられるが、③ゲームを継続し相手に手番を回すと総利得が増加していく点である。

　図表 8.16 (a)のローゼンタール [Rosenthal, 1981] が使用した設定では、相手に手番を回すと総利得が常に 2 ポイント増加する。ゲーム開始時の互いの利得は 0 であるが、相手も裏切らず手番を自分に戻すと信じ、最後まで信頼してゲームを継続すれば互いが利得 10 を得ることができる。利己性と合理性に関する共有知識を前提とする部分ゲーム完全均衡の予測は明快である。バックワード・インダクションを用いて最後の手番から最適反応を導く。まず、ノード J でプレイヤー 2 は、ゲームを終了すると自身の利得は 11、継続すると利得が 10 であるため、終了を選択する。最後から 2 番目のノード I では、プレイヤー 1 がゲームを終了した際に自身が得られる利得は 8、継続する場合に得られる利得は（プレイヤー 2 がノード J で終了を選択するため）7 である。合理的で利己的なプレイヤー 1 は終了を選択する。最後から 3 番目のノード H でも、同様の考察からプレイヤー 2 は終了を選ぶ。このように、各ノードで、終了を選んだ場合の自身の利得と、そのノード以降での各プレイヤーの最適反応を考慮して継続を選択した際に得られる利得を比較すると、**終了が全てのノードでの最適反応**である。(a)で示した矢印が部分ゲーム完全均衡を示す。均衡では、プレイヤー 1 が最初の手番で終了を選びゲームは終わる。プレイヤー 1 と 2 は、共に利得 0 を獲得する。

　マケルビーとパルフリーは、**図表 8.16** (b)のように、ゲームを継続し相手に手番を回すと総利得が 2 倍になっていく環境を設計した。手番の数が 4 つ（(b)(i)）と 6 つ（(b)(ii)）の 2 つのバージョンを用いて実験室内実験を行ったが、それ以外の特

図表 8.16　センティピードゲーム

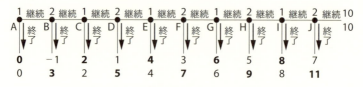

(a) ローゼンタールが使用したゲーム [Rosenthal, 1981]

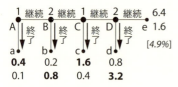

(i) ゲーム 1

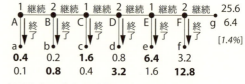

(ii) ゲーム 2

(b) マケルビーとパルフリーが使用したゲーム [McKelvey & Palfrey, 1992]

注）ターミナルノードに書かれた 2 つの数値は利得であり、上はプレイヤー 1、下はプレイヤー 2 のものである。各ノードでの最適反応を矢印で示す。(b)で角括弧内に書かれた数値は、実験で被験者がどのターミナルノードに到達したかを割合で示す。

徴はローゼンタールのものと同一である。各ノードでプレイヤーが終了を選択することが最適反応であり、部分ゲーム完全均衡では、プレイヤー 1 が最初のノードで終了を選びゲームが終わる。(b)に矢印で部分ゲーム完全均衡戦略を示したが、手番の数によらず均衡では、プレイヤー 1 が 0.4、プレイヤー 2 が 0.1 を獲得する[*1]。

マケルビーとパルフリーの実験結果を、被験者が到達したターミナルノードの割合で**図表 8.16**(b)に示す。手番が 4 つ、6 つそれぞれの場合で、最初のターミナルノードに到達した割合は 7.1 ％と 0.7 ％のみであった。ゲームの真ん中辺りの手番で終了するのが最頻値であり、部分ゲーム完全均衡の予測とは明確に異なる。到達したターミナルノードの割合を見る代わりに、同じデータを各ノードでの選択（終了か継続）の確率で見ることもできる。その場合、手番が 4 つの場合（(b)(i)）で、ノード A、B、C、D それぞれで継続せず終了が選ばれた確率は 7 ％、38 ％、

[*1] 部分ゲーム完全均衡はナッシュ均衡であるが、それ以外の非現実的なナッシュ均衡も存在する。例えば、**図表 8.16**(b)(i)のゲームで、プレイヤー 1 がノード A と C で共に終了、プレイヤー 2 がノード B で終了、ノード D で継続という戦略プロファイルもナッシュ均衡である。両プレイヤーは逸脱インセンティブをもたない。センティピードゲームでも、部分ゲーム完全均衡が行動のベンチマークとして使用される。

65％、75％であった。手番が6つの場合（(b)(ii)）で、ノードA、B、C、D、E、F それぞれで終了が選ばれた確率は1％、6％、21％、53％、73％、85％であった。最後のノードでも自身が相手より多くを取れる終了の選択をしなかった人がいるという結果は、非利己的な人が存在することを示唆する。

　実験で観測された行動が部分ゲーム完全均衡から乖離する点については、囚人のジレンマや公共財ゲーム（5～6章）と同様の議論や様々な考察がされている。利他主義者や条件付協力者などの非合理的プレイヤーがいる可能性を人々が信じていれば、純粋な利己的動機をもっていたとしても、戦略的に非利己的個人の行動を模倣して、相手に自身も非利己的選好をもつと信じさせ、結果として高い利得を実現しようとしているのかもしれない。実際に社会的選好（9章）をもっている人が多い可能性もある。また、レベルk推論（4章）の考えと整合的に、人々の推論の深さや認知能力には限りがある可能性もある。

　マケルビーとパルフリー [McKelvey & Palfrey, 1992] の研究以後、経済実験室でのセンティピードゲーム実験が多数行われ、バックワード・インダクションの予測と反する結果が頑健性高く観測された。一方で、これらは学生を被験者に用いた実験室内実験の結果である。従って、結果が全てのタイプの人に適用できるかには疑問が残る。これに対してパラシオ-ヒュエルタとボリジ [Palacios-Huerta & Volij, 2009] は、**チェスのプロプレイヤー**を用いた**人為的フィールド実験**を実施した。彼らが考察した問いは、仮に戦略的状況に常に身を置くフィールドでの「プロ」にセンティピードゲーム実験をプレイさせたらどう行動するかである。プロは部分ゲーム完全均衡に近い意思決定をするのだろうか？

　チェスで勝利するために、プロプレイヤーはできるだけ先まで読んで手を打つ。つまり、彼らは、バックワード・インダクションの思考を職業として行う。パラシオ-ヒュエルタとボリジは、**図表8.16**(b)(ii)のマケルビーとパルフリーと同一のセンティピードゲームを使用した。彼らは、①スペインのチェス国際大会の現場で1回きりセンティピードゲーム実験と、②チェスのプロプレイヤーをラボに連れてきて実験室で行う実験の2種類を行った。①の目的は、慣れ親しんだ環境を用意して、チェスプレイヤーに自然な形で意思決定させることである。チェスのプロプレイヤーはイロレーティング（Elo rating）でスコアをもつが、チェス国際大会の現場で実験を行えば、高いスコアをもち実力が最上位者のグランドマスター（Grandmaster；GM）、次の位のインターナショナルマスター（International Master；IM）、3番目のフェデレーションマスター（Federation Master；FM）なども実験に被験者として使用できる（**図表8.17**）。比較対象のため、スペインの大学の学生を被験者とした実験も行った。②はスペインチェスクラブ加盟のプロとスペインの大学生を被験

図表 8.17　チェスのプロプレイヤーの意思決定：
パラシオ-ヒュエルタとボルジの実験 [Palacios-Huerta & Volij, 2009]

プレイヤーと典型的なイロレーティング		図表8.16(b)(ii)のターミナルノードへの到達頻度						
		a	b	c	d	e	f	g
(ⅰ) プロのチェスプレイヤーの平均		68.7%	20.8%	8.0%	1.8%	0.4%	0.0%	0.0%
内訳	GM　≥ 2,500	100.0%	0.0%	0.0%	0.0%	0.0%	0.0%	0.0%
	IM　≥ 2,400	76.0%	17.0%	7.0%	0.0%	0.0%	0.0%	0.0%
	FM　≥ 2,300	73.0%	20.0%	7.0%	0.0%	0.0%	0.0%	0.0%
	その他　≥ 2,000	61.0%	26.0%	10.0%	3.0%	1.0%	0.0%	0.0%
(ⅱ) 学生	n.a.	7.5%	15.0%	35.0%	30.0%	10.0%	2.5%	0.0%

(a) フィールドでの実験

プレイヤーと典型的なイロレーティング		図表8.16(b)(ii)のターミナルノードへの到達頻度						
		a	b	c	d	e	f	g
(ⅰ) 学生 (P1) 対学生 (P2)	チェスプレイヤーの平均イロレーティングスコアは2,007	3.0%	16.5%	34.0%	30.0%	13.5%	2.5%	0.5%
(ⅱ) 学生 (P1) 対チェスのプロ (P2)		30.0%	36.5%	20.5%	9.0%	4.0%	0.0%	0.0%
(ⅲ) チェスのプロ (P1) 対学生 (P2)		37.5%	27.5%	19.5%	9.5%	6.0%	0.0%	0.0%
(ⅳ) チェスのプロ (P1) 対チェスのプロ (P2)		72.5%	17.5%	9.0%	1.0%	0.0%	0.0%	0.0%

(b) 実験室での実験

注）実験室での実験に参加したチェスプレイヤー(b)は、誰もタイトルをもたないプロであり、フィールドでの実験(a)より格下のプレイヤーが参加した。(b)において、P1 と P2 はプレイヤー 1 とプレイヤー 2 を意味し、P1 が先行者（**図表 8.16**）である。

者とした実験である。実験室で実験を行う理由は、プレイする相手を容易に変えられるためである。それにより、対戦相手がチェスプレイヤーか学生かの別での被験者の意思決定の変化を考察できる。

図表 8.17 は、実験で到達した各ターミナルノードの割合を示す。まずフィールドでの実験結果を見ると、部分ゲーム完全均衡と整合的で、チェスのプロプレイヤーは高い確率で最初のノードで終了を選択した。その割合は、チェスでのランクが高いほど大きい。つまり、プロは、部分ゲーム完全均衡に近い行動をとる可能性があるのだ。一方で、学生の行動はマケルビーとパルフリーの結果とほぼ同じで、最初の手番でゲームを終了する被験者は極めて少なかった。

次に、なぜチェスプレイヤーが早く終了を選択したのか要因を分析するために、実験室での結果を見てみる。図表 8.17 の(b)(i)と(b)(ii)、また(b)(iii)と(b)(iv)をそれぞれ比較するとわかるように、学生かチェスプレイヤーにかかわらず、相手が学生の場合に比べてチェスプレイヤーの場合には、被験者は高い頻度で最初の手番で終了を選んでいる。チェスプレイヤーは深い推論能力をもち、その特性を多くの人が共有知識として知っている。つまり、人は、相手の合理性に関する知識を基に行動を変えるとわかる。相手が合理的で終了を選ぶ確率が高いのであれば、自らも早い時期に終了を選んだ方が得策である。

なお、パラシオ-ヒュエルタとボリジの実験結果が、チェスプレイヤーの行動として一般化できるかどうかは疑義がある点を補足する。彼らの研究結果を再現する目的で、レビットら [Levitt *et al.*, 2010] は、米国で開かれたチェスの国際大会の現場でセンティピードゲーム実験を行ったが、彼らの人為的フィールド実験では、プロプレイヤーの行動が、マケルビーとパルフリーの実験で観測された学生サンプルの行動とあまり違わなかった。実験実施場所の違い、実験デザインやサンプルの若干の差異が影響した可能性はあるが、2 つの実験研究での行動の違いを説明することは難しい。レビットらは、プレイヤー同士の協力的調整や雰囲気がチェス大会では一般的に存在する点を指摘する。例えば、トーナメントの終盤にかけて引き分けることが両者にとってメリットがあるとき、チェスの対戦で引き分けになるように密かに共謀することがあるそうだ。結果の一般化に問題が生じ得る点は、経済実験の問題の一つであり、その場合には更なる実験を行い行動データを蓄積することが必要で、そうすることでより正確な行動特性を導くことができる。

9章

社会的選好

　これまで紹介した実験の多くで、現実の人々の行動と経済理論予測との間の乖離を見てきましたが、実験から検出された人々の行動を理論的に説明する試みが並行して行われています。本章では代表的な例として、利己的個人のモデルを修正する、いわゆる**社会的選好**（social preferences）のいくつかを学びます。社会的選好は、大雑把にいうと**他者に配慮する選好**（other-regarding preferences）です。具体的には、取引結果として生じる他のメンバーとの間の所得の不平等を嫌う選好（9.1 節）と、相手の意図（intention）により最適行動が変わる可能性を示す互恵的選好（9.2節）を取り上げます。

9.1　不平等を嫌う選好

　1 回きりの 2 人囚人のジレンマゲームでも、強支配戦略である裏切りではなく協力を選ぶ人がいる（5 章）。協力者を裏切り搾取したプレイヤーがいたとき、ジレンマに関係のない第三者でも、裏切者にコストをかけて罰則を科す人がいる（5 章）。1 回きりの複数人からなる公共財ゲームでも、強支配戦略の予測とは異なり、人は平均して約 30 〜 60 ％の財産を貢献する（6 章）。最後通牒ゲームで不平等な提案を受けた応答者の中には、正の金銭報酬を犠牲にしてでも提案を拒否する人がいる（8 章）。ディクテイターゲームでレシピエントに財産の一部を与える人もいる（8 章）。これらの行動に共通する点は、**（経済理論が想定する）利己的行動から逸脱しないと他のメンバーとの間で金銭報酬に不平等が生じる**点である。囚人のジレンマゲームや公共財ゲームで、皆がある程度協力するのに自分が協力しないと自分だけが高い利得を得ることになる。規範逸脱に直面した第三者は、逸脱者に罰則を科すことで自身、協力者、裏切者の間の利得を平準化できる。最後通牒ゲームで拒否を選べば、提案者と応答者の利得が共に 0 になり平等である。ディクテイターゲーム

でも、レシピエントに財産の一部の提供をしなければ、ディクテイターとレシピエントの金銭報酬の差が大きい。フェアとシュミット [Fehr & Schmidt, 1999] は、人々が他の人々との間における**所得の不平等を嫌う選好**（inequality-averse preference）をもち、また、その選好には個人差があると論じ、新しい効用関数の形を提案した。式 (9.1) は、2 人ゲームの場合のプレイヤー i の効用関数を表す。

$$U_i(\pi_i, \pi_j) = \pi_i - \alpha_i \max\{\pi_j - \pi_i, 0\} - \beta_i \max\{\pi_i - \pi_j, 0\} \qquad (9.1)$$

ここで、π_i はプレイヤー i が獲得する金銭報酬で、効用が対戦相手 j の金銭報酬 π_j に依存するため、効用値を決める変数に π_j が含まれる。式 (9.1) の第 2 項と第 3 項は、不平等から被る負効用を示す（$\max\{A, B\}$ は A と B のうちで小さくない方の数値を指す）。0 以上の値 α_i、β_i は不平等を嫌う度合いを示し、個人ごとに異なり得るため、下付き添字 i で区別する。$\alpha_i \max\{\pi_j - \pi_i, 0\}$ は、相手の金銭報酬 π_j が自身のもの π_i より大きいときのみ正の値となり、その場合の負効用は $\alpha_i(\pi_j - \pi_i)$ であることを意味する。つまり、1 ユニットの報酬差ごとに率 α_i で負効用を被る。これを**不利な不平等の回避**（disadvantageous inequality aversion）、または**後れを回避する選好**（behindness aversion）と呼ぶ。一方で、$\beta_i \max\{\pi_i - \pi_j, 0\}$ は、自身の金銭報酬 π_i が相手のもの π_j より大きいときのみ正の値となり、負効用は $\beta_i(\pi_i - \pi_j)$ である。β_i は負効用を被る率である。つまり、自身と相手の金銭報酬差が大きいほど、負効用も大きい。これを、**有利な不平等の回避**（advantageous inequality aversion）または**先行するのを回避する選好**（aheadness aversion）と呼ぶ。

　フェアとシュミット [Fehr & Schmidt, 1999] のモデルは、不利な不平等の回避と有利な不平等の回避がなぜ発生するのかを明確にせず、金銭報酬の分布を基にして負効用が決まるという**結果ベースの選好**（outcome-based preference model）である。不利な不平等の回避には羨望、恥などの社会的効果が影響しているかもしれないし、有利な不平等の回避には罪悪感、同情などの心理的作用が影響しているかもしれない。フェアとシュミットは、自身のモデルを**不公平回避**（inequity aversion）と呼んだが、式 (9.1) の定式化が示すようにモデルは金銭報酬分布を基に定義していることを受け、本書ではこのモデルを**不平等回避**（inequality aversion）と呼ぶ。

　モデルの重要な前提の一つは、報酬差によりプレイヤーが被る利得損失が線形で一定の率 α_i、β_i で決まる点である。これは現実性を欠くかもしれないが、フェアとシュミットは、このモデルで実験室内実験の多くの結果を説明できると論じる。

　他の重要な前提は、α_i と β_i が次の 2 条件を満たす点である。

$$\beta_i \leq \alpha_i \qquad (9.2)$$
$$0 \leq \beta_i < 1 \qquad (9.3)$$

式 (9.2) は、自身が有利なため起こる不平等より、不利なため起こる不平等の方が、

心理的負効用が大きいことを意味する。心理学も含めた社会科学における実証・実験結果を受けての仮定である。式 (9.3) の条件のうち $\beta_i < 1$ は、プレイヤー i が相手 j より大きな金銭報酬を得ると不平等回避から負効用を被るが、その負効用の大きさは得られる金銭からの効用を上回れないことを意味する。$\pi_i > \pi_j$ の場合、プレイヤー i の効用関数は、$\pi_i - \beta_i(\pi_i - \pi_j) = (1 - \beta_i)\pi_i + \beta_i\pi_j$ となる。$\beta_i > 1$ の場合には、プレイヤー i は相手 j と同じ金銭報酬になるように $\pi_i - \pi_j$ の金額を捨てた方が効用は高まることを意味するが、これは非現実的である。なお、式 (9.3) では $0 \leq \beta_i$ も条件に含んでいる。$0 > \beta_i$ であることは、得る報酬が相手より高ければ高いほど報酬差に基づき高い心理的な効用を得ることを意味するが、フェアとシュミットは、その可能性を排除した。なお、現実には、報酬が他の人より高ければ高いほど心理的効用が高くなる人が存在するかもしれないため、$0 \leq \beta_i$ の仮定は若干現実性に欠ける[*1]。

式 (9.2)、(9.3) の条件は**図表 9.1** で表される。プレイヤー i の効用（縦軸）は、相手の金銭報酬（横軸）に依存する。両者の金銭報酬が同じ（$\pi_i = \pi_j$）でない限り、報酬差に応じた負効用を被る。不利な不平等からの損失は有利な不平等からの損失より嫌われるため（式 (9.2)）、傾きの絶対値が、$\pi_i > \pi_j$ より $\pi_i < \pi_j$ で大きい。

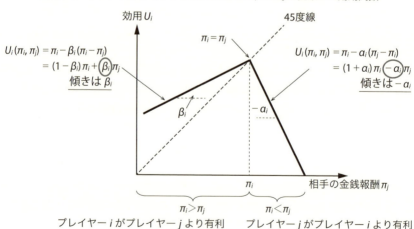

図表 9.1 フェアとシュミット [Fehr & Schmidt, 1999] が提案した効用関数

[*1] 例えば、ボウルズとギンタス [Bowles & Gintis, 2005] は、相手より有利に立つとプライド（pride）など正の社会的効果（social effects）をもつ人がいると論じる。

フェアとシュミット [Fehr & Schmidt, 1999] は、式 (9.4) のように、モデルを 3 人以上の N 人のケースに一般化した。

$$U_i(\pi_i, \pi_{-i}) = \pi_i - \frac{\alpha_i}{N-1} \sum_{\text{all } j \ne i} \max\{\pi_j - \pi_i, 0\} - \frac{\beta_i}{N-1} \sum_{\text{all } j \ne i} \max\{\pi_i - \pi_j, 0\} \quad (9.4)$$

ここで、$\pi_{-i} = (\pi_1, \pi_2, \cdots, \pi_{i-1}, \pi_{i+1}, \cdots, \pi_N)$、つまり π_{-i} はプレイヤー i 以外の $N-1$ 人の金銭報酬のリストである。プレイヤー i は、$N-1$ 人それぞれに対する不平等から生じる負効用を受ける。従って負効用を示す項は $N-1$ 人分の数があるが、式 (9.4) のように負効用全体を $N-1$ で割り、平均的な負効用で効用が影響を受けると仮定する。なお、この式で重要なポイントの一つは、プレイヤー i が被る不平等からの利得損失が、プレイヤー i と各プレイヤーとの間の報酬差のみに依存する点である。他のプレイヤー間の金銭報酬の不平等によってプレイヤー i が負効用を被ることはない。この前提を、フェアとシュミットは**自己中心的な不平等回避**（self-centered inequality aversion）と呼ぶ。現実には、自分と相手の違いに加え、自分以外の者同士の間での不平等に対しても同情など何らかの負効用を被る人がいるだろう。これは現実性を犠牲にした仮定であるが、単純化によりモデルをシンプルに保ち、高い適用可能性をもたせるのがフェアとシュミットの狙いである。

以下では例示として、**1** ではディクテイターゲーム、**2** では第三者による罰則、**3** では囚人のジレンマゲームにおける典型的な被験者の行動を、不平等回避モデルでどう説明できるか見てみる。

1 ディクテイターゲーム

実験でディクテイターが、財産として例えば 1,000 円を持ち、相手のレシピエントにいくら渡すかを決定するとしよう。ディクテイターゲームは戦略的状況でないため、ディクテイターの効用最大化のみから、ベストな選択を分析できる。ディクテイターが相手に x 円を渡す場合、ディクテイターは金銭報酬 π_i として $1{,}000 - x$ 円を受け取る。ディクテイターの効用は、自身とレシピエントの報酬情報を式 (9.1) に入力することで、式 (9.5) のように表せる。

$$U_i(1{,}000 - x, x)$$
$$= 1{,}000 - x - \alpha_i \max\{x - (1{,}000 - x), 0\} - \beta_i \max\{(1{,}000 - x) - x, 0\}$$
$$= 1{,}000 - x - \alpha_i \max\{2x - 1{,}000, 0\} - \beta_i \max\{1{,}000 - 2x, 0\} \quad (9.5)$$

この式から明確なように、$2x - 1{,}000 \ge 0$、つまり相手に半分以上渡す（$x \ge 500$）か否かで、ディクテイターが不利と有利のどちらの不平等から負効用を被るかが決まる。従って、効用を最大化する x を求めるには、x で場合分けして分析し、その

後でどの x が最適かを見る必要がある。

まず、$x \geq 500$ の場合、式 (9.5) は次のようになる。

$$1,000 - x - \alpha_i(2x - 1,000) = 1,000(1 + \alpha_i) - (1 + 2\alpha_i)x$$

$\alpha_i \geq 0$ であるため、x の係数は負である。これは、財産の半分の 500 円を超えて相手に渡すのは最適ではないことを意味する。相手に渡す額が 500 円を超えると、自身より相手が多くの金額を持つ。この状況で渡す額をさらに増やすと、自身の金銭が減少すると共に、不利な不平等からの心理的損失も増加する。従って、ディクテイターは、自身の不平等を嫌う度合いによらず、x を下げる誘因をもつ。

次に、$x \leq 500$ の場合、有利な不平等が発生する。式 (9.5) は次のようになる。

$$1,000 - x - \beta_i(1,000 - 2x) = 1,000(1 - \beta_i) + (2\beta_i - 1)x$$

この式から、ディクテイターの選択は β_i によって異なるとわかる。まず、$\beta_i > 0.5$ を満たすほどに有利な不平等からの心理的損失が大きければ、x を増やすほどディクテイターの効用が増加する。例で見るとわかりやすい。1 円レシピエントに与えれば、ディクテイターは 1 円の金銭損失を負う。一方で、両者の金銭報酬差は 2 円縮まるため、有利な不平等からディクテイターが被る負効用は（1 より大きい）$2 \times \beta_i$ だけ改善する。従ってレシピエントに財産の一部を与える動機をもつが、x は 500 円を超えない。$x > 500$ では不利な不平等が生じてしまう。

次に、ディクテイターが $\beta_i < 0.5$ を満たすほどに有利な不平等を回避する性向が小さければ、ディクテイターはレシピエントに 1 円も渡さない。この場合は $1 > 2\beta_i$ であり、不平等改善からの心理的効用が金銭的損失を上回ることはない。

図表 9.2 に分析結果をまとめた。ディクテイターの β_i が $\beta_i > 0.5$ であれば、有利な不平等を改善するためにレシピエントに $x = 500$ 円まで渡すが、不利な不平等が

図表 9.2　不平等を嫌うディクテイターの行動

	$x \leq 500$（ディクテイターにとって有利な不平等）	$x \geq 500$（ディクテイターにとって不利な不平等）	解：最適行動
$\beta_i > 0.5$	相手に 1 円与えると $2\beta_i - 1$ だけ効用が改善。財産の半分をレシピエントに与えるのが最適。	$x > 500$ ではディクテイターは不利な不平等をもつ。相手に 1 円与えると $1 + 2\alpha_i$ だけ効用が減少。できるだけレシピエントに与えず不利がないのが最適。$x \geq 500$ の中では $x = 500$ が最適。	$x = 500$
$\beta_i < 0.5$	相手に 1 円与えると $1 - 2\beta_i$ だけ効用が減少。できるだけレシピエントに与えないのが最適。		$x = 0$

注）$\beta_i = 0.5$ の場合は、0 から 500 までの間の x が全て最適である。このとき $2\beta_i = 1$ であるため、相手に 1 円を与える行為と与えない行為は無差別である。

発生しないようにそれ以上は渡さない。一方で、$\beta_i < 0.5$ であるディクテイターは不平等を強くは気にしないため、1円もレシピエントに渡さない。まとめると、フェアとシュミット [Fehr & Schmidt, 1999] のモデルでは、選好パラメータの異質性を許容するため、利己的、非利己的それぞれのディクテイターの行動が説明可能なのである。なお、式 (9.1) では不平等に伴う負効用の大きさが金銭報酬差に線形で決まると仮定するが、非線形の関数を使えば、財産の半分ではない額をレシピエントに渡す行動も説明できる。

2 第三者による罰則

　囚人のジレンマゲームをプレイする 2 人の行動を観測する第三者がいるとしよう。不平等を嫌う選好をもつ第三者は、ジレンマをプレイする人にどう罰則を科すだろうか？　第三者はジレンマとは直接的利害がない者であるため、前項で扱ったディクテイターの分析と同様、第三者の効用最大化のみから罰則行動を考察できる。この設定では関係者が 3 人いるため、不平等を嫌う選好の一般的なバージョンである式 (9.4) を用いる。

　具体例として、フェアとフィッシュバッハ [Fehr & Fischbacher, 2004] の利得表で分析しよう。囚人のジレンマゲームは**図表 5.6** (a) で示され、第三者が結果を観測する。第三者は 40 の初期財産を持ち、各メンバーに 10 罰則ポイントまで割り振ることができる。1 罰則ポイントを科すごとに第三者は 1 の費用を支払う必要があるが、科された側の金銭報酬が 3 減少する。第三者は協力者を裏切りで搾取したプレイヤーに強い罰則を科す傾向にあると 5.2 節 **2** で説明した。フェアとシュミット [Fehr & Schmidt, 1999] のモデルで、(裏切り, 協力) を観測した第三者（プレイヤー 3）の罰則行動を考察しよう。この状況では、裏切者（プレイヤー 1）に対する罰則ポイントを x、協力者（プレイヤー 2）に対する罰則ポイントを y と書けば、各プレイヤーの金銭的利得は**図表 9.3** でまとめられる。

図表 9.3　囚人のジレンマと第三者による罰則

		プレイヤー 2	
		C（協力）	D（裏切り）
プレイヤー 1	C（協力）	45, 45	15, 55
	D（裏切り）	**55 − 3x, 15 − 3y**	25, 25

プレイヤー 3

(D, C) の結果を観測し、裏切者に x、協力者に y の罰則ポイントを科す場合、プレイヤー 3 の利得は **40 − x − y** である。

まず、計算するまでもなく、第三者は協力者に罰則を科さない ($y = 0$) といえる。その理由は協力者と第三者の間の金銭報酬の差である。罰則を科すと第三者はその分の金銭損失を被る。それに加えて、罰則を科す以前から協力者は金銭報酬が遥かに低い (15＜40) ため、罰則を科すと第三者と協力者の間の金銭報酬差がさらに広がり、有利な不平等からの負効用が増加する。いい換えると、協力者への罰則は第三者の効用を確実に下げることになる。

一方で、裏切りに対する罰則は若干複雑である。裏切者の金銭報酬 π_1 ($= 55 - 3x$)、協力者の金銭報酬 π_2 ($= 15$)、第三者の金銭報酬 π_3 ($= 40 - x$) を、式 (9.6) のように、式 (9.4) に代入して第三者の効用を考える必要がある。なお、仮に第三者が裏切者に罰則を科すとしても、それは7.5罰則ポイントまでである。$x = 7.5$ のときに第三者と裏切者の利得は同じ値32.5となる。7.5を超えて罰則ポイントを科すと、第三者は罰則ポイント分のコストを負う一方で、不平等からの負効用が改善しない（この場合に第三者は、有利な不平等からの負効用を協力者と裏切者双方から受ける。7.5より大きい罰則は、それにより第三者にとって協力者との間の利得差を縮小できるが、改善した以上の大きさの負効用が裏切者との間に新たに生まれることになる）。まとめると、$x \leq 7.5$、$\pi_1 \geq \pi_3$ が自明に成り立つ。

$$U_3(\pi_3, (\pi_1, \pi_2)) = \pi_3 - \frac{\alpha_3}{2} \sum_{j=1}^{2} \max\{\pi_j - \pi_3, 0\} - \frac{\beta_3}{2} \sum_{j=1}^{2} \max\{\pi_3 - \pi_j, 0\}$$

$$= \pi_3 - \underbrace{\frac{\alpha_3}{2} \max\{\pi_1 - \pi_3, 0\}}_{\text{①裏切者との金銭報酬差からの負効用}} - \underbrace{\frac{\beta_3}{2}(\pi_3 - \pi_2)}_{\text{②協力者との金銭報酬差からの負効用}} \tag{9.6}$$

2つ目の等号は、$x \leq 7.5$、つまり協力を選んだプレイヤー2が常に第三者より低い金銭報酬の15を得るためであり、②項のように、プレイヤー2との間では常に有利な不平等からの負効用を第三者は被る。一方で、第三者にとって裏切りを選んだプレイヤー1との間で発生し得るのは不利な不平等からの負効用である。

第三者は式 (9.6) を最大にするように、裏切者に科す罰則ポイントの大きさ x を決定する。計算によると、第三者が $\alpha_3 + 0.5\beta_3 > 1$ を満たすほどに不平等を強く嫌う選好をもっていれば、裏切者に罰則を科す。導出は示唆が少ない単純な計算であるため、詳細を本章付録に譲り、以下、直感的に条件式を議論する。なお、1罰則ポイントを裏切者に科すには、第三者は1の費用を支払う必要がある。それが条件式 $\alpha_3 + 0.5\beta_3 > 1$ の右辺の「1」である。

罰則は2つの意味で不平等からの負効用を改善する。1つ目はプレイヤー1との関係である。プレイヤー1は、罰則を受けなければ55という第三者より大きな報

酬を獲得する。1罰則ポイントを受けると、受けた側は3の金銭報酬の減少を経験するため、金銭報酬差が2縮まる。第三者にとって不利な不平等改善に伴う効果は、式 (9.6) の①項の通り、$(\alpha_3/2)(3-1)=\alpha_3$ である。2つ目はプレイヤー2との関係である。第三者は罰則コストのため金銭報酬を1下げるので、プレイヤー2との報酬差が1縮まる。式 (9.6) の②項が示すように有利な不平等からの負効用が $\beta_3/2$ だけ改善する。つまり、不平等改善に伴う負効用減少の便益の合計である $\alpha_3+0.5\beta_3$ がコストの1を超えるだけの強い不平等を嫌う選好をもっていれば、第三者は罰則を科すのである。逆に、α_3 と β_3 が条件式 $\alpha_3+0.5\beta_3>1$ を満たさないほど小さければ、第三者は罰則を科さない。つまり、罰則選好に個人差があることも、2つのパラメータ α_3、β_3 でうまく説明できる。

3 囚人のジレンマゲーム

最後に戦略的状況の例として、2人囚人のジレンマゲームを取り上げる。どの利得表に対しても同じ手続きで考察できるため、本項では前項で扱ったフェアとフィッシュバッハ [Fehr & Fischbacher, 2004] と同じ利得表（**図表 5.6** (a)）を使用する。以下、場合分けして考える必要がある。

- (協力, 協力) が実現するとき、プレイヤー間で不平等は発生しない。各プレイヤーの効用は、金銭報酬と同じ 45 である。
- (裏切り, 裏切り) が実現するとき、プレイヤー間で不平等は発生しない。各プレイヤーの効用は、金銭報酬と同じ 25 である。
- (裏切り, 協力)、または (協力, 裏切り) が実現するとき、プレイヤー間で金銭報酬に関する不平等が発生する。金銭報酬差は $55-15=40$ である。協力を選択したプレイヤーは、相手に対して不利な不平等の状態 ($15<55$) にある。従って率 α_i で被る負効用を考慮した協力者の効用は $15-40\alpha_i$ である。一方で裏切りを選択したプレイヤーは、相手に対して有利な不平等の状態にある。率 β_i で被る負効用を考慮した裏切者の効用は $55-40\beta_i$ である。

以上の考察は**図表 9.4** でまとめられる。プレイヤー i の利得は、自身の選択（裏切りか協力か）と共に、相手の戦略に依存して決まる。金銭報酬及び非金銭的負効用の両方を考慮してナッシュ均衡を計算しよう。まず、不平等を嫌う選好の強さにかかわらず、(裏切り, 裏切り) はナッシュ均衡である。相手が裏切りを選択する場合、プレイヤー i の利得は、裏切りを選択すると 25、協力を選ぶと $15-40\alpha_i$ である。α_i は非負のため、$15-40\alpha_i<25$ が常に成り立つ。

図表 9.4　不平等を嫌う選好と囚人のジレンマでの協力選択

		プレイヤー i の利得		プレイヤー i が協力を選択する条件
		C（協力）を選択	D（裏切り）を選択	
相手の戦略	C	45	$55 - \beta_i(55 - 15)$	$45 > 55 - \beta_i(55 - 15)$ つまり $\beta_i > 0.25$ である。
	D	$15 - \alpha_i(55 - 15)$	25	存在しない。α_i が非負のため、常に $15 - \alpha_i(55 - 15) < 25$ が成り立つ。

　次に、2 人が共に $\beta_i > 0.25$ であれば、(協力, 協力) もナッシュ均衡である。相手が協力を選択する場合、プレイヤー i も協力を選択すれば 45 の利得、裏切れば 55 $- 40\beta_i$ の利得を得る。$\beta_i > 0.25$ であれば、$45 > 55 - 40\beta_i$ が成り立つ。つまり、人が有利な不平等を十分強く嫌えば、戦略的状況は相互協力と相互裏切りの両方がナッシュ均衡である協調問題なのである。5.2 節では、囚人のジレンマゲームで協力を選択する人が多数いると学んだ。被験者が不平等を嫌う強い選好をもち、マッチした相手が協力を選択すると予想してゲームに臨んだ場合、被験者は裏切りではなく協力を選択し、有利な不平等を回避しようと試みる、とモデルは説明する。

9.2　互恵性

　取引結果をベースに非利己的選好を定式化するアプローチの例が不平等を嫌う選好モデルであるが、それとは別のアプローチに基づく、**意図に基づく選好モデル**（intention-based preference model）がある。これは、結果ではなく、信念（belief）を用いて互恵性（reciprocity）を明示的に組み入れて行う選好のモデル化である。このモデルでは、仮に取引結果が同じでも、プレイヤーにとっては、相手の意図（善意、敵意）により効用が影響を受ける。例えば、最後通牒ゲームで不平等な割り振り提案を受けた応答者は拒否を選択するかもしれないが、同じ割り振りが経済状況など偶然の結果生まれたものであれば、応答者は受諾するかもしれない。結果の違いは、応答者への不公平な扱いという提案者からの意図が介在するか否かである。別の例で公共財ゲームでの行動が挙げられる。他のメンバーが貢献するなら自身も貢献で応える行動特性を 6 章で学んだが、これは善意に対する善意での対応で

ある。意図に基づくモデルの代表例として、本節ではラビン [Rabin, 1993] により開発された**互恵的選好モデル**（reciprocal preference）を学ぶ。このモデルは 2 人同時手番ゲームに適用するためのものである。

互恵性（reciprocity）とは、相手が善意をもって接する場合には善意で応え、一方で相手が敵意をもって接する場合には敵意で応えるという人の行動特性を指す。ラビン [Rabin, 1993] は、プレイヤー i の効用が、**自身の行為** a_i、**マッチした相手プレイヤー** j **の戦略選択に関するプレイヤー** i **の信念** b_j、「**プレイヤー** i **の戦略選択に対して相手** j **がもつ信念**」**に対するプレイヤー** i **の予想（信念）** c_i の 3 つに依存すると想定し、式 (9.7) で示す定式化を行った。

$$U_i(a_i, b_j, c_i) = \pi_i(a_i, b_j) + \gamma_i \cdot \tilde{f}_j(b_j, c_i) \cdot [1 + f_i(a_i, b_j)] \tag{9.7}$$

つまり、効用が信念に基づく主観的なものという定式化だ。式そのものは繁雑であるが、直感的な解釈が可能である。式 (9.7) の右辺第 1 項の $\pi_i(a_i, b_j)$ は、プレイヤー i の予想する取引結果 (a_i, b_j) からの金銭的利得である。相手 j が選択する戦略に関する予想 b_j と自身の行為 a_i を利得表に当てはめて計算できる。式 (9.7) の右辺第 2 項は、非金銭的効用である。γ_i は正の値をとり（$\gamma_i > 0$）、i にとっての（金銭報酬に対する）非金銭的効用の相対的な重要度を示す。γ_i が大きいほど、プレイヤー i は互恵性など非金銭的要素を強く重視する。式 (9.7) の右辺第 2 項は γ_i に 2 つの要素を掛けたものであるが、これを展開すると式 (9.8) のようになる。

$$\gamma_i \cdot \tilde{f}_j(b_j, c_i) \cdot [1 + f_i(a_i, b_j)] = \underbrace{\gamma_i \cdot \tilde{f}_j(b_j, c_i)}_{\substack{j\text{の優しさそのものが}\\ i\text{の効用に影響}}} + \underbrace{\gamma_i \cdot \tilde{f}_j(b_j, c_i) \cdot f_i(a_i, b_j)}_{\substack{\text{互恵性による}\\ \text{非金銭的効用}}} \tag{9.8}$$

式 (9.8) の $\tilde{f}_j(b_j, c_i)$ は、プレイヤー i が感じ取る相手 j の優しさ（perceived kindness of player j to i）を示し、b_j と c_i の関数である。ラビンは、$\tilde{f}_j$ が正であれば i は j に善意があると感じ、負であれば i は j が敵意をもつと感じると解釈ができるように $\tilde{f}_j$ を定義した（詳細を以下で説明）。つまり、プレイヤーの効用は、**相手の優しさ自体から影響を受ける**という考えだ。

式 (9.8) の右辺第 2 項の $\gamma_i \cdot \tilde{f}_j(b_j, c_i) \cdot f_i(a_i, b_j)$ は、互恵的効用である。$f_i(a_i, b_j)$ は、プレイヤー i が相手 j にどの程度優しいかを示し、a_i と b_j の関数である。f_i は、i が j に対して善意があれば正の値をとり、冷酷であれば負の値をとる。$f_i(a_i, b_j)$ を**優しさ関数**（kindness function）、$\tilde{f}_j(b_j, c_i)$ を**感じ取る優しさ関数**（perceived kindness function）と呼ぶ。式 (9.8) の右辺第 2 項の意味は、プレイヤー i が相手 j に善意があると信じている場合（$\tilde{f}_j > 0$）、i 自身も j に善意をもって応える（$f_i > 0$）と正の互恵的効用を享受し、一方でプレイヤー i が相手 j が敵意をもっていると信じてい

る場合（$\tilde{f}_j < 0$）は、i も j に敵意をもって応じる（$f_i < 0$）と正の互恵的効用を享受するということである。

具体的に、優しさ関数 $f_i(a_i, b_j)$ は、式 (9.9) で定義される。

$$f_i(a_i, b_j) = \frac{\pi_j(b_j, a_i) - \pi_j^e(b_j)}{\pi_j^{\max}(b_j) - \pi_j^{\min}(b_j)} \tag{9.9}$$

つまり、プレイヤー i の相手 j に対する優しさの度合い f_i は、i が予想する j の金銭報酬で定義する。i は j が戦略 b_j をとると予想する場合、j が受け取ると i が予想する報酬は i の戦略 a_i に依存し、その報酬が分子にある $\pi_j(b_j, a_i)$ である。

式 (9.9) の分母の $\pi_j^{\max}(b_j)$ と $\pi_j^{\min}(b_j)$ はそれぞれ、プレイヤー j が受け取る報酬として i が予想する最大値と最小値である。当然ながら、$\pi_j(b_j, a_i)$ は、その最大値と最小値の間の値（最大・最小値も含む）である。式 (9.9) の分母の $\pi_j^{\max}(b_j) - \pi_j^{\min}(b_j)$ は、プレイヤー j が受け取る金銭報酬の幅を示す。

分子にある $\pi_j^e(b_j)$ は、j が受け取る**公平的利得**（equitable payoff）とラビン [Rabin, 1993] が呼ぶ金銭報酬であり、式 (9.10) で定義した[*2]。つまり、得られる報酬の範囲で、ちょうど真ん中の額を j が受け取る場合が公平であるとラビンは考えた。

$$\pi_j^e(b_j) = \frac{\pi_j^{\max}(b_j) + \pi_j^{\min}(b_j)}{2} \tag{9.10}$$

式 (9.9) の分子の式から自明なように、f_i の符号は分子で決まる。i が j に対して善意をもつか否かは、j が公平的利得より大きな金銭報酬を得るように i が戦略を選ぶか否かによるという想定である。

全く同様のロジックで、感じ取る優しさ関数が式 (9.11) と式 (9.12) で定義できる。違いは、プレイヤー i が信じる相手 j の視点で定式化する点である。つまり、相手 j がプレイヤー i に対して優しいか否かは、i が選択すると j が予想する戦略 c_i に対して、i が受け取る公平的利得よりも高い金銭報酬を i が受け取れるように j が行動すると i が信じているかどうかで決まる。

$$\tilde{f}_j(b_j, c_i) = \frac{\pi_i(c_i, b_j) - \pi_i^e(c_i)}{\pi_i^{\max}(c_i) - \pi_i^{\min}(c_i)} \tag{9.11}$$

$$\pi_i^e(c_i) = \frac{\pi_i^{\max}(c_i) + \pi_i^{\min}(c_i)}{2} \tag{9.12}$$

[*2] 厳密には、π_j^e は、$\pi_j^{\max}(b_j)$ と利得支配される利得を除いた集合の中の最小利得 $\pi_j^l(b_j)$ の平均とラビンは定義した。しかし、2 人囚人のジレンマゲームでは $\pi_j^{\min}$ と π_j^l は同じであるため、本書では厳密性を犠牲にして単に式 (9.10) と記載した。式 (9.12) も同様である。

2 次の信念も絡み議論は非常に複雑であるが、事例を用いればモデル構築のロジックが明確になる。以下では、2 人囚人のジレンマゲームを利用してラビン [Rabin, 1993] の互恵的選好モデルを学ぼう。囚人のジレンマゲームの利得表として、9.1 節に引き続き**図表 9.5**(c)(i)で示されるフェアとフィッシュバッハ [Fehr & Fischbacher, 2004] のものを用いる。

モデル適用に当たっては、まず公平的利得を計算し、それを基に、感じ取る優しさ関数 $\tilde{f}_j$（相手の優しさに対する信念）と優しさ関数 f_i（自身の優しさ）の値を計算する必要がある。その値を用いれば、非利己的効用である $\gamma_i \cdot \tilde{f}_j(b_j, c_i) \cdot [1 + f_i(a_i, b_j)]$ の値が計算できる。均衡計算には信念に関する仮定が必要であるが、ラビンは相手の行動に対する信念が正しいという式 (9.13) の条件を課す。つまり、「プレイヤー 1 が選択する」とプレイヤー 2 が予想する戦略 b_1 が、その通りに実現する（$b_1 = a_1$）。また、「プレイヤー 1 が選択するとプレイヤー 2 が予想する戦略」に関するプレイヤー 1 の予測 c_1 も正しい（$c_1 = a_1$）という仮定である。$a_2 = b_2 = c_2$ も同様の解釈である[*3]。つまり、「プレイヤー 2 が選択する」とプレイヤー 1 が予想する戦略 b_2 が、その通りに実現する（$b_2 = a_2$）。そして、「プレイヤー 2 が選択するとプレイヤー 1 が予想する戦略」に関するプレイヤー 2 の予測 c_2 も正しい（$c_2 = a_2$）。式 (9.13) を課して計算される均衡を、ラビン [Rabin, 1993] は**公平均衡**（fairness equilibrium）と呼ぶ。

$$a_1 = b_1 = c_1, \quad a_2 = b_2 = c_2 \tag{9.13}$$

図表 9.5 に具体的な計算を示す。(a)は、プレイヤー i が協力を選択するケースである。この場合にプレイヤー i が得る金銭報酬は、相手 j の戦略選択に依存し 45 か 15 のいずれかであり、i の公平的利得 π_i^e は $30(= (45 + 15)/2)$ と計算される。従って、j が協力を選ぶことは善意ある（kind）行為であり、j が協力を選べば、i は 30 より大きな 45 の金銭報酬を獲得し、$\tilde{f}_j > 0$ と計算される。逆に j が裏切りを選ぶことは冷酷な（unkind）行為であり、裏切りを選ぶと i は 15 の金銭報酬を獲得し、$\tilde{f}_j < 0$ と計算される。

同様に、プレイヤー i が相手 j にとって優しいか否かも、公平的利得を基に判断する。まず、相手 j は協力を選択するとプレイヤー i が予想している場合（$b_j = C$）を考えよう。この場合、j が受け取る可能性のある金銭報酬は 45 か 15 であることから、i が想定する j の公平的利得は $30(= (45 + 15)/2)$ である。従って善意ある行

[*3] この信念の仮定には一理ある。多くの経済取引（ゲーム）は繰り返される。取引が繰り返されると、経済主体の行動がどれかの均衡に収束していくが、徐々に、各経済主体は他の経済主体の行動を現実に即して正しく予測していくと想定できる。

図表 9.5 互恵的選好と囚人のジレンマゲームでの協力選択

		$\pi_i(a_i, b_j)$	$\tilde{f}_j(b_j, c_i)$[#1]	$f_i(a_i, b_j)$[#2]	i の効用：$U_i(a_i, b_j, c_i)$
相手 j の戦略選択に対する信念 b_j	C	45	i の利得は 45 か 15 $\tilde{f}_j = \dfrac{45 - 30}{45 - 15} = \dfrac{1}{2}$ j は i に優しい	j の利得は 45 か 15 $f_i = \dfrac{45 - 30}{45 - 15} = \dfrac{1}{2}$ i は j に優しい	$45 + \gamma_i \cdot \dfrac{1}{2} \cdot \left(1 + \dfrac{1}{2}\right)$ $= 45 + \dfrac{3}{4}\gamma_i$
	D	15	i の利得は 45 か 15 $\tilde{f}_j = \dfrac{15 - 30}{45 - 15} = -\dfrac{1}{2}$ j は i に冷酷	j の利得は 55 か 25 $f_i = \dfrac{55 - 40}{55 - 25} = \dfrac{1}{2}$ i は j に優しい	$15 + \gamma_i \cdot \left(-\dfrac{1}{2}\right) \cdot \left(1 + \dfrac{1}{2}\right)$ $= 15 - \dfrac{3}{4}\gamma_i$

(a) プレイヤー i が協力を選択する場合 ($a_i = $ C) の利得

		$\pi_i(a_i, b_j)$	$\tilde{f}_j(b_j, c_i)$[#1]	$f_i(a_i, b_j)$[#2]	i の効用：$U_i(a_i, b_j, c_i)$
相手 j の戦略選択に対する信念 b_j	C	55	i の利得は 55 か 25 $\tilde{f}_j = \dfrac{55 - 40}{55 - 25} = \dfrac{1}{2}$ j は i に優しい	j の利得は 45 か 15 $f_i = \dfrac{15 - 30}{45 - 15} = -\dfrac{1}{2}$ i は j に冷酷	$55 + \gamma_i \cdot \dfrac{1}{2} \cdot \left(1 - \dfrac{1}{2}\right)$ $= 55 + \dfrac{1}{4}\gamma_i$
	D	25	i の利得は 55 か 25 $\tilde{f}_j = \dfrac{25 - 40}{55 - 25} = -\dfrac{1}{2}$ j は i に冷酷	j の利得は 55 か 25 $f_i = \dfrac{25 - 40}{55 - 25} = -\dfrac{1}{2}$ i は j に冷酷	$25 + \gamma_i \cdot \left(-\dfrac{1}{2}\right) \cdot \left(1 - \dfrac{1}{2}\right)$ $= 25 - \dfrac{1}{4}\gamma_i$

(b) プレイヤー i が裏切りを選択する場合 ($a_i = $ D) の利得

プレイヤー 2

プレイヤー 1	C	D
C	45, 45	15, 55
D	55, 15	25, 25

(ⅰ) 金銭的利得

プレイヤー 2

プレイヤー 1	C	D
C	$45 + \dfrac{3}{4}\gamma_1,\ 45 + \dfrac{3}{4}\gamma_2$	$15 - \dfrac{3}{4}\gamma_1,\ 55 + \dfrac{1}{4}\gamma_2$
D	$55 + \dfrac{1}{4}\gamma_1,\ 15 - \dfrac{3}{4}\gamma_2$	$25 - \dfrac{1}{4}\gamma_1,\ 25 - \dfrac{1}{4}\gamma_2$

(ⅱ) ラビン [Rabin, 1993] のモデルに基づく利得

(c) 利得表

注）#1　公平的利得 π_i^e は、プレイヤー i の可能な金銭報酬の最大値と最小値の平均であり、(a)の場合で 30（= (45 + 15)/2）、(b)の場合で 40（= (55 + 25)/2）である。

　　#2　公平的利得 π_{ij}^e は、相手 j の可能な金銭報酬の最大値と最小値の平均であり、j が協力を選ぶ場合で 30（= (45 + 15)/2）、裏切りを選ぶ場合で 40（= (55 + 25)/2）である。

為は、i が協力を選ぶ行為である。協力は j に金銭報酬 45 をもたらす。一方で冷酷な行為は、i が裏切りを選ぶ行為である。裏切りを選ぶと、j の金銭報酬は 15 である。次に、相手 j は裏切りを選択するとプレイヤー i が予想している場合 (b_j = D) を考えよう。この場合には、j が受け取る可能性のある金銭報酬は 55 か 25 であり、i が考える j の公平的利得は 40 (= (55 + 25)/2) である。それに対して i が協力を選べば、j は 40 より大きな金銭報酬 55 を得るため、協力は善意ある行為である ($f_i > 0$)。一方で、裏切りを選べば j は 40 より小さな 25 の金銭報酬を得ることになるため、裏切りは冷酷な行為である ($f_i < 0$)。

図表 9.5 (a) の右端の列に、式 (9.7) に基づく効用を示す。プレイヤー i が相手 j は協力を選ぶと予想するときに i 自身も協力を選ぶと、45 + (3/4) γ_i という、正の互恵性から金銭報酬 45 より高い効用を享受できる。一方で、相手 j は裏切りを選ぶと i が予想しているにもかかわらず i 自身は協力を選ぶと、15 − (3/4) γ_i という負の互恵性のため金銭報酬 15 より低い効用を得ることになる。

全く同じ計算ステップを経て、**図表 9.5** (b) では、プレイヤー i が裏切りを選択するケースで、優しさ、感じ取る優しさと効用のそれぞれを計算した（詳細は省く）。**図表 9.5** (c)(ii) に、金銭報酬ではなく効用ベースでの利得表を示す。これによると、互恵的選好の強さにかかわらず、(裏切り, 裏切り) は公平均衡である[*4]。しかしながら、プレイヤー 1 と 2 が共に、$\gamma_1 > 20$ と $\gamma_2 > 20$ を満たすほど十分に強い互恵的選好をもっていれば、相手の協力に対し協力を選択することが最適反応となる[*5]。つまり、この条件下では、相互協力と相互裏切りが共に公平均衡である協調問題になる。このように互恵的選好モデルでは、(協力, 協力) が均衡として実現する可能性を説明できるのである。

なお、ラビンによる互恵的選好モデルは、ディクテイターゲームにおけるディクテイターからレシピエントへの正の送金行動や、第三者による規範逸脱者への罰則をうまく説明できない点を補足する。その理由は、ディクテイターゲームでは、レシピエントが何の意思決定事項ももたないためである。そのため、レシピエントか

[*4] プレイヤー 1 が裏切りを選ぶ際のプレイヤー 2 の最適反応を見てみる。プレイヤー 2 も裏切りを選ぶと利得 25 − (1/4)γ_2 を獲得する。この利得は、協力を選んだ場合の利得 15 − (3/4)γ_2 より常に大きい。つまり、プレイヤー 2 の最適反応は裏切りである。同様の考察をプレイヤー 1 に行うと、プレイヤー 1 もプレイヤー 2 の裏切りに対する最適反応は裏切りである。

[*5] プレイヤー 1 が協力を選択するときのプレイヤー 2 の最適反応を考察する。プレイヤー 2 も協力を選ぶと 45 + (3/4)γ_2、裏切りを選ぶと 55 + (1/4)γ_2 の利得をプレイヤー 2 は獲得する。つまり、45 + (3/4)$\gamma_2 > 55 + (1/4)\gamma_2$ が、プレイヤー 2 が協力を協力で応える条件である。45 + (3/4)$\gamma_2 > 55 + (1/4)\gamma_2$ を γ_2 で整理すると $\gamma_2 > 20$ が得られる。同様に、プレイヤー 2 が協力を選択する場合のプレイヤー 1 の最適反応戦略の分析から、45 + (3/4)$\gamma_1 > 55 + (1/4)\gamma_1$、つまり $\gamma_1 > 20$ が、プレイヤー 1 にとって協力が最適反応となる条件である。

232 ● 9章 社会的選好

らの意図は存在しない。9.1 節 **2** で議論した第三者による罰則についても、第三者はジレンマの直接当事者ではなく、囚人のジレンマゲームをプレイする人々から金銭的影響を受けない。プレイヤーにとって善意・悪意どちらも受けない意思決定環境では互恵性は働かず、純粋に金銭報酬を最大化しようとする。

9.3 その他

　フェアとシュミットによる不平等を嫌う選好とラビンによる互恵的選好の定式化以外にも様々な非利己的選好モデルが提案され、経済実験・行動事実を説明するために使用されている。本節では補足として、初期の古典的なモデルとして、ボルトンとオッケンフェルズ [Bolton & Ockenfels, 2000]、レビン [Levine, 1998] と、チャーネスとラビン [Charness & Rabin, 2002] による定式化をそれぞれ紹介する。

　まず、ボルトンとオッケンフェルズのモデル [Bolton & Ockenfels, 2000] は、フェアとシュミットのモデル [Fehr & Schmidt, 1999] と同様で、結果ベースの選好モデルである。彼らは、N 人からなるグループに属するプレイヤー i の効用が、自身の金銭報酬 π_i と、π_i の**グループ内での相対的な位置**（relative standing）により決まると提案し、式 (9.14) と式 (9.15) で効用を定義した。

$$U_i = U_i(\pi_i, \sigma_i) \qquad (9.14)$$

$$\sigma_i = \frac{\pi_i}{\sum_{j=1}^{N} \pi_j} \qquad (9.15)$$

　式 (9.15) で示す通り、**グループ内での報酬の相対的な大きさ**をもって、プレイヤー i の相対的な金銭位置を定式化した。メンバー全ての報酬が 0 の場合には $\sigma_i = 1/N$ とする。効用は式 (9.14) のように π_i と σ_i に依存するが、フェアとシュミットのモデルとは異なり、特定の式で制約を課さずに一般的な原理のみを提案した。

　ボルトンとオッケンフェルズの考えを用いれば、最後通牒ゲームやディクテイターゲームでの被験者の行動など、多くの実験環境での行動を説明できる。例えば、最後通牒ゲームで極めて不平等な提案を受けた応答者は、提案を拒否することで平等な報酬分布を達成できる（$\sigma_i = 1/2$）。拒否により犠牲にする金銭報酬が小さければ、応答者は拒否により非利己的効用を改善しようとすると解釈できる。ディクテイターゲームでディクテイターが財産の一部をレシピエントに渡す行為も、両者の間での金銭報酬を平準化する行為と解釈できる。

　一方でボルトンとオッケンフェルズのモデルは、社会的ジレンマでのピア・ツー・ピアの罰則（6 章）や、第三者による罰則（5 章）の行動を説明することは

できない。彼らのモデルでプレイヤー i の効用は π_i と σ_i で決まるが、例えば線形の罰則技術（6.5 節 **1**）の下での公共財ゲームで、自身は貢献したのにもかかわらずフリーライダーの存在のため低い金銭報酬に留まった被験者がいたとしよう。この被験者はピア・ツー・ピアの罰則により σ_i を改善しようとするかもしれないが、その場合、罰則対象が誰であっても構わない。協力者とフリーライダーのどちらに罰則を科すかにかかわらず、罰則が σ_i に与える影響は同じである。罰則コストの分だけ分子 π_i は減少するが、誰に罰則を科してもそれ以上に分母 $\sum_{j=1}^{N} \pi_j$ は同じように下がり、自身の相対的報酬の大きさが改善する。しかし、人は、貢献者ではなく、自身より貢献をしなかったフリーライダーに罰則を科す傾向にある（6 章）。第三者による罰則でも、理論と実際の行動との間で乖離がある。ボルトンとオッケンフェルズの効用をもつ第三者は、特定のプレイヤーの利得を減らすためにではなく、$\sum_{j=1}^{N} \pi_j$ を下げるために罰則を科すので、罰則は協力者、裏切者を問わずランダムになされると予測する。しかし、実験で第三者は、裏切りで協力者を搾取した規範逸脱者に集中して罰則を科す傾向にある（5 章）。

次に、レビン [Levine, 1998] は、**利他主義**（altruism）をもつ人もいれば、逆に**意地の悪さ**（spitefulness）をもつ人もいると論じ、**人の異質な特性**（type）を包含する形で互恵的選好を式 (9.16) の形で定式化した。ラビン [Rabin, 1993] の定式化とは異なり、同時手番、逐次手番を問わず、2 人以上のプレイヤー間の戦略的状況に適用できる、利便性の高い単純な効用関数である。

$$U_i = \pi_i + \sum_{\text{all } j \neq i} \frac{a_i + \lambda a_j}{1 + \lambda} \pi_j \tag{9.16}$$

式 (9.16) の π_i は、プレイヤー i が実験で獲得する金銭報酬である[6]。つまり、プレイヤーの効用 U_i が、自身の金銭報酬と他メンバーの金銭報酬の重み付け線形和で決まるという定式化であることがわかる。a_i はプレイヤー i が利他的か意地悪かのタイプを示す定数で、$-1 < a_i < 1$ である。タイプは人により異なる点を明示するために下付きで i を付ける。a_i が正の場合は利他的、0 の場合は利己的、負の場合は意地悪である。λ は $0 \leq \lambda \leq 1$ を満たす定数で、プレイヤーの互恵性を表す。式 (9.16) の右辺第 2 項 $\sum_{\text{all } j \neq i} \frac{a_i + \lambda a_j}{1 + \lambda} \pi_j$ は非利己的効用であり、自身 i 以外の全ての他プレイヤー j に対して合計することから、他のプレイヤーの数（$N - 1$ 人）分の項がある。プレイヤー i は、それぞれ他のメンバー j に対して、次の非利己的効用を

----

[6] 厳密には、レビン [Levine, 1998] は、π_i をゲームの結果として獲得する利得と定義したが、本書では経済実験データへの適用を想定し、単純化のため金銭報酬として議論する。

受ける。

$$\frac{a_i + \lambda a_j}{1 + \lambda} \pi_j = \frac{a_i}{1 + \lambda} \pi_j + \frac{\lambda a_j}{1 + \lambda} \pi_j$$

非利己的効用のうち、1つ目の項 $\frac{a_i}{1+\lambda} \pi_j$ は、自身 i のタイプに依存する効用である。i が利他的 $(a_i > 0)$ であれば $\frac{a_i}{1+\lambda} > 0$ である。つまり、他メンバー j が高い報酬 π_j を得ることを自分のことのように喜び、正の効用を自身 i も受ける。逆に自身 i が意地悪 $(a_i < 0)$ であれば $\frac{a_i}{1+\lambda} < 0$ である。つまり、他メンバー j が高い報酬を得ると憎く感じ、プレイヤー i は負の効用を被る。

2つ目の項 $\frac{\lambda a_j}{1+\lambda} \pi_j$ は互恵的選好である。他メンバー j が利他的 $(a_j > 0)$ であれば $\frac{\lambda a_j}{1+\lambda} > 0$ となり、他メンバー j が高い金額 π_j を得れば自身の効用も高くなる。いい換えると、自身 i は他メンバー j の獲得金額も考えて意思決定する。一方で、他メンバー j が意地悪 $(a_j < 0)$ であれば $\frac{\lambda a_j}{1+\lambda} < 0$ となり、負の互恵性から他メンバー j が低い金額を得れば自身 i は心理的に嬉しく、高い効用を享受する。いい換えると、自身 i は他メンバー j が高い金額を得られないように意思決定する。

例えば2人最後通牒ゲームで、提案者 j が、応答者 i の取り分が極端に低い不公平な提案をしたとしよう。応答者の効用は次の式で表される。

$$\pi_i + \frac{a_i + \lambda a_j}{1 + \lambda} \pi_j = \pi_i + \frac{a_i}{1 + \lambda} \pi_j + \frac{\lambda a_j}{1 + \lambda} \pi_j$$

意地悪な提案者 $(a_j < 0)$ に対しては $\frac{\lambda a_j}{1+\lambda} < 0$ となり、互恵性から提案者の報酬 π_j を下げるように意思決定する動機をもつ。λ が正の値をとり、かつ互恵性が十分強ければ、提案の拒否が効用最大化行動になり得る、とモデルは説明する。

最後に、チャーネスとラビン [Charness & Rabin, 2002] は、報酬分布を基にした結果ベースの選好モデルに、互恵性を組み入れる試みをした。一見するとレビン [Levine, 1998] による定式化と似ているが、異なる定式化である。彼らのモデルの欠点は複雑さである。彼ら自身も、「モデルの複雑さが故に、実験データをモデルに適用するのは有益ではなく、モデルは人の行動パターンを概念化するためのもの」（筆者訳）と認めている。しかし、アイデアは明確なため、簡単に彼らの考え

を本書で取り上げよう。まず、彼らのモデルの基本にあるのは結果ベースの選好であり、互恵性のないバージョンを式 (9.17) と式 (9.18) で定義した。

$$W(\pi_1, \pi_2, \cdots, \pi_N) = \delta \cdot \min\{\pi_1, \pi_2, \cdots, \pi_N\} + (1-\delta)\sum_{j=1}^{N}\pi_j \qquad (9.17)$$

$$U_i(\pi_1, \pi_2, \cdots, \pi_N) = (1-\mu)\cdot\pi_i + \mu\cdot W(\pi_1, \pi_2, \cdots, \pi_N) \qquad (9.18)$$

式 (9.17) は、N 人の間での戦略的状況におけるグループの評価に当たる社会的厚生関数（social welfare function）である。社会的厚生関数の値は、グループ全体の満足度の度合いを示す。**最も報酬の低いメンバーの厚生** $\min\{\pi_1, \pi_2, \cdots, \pi_N\}$ と、効率性、つまり**総余剰** $\sum_{j=1}^{N}\pi_j = \pi_1 + \pi_2 + \cdots + \pi_N$ の間のトレードオフで決まると仮定する。2 つの基準の重要度は 0 と 1 の間の値をとる δ で表される。$\delta = 1$ のときに社会的厚生は、最も厚生の低い人を最重要視するという、いわゆるロールズ型の基準になる[*7]。一方で $\delta = 0$ の場合は、功利主義的な基準である。プレイヤー i の効用は式 (9.18) のように、自身の報酬 π_i と社会的厚生 W の加重平均で決まると定義した。ウェイトの μ は 0 と 1 の間の数値をとり、両方の相対的重要度を示す。$\mu = 0$ の人は自身の報酬のみで行動が動機付けられる完全利己的な個人、$\mu = 1$ の人は社会的厚生のみを考慮する完全非利己的個人である。

　このフレームワークへの互恵性の組み入れ方は、<u>他プレイヤーが高い報酬を受け取る価値があるか否か</u>を示す変数を新たに導入することである。他プレイヤー j が不公平と自身 i が感じる場合、自身 i は他プレイヤー j にその価値がないと判断し、逆に他プレイヤー j が公平と感じる場合には j にその価値があると判断する。各プレイヤー i の他プレイヤー j に対する主観的価値をベースに式 (9.18) で計算される効用を最大化するように意思決定するという考えを用いて、主観的効用を基にナッシュ均衡を議論した。

> ### コラム 9.1 ◆ ナッジ
>
> 　2017 年にシカゴ大学のリチャード・セイラー（1945 〜）がノーベル経済学賞を受賞しました。セイラーは現実的な人の行動心理学的特性を経済的意思決定の分析に組み入れる試みで多大な貢献があります。限定合理性（bounded rationality）、社会的選好、セルフ・コントロール（自制）などの欠如がもたらす個人行動と、その結果としての市場レベルでの経済取引結果への影響を分析しました。例えば、金銭的な意思決

[*7] 政治哲学者ジョン・ロールズ（John Rawls）は、社会で最も低い効用をもつメンバーの効用水準で社会的厚生が決まると論じ、そのようなメンバーの厚生を最大化させる社会主義を説いた。

定をする際には、人は全体を見るのではなく、心の中で分類を作り、その中で狭い意思決定をするというメンタル・アカウンティング（mental accounting；心の会計）を議論しました。

セイラーは、アカデミアのみならず国などの政策担当機関や一般の人々にも積極的に情報発信をしました。*Journal of Economic Perspectives* でシリーズ *Anomalies* を執筆し行動経済学事実の紹介を行いました。長期的視野に立てず短期的誘惑に屈するセルフ・コントロールの問題を論じる際に、いわゆる「ナッジ」（nudge）を提案しました。ナッジは「肘でそっと突く」という意味の英単語であり、行動心理を活用し、人々の自由意思に影響を与えずに社会的に望ましい方向に行動を誘導する環境設定です。世界的ベストセラー "*Nudge: Improving Decisions about Health, Wealth, and Happiness*" をキャス・サンスティーンと公刊しました。

リチャード・セイラー
(Richard H. Thaler)
(© Nobel Media AB,
写真：A. Mahmoud)

日本でも政府、地方自治体、企業を含めナッジを推進する積極的試みがなされています。例えば京都市とNTTデータ経営研究所は、タクシーの違法駐車を削減する目的で、**図表 9.6** に示す道路側、歩道側にメッセージが見えるボードを設置する実証実験を 2022 年 2 月に行ったところ、1 日当たり違法停車時間が 88％減少しました。

図表 9.6　違法駐車を削減するナッジ実証実験（京都市、写真は京都市提供）

(a) 歩道側から見えるメッセージ　　　(b) 車道側から見えるメッセージ

付録　第三者による裏切者への罰則行動分析（9.1 節 **2**）の詳細

式 (9.6) に各プレイヤーの金銭報酬を代入すると、次のように計算される。

$$U_3(\pi_3, \pi_1, \pi_2) = 40 - x - \frac{\alpha_3}{2} \max\{15 - 2x, 0\} - \frac{\beta_3}{2} \max\{2x - 15, 0\} - \frac{\beta_3}{2}(25 - x)$$

そこで、$15 - 2x \geq 0$ $(2x - 15 \leq 0)$、すなわち $x \leq 7.5$ と、$15 - 2x < 0$ $(2x - 15 > 0)$、すなわち $x > 7.5$ の 2 つの場合に分けて考える。

・$x \leq 7.5$ の場合

第三者の効用 $U_3(\pi_3, \pi_1, \pi_2)$ は次のようになる。

$$U_3(\pi_3, \pi_1, \pi_2) = 40 - x - \frac{\alpha_3}{2}(15 - 2x) - \frac{\beta_3}{2}(25 - x)$$
$$= (\alpha_3 + 0.5\beta_3 - 1)x + 40 - 7.5\alpha_3 - 12.5\beta_3$$

従って、$\alpha_3 + 0.5\beta_3 > 1$ であれば、x が大きいほど第三者の利得が大きいため、第三者は $x = 7.5$ を選ぶ。一方で、$\alpha_3 + 0.5\beta_3 < 1$ であれば、x が小さいほど第三者の利得が大きい。つまり $x = 0$ が最適解である。

・$x > 7.5$ の場合

第三者の効用 $U_3(\pi_3, \pi_1, \pi_2)$ は次のようになる。

$$U_3(\pi_3, \pi_1, \pi_2) = 40 - x - \frac{\beta_3}{2}(2x - 15) - \frac{\beta_3}{2}(25 - x)$$
$$= -(1 + 0.5\beta_3)x + 40 - 5\beta_3$$

x の係数が負であることから、できるだけ小さな x を選ぶのが最適である。このことは、x が 7.5 より大きくならないことを意味する。

まとめると、第三者が $\alpha_3 + 0.5\beta_3 > 1$ を満たすほど不平等を嫌う選好を強くもっている場合に、第三者は裏切者に罰則を科すとわかる（一方、$\alpha_3 + 0.5\beta_3 < 1$ の場合は罰則を科さない）。

10章

労働経済学・組織の経済学への適用

　企業組織における雇用契約や労働行動に関する仮説の検証、そして組織内のインセンティブ付与の方法を比較する目的にも、経済実験が利用されてきました。労働者や企業行動を分析する実験の多くでは、被験者に**リアル・エフォートタスク**（real-effort task）と呼ぶ作業をさせ、パフォーマンスが報酬形態やインセンティブから受ける影響を計測することで仮説を検証します。そこで、10.1 節ではリアル・エフォートタスクのいくつかを紹介し、労働行動と金銭的インセンティブの関係を考察した実験事例を学びます。具体的には、報酬が自身の労働行為のみで決まる業績給のケースに焦点を当てます。一方で 10.2 節では、生産活動が複数人からなるチームで行われ、各人の報酬がチームの業績で決まる**チーム生産**を取り上げます。企業における生産活動は、個人と同様にチームで行われることも多いです。まず、アルキアンとデムセッツ [Alchian & Demsetz, 1972] による議論を基に、チーム生産で顕在化し得るモラル・ハザードと怠業の問題を論じます。その上で関連する実験事例をいくつか見ていきます。

　10.1 ～ 10.2 節では単純化のため、労働者の行動に特化した実験事例を議論しますが、10.3 節では、企業（雇用者）をモデルに導入し、雇用関係全体に分析を広げます。労働経済学や組織の経済学においては、企業と労働者の戦略的状況の分析に経済実験が最も頻繁に適用されてきました。その関係は厳密には、プリンシパル・エージェント理論でモデル化ができます。**プリンシパル**（principal）は目的をもった主体（例：利益最大化）であり、雇用関係では企業（雇用者）を指します。**エージェント**（agent）はプリンシパルの目的達成のために契約し代理で働く主体であり、雇用関係では労働者（被雇用者）です。雇用者と被雇用者の利害は一致しないことが通常であり、適切なインセンティブ付与が必要となります。雇用関係では、まず企業と労働者が雇用契約を結んだ上で、労働者が労働行為に携わります。10.3 節では、互恵性に基づく契約形態を議論したアカロフ [Akerlof, 1982] によるギフト・エクスチェンジ（ギフト交換）理論を簡単に学ぶとともに、ギフト・エクスチェンジに関する経済実験・行動事実を

学びます。10.4 節では、昇進などの職務階梯と労働者間の競争を扱うトーナメント理論と関連する実験事例を学びます。

10.1 リアル・エフォートタスク、金銭的インセンティブと労働

リアル・エフォートタスクとは、囚人のジレンマゲームなどのゲームとは異なり、被験者に物理的、もしくは心理的な負荷が強くかかる作業のことである。実験者によって作業時間が設定され、被験者はその間、与えられた作業を継続する。例えば次のタスクがよく使用される。

- 物理的疲労を伴うタスク：キーボードの特定のアルファベットをタイプするタスク、コンピューター画面上でマウスを操作して（例：カーソルを目的物に合わせドラッグして特定の位置に移動させる）スコアを獲得するタスク、折り紙で特定のものを折るタスクなど
- 心理的疲労を伴うタスク：掛け算、足し算、引き算などの計算タスク、迷路でゴールを探すタスク、コンピューター画面上で特定の数字や文字を探すタスク、特定の事柄をネットサーフィンして探すタスクなど
- 認知タスク：レーヴン漸進的マトリックス（3 章）、IQ テストなど

図表 10.1 に具体的なリアル・エフォートタスクの例を示す。(a)は、ダルボウら [Dal Bó *et al.*, 2024] の実験で使用されたタスクのコンピューター画面の例である。このタスクでは、被験者は足し算に 20 分間取り組む。各問題は 2 桁からなる 5 つの数字の足し算であり ((a)(i))、好きなだけ問題を解くことができる。休憩したい場合は、browse ボタンを押せばタスクが画面から消えインターネットブラウザー ((a)(ii)) が現れ、ネットサーフィンができる。また、work ボタンを押すことで作業画面にいつでも戻れる。(b)は、亀井とマークセン [Kamei & Markussen, 2023] が使用したタスクである。画面上に現れた 0 と 1 からなる表から 0 の個数を数えるタスク ((b)(i)) であり、30 分間、好きなだけ問題を解くことができる。休憩したい場合は Watch Video ボタンを押せば画面がビデオの画面に切り替わり、コメディ番組を鑑賞できる。被験者には、ヘッドセットが与えられている。鑑賞の途中でいつでも作業画面に戻りタスクに取り組むこともできる。

リアル・エフォートタスクの使用は、労働行動のモデル化が目的である。これまでの膨大な実験結果によると、適切に実験を設計し実施すればタスクは極めて有益である。重要なポイントは、人々のタスクでの生産量が報酬制度に敏感に反応する

図表 10.1　リアル・エフォートタスクの例

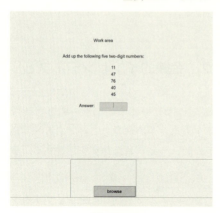

(ⅰ) 作業画面　　　　　　　　　　　(ⅱ) 休憩画面

(a) 足し算タスク：ダルボウら [Dal Bó *et al.*, 2024] が使用

(ⅰ) 作業画面　　　　　　　　　　　(ⅱ) 休憩画面

(b) 0 を数えるタスク：亀井とマークセン [Kamei & Markussen, 2023] が使用

注) (a)の実験は英国で、(b)の実験はデンマークで、それぞれ英語で行われた。

ように設計する点である。高いインセンティブ弾力性は、報酬制度や労働環境が労働者の行動に与える効果を計測するために必要である。**図表 10.2** は、**図表 10.1** (a)のタスクを用いて、固定給（20 分の作業で 8 英ポンド）と出来高給（正解 1 問当たり 25 英ペンス）のそれぞれで英国で実施したダルボウら [Dal Bó *et al.*, 2024] の実験における労働行動の結果を示す。20 分の作業の成果物であるタスク正解数

は、固定給のケースに比べて出来高給で約2倍であった。怠業を示すネットサーフィン時間は、固定給では1人当たり平均458秒、出来高給では平均7秒と、顕著な違いがあった。金銭的損得が労働行動に強く影響する特性は、スミスの価値誘導法における顕著性（1.2節**2**）など実験要件を満たす意味で不可欠であり、タスクの使用が労働者の行動に関する仮説を検証するのに適していることを意味する。

図表10.2 報酬制度とパフォーマンス：ダルボウら [Dal Bó *et al.*, 2024] の実験

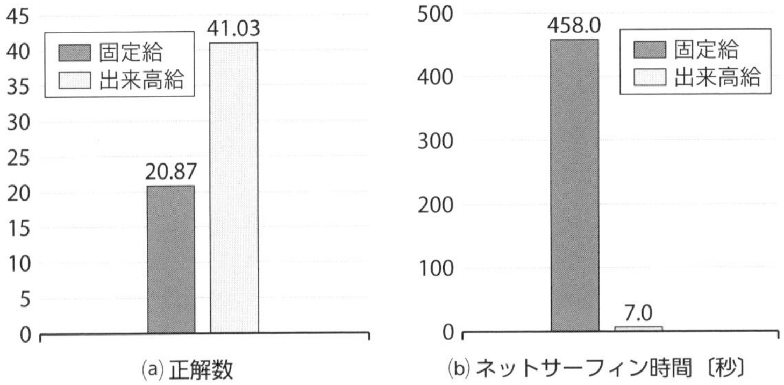

(a) 正解数　　(b) ネットサーフィン時間〔秒〕

注）図中の値は1人当たり平均の値。

　金銭的インセンティブは生産性に常に正の効果を生むのだろうか？　この問いはニーズィーとルースティーシーニ [Gneezy & Rustichini, 2000] によって研究され、効果が常に正とは限らないと論じられている。作業には何らかの楽しみがあり、達成感など自発的に働く**内発的動機付け**（intrinsic motivation）を人々はもつが、金銭対価の付与は作業の質を変え、内発的動機付けから、金銭的損得という**外発的動機付け**（extrinsic motivation）に人々の認識・捉え方を変える可能性がある。また、金銭的インセンティブの導入は、被験者（被雇用者）と実験者（雇用者）の間の契約関係における見方も変えるかもしれない。彼らは2種類の実験を実施した。1つ目は、GMAT（MBA留学に必要なテスト）の問題と似た問題で努力すれば答えを導ける難易度のものを50問、45分間にわたりイスラエルの大学生に解かせる実験である。正解1問当たりの報酬が0.0、0.1、1.0、3.0シェケル（NIS；イスラエルの通貨）の4種類のトリートメントを実施したところ、正解数がそれぞれ28.4問、23.07問、34.7問、34.1問であった。つまり、1.0シェケル、または3.0シェケルという十分に高い出来高給があれば強い正の出来高給の効果がある一方で、0.1シェケルという低い単価の付与は却ってパフォーマンスを悪化させるという結果である。

ニーズィーとルースティーシーニによる 2 つ目の実験は、高校生による募金活動を用いた自然フィールド実験である。高校生は 2 人 1 組になり家庭訪問で寄付を募った。基本報酬が一括で支払われるが、追加報酬の有無で 3 つのトリートメントを実施した。1 つ目は追加報酬がないトリートメント、2 つ目と 3 つ目は、それぞれ集めた寄付額の 1 ％と 10 ％が出来高給として追加で支給されるトリートメントである（出来高給は寄付とは別の財源から支払われる点を高校生に明確にした上で実験が行われた）。実験結果によると、2 つ目と 3 つ目のトリートメントで集められた組平均の寄付額は、1 つ目での額に比べてそれぞれ 35.6 ％と 8.1 ％小さかった。社会のために寄付金を集めたいという非金銭的動機が出来高給の導入により失われ、募金活動が金銭報酬を伴う仕事という認識に置き換わったのかもしれない。

最後に、人々の非金銭的動機が状況や文脈によって生まれる可能性を補足する。例として**ピア効果**（peer effects）を挙げよう。フォークとイキーノ [Falk & Ichino, 2006] は、アンケート調査のための封筒詰め作業としてアルバイトを募り、スイスで自然フィールド実験を実施した。具体的な作業は、紙を 2 つ折りにして封筒に入れ、封緘し、その封筒が 25 枚溜まるごとにゴムでまとめ箱に入れるという単純作業で、4 時間継続する。報酬は固定給で 90 スイスフランであり、作業の仕事ぶりには影響されないとした。彼らは 2 つのトリートメントを実施した。1 つ目は個人トリートメントであり、各部屋に学生が 1 人入れられ、袋詰め作業を 4 時間作業した。2 つ目はペアトリートメントであり、各部屋に学生が 2 人入れられ、それぞれが独立に袋詰め作業をした。個人トリートメントとの違いは、各学生が相部屋の別の学生の仕事ぶりを観測できる点である。実験結果によると、ペアトリートメントの学生は、個人トリートメントに比べ平均して約 16.3 ％も多く作業をした。つまり、ピア（他の作業者）の存在が間接的に自身の労働量に影響したのである。

10.2 モラル・ハザードと怠業

本節では、**1** でアルキアンとデムセッツ [Alchian & Demsetz, 1972] を基にチーム生産における $1/N$ 問題を議論し、**2** で実験・行動経済学事実を概観する。

1 $1/N$ 問題

$1/N$ 問題（$1/N$ problem）は、企業組織の労働現場でのフリーライド問題の一つであり、集団行動問題（6 章）に関係する。アルキアンとデムセッツ [Alchian &

Demsetz, 1972] は、①複数の労働者が生産活動に必要で、②個々人の貢献ではなくチームの共同生産量のみが観測でき、③チーム生産が経済的にメリットがある、つまり各人が個別に生産活動に携わるよりチームで共同生産する方が同じ投入量で大きな生産量を生み出せる状況を基に、企業の存在意義を考察した。直観的にいうと$1/N$ 問題は、①〜③で特徴付けられるチーム生産で、個々人の貢献や仕事ぶりを完全には観測できず、その把握のためにはコストをかけたモニタリングが必要であるため、利己的な労働者が同僚の貢献にフリーライドする動機をもつ問題である。アルキアンとデムセッツは、企業（雇用者）が労働者（被雇用者）の労働行動のモニタリングや管理にかかる費用を考慮してでもチーム生産に経済的メリットがあるときに企業の存在意義がある、と論じる。9 章で社会的選好を学んだが、アルキアンとデムセッツは、伝統的仮定である人々の利己性を前提に議論を展開した。

チームの共同生産量のみが観測できる場合は、各メンバーが平等に貢献を分かち合う**レベニュー・シェア**（revenue sharing）が可能だ。しかしアルキアンとデムセッツは、共同生産量を基にしたレベニュー・シェアは労働者の怠業を促し、何らかの対策がなければチーム生産が非効率的になると論じる。彼らの議論を見るために、単純化のため N 人の労働者からなるチーム生産活動で、労働行為のみがインプット（投入）の設定を考えよう。また、労働者 i の効用 u_i は、式 (10.1) で表されると想定しよう。

$$u_i = f_i(y_i, e_i) \tag{10.1}$$

ここで、y_i は労働者 i の報酬である。0 以上の値をとる e_i は、労働者 i の労働量、つまり働きぶりを示し、値が大きいほど働きぶりは良い。e_i が小さいことは、例えば職場で仕事と関係のないソーシャルメディアに時間を費やしたり、副業に勤しんだりと、怠業が多い状態を指す。$f_i(.)$ は関数を示し、効用が y_i と e_i に依存すると想定する。経済学では、労働行為に負荷がかかると仮定する。この仮定は、報酬 y_i が高いほど、また労働 e_i が小さいほど効用が高いことを意味する。この含意は、労働行為と報酬が明確に紐付いている必要があることだ。仮に報酬が労働と無関係に決まるのであれば、労働者は怠業を最大化することで効用最大化を目指すだろう。

まず、総余剰を最大化する社会的最適の条件を見てみる。余剰とは雇用契約により生みされる便益（金銭的価値）を指す。総余剰は、関係者全て（我々の設定では企業と労働者）の余剰の合計である。企業の余剰は、式 (10.2) で示される利益（＝収入－費用）である[*1]。

---

*1 契約理論では、生産量が労働行為のみで決まらず不確実性（ノイズ）があると仮定するが、■では単純化のため不確実性を省略する。ノイズを入れた設定の例は、■で取り上げるナルバンチャンとショッター [Nalbantian & Schotter, 1997] の研究で紹介する。

$$\text{企業の余剰} = pg(e_1, e_2, \cdots, e_N) - \sum_{j=1}^{N} w_j \tag{10.2}$$

式 (10.2) の p は生産物の価格（単価）、$g(e_1, e_2, \cdots, e_N)$ は N 人の労働者の貢献が企業に生み出す生産量で N 人の貢献の関数である。また、$\sum_{j=1}^{N} w_j = w_1 + w_2 + \cdots + w_N$ は N 人の労働者への報酬支払いの合計である。一方で、労働者の余剰は、式 (10.3) のように報酬と労働費用（コスト）の差で計算される。労働費用は金銭換算で表す。

$$N \text{人の労働者の余剰} = \sum_{j=1}^{N} w_j - TC(e_1, e_2, \cdots, e_N) \tag{10.3}$$

労働行為に際して発生する様々な労働費用を N 人の労働者で合計したものが $TC(e_1, e_2, \cdots, e_N)$ である。例えば労働には時間を使うことから、余暇の機会が失われる。労働行為には物理的または心理的な負担もある。仮に各労働者が負う労働費用が他の労働者の労働行為に依存しなければ、$TC(e_1, e_2, \cdots, e_N) = C_1(e_1) + C_2(e_2) + \cdots + C_N(e_N)$ と N 人の労働費用の合計として総費用を表せる。式 (10.2) と式 (10.3) の合計が総余剰であり、式 (10.4) の通り、総余剰は総収入と総労働費用の差となる。

$$\text{総余剰} = pg(e_1, e_2, \cdots, e_N) - TC(e_1, e_2, \cdots, e_N) \tag{10.4}$$

このように、労働者への報酬は、企業から労働者への金銭の移動のため総余剰には含まれない。総余剰を最大化する条件は、労働貢献 e_1、e_2、$\cdots$、e_N を適切に選び、式 (10.4) を最大化する条件である。これは式 (10.4) を各 $e_i (i = 1, 2, \cdots, N)$ で偏微分することで求められる（すなわち、他の労働者の貢献を所与の下で各労働者の最適な労働貢献 e_i を求める）。式 (10.4) を偏微分すると、最適条件は次のようになる。

$$p \frac{\partial g}{\partial e_i} - \frac{\partial (TC)}{\partial e_i} = 0$$

ここで、$\dfrac{\partial g}{\partial e_i}$ は**限界生産物**（marginal product；MP）と呼び、他の $N-1$ 人の労働行為を所与の下で労働者 i が e_i を微小増加させたときの生産量の増加（e_i に対する生産量の増加率）を示す。その労働増加に伴い労働者が追加的に負う費用が $\dfrac{\partial (TC)}{\partial e_i}$ であり、これは**限界費用**（marginal cost；MC）と呼ぶ。

まとめると、この条件は式 (10.5) で表せる。

$$\text{労働の限界生産物の価値 VMP} = \text{労働の限界費用 MC} \tag{10.5}$$

式 (10.5) は直観的解釈が可能である。i が労働を微小変化させると生産量 g が増加し、その限界生産物 $\left(= \dfrac{\partial g}{\partial e_i} \right)$ に価格 p をかけた**限界生産物の価値**（value of marginal product：VMP）が、労働の追加的費用 MC を上回る場合に労働を増やし、下回る

場合に減らす経済的メリットがある。企業と労働者双方にとって総余剰を最大化できれば、経済的効率性が高まり両者にとって有益である。総余剰を関係者間で分割する仕方は交渉で決まる。チーム生産の問題点は、労働者の意思決定が式 (10.5) のような全体最適化とは異なる可能性である。労働者は企業が雇うロボットではなく、意思と裁量をもつ意思決定主体である。すなわち、労働者は式 (10.6) のように、労働の対価である**限界所得イールド**（marginal income yield of effort）、つまり追加的に労働を 1 単位増やしたときに変化する報酬の増分と、働く費用（労働の限界費用）を比較衡量して労働の強度を決める[*2]。効用最大化のために、限界便益（6 章付録 1）が限界費用を上回れば労働を増やし、下回れば怠業を増やす。

$$\text{労働の限界所得イールド} = \text{労働の限界費用 MC} \tag{10.6}$$

条件式 (10.5) と (10.6) を比較すると、適切なインセンティブ、すなわち労働の限界的増加に対する対価が限界生産物の価値 VMP と同じ水準になるよう報酬体系を設計できれば社会的最適が実現できることがわかる。

報酬体系の設計？

$$\text{VMP} = \text{労働の限界所得イールド} = \text{MC}$$

しかしながら、個々の労働者の貢献が観測できず、チーム全体の共同生産量しかわからない場合、適切なインセンティブ付与は難しい。レベニュー・シェアを用いると、通常、労働者のもつ働くインセンティブが式 (10.7) のように不十分であり、社会的最適な労働を引き出せない。

$$\text{労働の限界所得イールド} < \text{VMP} \tag{10.7}$$

レベニュー・シェアでの各労働者 i の報酬を式で表すと、なぜ式 (10.7) のように労働インセンティブが低くなるのかがわかる。つまり、共同生産物の価値 $pg(e_1, e_2, \cdots, e_N)$ を N 人で平等に分けるのがレベニュー・シェアであり、各労働者の報酬は共同生産物の価値に $1/N$ を乗じたものである。$1/N$ が意味する点は、自身が労働貢献して増加した対価がチーム N 人で共有され、自身に支払われる分が $1/N$ だけであるということである。

$$\text{レベニュー・シェア下での労働者 } i \text{ の報酬 } y_i = \frac{1}{N} pg(e_1, e_2, \cdots, e_N) \tag{10.8}$$

労働者の対価を見るために式 (10.8) を e_i で偏微分すると、限界所得イールド $\dfrac{\partial y_i}{\partial e_i}$ が限界生産物の価値の $1/N$ しかないことがわかる。

[*2] 労働者 i の限界所得イールドは、他の労働者の労働貢献を所与の下で、自身が労働を追加的に増やしたときの報酬の増分のことであり、式で書くと $\dfrac{\partial y_i}{\partial e_i}$ である。

抽象的にレベニュー・シェアの問題点を考察したが、具体的数値例で見るとポイントがさらに明確になる。計算を簡単にするため、各労働者の貢献の効果と労働費用が、同僚の労働行為とは独立であると仮定する。チームに属する労働者の数を3人（$N = 3$）とし、労働行為が生み出す価値と費用を式 (10.9) と式 (10.10) と設定する。

$$労働者 i の労働 e_i が企業に生み出す価値 = ce_i \qquad (10.9)$$

$$労働者 i の労働行為の費用 = be_i^2 \qquad (10.10)$$

ここで c と b は正の数値である。仮に、労働行為を正しく観測でき、各労働者が企業に生み出した価値に応じて個別に報酬を設定できるものとすると、労働者の効用 u_i は式 (10.11) となる。

$$u_i = ce_i - be_i^2 \qquad (10.11)$$

式 (10.11) を e_i で微分することで、最適解の条件である $c - 2be_i = 0$ が得られ、最適な労働量は式 (10.12) と求められる。

$$e_i^* = \frac{c}{2b} \qquad (10.12)$$

次に、各労働者の労働行為を企業は観測できず、企業がレベニュー・シェアを採用すると想定しよう。その場合、労働者 $i \in \{1, 2, 3\}$ の効用 u_i は式 (10.13) となる。

$$u_i = \frac{ce_1 + ce_2 + ce_3}{3} - be_i^2 \qquad (10.13)$$

式 (10.13) を e_i で微分し、労働者 i にとっての私的最適な労働量 e_i^{**} を計算すると（$c/3 - 2be_i^{**} = 0$）、それは、式 (10.14) のように自身の貢献に応じて正しく報酬が決まる場合の 1/3 の労働貢献量に留まるとわかる。

$$e_i^{**} = \frac{1}{3} \frac{c}{2b} = \frac{1}{3} e_i^* \qquad (10.14)$$

アルキアンとデムセッツ [Alchian & Demsetz, 1972] は、$1/N$ 問題を軽減するには各労働者の労働行為を正しくモニタリングし、それを報酬や雇用に適切に反映させることが必要であると論じる。そのため、労働行為のモニタリングと、その観測に基づく労働貢献と報酬の紐付けの業務に特化したスペシャリストを雇うべきと提案する。そして、スペシャリストに企業の残余（residual：企業収入から労働者への報酬を引いた利益）を支払うことで、モニタリング業務に十分な金銭的動機を与えることが可能であり、社会的最適に近い結果が実現可能であると論じる[*3]。

では、特定の対策がない場合に、現実の人々にとって $1/N$ 問題はどの程度深刻なのだろうか？　次項では実験事例を見てみる。

[*3] そのスペシャリストは残余請求者（residual claimant）と呼ぶ。

2 経済実験・行動事実

　チーム生産の戦略的状況は、式 (6.1) で表される公共財ゲームで近似できる。初期財産を社会的最適な高い労働量、0 を労働の負効用が全くかからない労働量とし、N 人のグループ構成員が同時に労働貢献を決定すると考えればよい。公共財ゲームでは、前項で学んだように、各労働者が利己的で、合理性を共有知識にもっていると仮定すると、皆が互いに初期財産全てを貢献するという社会的最適が均衡として実現しない。しかし、過去の経済実験の結果（詳細は 6 章）によると、利己的選好モデルからの予測とは異なり、人々はいくらかをグループのために貢献する。一方で、戦略的取引を繰り返すと、協力しても他のメンバーに裏切られることに皆が落胆し、徐々にグループメンバーの貢献が減退していく。従って大雑把にいえば、1/N 問題の理論と整合的に、チーム生産でのフリーライド行動は深刻である。このフリーライド問題は、ピア・ツー・ピアの罰則、コミュニケーションや社会的承認・社会的不承認メカニズムの導入など（6 章）で軽減できる。

　労働行為が生み出す価値と費用を明示的に記述する理論的フレームワーク（前項）に沿った実験も可能である。例えばナルバンチャンとショッター [Nalbantian & Schotter, 1997] は、被験者を 6 人からなるグループに分け、それぞれ同時に労働貢献の強度 e_i を 0 から 100 の間で選択させた。各人の労働選択は、他のメンバーには知らされない私的情報である。生産される財の量 Q は、6 人の労働量の合計と不確実性を示すノイズ ε で決まる。ε は、期待値が 0 で -40 から 40 の間の値がランダムに実現する変数であり、実現値は各メンバーに知らされない。チーム生産活動の結果としての Q の値のみが明らかになる。

$$Q = \sum_{j=1}^{6} e_j + \varepsilon \tag{10.15}$$

　ナルバンチャンとショッター [Nalbantian & Schotter, 1997] は、財の価格を 1.5、各プレイヤーの労働費用を $e_i^2/100$ と設定し、レベニュー・シェア、モニタリングに基づく個人報酬制、競争の 3 つのトリートメントを被験者間計画で実施した。被験者の実験参加の対価は、実験で獲得した報酬の合計で計算される。まずレベニュー・シェアでは、被験者 i の利得が式 (10.16) で与えられる。

$$u_i = \frac{1.5Q}{6} - \frac{e_i^2}{100} = \frac{1.5\left(\sum_{j=1}^{6} e_j + \varepsilon\right)}{6} - \frac{e_i^2}{100} \tag{10.16}$$

中辺第 1 項に乗じられた 1/6 は総収入 1.5Q を 6 人で平等に分割することを意味する。ノイズ ε があるが、$E[\varepsilon] = 0$ であるため期待利得 $E[u_i]$ はノイズに影響されない。数式で書けば、$E[u_i] = 1.5\left(\sum_{j=1}^{6} e_j\right)/6 - e_i^2/100$ である。前項の分析と同様に、$E[u_i]$

を e_i で微分して私的最適な労働量を計算すると式 (10.17) が得られる。

$$e_i^{**} = \frac{75}{6} \tag{10.17}$$

仮に個人生産制がとられ自身の貢献による企業への価値創出に基づき対価が決まる場合は $e_i^* = 75$（$1.5e_i - e_i^2/100$ を最大化する e_i）であり、1/N 問題が労働行為に与える影響が理論的に深刻である。実験結果によると、レベニュー・シェア下で被験者が選択する労働強度は低く、繰り返し意思決定をすると、式 (10.17) が示す e_i^{**} に近づく傾向が見られ、公共財ゲームに類似のフリーライド現象が確認された。

　ナルバンチャンとショッターは、**モニタリング**を通じて個人の労働貢献と報酬を紐付ける報酬制と、**チーム間競争**の導入が 1/N 問題の軽減に効果的であると論じた。前者は、各労働行為が高い確率でモニタリングされ、e_i^* 以上の高い労働が確認できた場合には高い報酬が、それ未満の場合には解雇され低い報酬となるトリートメントである。後者は、グループを 3 人からなる 2 チームに分割し、チーム生産量で互いに競争させ、生産量の高い小チームには高い報酬が、低い小チームには低い報酬が与えられるトリートメントである。実験結果によると、モニタリングと競争共に、高い労働を被験者から引き出した。個人の貢献を適切に報酬に反映するモニタリングの有効性は、■で論じたアルキアンとデムセッツの考察に整合的である。なお、ここで扱った競争は**トーナメント**（tournament）の一種である。トーナメント理論は 10.4 節で学ぶ。

　リアル・エフォートタスクを用いた実験室内実験でも同様に、チームにおけるフリーライドの負の効果が観測されている。**図表 10.3** に亀井とマークセン [Kamei & Markussen, 2023] による実験データを示す。彼らの実験では 2 種類のタスクが使用された。1 つ目は、**図表 10.1** (b) で示す 0 を数えるタスクであり、作業の途中で休憩のためビデオ鑑賞ができる。2 つ目はダルボウら [Dal Bó *et al.*, 2024] と同様の 2 桁の数を 5 つ足し算するタスク（**図表 10.1** (a)(i)）であり、1 つ目のタスクと同様にビデオ鑑賞が可能である。亀井とマークセンは、タスクの違いと共に、「個人」と「チーム」の 2 種類の報酬制度を用いて実験を行った。個人トリートメントでは、自身のタスク正解数で報酬が決定される。チームトリートメントでは、各人が 3 人からなるチームに割り当てられ、チームでのタスク正解数の平均（3 人のタスク正解数の合計の 1/3）で報酬が決まる。実験はデンマークで実施した。各被験者は被験者間計画の下で、つまり 1 つの意思決定環境のみで、実験に参加した（例：チーム生産で 0 を数えるタスクに取り組む）。

　亀井とマークセンの実験では、タスク正解数とビデオ鑑賞時間が主な労働行動指標である。どちらのタスクでも 1/N 問題と整合的に、チーム生産では労働パフォー

図表 10.3　個人とチーム生産の比較：亀井とマークセンの実験 [Kamei & Markussen, 2023]

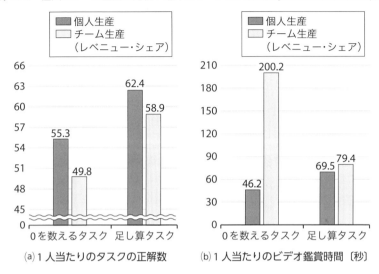

(a) 1 人当たりのタスクの正解数　　(b) 1 人当たりのビデオ鑑賞時間〔秒〕

注）亀井とマークセンの実験における Individual と Team（Limited feedback）トリートメントの No democracy 条件のデータである。**図表 10.5** で示すデータも同様である。なお、0 を数えるタスクは足し算タスクより若干難しいことを受け、対価は 1 正解当たり足し算で 2 DKK（デンマーククローネ）、0 を数えるタスクで 2.5 DKK と設定された。

マンスが有意に低下した。個人生産に比べ、チーム生産での 1 人当たりタスク正解数は、0 を数えるタスクと足し算で、それぞれ 9.9％、5.6％低下し、1 人当たりビデオ鑑賞時間はそれぞれ 333.3％、14.2％増加した。

　実験研究では、仮説検証のために自由にリアル・エフォートタスクを設計できる。ガクターら [Gächter et al., 2016] は、ボール・キャッチゲーム（ball-catching task）を設計し、人々のフリーライド性向を考察した。**図表 10.4** のように、ボールが次々と上からランダムに落ちてくるのを、LEFT（左）か RIGHT（右）のボタンをクリックしトレイを動かし、ボールをキャッチすることで報酬（score）を獲得するタスクである。労働に費用がかかることをモデル化するため、LEFT RIGHT ボタンのクリックには費用がかかると設定する。ガクターらは、1 クリック当たりの費用が 5 で、ボール 1 つキャッチするごとに 20 の報酬を獲得できる個人報酬トリートメントと、公共財ゲームに近い設定のチーム報酬制度の比較を行った。チーム報酬制度のトリートメントでは、各被験者が 4 人からなるチームに割り振られ、チームの誰かがボールを 1 つキャッチした成果の 20 は 4 人で平等に共有、つまり各人が 5（= 20/4）の報酬を享受する、というレベニュー・シェアの設定がとられ

図表 10.4　ボール・キャッチゲーム

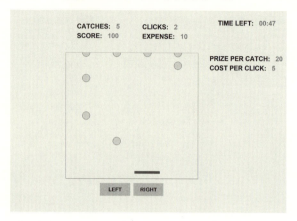

注）ガクターらの実験 [Gächter *et al.*, 2016] の再現用 z-Tree プログラムファイルを実行したコンピューター画面の例である。

た。チーム報酬制度下では、個人報酬制度に比べて自身の貢献の対価が4分の1と小さい。実験結果によると、理論的な金銭的インセンティブ低下と整合的で、1人当たりのクリック回数が個人に比べチーム報酬制度で著しく低下した。

　最後に、フリーライド行動は労働者に一様に現れるとは限らない点を補足する。亀井とマークセン [Kamei & Markussen, 2023] は、被験者からタスク選好を抽出し、割り当てられたタスクの生産量が自身のタスク選好にどう影響を受けるか考察した。2種類のタスクが使用されたため4つの可能性がある（**図表 10.5**）。まず、自身のタスク選好に合致したタスクが割り当てられた被験者（(i)と(iv)）は、個人生産であれチーム生産であれ、労働貢献量はほぼ同じであった。しかしながら、自身のタスク選好とは異なるタスクに取り組むことを強制された被験者（(ii)と(iii)）は、チーム生産下でのフリーライド行動が顕著であり、労働量を大きく低下させた。生産量の低下率は、足し算タスクを望んでいたにもかかわらず0を数えるタスクが与えられた被験者で23.73％、0を数えるタスクを望んでいたにもかかわらず足し算タスクを割り当てられた被験者で9.67％と大きい。好きでもないタスクが割り振られると負の互恵性やスキルのミスマッチから労働意欲が減退し、特にチーム生産では怠業など非生産活動が蔓延する可能性があると解釈できる。職場において労働者のタスク選好は様々である。ミスマッチを誰かが経験することがほとんどだ。フリーライドとタスク選好が大きく関係する事実は、タスク割り振りに労働者の声を反映させるなど適切なメカニズムが必要な可能性を示唆する。

図表 10.5　タスク選好とフリーライド [Kamei & Markussen, 2023]

	割り当てられたタスク			
	(a) 0 を数えるタスク		(b) 足し算タスク	
	(i) 0 を数えるタスクに取り組むことを望んでいた被験者	(ii) 足し算タスクをしたかった被験者 [ミスマッチ]	(iii) 0 を数えるタスクをしたかった被験者 [ミスマッチ]	(iv) 足し算タスクに取り組むことを望んでいた被験者
個人生産	55.4 問	55.2 問	60.0 問	67.3 問
チーム生産	56.7 問	42.1 問	54.2 問	66.5 問
生産変化率	2.35 %	− 23.73 %	− 9.67 %	− 1.19 %

注)「個人生産」と「チーム生産」の行の値は、1 人当たり平均の正解数を示す。

コラム 10.1 ◆ スタグ・ハント・ゲーム構造をもつ労働環境の設計

　相互協力からの報酬が十分に大きければ、互いに怠業せず働くこともナッシュ均衡になります。そのように均衡が複数ある戦略的状況の典型例はスタグ・ハント・ゲーム（7 章）であり、スタグ・ハント・ゲームの構造で特徴付けられる労働環境も普遍的に存在します。例えば、各人がそれぞれ異なる役割を持ち、財やサービスを共同で生産するチーム生産（例：各人に持ち場のある工場でのライン作業、一部分の不良でも欠陥品となり得る精密機器の生産）を考えると、チームを構成するメンバーが皆、正しく労働貢献することが生産活動で求められます。亀井とタベロ [Kamei & Tabero, 2024] は、0 を数えるタスクを改良することで、スタグ・ハント・ゲーム構造をもつリアル・エフォートタスクを設計しました。彼らの実験で使用されたチームサイズは3 人であり、**図表 10.6** (a) で示す共同タスクに、3 人で取り組みます。このタスクは、各セルに数字 1、2、3 または 4 がランダムに埋め込まれた 15×15 の表が与えられ、数字 4 の個数を正しく数えることで報酬を獲得できるものです。ここでのポイントは、3 人のプレイヤーが、互いが異なる番号となるようにプレイヤー番号 1、2、3 のどれかが与えられ、プレイヤー k のコンピューター画面には k 以外の整数が黒塗りとなって投影される点です。(a) はプレイヤー 1 のコンピューター画面の例です。各被験者は自身の番号の個数を数え、それをチームで共有し、数字 4 の個数を正しく計算し初めて正解になります。例えば数字 1、2、3 の個数がそれぞれ 33 個、11 個、76 個である表では、数字 4 の個数は 225 − 33 − 11 − 76 = 105 個です。つまり、正解を導くためには、スタグ・ハント・ゲームでシカを狩る場合と同様で、3 人からの正確なインプットが必要です。所定時間が与えられ、その間に共同タスクを好きなだけ解け、正解 1 問当たり 3 人のメンバーそれぞれに同額の報酬が与えられます。

252 ● 10章 労働経済学・組織の経済学への適用

図表 10.6 数を数える共同タスク：亀井とタベロ [Kamei & Tabero, 2024] による設計

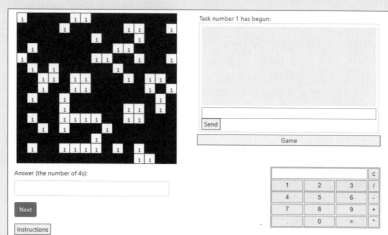

(a) 作業画面

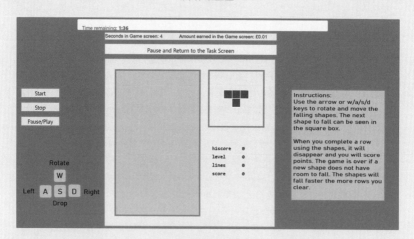

(b) ゲーム画面

注）(a)の作業画面では、チャット・ルーム内で匿名性を保ったままチームでの会話が可能である。タスクで問題に答えるごとに、1、2、3 または 4 がランダムに各セルに生成され新しい共同タスクの問題がコンピューターにより作られて次の問題に移る。Game ボタンを押すと(b)のゲーム画面に切り替わる。Pause and Return to the Task Screen ボタンを押すことでいつでも作業画面に戻ることができる。作業画面では電卓も利用可能である。

> この実験での別の特徴は、作業時間中に各メンバーが、皆に知られずに**図表 10.6**
> (b)で示すテトリス・ゲームに画面を密かに変え怠業ができる点です。ゲーム画面に1
> 分間滞在するごとに（スタグ・ハント・ゲームでウサギを追うと狩人が小さな利得を
> 得るのと同様で）怠業者は小さい金銭報酬を獲得しますが、1人でもテトリス・ゲー
> ムで怠業をし自身の情報のインプット提供が滞ると共同タスクは正解できません。
> 従って、この設定はスタグ・ハント・ゲーム構造をもちます。このタスクを用いれば、
> いかなるグループサイズNに対しても、N人スタグ・ハント・ゲームをもつ労働環
> 境をモデル化できます。グループサイズがNの場合には1から$N+1$の整数がラン
> ダムに埋め込まれた表を使用し、N人の各メンバーは自身の番号を数え、チームが数
> 字$N+1$の個数を共同で正しく計算することで報酬獲得とすればよいのです。

10.3 ギフトと互恵性

これまで生産活動における労働者行動を個別に学んだが、本節では企業（雇う主体）を導入し、雇用関係を考察する。具体的には、雇用関係では人の非利己的選好が関係することを、ギフト・エクスチェンジ理論を通じて学ぶ。

1 アカロフによるギフト・エクスチェンジ理論

ジョージ・アカロフ（1940～）[Akerlof, 1982] は、米国の社会学者のジョージ・ホーマンズ（George Homans）による米国北東部の電力会社イースタン・ユーティリティ（Eastern Utilities）での10人の女性従業員の仕事ぶりと作業基準（ノルマ）の報告に着目した。女性従業員の仕事は、顧客から支払いを受けるたびに台帳にそれを記録する事務（cash poster）であり、賃金は全員が同じ固定給であった。電力会社は1時間当たり300件の処理を各従業員の作業基準と設定した。業績データを見ると、10人全員が作業基準を満たしていたが、時間当たり作業量に着目すると、従業員の生産性は306～439件と個人差が大きかった。10人で平均すると1時間当たり平均353件/人の処理で、作業基準の300件/人を17.7％も超えている。ア

ジョージ・アカロフ
(Geourge Akerlof)
（写真：Yan Chi Vinci Chow - https://flic.kr/p/FiK5K, CC BY 3.0)

カロフは、①雇用者はなぜ、生産性の低い従業員を解雇、もしくは賃下げしないのか、そして②有能な従業員はなぜ、自発的に作業基準を超える高いペースで仕事をこなすのか説明しようと試みた。効率的な従業員は途中で手を緩めて休憩をとることも可能だ。女性従業員の仕事は、昇進の可能性がなく離職率の高い単純作業であり、追加報酬や将来の高い地位の可能性といった金銭的動機で有能な従業員の労働行動を説明することはできない。

アカロフは、雇用者の措置に対する<u>労働者の互恵性</u>が背後にあると論じた。9章で学んだように互恵性とは、相手の善意に対しては善意で応え、敵意に対しては敵意で応える人間の行動特性を指す。雇用関係においてアカロフは、**互恵性に基づくギフト**（gift）**の交換**（exchange）が企業と労働者の間でなされていると解釈する。

具体的にアカロフは、3種類の企業からのギフトを挙げた。1つ目は賃金水準である。労働者は、アウトサイド・オプション（仮に離職した場合に得られる失業手当や他企業に移った際の所得水準）より**高い賃金**が支払われると、それをギフトと解釈すると考えた。2つ目は企業から労働者への**寛大な処置**（leniency）である。イースタン・ユーティリティの例では、雇用者は作業基準として1時間当たり300件と達成しやすい水準を設定した。労働者の生産性は、自身の状況（例：健康状態）により変わり得る。作業ペースを緩めても達成が可能な目標の設定という寛大な扱いを労働者はギフトと捉えると考えた。3つ目は同僚への寛大な処遇である。労働者は、共に働く同僚に対して同情などの感情（sentiment）をもつため、**同僚に対する雇用者の善意ある対応**はギフトとみなすと解釈した。ギフトのうち最初の2つは自身への、3つ目は他人への企業の対応である。3つ目のギフトはアカロフ独特の考えである。ギフト・エクスチェンジ理論では、雇用者からのギフトとして通常、労働者自身へのものを前提とする（そこで単純化のため、**2**〜**3**で例示する実験事例は、自身へのギフト付与に対する労働者の反応に焦点を当てる）。

一方で、労働者から企業へのギフトは、求められた労働以上の生産活動に携わるなどの**高い労働行為**の提供である。

互恵性に基づくギフトの交換が成り立つ理由としてアカロフは、①アウトサイド・オプションより高く支払われる賃金と②労働者が認識する雇用者の価値（高い労働を受け取る資格があるか）によって労働者が働き方を変えるためであると説明する。②は、雇用者によるギフトの量と質を踏まえて労働者が判断する。アカロフの考え方は、アルキアンとデムセッツ [Alchian & Demsetz, 1972] などの標準的な経済学の考え方とは異なることに注意が必要である。標準的経済モデルでは、雇用者は労働者の労働貢献に基づき報酬を決定する。従って、労働行為に対する適切なモニタリングとインセンティブ付与が不可欠である。10.2 **1** で論じたチーム生産

の設定では、限界所得イールド $\dfrac{\partial y_i}{\partial e_i}$ の重要性を学んだ。一方でアカロフの考えは、賃金の水準などギフトに応じて労働者が労働量を決める（つまり、何らかの関数 $f_i(.)$ に対して $e_i = f_i(w_i)$ である）という逆のものである。この考えで設定される賃金を**効率性賃金**（efficiency wage）と呼ぶ。

アカロフは、このように労働者が（ギフトに応える）社会的選好をもつと考える一方で、企業は経済学の伝統的な前提である利益最大化原則で行動すると仮定した。その上でアカロフは、互恵的な労働者に対してギフトを提供することが高い労働貢献を引き出す有効な手段であり、それが企業にとっての利益最大化行動であるためギフトの交換が雇用関係で成り立つと論じた。当然ではあるが、アカロフの前提とは異なり、雇用者も互恵性をもつと仮定すれば、雇用者は、戦略的動機に加えて、被雇用者のギフトにギフトでお返しをする非金銭的誘因ももつため、ギフト・エクスチェンジの関係は強化される。

アカロフの論文 [Akerlof, 1982] の含意は、雇用者が被雇用者に対して職場内での適切なインセンティブ制度を設計するためには、金銭的損得だけでなく、被雇用者の互恵性など非利己的効用も考慮すべきという点である。アカロフの研究以後、社会的選好の理論が飛躍的に発展した。雇用関係におけるギフト・エクスチェンジ関係は、賃金を労働貢献に応じて決定するという標準的な経済学のフレームワークに社会的選好（9 章）を組み入れることでうまく合理化できる。例として、フェアとシュミット [Fehr & Schmidt, 1999] による所得の不平等を嫌う選好モデルを用いて、そのメカニズムを考察しよう。

単純化のため、雇用者は賃金として高い水準と低い水準の 2 種類の選択があると設定し、その選択を受けて被雇用者が高い労働と低い労働のどちらかを選ぶという戦略的状況を考察する。この状況はゲームの木を用いて表現でき、具体的な利得は**図表 10.7**(a)のように設定しよう。つまり、雇用者と被雇用者が協力的関係を築き（高い賃金、勤勉）が実現すれば互いに利得 20 を獲得できる一方で、互いに逸脱し、（低い賃金、怠業）に陥った場合には両者とも利得 5 の獲得に留まる。各プレイヤーにとって明確な逸脱の金銭的インセンティブが存在する。協力的な行為を選ぶ相手を出し抜き自身が非協力的に振る舞うことを選んだ場合（つまり（高い賃金、怠業）、または（低い賃金、勤勉）が実現する場合）、逸脱者が利得 30 を得る。**図表 10.7**(a)に部分ゲーム完全均衡を矢印で示す。利己的な被雇用者は、提供される賃金の水準によらず常に怠業を選ぶことが利得を最大化する戦略である。それを予想する利己的雇用者は、賃金として低い水準を選ぶ。

各プレイヤーが不平等を嫌う選好をもつとして利得を計算し直したのが**図表**

10.7(b)である。(高い賃金、怠業)または(低い賃金、勤勉)の状況では、雇用者と被雇用者間で 35 の利得差が生じる。この場合、不利な不平等と有利な不平等のどちらをもつかで、プレイヤーが被る不平等からの負効用の大きさが異なる。例えば(高い賃金、怠業)の結果では、雇用者が低い利得を獲得するため、負効用 35α を被り、雇用者の総利得は $-5-35\alpha$ と計算される。高い金銭的利得を獲得する被雇用者は負効用 35β を被るため、被雇用者の利得は $30-35\beta$ と計算される。従って、被雇用者が $20>30-35\beta$、つまり $\beta>2/7$ を満たすほど有利な不平等を嫌う選好をもつのであれば、ノード B から始まる部分ゲームで「勤勉」を選ぶ。その条件下では、バックワード・インダクション(8 章)によると雇用者が高い賃金を提供することが最適反応となり、相互協力が均衡の結果として実現する(**図表 10.7**(b))。なお、不平等を嫌う選好と同様に、互恵的選好モデル(9 章)でもギフト・エクスチェンジ関係は合理化できる点を付記する。

このようにギフト・エクスチェンジ関係の実現には人々の社会的選好の存在が深く関係するため、この関係は行動・実験経済学者に大きく着目され膨大な実験が行われてきた。本節の以降では実験事実のいくつかを学ぶ。

図表 10.7 不平等を嫌う選好とギフト・エクスチェンジ

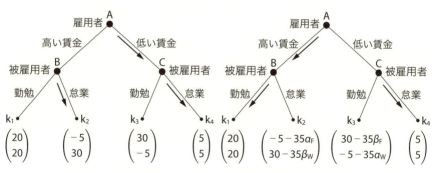

(a) 利己的な雇用者と被雇用者の最適反応　　(b) 非利己的な雇用者と被雇用者の最適反応

注) ターミナルノードの 2 つの数値のうち、上の値が雇用者の利得、下の値が被雇用者の利得を指す。(b)の各利得は、式 (9.1) で表されるフェアとシュミット [Fehr & Schmidt, 1999] のモデルに(a)の利得を適用して計算した効用である。α_F と β_F は雇用者のパラメータ、α_W と β_W は被雇用者のパラメータである。(b)では、被雇用者の β が 2/7 より大きいケースでの部分ゲーム完全均衡を矢印で示す。

2 実験室内実験

ギフト・エクスチェンジ関係は、アーンスト・フェア（1956～）らの研究グループを中心にオーストリアやスイスで実験が始まり、1990年代から膨大な実験事実と頑健な行動効果の知見が蓄積されてきた。雇用者と被雇用者の戦略的状況をモデル化したものを**ギフト・エクスチェンジゲーム**（gift exchange game）と呼ぶ。

ギフト・エクスチェンジゲームでは、**企業**と**労働者**の2種類のプレイヤーが存在し、意思決定が3段階で構成される。まず各企業が、要求する労働行為の水準と賃金を労働者に提示する。それを受けて労働者は、企業と雇用契約を結ぶか否か、結ぶ場合はどの企業と契約を結ぶかを決定する。最後に、雇用関係を結んだ場合には、労働者がどの程度労働を提供するかを決める。

アーンスト・フェア
(Ernst Fehr)
(写真：Neuroeconomics University of Zurich, CC BY 4.0)

第1段階での労働者と企業のマッチングは、考察したい事象や労働市場環境により複数の設定がある。例えば、双方向に交渉し互いがパートナーを選択し合う特徴が強い労働市場にはダブル・オークション、雇用関係の成立にとって一方が他方を選ぶ傾向にある労働市場の特徴を分析したい場合は口頭オークション（oral auction：下で説明するフェアらの実験 [Fehr et al., 1993] が使用）やポステッド・オファー（2章）がある。マッチングの影響を除き純粋に社会的選好が与えるギフト・エクスチェンジへの効果を計測したい場合には、ランダム・マッチングで取引相手を外生的に設定することも可能だ。**1**の後半で簡単に論じたが、ここでは、ランダム・マッチング下での企業と労働者の戦略的状況を数学的に表記してみよう。

企業がオファーした賃金を w、求める労働量を e' とする。雇用契約の締結後は、企業は労働者に約束した賃金を支払うのが義務である。一方で労働者は、企業に雇われても自身は自由裁量をもつ主体であり、どう働くかは労働者自身が決定する（勿論、被雇用者の業績が悪ければ解雇できるという条項をモデルで契約内容に導入することも可能である）。つまり、被雇用者が選択した労働量を e と表せば、それは e' と同じとは限らない。労働行為から生み出される生産活動の価値を $f(e)$、被雇用者の労働費用を $c(e)$ とそれぞれ関数で書けば、雇用者（$\underline{\text{Firm}}$）、被雇用者（$\underline{\text{Worker}}$）それぞれの利得が、式 (10.18)、式 (10.19) で表せる。

$$u_F(w, e) = f(e) - w \tag{10.18}$$
$$u_W(e, w) = w - c(e) \tag{10.19}$$

258 ● 10章 労働経済学・組織の経済学への適用

　実験で各被験者は、それぞれの役割により定まる利得を実験参加報酬として受け取る。通常、労働が生み出す価値と労働費用は、労働量が大きければ大きいほど労働者にとって費用が高い（$c'(e) > 0$）が、生み出される価値も大きい（$f'(e) > 0$）と設定して実験が行われる。

　バックワード・インダクションを用いれば、雇用者と被雇用者の最適戦略を容易に導出できる。仮に両者が共に利己的選好をもつと仮定すると、ギフト・エクスチェンジ関係は成立しない。被雇用者は契約締結後、受け取った賃金の額によらず、最大限の怠業をすることで自身の利得を最大化できる。式 (10.19) の通り、最小限の労働貢献をすることで、$c(e)$、つまり自身にかかる労働負荷を最小化できる。それを予測する雇用者は、契約時に最小の賃金を提示し利益最大化を図る。経済実験研究の目的は、この利己的選好からの予測に反して、ギフト・エクスチェンジ関係がどの程度成り立つか検証することである。

■ **互恵性によるギフト・エクスチェンジ**　人の互恵性のみでギフト・エクスチェンジが成り立つ可能性はフェアら [Fehr *et al.*, 1998] の実験により考察された。実験室に集められた被験者はそれぞれ企業と労働者どちらかの役が与えられ、パーフェクト・ストレンジャー・マッチング（1 章）で毎ラウンド、パートナーを変えてギフト・エクスチェンジゲームに取り組む。社会的選好の効果を偏りなく検証するため、匿名性を保つ配慮もした。つまり、誰が企業プレイヤーで、誰が労働者プレイヤーかは明かされない。雇用契約を結んだ場合、雇用者と被雇用者の利得は、賃金の額 w と労働貢献量 e により、それぞれ式 (10.20) と式 (10.21) で定まるとした。

$$u_F(w, e) = (v - w)\,e \tag{10.20}$$
$$u_W(e, w) = w - c(e) - c_0 \tag{10.21}$$

ここで、式 (10.21) の c_0 は契約を受ける機会費用であり、$c_0 = 20$ と設定された。また、式 (10.20) の労働貢献 1 単位当たりの収入の率を表す v は 120、そして w は 20 〜 120 の値から企業が選択する。つまり、雇用契約を結ぶと労働者は、便益 $w - c_0$ を受ける一方で、労働行為から費用 $c(e)$ を被る。使用された利得関数は式 (10.18) と式 (10.19) と一部異なるが、経済主体の利己的選好を仮定すればギフト・エクスチェンジが成り立たない点は変わらない。部分ゲーム完全均衡では、被雇用者が最大限の怠業を選び、雇用者が最小限の賃金を選ぶ状況が取引結果として実現する。

　実験結果によると、企業からの賃金の平均は、最小の 20 よりずっと高い 55 〜 65 の間で推移し、また被雇用者が選ぶ労働量も最小値に比べてずっと高く、その水準は受領した賃金に強い正の相関を示す形でとられていた。フェアら [Fehr *et al.*, 1998] は、雇用者と被雇用者の<u>互恵的関係は強固</u>であると主張した。

現実の労働市場では失業（労働の供給過剰）が存在し、雇用契約締結のため**労働者間で競争**があるケースが多い。労働者間での雇用をめぐる競争の存在は、ギフト・エクスチェンジ関係にどう影響するだろうか？　企業は、労働の過剰供給につけ込み賃金を抑え、雇用契約からのレントを搾取しようとするだろうか？　フェアら [Fehr *et al.*, 1993] とフェアら [Fehr *et al.*, 1998] は、労働者が過剰な労働環境において、賃金で労働者が雇用先企業を選ぶ労働市場モデルを用いた実験を行った[*4]。実験では、各企業がオファーする賃金を決め、その一覧が全ての労働者に開示される。各企業と各労働者は、それぞれ 1 相手とだけ雇用契約を結べる。雇用契約が成立すると、その企業と労働者は市場から退出する。契約相手が見つからない場合、企業はオファー額を随時更新できる。最後に、労働者が、契約締結の後に雇用先への労働貢献量を決定する。実験結果によると、賃金と労働の間の強いギフト・エクスチェンジが観測された。また、賃金と労働貢献の水準や、その正の相関の強さは、前述のランダム・マッチング下のそれと同程度であった。フェアらは、①互恵的な労働者に高い賃金を提供する行為は、彼らから高い労働貢献を引き出すための企業にとっての利益最大化戦略であり、②ギフト・エクスチェンジ関係の持続の便益は市場における労働者の過剰さに影響されず発生する、とアカロフの論に近い解釈をした。その他の様々な実験研究の結果を見ても、ギフト・エクスチェンジ関係は非常に頑健な行動結果である。例えばフェアとフォーク [Fehr & Falk, 1999] は、契約時に賃金が企業と労働者の間の双方向の交渉で決まる可能性をモデル化した。つまり、彼らの実験は、企業プレイヤーと労働者プレイヤーによるダブル・オークション（2 章）で雇用契約と賃金が同時に決まる労働市場実験である。実験結果によると、契約締結後の労働貢献量が雇用契約における賃金額に強く相関しており、強固なギフト・エクスチェンジ関係が検出されている。

■ **評判形成と長期的関係**　企業と労働者は、相互に有益なギフト・エクスチェンジに基づく雇用関係の構築に成功すると、その関係を継続して高い相互協力を持続しようとする。ブラウンら [Brown *et al.*, 2004] は、匿名性の条件を緩めてギフト・エクスチェンジゲームを有限回繰り返させた。具体的には、各企業と各労働者はそれぞれ固有の ID ナンバーをもち、繰り返しゲームの各ラウンドで企業が自身の ID ナンバーを活用して、どの労働者に賃金（雇用契約）のオファーをするか決め

[*4]　フェアらの実験 [Fehr *et al.*, 1993] では、各グループに 9 人の労働者プレイヤーと 6 人の企業プレイヤーがいる設定を用いた。一方、フェアらの実験 [Fehr *et al.*, 1998] では、各グループに 6 〜 8 人の企業プレイヤーと、最低でもその数の 50 ％は多い労働者プレイヤーがいる設定を用いた。

られるとした。実験結果によると、企業は、過去にギフト・エクスチェンジが成功し相互に有益な雇用関係を構築できた労働者に雇用契約のオファーをする傾向があり、また、労働者も信頼がある企業からのオファーを受け入れ高い労働貢献を提供した。雇用関係の経験を基にして企業と労働者が長期的関係を築くかを決めるという事実は、協力や協調の成功にソーティングやパートナー選択が重要であるという実験事実（6〜7章）と整合的であり、また、現実社会におけるミスマッチや相手への不満から労働移動が頻繁に起こる事実とも一致する。

■ **企業と複数労働者との契約**　経済実験では、分析したいキーの側面を除き、現実的要素をできる限り捨象する。フェアらの実験は、各企業プレイヤーが1人の労働者プレイヤーとのみ雇用契約を結び生産活動を営むと単純化した。ギフト・エクスチェンジの可能性の検証が目的だったのがその理由だ。プレイヤーの利己性と合理性に関する共有知識を前提にすれば、企業が契約を結ぶ労働者の数によらず、バックワード・インダクションによるとギフト・エクスチェンジ関係は実現しない。従って、マッチングを単純にして雇用関係を検証する実験計画は理に適う。しかし、企業がマッチする労働者の数は、本当に労働行動に影響しないのか？　マシミアノら [Maximiano *et al.*, 2007] は、この雇用契約に関する単純化を緩めた実験をオランダで実施した。彼らは、社会的選好に基づく純粋な意味でのギフト・エクスチェンジの可能性を検証するため、ランダム・マッチングで企業と労働者をマッチした。

　具体的には、マシミアノらの実験では、各被験者が企業プレイヤーと労働者プレイヤーのどちらかに割り振られ、各企業が4人の労働者とマッチし1回きりのギフト・エクスチェンジゲームをプレイした。企業が提示する賃金は4人の労働者で同一と仮定した。比較のため彼らは、各企業が1人の労働者とのみマッチし同じゲームをプレイする実験も行った。企業が4人の労働者と雇用契約を結ぶ場合には、4つの契約からの利益の合計が企業の総利益である。そのため企業は、労働者一人一人に比べて遥かに高い利得を獲得する。マシミアノらは、1企業-4労働者マッチングでは企業と労働者の間での利得の不平等が大きいので、労働者は不平等を減らすために企業への労働貢献をためらい、企業は労働者に対しより寛容な賃金を提供するという仮説を考えた。そして彼らは、その傾向のため1企業-4労働者の設定ではギフト・エクスチェンジ関係の持続が難しいのではないかと考えた。しかし、実験結果によると、被雇用者の労働貢献量は若干弱まったものの、1企業-4労働者マッチングの設定でも、1企業-1労働者マッチングの設定とあまり変わらないほど強いギフト・エクスチェンジ関係が実現した。より現実的な1企業が複数労働者とマッチする労働環境でも、ギフト・エクスチェンジ関係は頑健なのである[5]。

■ 褒賞と罰則　雇用関係において、被雇用者がとった労働行為に対して雇用者が褒賞や罰則を科せる場合には、ギフト・エクスチェンジ関係が強化される。フェアら [Fehr et al., 1997] は、失業が存在する（企業数より労働者数が多い）労働市場モデルに取引の 3 段階目を導入した。最初の 2 段階は、企業による賃金など契約内容の提示と労働者による契約の選択（第 1 段階）と、契約後の労働者による労働貢献量の選択（第 2 段階）である。第 3 段階では、企業が労働者の選択した労働量を観測し、コストをかけて罰則を科す、または褒賞を与える段階である。この 3 段階目の追加は現実的である。賞与制度のある企業では、被雇用者の業績により賞与の額を減額または増額するのが一般的だ。実験結果によると、罰則と褒賞が可能な第 3 段階があると互恵的関係が強まり、それがないトリートメントに比べ遥かに高い賃金と労働貢献が実現した。その結果、雇用者と被雇用者は共に高い利得を享受した。この現象の背後にあるメカニズムの一つは、労働者の信念だ。要求された労働量以上の貢献をした場合には褒賞が、要求された労働量未満の貢献をした場合には罰則が科されると被雇用者は予測し、実際に雇用者は供給された労働量に条件付きで褒賞または罰則の度合いを決定したのである。

■ 契約形態の選択　企業は、労働者の互恵的反応を正しく予測し、適切な契約形態を選択できるのだろうか？　企業による内生的な契約の設定行動は、フェアら [Fehr et al., 2007] により考察され、肯定的な答えが提示されている。

　具体的には、フェアら [Fehr et al., 2007] は、ギフト・エクスチェンジゲーム実験において企業プレイヤーが、①インセンティブ契約、②信頼契約、③ボーナス契約の中でどれを選択するか分析した。彼らが使用した①は、監視と罰則制度に基づく契約だ。賃金と罰金が契約項目であり、雇用契約の締結の後で選択される被雇用者の労働行為が、外生的に決められた確率で監査され、怠業が見つかった場合は罰則が科されるという契約である。②は、監視などのない 2 段階からなる通常のギフト・エクスチェンジ契約（例：フェアらの設定 [Fehr et al., 1998] でのゲーム）である。③は、契約時に企業が求める労働量 e' を提示し賃金を支払うのみならず、被雇用者がとった実際の労働貢献量 e が e' 以上の際にはボーナスを支払うと約束す

---

*5　労働環境以外でもギフト・エクスチェンジ関係は実現する。例えば、亀井 [Kamei, 2021] は、政治家と有権者の間のいわゆる**票の買収**（vote buying）を例に挙げた。実験室で被験者は、政治家プレイヤーと有権者プレイヤーのどちらかに割り当てられ、政治家プレイヤーは実験選挙モデルで、選挙前に有権者プレイヤーに金銭を与えられると設定した。実験結果によると、政治家の中には有権者の票をギフトで買収しようとする人がいて、有権者もギフトに互恵的に反応しギフトを供与する政治家に投票する傾向があった。票の買収の詳細は 11.4 節で取り上げる。

る契約である。これは、ギフト・エクスチェンジゲームにボーナス支払いの第3段階を追加したものである。ボーナスの可能性は拘束力のない約束であり、雇用者は第3段階で自由に額を決められるとした。実験結果によると、企業プレイヤーは労働者の互恵的反応を適切に予想し、ボーナス契約を最も頻繁に選択した。ボーナス契約は、被雇用者から高い労働貢献を効果的に引き出すことに成功し、また雇用者は、労働貢献の高い被雇用者に約束通り高いボーナスを支払った。フェアらは、結論として、公平性や互恵性などの社会的選好が雇用関係からの総余剰を高めるのに効果的であり、企業はそれを活用した契約を自発的に設計できると論じる。

3 フィールド実験からの事実

実験室で頑健性が確認されたギフト・エクスチェンジ関係をフィールドで検証する試みも多数行われ、その外的妥当性（1章）が比較的高いと報告されている。自然フィールド実験（1章）は、組織や団体の通常業務の中に被験者が気づかない形（実験に参加していることも知らされない形）で介入するものであり、協力する組織と協働して実施され、独創的なものが多い。

例えばフォーク [Falk, 2007] は、貧困問題に取り組む国際慈善組織の寄付を募る活動の中にフィールド実験を組み入れた。具体的には、同組織が2001年冬に、スイスのチューリッヒ州（カントン）の9,846世帯にバングラデシュ・ダッカのストリートチルドレンの学校費用のために寄付を募る手紙を送る際に、絵葉書のギフト（**図表10.8** (a)）を同封する介入をした。約3分の1の世帯には絵葉書1枚を同封、3分の1は絵葉書4枚を同封、残り3分の1は絵葉書の同封がないトリートメントをそれぞれ実施した。絵葉書には子供が描いたイラストが印刷されており、「ダッカの子供たちからの贈り物」「自分でもらうか誰かにあげてください」とのメモが同封の手紙に書かれている。実験結果によると、1枚と4枚の絵葉書が同封された場合は、絵葉書がない場合に比べて、受け手が寄付で応じる確率がそれぞれ17％と75％も増加した。寄付額の増加率で見ても、ギフトの効果は同程度に強かった。

クベら [Kube *et al.*, 2012] によるフィールド実験研究によると、労働を引き出す効果はギフトの種類に依存する。彼らは、ドイツの大学の図書館が図書の電子カタログを作る機会を活用して、自然フィールド実験を設計した。時給が12ユーロである3時間の1回きりのアルバイト（報酬の合計は36ユーロ）として大学生を募集した。仕事の内容は、書籍ごとに著者名、書名、出版社名、出版年、ISBNを電子データベースに打ち込む単純作業である。アルバイト当日、集まった学生にギフトとして追加報酬を与えると通知したが、追加報酬の与え方を変えることで複数の

図表 10.8　過去のフィールド実験で使われたギフトの例

(a) 絵葉書 [Falk, 2007]　　　(b) ボトル [Kube et al., 2012]

注) (a)はフォーク [Falk, 2007] の論文の Figure 1 (著作権：Econometric Society、著者及び同学会から許可を得て転載)、(b)はクベら [Kube et al., 2012] の論文の Figure 1 (著作権：American Economic Association、著者及び同学会から許可を得て転載) である。

トリートメントを設計した。36 ユーロに加え追加で金額を 7 ユーロ増額するトリートメント、丁寧にラッピングした 7 ユーロ相当のサーモス製ボトルを追加でギフト (**図表 10.8**(b)) として与えるトリートメント、被験者が現金 7 ユーロとボトルのどちらかを選べるトリートメントなどである。実験結果によると、金銭的ギフトに比べて、ボトルという非金銭的ギフトや、自らギフトの選択が可能な場合に、ギフト・エクスチェンジ関係 (ギフトが作業量に与える正の効果) が特に強かった。クベら [Kube et al., 2012] は、ギフト・エクスチェンジは、現実の職場では我々の想像より遥かに複雑な現象であり、主体からのギフトを金銭的価値だけで測ることは不正確であり、**ギフトにこもった気持ち**なども効果に影響すると論じる。

　なお、クベらは、同様の図書館でのデータ入力に関する自然フィールド実験の手法を用いて、予期せぬ追加報酬と賃金カット (つまりギフトと罰) それぞれが労働生産性に与える影響も考察した [Kube et al., 2013]。実験結果によると、追加報酬の付与は労働に正の効果、賃金カットは負の効果をもたらしたが、<u>後者の負の効果が前者の正の効果より遥かに大きかった</u>。これは、労働者が損失回避の選好 (7 章付録) をもつという考え方に整合的な結果である。現実の職場で労働者は、通常、賃

金の水準に対して、当該企業や業界の慣例、そして経済状況から参照点をもつ。企業が賃金を設定する際には、正と負の互恵性の両方の可能性を吟味する必要があることがわかる。

クベらによる2つの研究結果で明らかになった側面の一つは、金銭ギフトの効果の潜在的弱さである。効果の有無については研究者の間で議論がある。例えばベルマーレとシアラー [Bellemare & Shearer, 2009] は強い正の効果を観測した。彼らは、カナダのブリティッシュ・コロンビア州で操業する植林会社で働く労働者を対象に自然フィールド実験を行った。報酬制度は出来高給（労働対価が 0.2 ドル/植林）で、通常、労働者は植林から約 200 ドル/日の報酬を得ている。実験での介入は、一括で 80 ドル（ギフト）を追加報酬（ボーナス）として与えるかどうかである。実験結果によると、ギフトを与えた場合は 1 人当たり平均植林数が約 10 ％、本数で 100 本以上増加した。一方で金銭ギフトの効果が見られなかった研究の例として、例えばニーズィーとリスト [Gneezy & List, 2006] によるものがある。彼らは、米国中西部にある大学の図書館でのデータ入力アルバイト作業と、ノースカロライナ州にある自然災害削減研究センターへの（戸別訪問での）寄付を募る活動の2種類を用いて、金銭ギフトの効果を測る自然フィールド実験を行った。金銭ギフトは、約束していた時給を作業当日に引き上げるか否かである。実験結果によると、金銭ギフトを与えられると、人々は作業の開始時に高い生産性を示すことがわかった。しかし、それは持続せず、長期的に見るとギフトの効果はなかった。エステヴェス-ソレンセンの実験 [Esteves-Sorenson, 2018] でも、クベら [Kube *et al.*, 2012, 2013] と同様の図書館でのデータ入力アルバイト作業が用いられた。エステヴェス-ソレンセンは、固定給を用いて金銭ギフトの効果を考察した。固定給として約束していた水準を引き上げるというギフトを供与しても、自然フィールド実験での作業量への効果がほとんど見られなかった。

10.4 昇進などのトーナメント制度と労働貢献行動

労働者の怠業やチームにおけるモラル・ハザードを軽減する方法として、何らかの競争を労働者間に組み入れることが可能だ。現実の企業などの組織には**職務階梯**（job ladder）があり、階梯を上がれば上がるほどポジションの数は少なくなる。従って、限られた上位の職務を目指した社内での競争がある。また、企業内での業績基準や規範は、同僚の業績などの履歴や慣例で醸成され、従業員が受け取る**賞与や褒賞も競争で決まる**と解釈できる。賞与や褒賞の判断にチームや部署内での相対

評価が重要な場合には、自身の相対的順位を上げるべく同僚と競い合うことになる。限られた数の賞を競う競争を**トーナメント**（tournament）と呼ぶ。トーナメント理論は、労働経済学以外の分野（例：限られた議席をめぐり候補者が互いに競争する選挙、スポーツ競技）にも適用できる。賞をめぐる競争は労働者の行動にどのような効果をもたらすだろうか？

　トーナメントでは、絶対評価（absolute performance）ではなく**相対評価**（relative performance）を基に労働者の報酬を決定する。この点は企業経営側にも利点がある。例えば、ウィリアムソンら [Williamson *et al.*, 1975] は、絶対評価に比べ相対評価を使えば、モニタリングなどの人事評定や人事管理の費用が抑えられると論じる。絶対評価では、労働者の成果を細かく記録し整理する必要があるが、その作業量は膨大だ。一方で、必要な評価が相対的順位のみの場合はそういった負荷が少ないが、デメリットもある。例えば、仮に自身の労働貢献が低くても、他がもっと低ければ賞を獲得できるように、労働貢献への効果に不確実性がある。従って、被雇用者が選択する労働貢献の絶対水準にトーナメント制度が与える影響には実証的関心があり、経済実験を行えばその検証が可能である。

　トーナメント・モデルでも、これまでのモデルと同様で、被雇用者は労働貢献の水準 e_i を選択する。また、被雇用者にとって労働行為には費用がかかると仮定する。そして、被雇用者 i が生み出す生産量 q_i は、労働量とノイズで決まる。

$$q_i = g_i(e_i) + \varepsilon_i \tag{10.22}$$

関数 $g_i(.)$ は生産関数であり、被雇用者の属性で違う可能性も考慮し、下付きの i を付けた。ε_i はノイズであり、予期しない不確実性を指す。例えば、工場で複数の労働者がそれぞれ個人生産で部品を作る場合を考えると、使用する設備や機械の調子（例：故障や不具合）など個別の不確実性がある。不確実性は、労働者ごとに違うものに加えて、共通のもの（例：工場全体での空調の予期せぬ不具合、関連会社からの原材料搬入の遅れ）もある。トーナメント実験でも、他の労働経済実験と同様に、被験者への認知負荷を避け単純化を図る目的で運の要素であるノイズを省き、生産量が労働量のみで決まると設定して実施されることも多い[6]。

　典型的な経済実験の仕方は、公共財ゲームやギフト・エクスチェンジゲームなどと類似しており変わらない。実験室に集められた被験者は、特定の財産（金銭）が与えられ、予め決められたサイズのグループ（例：3 人）にランダムに割り振られる。ルールとして設定された①労働貢献量と労働費用の対応表（労働費用関数）、

---

[6] ノイズの有無で理論予測は大きく変わる。理論分析はむしろノイズがない方が複雑であり、ノイズがないモデルでは純粋戦略ナッシュ均衡が存在しない。詳細は本書の範囲を超えるため省略する。

②労働貢献量と生産量の対応表（生産関数）、③報酬制度の下で、各被験者が同時に労働貢献量を選択する。そして、意思決定の結果として実現する生産量の高低で報酬（実験参加の対価）が決まる。なお、ゲームを基に実験を設計する代わりに、リアル・エフォートタスク（10.1 節）の作業に実際に携わってもらい、作業量で競争させる実験も可能だ。トーナメントには様々な報酬制度があるが、**1**では代表的な 2 つを紹介する。トーナメント下での行動特性を考察する目的で数多くの実験室内実験が行われてきたが、**2**では実験事例のいくつかを見る。

1 トーナメントの例

労働環境においては、どのトーナメントが使用されたとしても、**全員負担オークション**（all pay auction）の特徴を有する。全員負担オークションとは、目的物を獲得するために集まった参加者が入札をするオークションのうち、獲得者ではない参加者も自身の入札額をオークショニアー（競売人）に支払うルールを指す。職場環境では、昇進や褒賞を目指して行った労働行為は、それが仮に達成できないと後にわかっても時間を巻き戻すことはできない。その意味で労働費用は、回収のできないサンクコスト（sunk cost；埋没費用）である。

単純なトーナメントのルールに、労働者が生み出した生産量の相対的大きさで賞を勝ち取る確率が決まるという**くじコンテスト**（lottery contest）がある。このコンテストで N 人が 1 つの賞金 z の獲得を目指し競争する場合、労働者 i の（期待）利得は式 (10.23) と式 (10.24) で表される。

$$E[u_i(q_i, q_{-i})] = p_i \cdot z - c_i(e_i) \qquad (10.23)$$

$$p_i = \frac{q_i}{\sum_{j=1}^{N} q_j} \qquad (10.24)$$

ここで、賞を勝ち取るのは確率的に決まるため、利得は式 (10.23) の通り期待値で表される。p_i は i が勝者となる確率、$p_i \cdot z$ は得られる金額の期待値、$c_i(e_i)$ は i が負う労働費用であり、労働負荷を負う度合いは労働者により異なり得ることから、費用関数 $c_i(\cdot)$ は i に依存することを下付きの i で示している。p_i は、式 (10.24) の通り、自身の生産量 q_i がメンバーの生産量の合計 $\sum_{j=1}^{N} q_j = q_1 + q_2 + \cdots + q_N$ に占める割合で決まる。この勝つ確率は、q_i が相対的に大きいほど高い。式 (10.24) の定式化では当然、$\sum_{j=1}^{N} p_j = 1$ が成り立つ。敗者の賞金は 0 のため、競争に負ければ自身は労働費用のみを被り利得が負になる。

同じように頻繁に使用されるルールに**序列トーナメント**（rank-order tournament）がある。これは、生産量（貢献）の大きさで労働者を降べきの順に並べ、その序列

で、事前に定められた賞を支払うというものだ。例えば、最も生産性の高い労働者が賞を獲得する（同じ生産性の労働者が複数いる場合はランダムに1人選ぶ）という例が挙げられる。テニスやゴルフなどのプロスポーツ競技のように、獲得金額が順位により異なる序列トーナメントもある。例えばテニスでは、トーナメントの上位に勝ち進めば進むほど、勝つことで得られる追加獲得金額も大きくなる。

単純な例として、各労働者の利得が式(10.23)で決まる2人の労働者（労働者1、労働者2）による序列トーナメントでの競争を考えてみよう。くじコンテストとの違いは競争に勝つ確率 p_i であり、序列トーナメントでの p_i は、式(10.24)とは異なり、自身の生産量が相手より高ければ100％である。生産が高い労働者の報酬が M、低い労働者の報酬を m とする（M と m は $M > m$ を満たす正の額である）。労働者1の生産量が労働者2より高い条件は、次のように労働量の差とノイズの差で表される。

$$g_1(e_1) + \varepsilon_1 > g_2(e_2) + \varepsilon_2 \quad \text{つまり} \quad g_1(e_1) - g_2(e_2) > \varepsilon_2 - \varepsilon_1 \qquad (10.25)$$

労働者1が勝つには高い労働貢献が必要であるが、運の要素もある。不等式(10.25)は、労働者1が自身の労働とスキルにより相手より理論的に上回る生産量の差 $g_1(e_1) - g_2(e_2)$ が、相手が享受し得る相対的な運の要素 $\varepsilon_2 - \varepsilon_1$ より高ければ勝利できることを意味する。逆に、自身の労働やスキルが劣っていても、運の助けで労働者1が勝つこともある。

トーナメントの特徴は、雇用者が賞の大きさを変えることで、被雇用者の労働を金銭的損得により動機付けられる点である。賞の額を適切に調整すれば、出来高制（10.1節）と同じかそれ以上の水準の労働インセンティブの構築もできる（計算は複雑なため、序列トーナメントを例とした数学的詳細は本章付録に譲る）。

2 経済実験・行動事実

トーナメント下での人々の労働貢献は、報酬制度に依存して異なると知られている。まず、くじコンテストと序列トーナメントでの人々の労働貢献行動を比較する。次に、サボタージュ行動（sabotage）、つまりトーナメント下で起こり得る自身の利益のために労働者が行う同僚への非協力的な妨害行動を簡単に見る。

■ **トーナメント制度と労働貢献行動**　くじコンテスト下でのナッシュ均衡は、各プレイヤーが相手の戦略を所与として式(10.23)を最大化する貢献量を選択する戦略プロファイルである。過去の数多くの実験室内実験の整理から、デチェノウスら[Dechenaux et al., 2015]は、理論予測に反する次の2つの頑健性の高い行動特性が

あるとまとめた。

(1) 人々は、ナッシュ均衡の水準以上に**過剰に貢献**する傾向にある。

(2) 労働貢献量の選択には**個人差が大きい**。ナッシュ均衡より遥かに高い労働貢献をする人もいれば、遥かに低い、または全く貢献しない人も存在する。そのため、**労働貢献のばらつき（分散）が大きい**。

デチェノウスらは、トーナメント実験で過剰貢献が起こるいくつかの理由を分類した。例えば、人々が勝ち負けにこだわる可能性がある。勝つことから心理的な満足、負けることから不満足（負効用）を感じるのであれば、金銭的動機だけで私的最適な行動を記述するナッシュ均衡の水準より人は大きな貢献をするはずであるという考察である。その他の可能性として、相手との相対的利得差を基に人が意思決定をする可能性もある。そのような選好をもつのであれば、仮に各人が対戦相手も過剰に貢献すると予想する場合、自身も過剰に貢献する傾向をもつであろう。

(1)と(2)の結果は、最適な雇用契約と報酬制度の設計がいかに重要かを語る。企業論の分野では、競争の潜在的激しさをトーナメント制度の問題点の一つと挙げる [Kroszner & Putterman, 2009]。仮に企業 A に属する被雇用者が皆同じように有能でスキルがある場合、トーナメントは彼らから合理的な水準以上に高い労働貢献を平均して引き出せる。しかし、競争の対価（上位の職務や賞与）が限られていれば、大多数の敗者は苦痛だけを経験することになる。他の企業と有能な労働者の獲得競争がある場合、より良い雇用環境をもつ別の企業 B に被雇用者を引き抜かれる可能性があるだろう。また、同僚に勝つ見込みがないと感じる悲観的な被雇用者は、頑張って働くのを諦めるかもしれない。

一方で、平均して過剰労働を起こさないと立証されているトーナメント制度も存在し、その例が序列トーナメントである。例として、米国で実施された初期の実験研究であるブルら [Bull *et al.*, 1987] とショッターとワイゲルト [Schotter & Weigelt, 1992] による研究を取り上げる。

ブルらは、2 人が競う単純な序列トーナメントを設計した。トーナメント下での複雑な実験環境への学習が可能なように、12 ラウンドから構成される繰り返しゲームを使用した。各被験者は 1 つの報酬制度の下でのみ意思決定する（被験者間計画）。各ラウンドで被験者は、同時に 0 から 100 の間の数値を労働貢献量 e_i として選択し、その結果としての生産量は $y_i = e_i + \varepsilon_i$ と表され、e_i とノイズ ε_i の合計で決まる。労働貢献には費用がかかるが、生産量が相手より高ければ高い報酬 M を得る。彼らが使用した実験ゲームのパラメータをまとめたのが**図表 10.9** である。トーナメント 1 がベースとなる設定であり、労働費用は $e_i^2/10{,}000$、ノイズは -40

～40の間の整数がランダムに1つ実現し、勝者の報酬 M が1.45ドル、敗者の報酬 m が0.86ドルである。労働費用関数は2人とも同じである。ナッシュ均衡の労働貢献量は $e_i^* = 37$ と計算されるが（計算は複雑なため省略するが、本章付録と同じ方法で導出できる）、被験者がこの水準を選択するか否かが実験で確認したい点である。序列トーナメントの頑健性を調べるため、トーナメント2と3も設計された。トーナメント2では、ナッシュ均衡の労働貢献量を $e_i^* = 37$ に保ったままで、ノイズによる不確実性を増大させ、代わりに労働費用を小さくした。トーナメント3では、ナッシュ均衡の労働貢献量が $e_i^* = 74$ と2倍となるように、パラメータを調整した。

トーナメント下での被験者の労働貢献行動と比較する目的で、出来高制の設定で実験も実施した。出来高制下での生産物の価値は、$y_i = 0.2 + 0.037 e_i + \varepsilon_i$ と設定し、被験者の実験参加報酬は y_i と労働費用 $c(e_i)$ の差とした。このパラメータは、比較が可能なように、均衡が $e_i^* = 37$ となるように設定されている。

図表 10.9　ブルら [Bull *et al.*, 1987] の実験設定と結果

	労働費用関数	ノイズ	報酬	均衡労働貢献量	実験結果：労働貢献量の平均 [分散]	
					前半6ラウンド	後半6ラウンド
出来高制	$\dfrac{e_i^2}{2,000}$	−0.2 ～ 0.2 の間の数値（0.01刻み）がランダムに実現	0.2 + 0.037e_i + ε_i	$e_i^* = 37$	40.44 [103.61]	38.91 [87.38]
トーナメント1	$\dfrac{e_i^2}{10,000}$	−40 ～ 40 の間の整数がランダムに実現	$M = 1.45$ ドル $m = 0.86$ ドル	2人とも $e_i^* = 37$	43.62 [508.32]	38.75 [499.67]
トーナメント2	$\dfrac{e_i^2}{20,000}$	−80 ～ 80 の間の整数がランダムに実現	$M = 1.02$ ドル $m = 0.43$ ドル	2人とも $e_i^* = 37$	42.17 [366.11]	33.41 [286.07]
トーナメント3	$\dfrac{e_i^2}{16,000}$	−40 ～ 40 の間の整数がランダムに実現	$M = 1.59$ ドル $m = 0.85$ ドル	2人とも $e_i^* = 74$	64.92 [867.17]	69.91 [892.05]

注）被験者の生産量 y_i は、出来高制では $0.2 + 0.037 e_i + \varepsilon_i$、各トーナメントでは $e_i + \varepsilon_i$ である。

図表 10.9 で示す実験結果によると、均衡労働貢献量 ($e_i^* = 37$) に対して、出来高制でも序列トーナメントでも、被験者の選択の平均は均衡に近かった。また、均衡が $e_i^* = 74$ と 2 倍に設定したトーナメント 3 では、他の実験設定に比べて労働者も高い労働貢献量を選択した。一方で、出来高制とトーナメントの大きな違いとして観測されたのは、データのばらつきである。トーナメント下で観測された労働貢献量の分散は、どの実験設定であっても、出来高制下に比べて 3 倍以上大きかった。序列トーナメントでは、くじコンテストとは異なり、平均的な労働選択で見れば理論と整合的であるが、労働貢献選択の異質性はトーナメントで共通して起こるのである。なお、ブルら [Bull *et al.*, 1987] とショッターとワイゲルト [Schotter & Weigelt, 1992] は、競争する 2 人のプレイヤーで異なる労働費用関数をもつゲーム環境でも実験を行ったが、労働貢献の選択に個人差が大きかった。例えば、ショッターとワイゲルトでは、労働行為の費用が高いプレイヤー（能力の低い労働者のモデル化）は、諦めて全く貢献しないか、過剰貢献するかに分かれると議論している。

序列トーナメントでも労働貢献の選択に個人差が大きい事実は、マネジメントの視点で現実的示唆がある。つまり、トーナメント制度を活用する際には、別の制度も必要な可能性である。例えば、過剰な労働をする被雇用者に対して、その分の配慮がないと、対価（例：褒賞、上級の職位）に比べて過大な労働からの負効用の存在のため職場に不満をもつかもしれない。また、一部の労働者による競争を避け過小貢献する行為も、最適な意思決定ではない。悲観的な雇用者から労働を引き出すには追加的なメカニズムが要る。

最後に、人々の属性と報酬制度に関する選好の関係を補足する。企業間で報酬制度が異なる場合に、どの属性の人が競争的なトーナメントを好み、競争的な企業を就職先に選ぶかは、ビジネスの実務で興味深い問いである。過去の経済実験によると、能力やスキルが高い人ほど [Eriksson & Villeval, 2008]、また自信過剰、もしくはリスク回避度の低い人ほど [Eriksson *et al.*, 2009]、そして男性ほど [Niederle & Vesterlund, 2007]、競争的なトーナメントを好む。

■ **サボタージュ**　トーナメントを使用する際の弊害の一つは、自身が勝つ確率を上げるために行う競争相手への妨害行為や、それにより職場内で蔓延する非協力規範である。例えば不動産仲介業の支店で働く営業を考えよう。仮に成約件数の序列で各仲介営業の報酬が決まる場合、営業同士で協力的な関係を保てるだろうか？情報収集の苦手な営業が得意な同僚に助けを求めても、効率的な方法を教えず、知らないふりをするかもしれない。成績の良い営業社員が、自身より成績が悪い同僚の改善点に気づいても、相対的順位を保つため助言するのを躊躇するかもしれな

い。労働者間の直接の交流やサボタージュの可能性をモデル化せずに行われた実験での結果を前の項目で概観したが、サボタージュが可能なら、そのオプションはどの程度弊害があるのだろうか？

サボタージュの可能性を実験に組み入れる方法は複数あり、関心の経済事象に応じて柔軟に設定できる。例えば、ハーブリングとアーレンバッシ [Harbring & Irlenbusch, 2011] は、序列トーナメントで各プレイヤーに、①労働貢献量の選択と②競合相手の生産物を下げる活動の両方を意思決定させた。労働貢献とサボタージュは共に、自身に負荷のかかる活動である。実験結果によると、勝者と敗者で報酬差が大きいトーナメントほど、金銭的動機から被雇用者は高い労働を提供するが、同時に強いサボタージュ行動もとるとわかった。この報酬差とサボタージュ行動の正の相関は、その他の多くの実験研究でも確認されている行動特性である。

サボタージュ活動は、被雇用者が互いに評価し合う**ピア評価**（peer evaluation）でも起こる。例えば、カーペンターら [Carpenter *et al.*, 2010] は、郵便作業（名前と住所を封筒に書き、封筒に入れる手紙を印刷し、その手紙を封筒に詰め郵便箱に追加する作業）を用いたリアル・エフォートタスク実験でピア評価の特徴を考察した。被験者はランダムに 8 人からなるグループに分けられ、郵便作業後に互いの作業の質を割合（100 ％が最高点）で評価した。各被験者のパフォーマンスは、完成した封筒の数にピアからの質の評価の平均（0 ～ 100 ％の値）を乗じたもので測られ、報酬制度は出来高制とトーナメントを組み合わせた。トーナメントは、グループでパフォーマンスが最も高い被験者が追加で大きな賞金を獲得できる仕組みである。ピア評価の妥当性を分析するため、USPS（米国郵政公社）で働き郵便作業に十分な経験のある実際の運搬人にも被験者の作業の質を評価してもらったところ、ピアによる質の評価は、USPS の運搬人に比べずっと低く偏った。

サボタージュが深刻な場合には報酬制度の適切な設計や対策が必要だ。サボタージュの影響は当該のトーナメントに留まらず長期化し得る。サボタージュが昇進などの評価に効果的な職場環境をもつ企業では、能力やスキルよりサボタージュが得意で攻撃的なものが昇進し、上位の職務を占めることになるかもしれない。レイジア [Lazear, 1989] は、仮に労働の金銭的インセンティブが下がっても、サボタージュ活動を誘発しないため、必要に応じて被雇用者間の報酬差を縮小し、平等な報酬制度を設計することも有益だと論じる。またレイジアは、企業の採用活動の重要性も論じる。能力やスキルに加え、採用候補者の性格も評価し、攻撃的でサボタージュ気質をもつ候補者をスクリーニングできれば問題の発生を事前に防げる。当然ながら他の対策例として、サボタージュをするデメリットを強化するのも有効だろう。例えばサボタージュの発覚を容易にするように職場での行動の可視化を高め、妨害

272 ● 10 章　労働経済学・組織の経済学への適用

行為をした者への罰則ルールを整備すればサボタージュをする誘惑が減退する。

付録　序列トーナメントにおける賞の大きさと労働貢献量

　10.2 節の計算例と比較が可能なように、式 (10.22) の具体例として式 (10.26) を考える。

$$q_i = ce_i + \varepsilon_i \tag{10.26}$$

c は正の数値である。単純化のため、ε_i を期待値が 0 で正と負に同程度のばらつきをもつノイズ（ランダム変数）とすれば、生産量 q_i の期待値は $E[q_i] = ce_i$ と式 (10.9) に一致する。社会的最適な労働貢献量は、期待利得の最大化から計算できる。10.2 節 ■1 で説明したように、被雇用者 i の労働費用が式 (10.10)、そして生産物の価格を 1 と仮定すれば、個人が生み出した価値に応じて報酬が支払われる場合に最適な労働貢献量が $e_i^{**} = c/(2b)$ と計算される。これは、式 (10.12) と同じである。

　比較のため、①2 人からなるチーム生産でレベニュー・シェアが適用される場合と、②2 人の間で序列トーナメントが適用される場合での被雇用者の労働選択を計算する。

■①レベニュー・シェア
10.2 節 ■1 で 3 人からなるチーム生産の例を計算したが、2 人の場合も同様のプロセスで被雇用者の行動を計算できる。この場合、被雇用者 i の期待利得は式 (10.27) で表される。

$$E[u_i] = \frac{ce_1 + ce_2}{2} - be_i^2 \quad \text{for} \quad i = 1 \text{ or } 2 \tag{10.27}$$

式 (10.27) を e_i で微分することで、私的最適の解の条件 $c/2 - 2be_i = 0$ が得られる。つまり、被雇用者 i にとって自身の利得を最大化する労働貢献量は $e_i^{**} = (1/2)c/(2b)$ であり、社会的最適な労働貢献量の $e_i = c/(2b)$ の 1/2 に留まる。レベニュー・シェアでは強い怠業行動が蔓延すると理論的に予測される。

■②序列トーナメント
序列トーナメントで被雇用者 1 が 2 に勝つ条件は式 (10.25) である（10.4 節 ■1）。これに、仮定した生産関数を導入すると次の式が得られる。

$$ce_1 - ce_2 > \varepsilon_2 - \varepsilon_1$$

ここで、2 つのノイズ ε_1 と ε_2 は共に期待値が 0 で対称なランダム変数であるため、単純化のためノイズ差 ε（$= \varepsilon_2 - \varepsilon_1$）は $-s$ から s の間の数値をランダムにとる変数（一様分布）と仮定しよう。その場合、実現した ε が $ce_1 - ce_2$ より小さければ被雇用者 1 は勝ち、高い報酬 M を獲得し、それ以外のときには負け、低い報酬 m を獲得する。つまり、被雇用者 1 が勝つ確率は $(ce_1 - ce_2 + s)/(2s)$、負ける確率は $1 - (ce_1 - ce_2 + s)/(2s)$ である。

付録　序列トーナメントにおける賞の大きさと労働貢献量　●　*273*

　なお、労働行為には費用がかかるため、被雇用者1は、被雇用者2の労働貢献量にできるだけ近く、一方で勝つ確率が高くなるように労働貢献を選択しようとする。ここで単純化のため、ノイズの幅 $2s$ は十分大きいと仮定しよう。

　被雇用者1の期待利得と、私的最適な労働量 e_1 が満たす1階偏導関数の条件は次のように計算される。

$$E[u_1] = M \cdot \frac{ce_1 - ce_2 + s}{2s} + m \cdot \left(1 - \frac{ce_1 - ce_2 + s}{2s} \right) - be_1{}^2$$

$$\frac{\partial E[u_1]}{\partial e_1} = (M - m)\frac{c}{2s} - 2be_1 = 0$$

1階偏導関数の条件式から、自身にとって最適な労働量 $e_1{}^{***}$ が、勝者と敗者の報酬差の関数として計算される。

$$e_1{}^{***} = \frac{c}{4bs}(M - m)$$

同様の計算から被雇用者2も同じ労働量が私的最適な労働量として計算される。この結果は**図表 10.10** でまとめられる。$e_1{}^{***}$ を書き直すと

$$e_1{}^{***} = \frac{M - m}{2s}\frac{c}{2b} = \frac{M - m}{2s}e_1{}^{\cdot}$$

となる。つまり、<u>勝者と敗者の報酬差 $M - m$ を調整することで十分大きな労働貢献量を被雇用者から引き出すことが可能</u>とわかる。例えば、報酬差がノイズの幅 $2s$ と同じであれば、序列トーナメントで $e_1{}^{***} = e_1{}^{\cdot} = c/(2b)$ が実現できる。

図表 10.10　各報酬制度下での私的最適な労働貢献量

	出来高制	チーム生産 ($N = 2$)	序列トーナメント[#1] (被雇用者1の最適行動の導出)
被雇用者 i の 期待効用 $E[u_i]$	$ce_i - be_i{}^2$	$\dfrac{c \sum_{j=1}^{2} e_j}{2} - be_i{}^2$	$M \cdot \dfrac{ce_1 - ce_2 + s}{2s}$ $+ m \cdot \left(1 - \dfrac{ce_1 - ce_2 + s}{2s} \right) - be_1{}^2$
労働の限界利得 $\dfrac{\partial E[u_i]}{\partial e_i}$	$c - 2be_i$	$\dfrac{c}{2} - 2be_i$	$(M - m)\dfrac{c}{2s} - 2be_1$
私的最適な 労働貢献量 $\left(\dfrac{\partial E[u_i]}{\partial e_i} = 0 \text{ の解} \right)$	$\dfrac{c}{2b}$	$\dfrac{1}{2}\dfrac{c}{2b}$	$\dfrac{M - m}{2s}\dfrac{c}{2b}$

注）#1　被雇用者2の期待効用は $M(ce_2 - ce_1 + s)/(2s) + m\{1 - (ce_2 - ce_1 + s)/(2s)\} - be_2{}^2$ であり、同様な手続きで全く同じ最適解が得られる。

11章

公共経済学・政治経済学への適用

　経済実験の手法は、公共経済学や政治経済学（政治科学）に広く適用されています。公共財供給問題がその一例であり、6章で人々のフリーライド特性とジレンマの深刻さ、そして人々の非利己的選好を基にした自己統治（例：ピア・ツー・ピアの罰則）の可能性を論じました。一方で経済学では、伝統的に人の利己性を前提としてきました。利己的個人に基づく公共経済学の古典的な考え方は、利害衝突に関わるインセンティブ構造を強制的に変えるように、適切に**制度（institution）を遂行**し諸問題の解決を目指すというものです。市場の失敗や公共財供給への介入、所得再分配、公平性の実現など公共部門が果たす役割は多くあります。では、制度が社会に遂行されれば、人々は制度の意図通りに行動を変え社会的に望ましい状況が実現できるのでしょうか？　民主的社会では制度遂行に人々の声が反映されます。人々はどのような条件の下で政府による介入を望み、コミュニティへの制度の遂行を支持するのでしょうか？　また、集合的意思決定に用いられる民主的手続きが果たす役割や弊害はないのでしょうか？

　本章では、6章での議論と比較が可能なように公共財供給問題を例に、これらの問いを考察した実験事例を学びます。まず11.1節で、制度が遂行された際の人々の行動変化を考察し、そして11.2節で、制度の遂行を人々が望むための条件を概観します。11.3 ～ 11.4節では、制度遂行に使われる民主的な投票制度の正と負の効果の例をそれぞれ取り上げます。

11.1　制度の効果

　公共財の過少供給問題は、課税や補助金などで強制的に、公共財への貢献を利己的に有利な行動に変えることで解決できる。理論と実験事実の両方がそろっている方法で、フォーキンガー [Falkinger, 1996] により提案されたメカニズムがある。これは、**自分以外の人々の平均貢献額からの乖離**に基づき線形で決まる額の**課税**と補

助金からなるメカニズム（以下、単に「メカニズム」と呼ぶ）である。メカニズムを公共財ゲームに明示的に組み入れて実験を行ったフォーキンガーら [Falkinger *et al.*, 2000] の研究を基に、メカニズムの特徴と効果を学ぼう。

　線形公共財ゲーム（6.1 節**2**）では、式 (6.1)（下に再掲）で示す通り、初期財産（例：$E = 20$）を持つ各被験者が公的会計への貢献額 c_i を決定し、MPCR（正で 1 より小さい率 r）で決まるリターンを受け取る。被験者が実験参加の対価として受け取る報酬額は、ゲームで自身が獲得した利得で決まる。

$$u_i(c_i, c_{-i}) = E - c_i + r \sum_{j=1}^{N} c_j \tag{6.1}$$

フォーキンガーのメカニズムは、式 (11.1) が示すように、各プレイヤーの貢献額に対し、他メンバーの平均貢献額未満の場合には課税し、平均貢献額以上の場合には補助金を追加することを表す項を式 (6.1) に加えたものである。

$$u_i(c_i, c_{-i}) = E - c_i + r \sum_{j=1}^{N} c_j + \beta \left(c_i - \frac{1}{N-1} \sum_{j \neq i} c_j \right) \tag{11.1}$$

ここで、$\beta \left(c_i - \dfrac{1}{N-1} \sum_{j \neq i} c_j \right)$ は税と補助金の可能性を示す項であり、補助金の場合は正、課税の場合は負の値をとる。ただし、$\beta > 0$ である。また、$\dfrac{1}{N-1} \sum_{j \neq i} c_j$ は、プレイヤー i を除くメンバーの平均貢献額である。例えば 4 人からなるグループでの公共財ゲーム $(N = 4)$ の場合、プレイヤー 1 にとって他 3 人のメンバーの平均貢献額は $\dfrac{c_2 + c_3 + c_4}{3}$、税・補助金は $\beta \left(c_1 - \dfrac{c_2 + c_3 + c_4}{3} \right)$ と計算される。式 (11.1) を c_i で偏微分することで、プレイヤー i にとっての私的最適な貢献行動を導出できる。

$$\frac{\partial u_i}{\partial c_i} = -1 + r + \beta \tag{11.2}$$

MPCR は 1 未満（$r < 1$）であるため、メカニズムがない（$\beta = 0$）場合には $\dfrac{\partial u_i}{\partial c_i} = -1 + r < 0$ であり、$c_i = 0$（何も貢献しないこと）が利己的個人にとっての強支配戦略である（6 章）。しかし、<u>税・補助率 β が $-1 + r + \beta > 0$ を満たすほど十分に大きければ</u>、式 (11.2) は正の値となり、$\dfrac{\partial u_i}{\partial c_i}$ が正、つまり $c_i = E$ が強支配戦略となる。

　メカニズムの長所の一つは、収支が自動的に均衡される点にある。追加された項 $\beta \left(c_i - \dfrac{1}{N-1} \sum_{j \neq i} c_j \right)$ は、各メンバーが補助金 βc_i を受け、定額税 $\dfrac{\beta}{N-1} \sum_{j \neq i} c_j$ を支

払うとも解釈できる。その解釈では、グループ内での補助金支払と税収の合計は共に $\beta(c_1 + c_2 + \cdots + c_N)$ である[*1]。

β が十分に大きければ、利己的個人の合理的な利得最大化により、メカニズムの導入は $c_i = E$ という総余剰の最大化を理論的に予測するが、認知能力によっては理解不足や混乱を起こし、正しく意思決定をできない人がいるかもしれないし、限定合理性や利己的選好とは異なる意思決定原理をもつ人がいる可能性もある。経済実験を行うことで、現実の人々に対するメカニズムの効果を測ることが可能だ。

図表 11.1 にフォーキンガーら [Falkinger *et al.*, 2000] が実験で使用したパラメータと被験者の意思決定結果（平均貢献額）を示す。メカニズムの効果を異なるグループサイズ N で検証する目的から、$N = 4$、8、16 の 3 つの人数が使用された。それぞれの N に対する MPCR は、貢献からのグループ全体のリターンが同じ値（$r \times N = 1.6$）になるように設定された。各 N に対して、メカニズムの有無（$\beta > 0$ か $\beta = 0$）で 2 種類のトリートメントが実施された。**図表 11.1** で均衡をまとめた通り、メカニズムがない場合は通常の線形公共財ゲームであり、何も貢献しないこと（$c_i^* = 0$）が強支配戦略である。十分高い税・補助率 β からなるメカニズムが遂行されると、全額貢献すること（$c_i^* = 20$）が強支配戦略となる。実験結果によると、理論予測と整合的に、メカニズムは人々から高い貢献額を引き出した。$N = 4$ の場合の平均貢献額は初期財産の 90.5 %、$N = 8$ または 16 のときはその割合は 80 % である。メカニズムがない場合には、平均貢献額は $N = 4$、8、16 それぞれで 50.5 %、15 %、10 % に留まった。利己的行動を社会的最適な行動（総余剰を最大化する行動）に一致させ、人々の間で利害衝突を起こさないようにインセンティブ構造を変える制度を導入することが、公共財配分問題の解決にいかに効果的かがわかる。

なお、非線形公共財ゲーム（6.3 節 **1**）でも同様に、$\beta\left(c_i - \dfrac{1}{N-1} \displaystyle\sum_{j \neq i} c_j\right)$ で決まる税・補助金を人々の利得に追加することでメカニズムを導入できる。十分に高い税・補助率 β を選択することで、人々の利己性から高い貢献額をナッシュ均衡として実現できる。フォーキンガーら [Falkinger *et al.*, 2000] の実験では、複雑な非線形公共財ゲーム環境でも、人々がメカニズムに敏感に反応し貢献額を上げることを示している。

様々な形態の正式な罰則制度を、ニーズに応じて柔軟に設定することも可能である。例えばアンドレオニとギー [Andreoni & Gee, 2012] は、<u>グループで最も規範を</u>

[*1] 税収の合計は例で考えるとわかりやすい。例えば $N = 3$ の場合、3 人の定額税の支払いの合計は $(\beta/2)(c_2 + c_3) + (\beta/2)(c_1 + c_3) + (\beta/2)(c_1 + c_2) = \beta(c_1 + c_2 + c_3)$ である。

図表 11.1　フォーキンガー・メカニズムの検証結果

	グループサイズ N					
	N = 4		N = 8		N = 16	
	コントロール	メカニズム	コントロール	メカニズム	コントロール	メカニズム
(a) 実験設定と均衡[#1]						
MPCR r	0.4	0.4	0.2	0.2	0.1	0.1
税・補助率 β	0.0	0.7	0.0	0.9	0.0	1.0
$\frac{\partial u_i}{\partial c_i}$ $(=-1+r+\beta)$	-0.6	0.1	-0.8	0.1	-0.9	0.1
均衡貢献額	$c_i^* = 0$	$c_i^* = 20$	$c_i^* = 0$	$c_i^* = 20$	$c_i^* = 0$	$c_i^* = 20$
(b) 実験結果 [#2]						
平均貢献額	50.5 %	90.5 %	15 %	80 %	10 %	80 %

注) 実験での各被験者の初期財産 E は 20 である。
　#1　$N=4$ の実験では、被験者間計画の下で各被験者が、コントロールとメカニズムのどちらか
　　　1 つの条件でのみ意思決定をした。$N=8$ と 16 の実験では、被験者内計画の下、各被験者はま
　　　ずメカニズムがある状況で 10 ラウンドだけプレイし、その後でメカニズムのないゲームを 10
　　　ラウンドだけプレイした。
　#2　公共財ゲームはパートナー・マッチングで 10 回繰り返された。平均貢献額は、初期財産に
　　　対して貢献した額の割合の 10 ラウンドを通じた平均を指す。$N=8$ と 16 の平均貢献額は、
　　　フォーキンガーらの論文 [Falkinger *et al.*, 2000] の Figure 3 から筆者が読んだ値である。

　逸脱した人だけが罰則対象になる制度の効果を、線形公共財ゲーム実験を用いて検証した。公共財ゲームでは、最も貢献額が低いメンバーがグループで最も高い金銭報酬を獲得するが、罰を受ける点が変更点だ。この制度を彼らは、最大の規範逸脱者を狙い撃ちして罰するという意味で**雇われた銃メカニズム**（hired-gun mechanism）と呼ぶ。移譲された取締り（delegated policing）の現実の例として、例えば高速道路でのスピード違反がある。周りの全ての車が制限速度を超えていても、最も強く違反した車が警察による速度取締りの対象になりやすい。学校教育の現場では通常、教員の取りまとめ役（学校教育法に定めのある教頭）が存在する。学校全体の平均的な行動ではなく、学校で最も勤務態度が悪い教員が注意や処罰の対象になりやすい。アンドレオニとギーは、最も規範を乱した人はグループ内で特定がしやすく、罰則運営が容易だと論じる。
　具体的には、雇われた銃メカニズムは、最も規範を逸脱したメンバー（メンバー1 と呼ぶ）が受ける罰則の強度を、次に強く逸脱したメンバー（メンバー 2 と呼ぶ）

278 ● 11章 公共経済学・政治経済学への適用

との金銭利得差により決定する次の(1)～(3)からなる制度である。線形公共財ゲームで、罰則を受ける前のメンバー1とメンバー2のそれぞれの利得をπ_1とπ_2と記す。メンバー1の強いフリーライドにより$\pi_1 > \pi_2$である。

(1) メンバー1は罰則$\pi_1 - \pi_2 + \varepsilon$を受ける。$\varepsilon$は十分小さい正の値であるが、1単位貢献した際の金銭損失額 (= 1 − MPCR) よりは大きい。

(2) 全員が同じ額を貢献し、その貢献額が社会的最適額（初期財産全額）でない場合は、全員が一律に罰則εを受ける。

(3) 全員が初期財産の全額を貢献した場合は、誰も罰則を受けない。

式 (6.1) で示される線形公共財ゲームで1単位貢献すると、私的会計からのリターンが1減少するが、公的会計からrのリターンを受ける。つまり、公的会計への1単位の貢献からの金銭報酬の損失は$1 - r$である。別の書き方をすると、$\frac{\partial u_i}{\partial c_i} = -1 + r$である。**図表 11.2** (a)のように、上のルール(1)が適用されると、メンバー1の利得は$\pi_2 - \varepsilon$ ($= \pi_1 - (\pi_1 - \pi_2 + \varepsilon)$)とメンバー2より低い額になる。メンバー1が、メンバー2より1単位多い水準まで貢献額を増やせば ($c_1 = c_2 + 1$)、公共財からのリターンが増加するのみならず、メンバー1は罰則を免れ、$\pi_2 - \varepsilon$より大きい利得$\pi_2' - (1 - r)$を獲得できる（**図表 11.2** (b)）。この場合はメンバー2が最大規範逸脱者として罰則を受ける。いい換えると、常に、<u>最も貢献額が低いメンバーは、貢献額を引き上げる動機をもつ</u>。雇われた銃メカニズム下での均衡は、ネーゲル [Nagel, 1995] の推測ゲームと類似で、強支配される戦略の逐次消去（4章）で導出できる。最も規範を逸脱したメンバーは、罰則を免れるために、次に強く逸脱したメンバーより少しだけ弱く逸脱しようと行動を変える動機をもつ。強支配される戦略を逐次的に消去していくと、**皆が全額を貢献する戦略プロファイルだけ**が最終的に消去されずに残る。

実験結果によると、線形公共財ゲームに雇われた銃メカニズムが導入されると、被験者は平均して、初期財産の約95％と全額に近い額をグループのために貢献し、ジレンマが十分克服された。特に顕著な点は、実現した高い利得水準だ。狙い撃ちする方法による罰則損失の少なさから、罰則なしの公共財ゲームに比べ50％以上も高い利得が実現した。

アンドレオニとギーは、ピア・ツー・ピアの罰則が可能な線形公共財ゲーム（第1世代モデル：6.5節 **1** ）に、雇われた銃メカニズムも同時に導入するトリートメントも実施した。この設定では、被験者はピア・ツー・ピアの罰則活動に携わるのをやめ、銃メカニズムにフリーライダーの取締りを委ねる傾向が強く、低い罰則損

図表 11.2 雇われた銃メカニズムでの罰則と利得

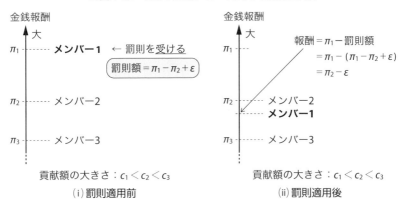

(a) 雇われた銃メカニズム適用による金銭報酬の変化

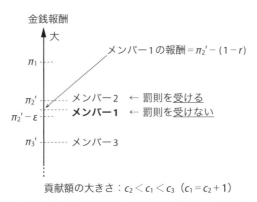

(b) メンバー1が貢献額をメンバー2より1単位多く貢献した場合

注) (b) では、メンバー1が貢献額を c_2+1 まで増やすと、(a) の場合に比べて公的会計への貢献額の増加から公共財からのリターンが増え、他の全てのメンバーの銃メカニズム適用前利得が大きくなる。そのプレイヤー $j(=2, 3, \cdots, N)$ の利得を π_j' と書けば、$\pi_j' > \pi_j$ である。

失で高い社会厚生を実現した。

　フォーキンガーやアンドレオニとギーなどのような正式な罰則制度を利用する長所の一つに、罰則による損失を最低限にできる点がある。ピア・ツー・ピアの罰則などの自己統治では、罰則が強すぎる傾向がある（6.5節❶）、あるいは罰則を受け入れず報復を試みる人がいる（6.5節❷）。フリーライダーではなく協力者に罰則を科す反社会的罰則（6.5節❶）も環境によっては起こる。制度を正しく設計す

れば、分権的な罰則活動で見られる非効率的な罰則を起こさず、小さい罰則損失で、高い社会厚生の実現が可能なのである。

11.2 人々による効率的な制度の遂行の可能性

　利己的行動と社会的最適行動を一致させる税・補助金制度は有益とわかったが、民主的社会で人々の声が施策遂行に反映できる場合、人々は適切な制度を構築できるだろうか？　どのような条件下で強制力を伴う制度を人々は望むのだろうか？

1 投票による制度の構築行動

　税はフリーライドに対する正式な罰則、補助金は貢献に対する褒賞である。プッターマンら [Putterman *et al.*, 2011] は、単純化のため再分配の側面を捨象し、正式な罰則の強度に焦点を当てて、民主的社会で人々が効率的な制度を自ら構築できるか考察した。彼らの実験で被験者は、**直接投票により**制度を構築する。例えばスイスでは、国民投票で法案を直接審議（レファレンダム）したり、国民発議（イニシアチブ）で法案の改廃や制定を投票にかけたりすることが可能だ。米国でも、カリフォルニア州では州民発議で物事を決められる直接民主制がある。しかし日本などの多くの民主的国家では、ほぼ全ての制度が、代表民主制の下で選挙により選出された政治家による審議で詳細が決定される。従って、直接民主制を通じた税制の策定は完全には現実的といえないが、プッタマンらを含め多くの経済実験研究では、研究目的が人々の制度選好の考察にあるため、直接民主制で制度選択の実験を設計する。これは、実験が複雑になるのを防ぐ意義もある。

　プッタマンら [Putterman *et al.*, 2011] の実験では、被験者はランダムに 5 人からなるグループに割り振られ、与えられた初期財産 ($E = 20$) のうちそれぞれが公共財に貢献する額を独立に意思決定する。MPCR は 0.3 である。これは式 (6.1) で示される典型的な線形公共財ジレンマである。各グループは、このゲームにメンバーの投票で罰則制度を構築する。投票は 3 段階で行われる。

《**ステップ 1**》貢献しなかった額（私的会計にある額）と貢献した額（公的会計にある額）のどちらに罰則を科すか投票する。5 人の多数決で罰則対象を決定する。

《ステップ2》罰則の最大値 a を 0 ～ 20 の間の整数から投票する。5 人の投票の中央値（真ん中の値）が、グループ内の個人に科される最大罰則値として遂行される。例えば、5 人の投票が 10、6、4、17、3 であれば、6 が選択される。

《ステップ3》罰則が免除になる貢献額 b を 0 ～ 20 の間の整数から投票する。5 人の投票の中央値が、罰則が免除される閾値として遂行される。

図表 11.3 にステップ 1 の投票の結果として起こり得る 2 種類の罰則制度の例を示す。(a)は公的会計に貢献しなかった額、(b)は貢献した額を罰則対象として選んだ例である。貢献行為を罰するという(b)のケースは非現実的であるが、フリーライダーが罰則対象であると明示して実験を行うと、フリーライドが社会的に望ましくないという印象を強調し、実験者需要効果（1 章）を誘発する可能性がある。罰則対象を被験者が集合的に決める形にすれば、実験者需要効果を最小化できる。(a)は投票により $a = 9$、$b = 6$ が選択された制度を示す。この場合、公的会計への貢献額 c_i が 6 以上であれば罰則を科されない。貢献額が 6 より 1 低いごとに 1.5 (= 9/6) の罰則を受けるというルールである。つまり a/b がフリーライドに対する罰則率である。例えば $c_i = 4$ の場合、罰則のため利得が 3 (= 1.5 × 2) 低下する。(b)は $a = 7$、$b = 13$ が投票で選択された場合を示す。13 を超えて貢献を行うと定率（罰則率 = 7/7 = 1.0）で罰則を科される。例えば 17 を貢献した被験者は、公的会計に 13 より大きい額を貢献したことに対して 4 (= 17 - 13) の罰則を受ける。

MPCR が 0.3 のプッタマンらの設定では、グループ全員が全額を公的会計に貢献した場合、それぞれが初期財産の 1.5 倍の 30 (= 20 - 20 + 0.3 × 20 × 5) の利得を獲

図表 11.3　投票による罰則制度の構築 [Putterman *et al.*, 2011]

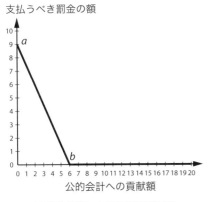

(a) 私的会計にある額が罰則対象

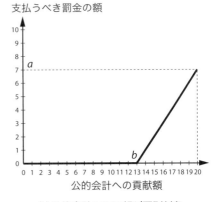

(b) 公的会計にある額が罰則対象

得する。これが社会的最適の状況である。社会的最適行動を利己的行動と一致するように制度を構築することが可能だ。ステップ1で私的会計にある額を罰則対象に選択し、ステップ2とステップ3で、全額を貢献しない限り罰則を受ける、つまり罰則が免除になる貢献額 b を20、そしてフリーライドへの罰則率 a/b が0.7より大きくなるよう a を設定すればよい。1単位貢献する金銭利益は MPCR の0.3、1単位貢献しないことの利益は $1 - a/b$ である。0.3 > $1 - a/b$ は、罰則率 a/b が0.7より大きい場合に成り立つ。

　人々の認知能力には限りがある。実験を煩雑にするのを防ぐため、被験者が支払った罰金はグループで補助金として再分配されず失われると設定した。プッタマンらの実験は罰則の次元のみであるが、フォーキンガーら [Falkinger *et al.*, 2000] に近い設定である。再分配があれば人々にとって公共財のために貢献するインセンティブが高まることを考えると、再分配なく制度が機能するかどうかの考察は、制度の慎重な検証ともいえる。

　図表11.4 に米国で実験が行われたプッタマンら [Putterman *et al.*, 2011] の実験の結果を示す。比較のため、同じ MPCR とグループサイズで、罰則制度構築の機会がない純粋な線形公共財ゲームのトリートメントも、被験者間計画で実施された。それによると、罰則がない公共財ゲームでは、被験者の平均貢献額が初期財産の17.5％と低かった。罰則制度は人々の貢献行動を変えるだろうか？　実験結果によると、ステップ1の投票（多数決）の結果、グループはほとんど全て（95％）のケースで私的会計にある額を罰則対象に選択し、その制度の下で平均して、初期財産の約80.6％を貢献した。a と b の投票結果を見ると、全額貢献する行動を利己的行動に変えるような抑止力のある制度を65.0％のケースで構築し、実際に人々が

図表11.4　罰則制度に対する投票結果と貢献行動：
プッタマンらの実験 [Putterman *et al.*, 2011] の結果

	制度構築があるトリートメントでの罰則対象（ステップ1の投票）				罰則制度のない線形公共財ゲーム
	(a) 私的会計にある額が罰則対象			(b) 公的会計にある額が罰則対象	
	全ての場合	内訳			
		$b = 20$ で $a/b > 0.7$ の場合	左記以外		
実現した割合	95.0％	65.0％	30.0％	5.0％	―
平均貢献額	80.6％	99.7％	39.1％	1.9％	17.5％

注）平均貢献額の行は、初期財産に対して公的会計に貢献した額の割合を示す。

ほぼ全額を公的会計に貢献した。つまり、民主的社会では、人々は民主的プロセスを通じて効率的な制度を自律的に構築し、ジレンマを克服できる可能性があるのだ。

プッタマンらの問いは、民主的社会で人々が制度をどう構築するかである。そこで公共財ゲームで、全ての被験者が投票行為に携わり、遂行された罰則制度の下で公共財への貢献の意思決定を行った。一方で、コフェルドら [Kosfeld *et al.*, 2009]は、ジレンマ下で、同じ考えをもつ関係者が**自発的に組織を作り**、強制力をもつ罰則制度で自らの利己的行動を制限するかという問いを理論的に考察し、そして実験室内実験で分析した。例えば、産業別や地域別など様々な使用者団体に企業が自発的に参加し、メンバー企業が互いに自主規制を実施することもあれば、国際関係において京都議定書のように、同じ考えをもつ国同士で組織を作り、拘束力のある合意を締結し皆で目的達成を目指すなど多くの事例があると彼らは説明する。一方で、組織への参加は自由であり、自身は組織に参加せず、組織メンバーの自主規制にフリーライドし高い利益を享受することも可能だ。コフェルドらは、閾値以上の数の関係者が拘束力のある組織を望む場合に、非メンバーはフリーライドにより高い利得を得るものの、組織メンバーも（全く拘束力がない状況よりは）自らの行動を制限しても高い利得を獲得できるため、理論的には、組織を自発的に作る利益があると提案した。

コフェルドらが使用したグループサイズが 4、MPCR が 0.65、初期財産が 20 の公共財ゲームを例に具体的に見てみよう。この場合、4 人のうち 2 人が拘束力のある組織を結成し、その 2 人が共に 20 をグループに貢献すれば、残り 2 人が 1 円も貢献しなくても、組織メンバーは 26(= 20 − 20 + 0.65 × 20 × 2) の利得を獲得する。拘束力のある組織が存在せず、4 人全員が完全に利己的に振る舞えば、人々は皆 26 より小さい 20(= 20 − 0 + 0.65 × 0) の利得に留まる。実験のセッションで被験者は、自身が獲得した利得に応じた実験参加報酬を受け取る。

コフェルドらの経済実験で被験者は、まず組織構築に参加するか否かを意思決定した。そして、4 人の中で参加を選んだ人の数を知った上で、組織メンバーが罰則により強制的に全額をグループに貢献するスキームを導入するか否かを、組織メンバーによる全会一致制の投票で決定した（**図表 11.5**）。つまり、スキームの導入は、参加者の数の条件付きで組織メンバーが決定できる。実験結果によると、MPCR が 0.4 と 0.65 の線形公共財ゲームそれぞれで、約 43 ％、61 ％のグループ投票で組織が導入された。興味深いことに、それぞれで組織が導入されたケースの83 ％、68 ％は 4 人全員が組織に参加した大組織であった。コフェルドらは、①必要に応じて人々は自発的に拘束力のある組織を作りジレンマを解決できるが、②不平等を嫌う選好を人はもつため、フリーライドの利益を享受できる非メンバーが存

図表 11.5 コフェルドら [Kosfeld et al., 2009] が使用した公共財ゲームの変形版

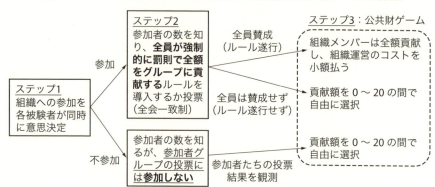

注) グループサイズが 4、初期財産が 20 で、MPCR が 0.4 と 0.65 の 2 種類で実験が実施された。図は組織遂行の可能性のある公共財ゲームでの逐次的な意思決定事項を示す。

在することを嫌い、組織は全員参加のものになる傾向があると論じた。

2 正式な制度が社会や組織で求められる条件

経済学では、社会や組織における強制力のある制度の必要性や採用、変革に関する議論の歴史が長い。例えば、1993 年にノーベル経済学賞を受賞したダグラス・ノース（1920～2015）は、制度が経済取引や結果に大きな影響を与えると論じ、社会で変遷していく制度を、経済活動の量や経済主体間の協力（例：契約履行）の観点などニーズの面から紐解いた。経済主体間の取引では、約束に対して互いに裏切らず順守（協力）することが高い効率性の実現に必要だ。慣習、行動規範や非公式な排斥など罰則の脅しなどに秩序立てられ、取引が地元の村内など局所的で閉じている時代から、経済取引が拡大し（国内及び国際的に）長距離取引がされるようになり、社会や市場の規模が発展していくと、関係者間による非公式な合意と並行して、もしくは置き換わる形で、契約履行のための法制度や裁判システムなど正式な制度が経済主体によって内生的に作り出され、経済取引の質と量の変化に合わせ制度が変化していったと経済史を振り返る [North, 1990, 1991]。

ダグラス・ノース
(Douglass North)
(写真：UNU-WIDER -
https://flic.kr/p/ghECiJ,
CC BY 2.0)

短期、長期を問わず、人々がいつ強制力を伴う正式な制度を望み、それがいつ社

会に遂行されるかは公共経済学や政治経済学（政治科学）で関心が高い問いである。人々の制度に対する選好と集合的選択を考察する経済実験研究が、特に 2010年頃から活発になった。具体的には、単純化のため、罰則制度に対する人々の制度選択を分析するアプローチにより問いの答えを探る。これまでの実験結果から人々が非公式（informal）ではなく正式（formal）な制度を望む条件がいくつかわかっており、以下に(A)〜(C)の 3 つを例示する。

■ (A)**正式な制度の使用に伴う固定管理費用が小さい場合**　亀井ら [Kamei *et al.*, 2015] は、**図表 11.6** のように、非公式な罰則と法などに基づく正式な罰則を比較した。ピア・ツー・ピアなど非公式な罰則は、人々の自主的判断に依存するため罰則活動に関する**予測可能性が低く**、規範逸脱に対して見て見ぬふりをしたり協力者に反社会的罰則を科したりする可能性など**罰則対象に不確実性**があり、また罰則行為にはコストがかかるため、罰則活動にフリーライドした人が得をするという**不公平性**が短所である。反対に正式な罰則は、罰則対象や罰則条件を事前に皆で構築できるため、罰則に関する予測可能性の高さと明確な罰則対象が特徴である。罰則費用も税制などを通じて公平に分担するように設計することが可能だ。一方で、正式な罰則の短所は、組織を通じてジレンマ解決を図ることから、制度運営のために組

図表 11.6　非公式な罰則と正式な罰則の比較 [Kamei *et al.*, 2015]

	正式な罰則 [formal punishment]（例：罰則規定や税などの法や監視）	非公式な罰則 [informal punishment]（例：ピア・ツー・ピアの罰則）
予測可能性	予測可能：予め定められた行為（例：私的会計に配分する額）に罰則が科される。	予測不可能：非公式な分権的罰則がどう科されるかは個々のメンバーの判断による。
罰則対象	明確：遂行されたルールを破った人だけが罰せられる。	不明確：罰則活動にフリーライドする個人の存在や、反社会的罰則が起こる可能性がある。
固定費用	罰則を科す対象のモニタリングや制度を運営するための事務費用など固定管理費用がかかる。	組織が関わらないため固定管理費用は発生しない。各メンバーが自発的に自身の罰則行為の費用を負う。
公平性	必要な費用は税などで公平に分担できる。	非公式な罰則にフリーライドした人が得をする不公平さがある。
合理性	合理的：利己的選好と社会的選好を問わず人は制度遂行を支持する（それにより高い利得の実現が可能）。	非合理的：利己的個人はピア・ツー・ピアの罰則を科さず、またグループに貢献もしない。

織（例：公的部門）に**固定管理費用という負担がかかる**点である。固定管理費用は罰則が実際に科されるか否かにかかわらず発生する。例えば、組織内での事務処理や、誰が規範を逸脱したかモニタリングのために費用を費やす必要がある。

両者間では利己的個人に基づく理論予測にも明確な対比がある。非公式な罰則の機能は人々の非利己的選好（9章）に依存する。利己的個人は費用がかかる罰則行為には関わらない（6章）。利己的個人がグループで支配的で、多くの人がグループ内の他のメンバーの協力性向について悲観的であったり、反社会的罰則に繋がる選好をもつ人が多い社会では協力規範が醸成されないかもしれない。一方で正式な制度は、適切な詳細設計がなされれば、人々の選好（利己的、社会的）によらず、フリーライダーにしかるべき強度で罰則を科すことが可能であるため（11.1節）、協力が私的最適な行動として実現し得る。

古くは、イングランドの哲学者であったジョン・ロック（John Locke, 1632～1704）も、人々の非公式な罰則による分権的統治を、政治的コミュニティや州・市政府などにより制御された文明的生活と比較した。具体的には、非公式な罰則に信頼性が期待できず、人々がピアからの罰則を受け入れず報復も起こり得るとき、国家（state）による統治が必要になると論じる。『統治二論（*Second Treatise on Government*）』(1690) における議論が明快である。

【原文】"*The inconveniencies that they are therein exposed to, by the irregular and uncertain exercise of the power every man has of punishing the transgressions of others, make them take sanctuary under the established laws of government, and therein seek the preservation of their property. It is this makes them so willingly give up every one his single power of punishing, to be exercised by such alone, as shall be appointed to it amongst them; and by such rules as the community, or those authorized by them to that purpose, shall agree on.*" (Sec. 127)

【筆者訳】「（全ての人がもつ）他者の規範逸脱に対して罰則を科すという権力の不規則で不確実な行使によってさらされる不便さが、人々を政府の確立した法律に避難させ、それで自身の財産を守ろうとするのだ。このため、皆はそれぞれ罰する権利を進んで放棄し、人々の中で任命された者だけにその権利を行使させるのだ。そして罰則は、共同体、またはそのために権限を与えられたものが合意する規則に従って行使されるのだ。」

大きな固定管理費用がかからない場合には、正式な制度の導入は効率的である。例えば亀井ら [Kamei *et al.*, 2015] では、人々に①プッタマンら [Putterman *et al.*, 2011] の設定を単純化した正式な罰則制度と②ピア・ツー・ピアの罰則のどちらを

使うか投票で選択させて、グループで集合的に決めたルールの下で公共財ゲーム（$N = 5$）をプレイさせた。正式な罰則制度をグループが選択すると、次の2段階からなる投票で公共財ゲームのルールを構築する。

《**ステップ1**》私的会計と公的会計で、どちらに配分した額に罰則を科すか投票する。多数決でグループのルールが決まる。これはプッタマンらと同様である（11.2節 **1**）。

《**ステップ2**》ステップ1で選ばれた罰則対象に対する罰則率 SR（Sanction Rate）を投票する。5人の投票の中央値がグループでの罰則率として採用される。

適切に構築された正式な罰則制度は、公的会計への貢献を人々の利己的行動に変える。つまり、ステップ1で私的会計にある額に罰則を科すと決め、ステップ2で十分に強い罰則率を設定すればよい。利己的個人が公的会計に貢献するか否かは、金銭利得の比較による。1単位を公的会計に配分すると、自身へは MPCR だけの金銭報酬がある。逆に、私的会計に配分すると報酬は 1 − SR である。SR が MPCR ＞ 1 − SR を満たすほど大きければ、公的会計への貢献が利己的に最適な行動である。

亀井ら [Kamei *et al.*, 2015] は、正式な罰則制度の使用に固定管理費用がかからない場合と 5（公共財ゲームでの初期財産は 20）の費用がかかる場合の2種類で実験室内実験を行った。実験結果（**図表 11.7**）によると、固定管理費用がかからない場合には、約 86％のグループ投票で正式な制度を公共財ゲームに遂行し、グループは高い貢献額を達成した。正式な制度はジレンマを強制的に取り除くことを考えると、これは自然な結果である。しかしながら、固定管理費用がかかる場合には、その割合が約 28％のみ、つまり約 72％のグループ投票でピア・ツー・ピアの罰則が選択された。固定費用がかかるか否かやどちらのレジームが選択されるかにかかわらず人々の集合的選択は効果的であり、メンバーは平均して初期財産の 90％以上を公的会計に貢献し高い協力規範をグループ内で実現させた（**図表 11.7**(b)）。つまり、グループが負う**固定管理費用の大きさにより、人々が望み（そして機能する）レジームは異なる**のであり、人々は効果的な選択ができるのである。この結果は、社会で技術が発展し制度運営に関わる固定管理費用が下がれば、非公式な制度から正式な制度に置き換わりやすくなることも示唆する。

なお、制度遂行に固定管理費用の大きさが関係する傾向は、別の正式な罰則制度でも成り立つ。例えば、固定費用が小さい設定で制度選択実験を行ったアンドレオニとギー [Andreoni & Gee, 2012] では、高い確率で人々が、理論的に私的最適な行動をグループへの貢献に変える雇われた銃メカニズム（11.1節）を採用した。

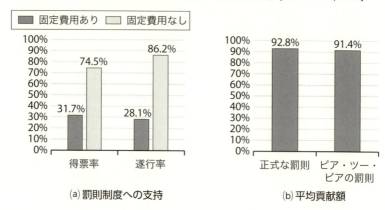

図表 11.7　罰則制度の選択と貢献行動：亀井らの実験 [Kamei et al., 2015]

注）(a)の得票率は正式な罰則制度に賛成票を投じた被験者の割合、遂行率は投票結果（多数決）として正式な罰則制度がグループに導入された割合を指す。(b)の平均貢献額は初期財産に対して公的会計に配分した割合を示す。

■ (B) **人々の行動を高い精度で観測できない場合**　社会における人々の行動のモニタリングのしにくさが正式な制度への需要を高める。ニックリッシュら [Nicklisch et al., 2016] は、公共財ゲームで、メンバーの貢献額をノイズなく観測できるか否かを変えて人々に制度を選択させる実験を行った。具体的には、他のメンバーの貢献額を被験者が正しく観測できる場合と、高い確率（90％）だが常に正しく観測できるとは限らない場合を考察した。確率的結果として正しく観測できない場合、そのメンバーの貢献額はコンピューターがランダムに 1 つ値を選び（間違っている可能性が高い情報として）グループ内で共有される（例：14 を貢献したメンバーの貢献額が、14 ではなく他の額（例えば 2）として観測される）。

ピア・ツー・ピアなどの非公式な分権的罰則は、観測される他メンバーの貢献額の情報に基づき、人々が自主的に科すものである。分権的罰則は負の感情や非利己的選好に駆り立てられて行われるため、その強度が大きく（6 章）、ノイズがあると副作用も大きい。ニックリッシュらは、観測情報のノイズが無視できない場合には協力者に罰則が科される可能性が生じ、その反社会的罰則は互恵性に基づく報復的罰則の連鎖をグループ内に生み、ひいては協力規範の減退に繋がると論じる。また、グループメンバーからの理不尽な罰則を人々は嫌う傾向もある。そのため、観測情報に無視のできないノイズがある場合には、人々は制裁の権利を第三者（組織や人）に移譲する傾向があると説明する。第三者機関にとっても、観測情報のノイ

ズは、正しくフリーライダーに罰則を科すのを阻害する要素である。しかし、それは当事者間による罰則ではないため、グループ内で報復的罰則の連鎖が起こる事態は避けられる。ニックリッシュらの実験結果を見ると、ピア・ツー・ピアの罰則ではなく集権的な第三者からの罰則を望む人々の割合が、ノイズがない場合に比べてある場合で増加した。

本項冒頭で説明したノース [North, 1990, 1991] の描写のように、取引が局所的に閉じていて人々が互いの行動を観測できる状況に比べ、社会が発展していくと人々の行動の観測が難しくなり、情報の非対称性も増大していく。制度の需要が高まっていった歴史的観測と類似である。

■ ⒞利己的に振る舞う誘惑が人々の自制能力を超える場合　ジレンマ下で人々が互いに協力するかを意思決定する状況は、フリーライドする誘因に耐えるという各人の**自制（セルフコントロール）**の問題と解釈できる。経済理論によると、人々の自制能力には限りがあり、自身の能力を超える誘惑には、それを事前に取り除くように対処することで効用を高められると主張する（例：グルとペセンドーファー [Gul & Pesendorfer, 2001] が定式化した）。公共財ゲーム実験を行った亀井 [Kamei, 2024] は、人々にとって自身の自制能力を超えるジレンマに対しては、強制力を伴う正式な制度の遂行でフリーライドの誘惑を取り除き対応する傾向にあると立証した。この実験での制度選択の実験設定は、亀井ら [Kamei *et al.*, 2015] と同じである（⒜）。各グループは線形公共財ゲームで、メンバーの投票（多数決）により、①固定管理費用のかかる正式な罰則制度と②ピア・ツー・ピアの罰則のどちらを遂行するか決定する。ここで着目する点は、固定管理費用を支払ってでも正式な罰則制度を遂行するか否かである。適切な強度をもつ正式な罰則制度は利己的行動と社会的最適行動を一致させるため、フリーライドの誘惑を完全に排除できる。

自制能力と制度選択の因果関係を導出するため、亀井 [Kamei, 2024] は、「人は精神的に疲労すると自制能力が減退する」という心理学における事実と、精神的に疲労させるタスクとして立証されたものを用いて被験者の自制能力の大きさを調整した。過去の心理学実験では、複雑な条件を満たす形で点滅する文章から特定の文字を一定期間数えさせるというタスクをさせることで、被験者を精神的に疲弊させることが可能である。

実験結果（**図表 11.8**）によると、精神的に疲労し自制能力を発揮できない場合には 56.7 ％の被験者が正式な罰則制度の遂行に賛成票を投じ、多数決の結果として 66.7 ％のグループで制度が導入された。一方で、精神的に疲労しておらず自制能力が正常に機能する場合には、30.4 ％の被験者が正式な制度に賛成票を投じ、多

数決で 16.7％のグループのみに制度が導入された。制度が導入されると、80％弱のグループで、フリーライダーに対する抑止力のある強い罰則ルールが構築された。強い罰則ルール下では、ほとんど全ての被験者は公的会計にほぼ全額を貢献する。その恩恵が固定管理費用を支払っても上回るとき、またピア・ツー・ピアの罰則では人々の自制能力の乏しさから高い貢献行動をグループで実現できないとき、人々は正式な罰則制度を望むのである。

図表 11.8　自制能力の大きさ、制度選好と貢献行動 [Kamei, 2024]

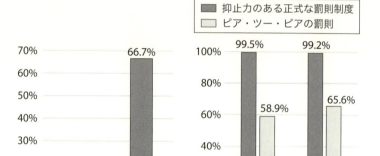

(a) 正式な罰則制度の導入割合　　(b) 平均貢献額

注）(b)の平均貢献額は、それぞれのレジーム下で被験者が初期財産に対して公的会計に配分した割合を示す。抑止力のある正式な罰則制度は、罰則率 SR が MPCR＞1−SR を満たすほど大きい制度のことを指す。

コラム 11.1 ◆ 実験経済学に対する政治学者オストロムの姿勢

　実験手法は、経済学者のみならず政治学者によっても活発に使用されています。2009 年に米国インディアナ大学の政治学者エリナー・オストロム（1933〜2012）が、コモンズ（共有地）における経済統治に関する学術的貢献でノーベル経済学賞を受賞しました。オストロムは、牧草地、森林、灌漑、漁業海域などの自然資源について、その使用者による制度、統治ルールや慣習の集合的な自律的構築に基づき、持続可能な統治が実現されていると、フィールド研究と実験室内実験双方のデータを収集

して考察しました。オストロムは 1997 年に米国政治学会の会長を務めていましたが、その際の学会長演説に興味深い言及があります。

エリナー・オストロム
(Elinor Ostrom)
(© The Nobel Foundation, 写真：U. Montan)

『皆さんは私が実験研究に過度に依存してきたのには驚かれるかもしれない。…（略）…過去 35 年に及ぶフィールドの研究者として、フィールドからのデータや環境で理論を検証する重要性と難しさを認識している。大規模なフィールド研究は引き続き重要な実証データの資産であり続けるだろうが、この手法は、制度によるインセンティブ付与が個人行動や結果にどう影響するかを考察するには、しばしば非常に費用がかかる非効率的な手法である。…（略）…慎重に設計された実験研究は、フィールドで適切な変数を見つけ出すアプローチより、対立する仮説の白黒を付けるのにより効果的な方法であることが多い。実験手法を既に積極的に使われているフィールド手法に組み合わせることで、21 世紀の政治科学は、人間行動と多様な制度による調整の効果に関する理論を迅速に発展させていくことでしょう』（オストロムの演説の記録 [Ostrom, 1998] の 17 ページに対する筆者による訳）。

政治科学の分野では、現実性が重要視されます。その規範の中で、自身も積極的に現地でフィールドワークを行っていたオストロムによる実験手法に対する姿勢が垣間見える一節です。

オストロムは、インディア大学の実験経済学者たちと共同で、共有地ゲーム (common-pool resource game) を基にした後生に影響を与える実験を複数行い、それは現在でもベースラインとして使われています。1990 年代前半には、関係者間のコミュニケーションやピア・ツー・ピアの罰則がジレンマ解決に有益であることも実験室内実験で明らかにし、他の学者の初期の研究と共に、後のジレンマ研究の発展に大きく貢献しました。

11.3 民主主義

制度は、民主的な手続きを経て遂行されることもあれば、権威的に上から導入されることもある。制度遂行プロセスは各国の政治体制に依存すると共に、同じ国内でも手続きは遂行対象により異なる。特定の条件下で人々は効率的な制度を選択できるが（11.2 節）、**制度遂行の手続きそのもの**が人々の行動に影響を与えること

はないのだろうか？　民主主義が人々の行動に正の効果を
もつ可能性は、古くはフランス人で米国を旅したアレク
シ・ド・トクヴィル（1805～1859）の著書『米国の民主
主義（*Democracy in America*)』(1838) にも見られる。彼は、
民主的手続きを経れば、遂行される法の権威が強化される
と論じる。

アレクシ・ド・トクヴィル
(Alexis de Tocqueville)
の肖像画（テオドール・
シャセリオーの作品）

　比較的最近の実験室内実験によると、同じ制度の遂行で
あっても、投票など民主的な手続きを経ると、権威的に上
から遂行される場合に比べて、人々は制度を尊重し制度が
意図するように行動を変える。この効果を**民主主義プレミ
アム**（democracy premium）と呼ぶ。公共財供給問題など
の社会的ジレンマで、協力を促す目的で導入される罰則などの制度を考えると、民
主的手続きは人々の向社会的行動を強化する。この背後にあるメカニズムは、投票
行為それ自体から生まれる協力に対する**内発的動機付け**（intrinsic motivation）と、
投票行為を通じた**シグナリング効果**（signaling effects）であると考えられている。
本節では例として、ダルボウら [Dal Bó *et al.*, 2010]、タイランとフェルド [Tyran &
Feld, 2006]、亀井 [Kamei, 2016]、バルダッサーリとグロスマン [Baldassarri &
Grossman, 2011] の実験事例を学ぶ。これらはジレンマを対象とした経済実験研究
で、グループメンバーの投票で罰則制度が遂行される場合の民主主義プレミアムを
計測したものである。

　民主的手続きの効果を計測する際に注意すべき点は、**選択バイアス**（selection
bias）の存在だ。社会における人々の個人属性（例：協力特性、能力、性別、年齢）
にはばらつきがある。制度の効果を計測するに当たり、意思決定手続きの差異が、
民主的社会と非民主的社会で個人属性の分布に違いをもたらす点に対処する必要が
ある。フリーライダーへの罰則制度で考えると、民主的社会では特定の条件を満た
す場合にのみ制度が導入される。例えば、直接民主制で過半数の賛成（多数決制）
が得られた場合にのみ罰則制度が遂行される状況を想定すると、制度が投票を通じ
て民主的に導入された社会は、ジレンマ解決を望む協力性向の強い人々が多い集団
と解釈できる。一方で、投票など民主的手続きのない非民主的環境では、人々のジ
レンマに対する態度や協力性向が低くても、上から制度が遂行され得る。つまり、
グループを構成する人々の属性が、投票制度の有無により異なり得るのである。集
合的意思決定において選択バイアスでは説明のできない民主的手続きがもたらす効
果が民主主義プレミアムであり、ダルボウら [Dal Bó *et al.*, 2010] は選択バイアスを
除去する方法を提示し、そして民主主義プレミアムの有意性を囚人のジレンマゲー

ム実験を用いて初めて示した。

　実験室内実験で選択バイアスを制御する方法は、集合的意思決定手続きの別（民主的、非民主的）によらず、全ての被験者に投票をさせ、その後でレジームをランダムに割り振ることである。このダルボウらにより提案された方法を**投票無効化手続き**（vote override procedure）と呼ぶ。制度の効果を測るに当たって、投票行為を通じたグループ内の属性分布への影響を制御したいのであれば、人々の投票選好で条件付けをして効果を測ればよいという考えである。具体的には**図表11.9**で示すように、被験者は実験セッションでそれぞれ N 人からなるグループに割り振られ、全ての被験者がまず制度遂行に対する投票を行う（ステップ1）。その後でコンピューターが各グループに、ランダムにレジーム（民主的か非民主的か）を割り振る（ステップ2）。民主的レジームが割り振られたグループでは、ステップ1におけるメンバーの投票に基づく多数決で制度遂行が決定される。一方、非民主的レジームが割り振られたグループでは、各人の投票が無効になり、その上でコンピューターがランダムに制度の遂行を決定する。投票無効化手続きを用いれば、レジーム（民主的〈Democratic〉、非民主的〈Undemocratic〉）の別、制度遂行の有無（遂行〈Imposed〉、遂行せず〈Not Imposed〉）の別と制度選好（賛成〈Yes〉、反対〈No〉）の別の3つの軸で状況を分類し、合計 $8(=2\times2\times2)$ 通りでデータを区別できる。例えば、遂行された制度の効果が意思決定手続きで違うかを見るためには、賛成者

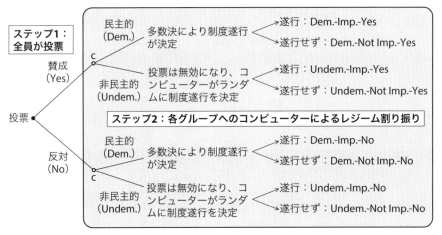

図表11.9　投票無効化手続きに基づく制度遂行 [Dal Bó *et al.*, 2010]

注）c はコンピューター（computer）を指し、民主的レジームと非民主的レジームをランダムにグループに割り振る。このような手番は自然（nature）と呼ぶ。

同士（Dem.-Imp.-Yes と Undem.-Imp.-Yes）、そして反対者同士（Dem.-Imp.-No と Undem.-Imp.-No）で、制度に対する反応を比較すればよい。

ダルボウら [Dal Bó *et al.*, 2010] は、民主主義プレミアムを計測するために囚人のジレンマゲームを使用した。被験者は 4 人からなるグループに割り振られ、グループ内で 2 組の 2 人からなるペアがランダムに構成されゲームが行われる。ゲームの戦略的状況は**図表 11.10**(a)で示される。このゲームをプレイする前に、各グループは投票（多数決）で、規範逸脱者に対する罰則制度を遂行するか決定する。この制度は、裏切りで協力者を搾取した人が 12 の罰則を受け、利得が 60 から 48 に下がるというものである。制度が遂行されると (C, C) と (D, D) が共に純粋戦略ナッシュ均衡である協調ゲームになる。ダルボウらは、罰則制度下での**制度賛成者**の協力選択率が意思決定手続きに大きく依存する事実を提供した。選択バイアスを除去するため、投票行為に条件付きで協力率を比較する（**図表 11.10**(b)）。制度賛成者を見ると、自らの投票で制度が導入された場合には 81.8 ％と非常に高い割合が協力を選んだ。コンピューターによりランダムに制度が導入された非民主的レジーム下では、制度賛成者の 57.6 ％しか協力を選ばなかった。一方で、制度反対者には民主主義プレミアムが検出されなかった。ダルボウらは民主主義プレミアムが起こる理由として、①自らの投票を通じて制度が遂行されると賛成者が協力に対する内発的動機付けを高める点と、②民主的レジームでは賛成者が自身の協力に対する態度を投票結果を通じて相手に知らせられるためシグナリング効果がある点を挙げ

図表 11.10　民主主義プレミアムの計測：ダルボウらの実験 [Dal Bó *et al.*, 2010]

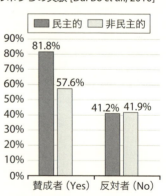

(a) 囚人のジレンマの利得表　　(b) 罰則制度下で協力を選んだ割合

注) (a)では、罰則制度が導入されると、罰則のため (C, D) と (D, C) の利得がそれぞれ (10, 48) と (48, 10) となる。

た。なお、制度が導入されなかった場合には、民主的手続きと非民主的手続きの違いで人々の協力行動に大きな差が生じなかった。

亀井 [Kamei, 2016] は、民主主義プレミアムには**直接効果**と**波及効果**の 2 種類があると初めて論じ、公共財ゲーム実験を用いて行動事実を提示した。亀井は、人々が民主的手続きで制度の遂行を経験したとき、その制度が遂行された対象のジレンマで生まれる効果を直接効果と呼び、また民主的経験が、当該ではない<u>他の人とのジレンマでも波及して影響する効果</u>を波及効果と呼んだ。波及効果の可能性を考察するため、実験で被験者に 2 つのグループ（それぞれグループサイズは 2 で異なる相手とペアになる）に同時に割り振り、2 人公共財ゲーム（MPCR は 0.6）をプレイさせた（**図表 11.11**）。この公共財ゲームにおいて、定率で科される罰則制度（私的会計に割り振った額に罰則率（SR）0.3 で科される罰金）の遂行に関する民主主義プレミアムを計測した。人々の利己性に基づく理論予測では、この罰則制度の導入が人々の貢献行動に影響を与えることはない。1 単位を公的会計に配分すると自身への金銭利得は 0.6 であり、私的会計に配分する場合の利得 0.7（= 1 − 0.3）より小さい。つまり、罰則制度が導入されても、公的会計に 1 単位も配分しないことが人々の強支配戦略である。このような罰則を、緩やかな制裁（mild sanction）、または抑止力のない制裁（nondeterrent sanction）と呼ぶ。

2 つのグループに属する各被験者は、両方のグループで罰則導入に関する投票を行ったが、投票選好は安定的であり、ほとんどは両方に賛成票（Yes-Yes 投票者）

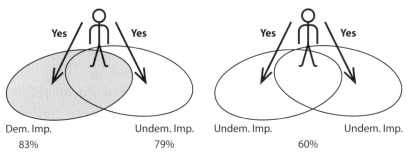

図表 11.11 民主的手続きの波及効果：亀井の実験 [Kamei, 2016]

(a) 民主的レジームを経験した賛成者の貢献額

(b) 民主的レジームを経験しなかった賛成者の貢献額

注）図中の数値は、初期財産（20 ECU）に対して公的会計に貢献した額の割合を指す。被験者は 2 つのグループに属し、(a)、(b)各図の楕円がグループを指す。それぞれの公共財ゲームで被験者は初期財産を持つ。図の『Dem. Imp.』は民主的に制度が遂行されたグループ（影を付けた楕円）、『Undem. Imp.』（白塗りの楕円）は非民主的に制度が遂行されたグループを示す。Yes は賛成票を投じたことを描写する。

か反対票（No-No 投票者）を投じた。実験結果はダルボウら [Dal Bó *et al.*, 2010] と整合的で、制度が遂行された場合に Yes-Yes 投票者の間で強い民主主義プレミアムが検出された。民主的手続きを経験した Yes-Yes 投票者（**図表11.11**(a)）は、そのグループで初期財産の約83％という高い額を公的会計へ貢献した。さらに彼らは、自身が属する別の非民主的グループに対しても初期財産の79％を貢献した。一方で、民主的手続きを一度も経験していない Yes-Yes 投票者（**図表11.11**(b)）の貢献額は、制度が導入されても初期財産の約60％に留まった。従って、民主主義プレミアムは、直接効果が23％（＝83％－60％）、波及効果が19％（＝79％－60％）と計算され、いずれも大きい[*2]。現実に人は、複数のジレンマに同時に直面することがほとんどだ。波及効果を考慮すると民主的手続きの効果の合計はかなり大きいことも考えられ、制度遂行プロセスの重要性がわかる。

　直接民主制下での民主主義プレミアムの有意性を見てきたが、**代表民主制**でも同様に民主主義プレミアムが存在する。線形公共財ゲームでバルダッサーリとグロスマン [Baldassarri & Grossman, 2011] は、集権的な罰則制度として、グループの利益とは無関係の第三者が罰則を与える権利を受けもつとしてモデル化した。具体的には各グループ（サイズは8～12人でグループにより異なる）で1人が監視者になるが、監視者の選び方で2種類を設定し、経済実験を行った。1つ目はランダムに1人が監視者に選ばれるという非民主的条件、2つ目はグループメンバーの投票で監視者を選ぶ民主的条件である。残りのメンバー（7～11人）は線形公共財ゲームをプレイする。監視者は、他の被験者と同じ額の初期財産を与えられ、線形公共財ゲームの様子を観測し、貢献額に応じて各メンバーに科す罰則額を決定する。1罰則ポイント当たり、罰則を科す監視者が負う費用と罰則を科された側が被る損失の比が1：3である線形の罰則技術（6.5節**1**）の下で、罰則ポイントの量を監視者が決定する。監視者の報酬は公共財ゲームの結果に影響されず、自身の罰則行為のみに依存する。この設定は第三者による罰則（5.2節**2**）と類似する。

　実験結果によると、公共財ゲームにおける人々の貢献額は、ランダムに選ばれた監視者に比べて、投票で選ばれた監視者の下で高かった。貢献額の差の要因は罰則の効果だ。前者に比べて、後者から科された罰則に対して人々は強く反応し、グループへの貢献額を上昇させた。この効果をバルダッサーリとグロスマンは**正当性**（legitimacy）で説明する。制裁を規範逸脱者に行使するという能力・権力を誰がもつかについて、集団内で合意をとることがメンバーの行動変容には重要であるとの

[*2] 抑止力がない制裁が民主的に遂行された際に強い直接効果を生む点については、タイランとフェルド [Tyran & Feld, 2006] が、逸脱者に定額で一括の罰則金を科す制度に対しても同様に検出した。

考えである。なお、彼らは投票無効化手続きを使用していない（また投票に伴う選択バイアスを実験設定で完全には除去していない）。しかし実験では、民主的・非民主的の別が監視者の罰則行動自体に与える影響が極めて小さかった。このことは、公共財ゲームをプレイする被験者の行動が自身のグループの監視者の行動に影響を受けた可能性が小さいことを意味し、観測された投票による強い向社会的貢献は、民主的手続きがもたらした直接効果であると解釈できる。

11.4 選挙などにおける票の買収

　投票が機能するためには、人々が正しい選好を投票で表明する必要がある。しかし現実には、選挙での票の見返りを求めた政治家や政党から**有権者への金品の提供**（以下「**票の買収**」（vote buying）と呼ぶ）や、当選後の支持者への厚遇など便宜供与の**約束**（promise）などにより、投票行動に歪みが生じ、非効率的な集合的選択に陥ることがある。政治経済学・政治科学による膨大な研究によると、様々な国、例えばアルゼンチン、ベナン、ブラジル、コロンビア、メキシコ、ニカラグア、パラグアイなどの途上国や、米国、日本、イタリアなどの先進国で、秘密投票が用いられていても票の買収や便宜供与の約束などが起こっているという報告がある。票の買収が起こる事実に対して、政治家が特定の人々（例えば貧困層や中核的な支持層）を買収のターゲットにする傾向、巧みに投票をモニタリングする行為、そして有権者が属する雇用者を通じた圧力など様々なメカニズムが議論されている。

　本節では、人々の利己的でない選好（9章）が、候補者と有権者の間の関係にどう作用するかを実験事実で考察する。現実的でわかりやすい代表民主制下での選挙の文脈で候補者と有権者の関係に焦点を当てる。制度選択（11.2節）や民主主義プレミアム（11.3節）を測る実験とは異なり、代表民主制の設定で実験を設計しても実験は煩雑にはならない。実験結果によると、互恵性など非利己的選好が、候補者と有権者の間での共謀関係を持続させる。

　まず、フィナンとシェクター [Finan & Schechter, 2012] は、①パラグアイの村民からディクテイターゲーム（コラム4.2）や信頼ゲーム（8.4節）などを通じて互恵的選好のデータを収集すると共に、②2006年に同国で実施された市議会選挙での票の買収経験に関するアンケート調査を行い、候補者は互恵性を強くもつ個人を狙って票の買収や当選後の約束をして投票を操作すると論じた。パラグアイの田舎部では、選挙の候補者が直接ではなく、村落のリーダーを（候補者と有権者を仲介する）政治工作員（political operative）として使用して票の売買が行われる。フィ

ナンとシェクターはまず、収集したデータを用いて、政治工作員は村民の詳細情報（例：学歴、所有する土地の大きさ、政治的態度、投票所に行き投票したか否か）をよく把握しているのみならず、村民のディクテイターゲームでの意思決定など社会的選好を高い精度で予測できることを示した。そして、信頼ゲームで顕在化した互恵性の度合いが強い村民ほど、政治工作員から票の買収の話がもちかけられ共謀関係が築かれるという相関関係を明らかにした。

　フィナンとシェクターは、政治工作員による仲介と互恵性を強くもつ個人の絞り込みで候補者と一部の有権者との協力関係を持続させると論じたが、亀井 [Kamei, 2021] は、そのような有権者の選別がなくても、純粋に互恵的選好だけで票の買収は成立・持続し得ると提唱した。ノイズなく互恵的選好の純粋な影響を明らかにするために、亀井は、制御に強みのある実験室内実験の手法を用いた実験を英国で行った。実験で各被験者は、サイズが 7 人のグループに割り振られ、その中の 2 人にランダムに選挙の候補者（政治家）、残り 5 名に有権者の役が割り当てられる。また、各被験者には政治的スタンスが与えられる。**図表 11.12** のように 2 人の政治家は互いに両極端のスタンス（図中の「0」及び「10」）をもつと仮定し、各有権者の政治的スタンス x_i は 0 〜 10 の間の整数（0 と 10 を含む）がランダムに 1 つコンピューターにより与えられるとした。候補者は 5 人の有権者の政治的スタンスを観測できる。政治家の利得は選挙で当選するか否かで決まる。その利得は、当選すれば 300、落選すれば 100 と設定された。有権者の利得は、自身の政治的スタンス x_i と当選した政治家の政治的スタンスの差に依存して決まる。つまり、有権者は、自身の政治的スタンスに近い候補者に投票する動機をもつ。

　実験は 2 段階から構成される。

《**ステップ 1**》各候補者は、有権者に金銭を提供し、その代わりに自身に票を投じることを提案できる。有権者が候補者の提案を受諾すると、提示された金銭が有権者の利得になるが、これは拘束力のない合意である。

《**ステップ 2**》候補者への投票ステージに当たる。ステップ 1 での合意の有無にかかわらず、秘密投票の下で有権者は自由に票を投じることが可能である。

　この設定では、仮に候補者と有権者が共に利己的であり、それが共有知識であると仮定すると、①ステップ 2 で有権者は、自身の政治的スタンスに近い候補者に投票し、②それを予想する候補者はステップ 1 で、どの有権者にも金銭を一切渡さないと予測される（部分ゲーム完全均衡）。

　人々の利己性と合理性に基づく経済予測とは異なり、実験室内実験では票の買収が頻繁に観測された。票の買収ゲームが 1 回だけ繰り返される実験であっても、

11.4 選挙などにおける票の買収　●　299

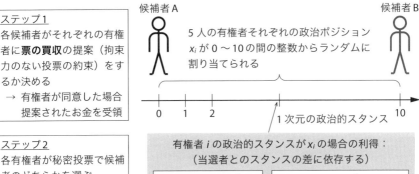

図表 11.12　票の買収ゲーム [Kamei, 2021]

　52.7％の候補者は選挙の前に金銭を有権者に渡した。候補者1人平均の（5人に対する）金銭提供総額は69.9と大きかった。そしてステップ2には、有権者が自身の政治的スタンスとは異なり多くの金銭を提供した候補者に票を投じる傾向も検出された。つまり、政治主体の選挙前の拘束力のない約束に基づく取引が、有権者の互恵的選好を通じて自律的に成立するのである。さらに、亀井 [Kamei, 2021] は、票の買収ゲームを有限回繰り返させるトリートメントも行った。ゲームが繰り返される場合には、金銭の提供額と投票の歪みが共に拡大し、候補者と有権者の共謀関係が強まった。現実の選挙では候補者と有権者の関係は継続することを考えると、彼らの互恵的選好と繰り返しゲーム効果の交差効果により、票の買収と取引は現実的にも持続しやすいといえよう。

　直接民主制で投票により政策の導入の可否を決める際でも、特に人々の政策に対する選好が異質である場合に、同様なメカニズムにより票の取引が起こり、非効率的な結果が実現し得る。社会における選挙、組織や議会など委員会における意思決定などで、構成員の利己的でない選好が負の効果をもたらす可能性は、投票も含め制度設計がいかに重要かを意味している。

あ と が き

　経済実験の手法は、経済学における仮説の検証に有効である。本書では、様々な実験方法の中で実験室内実験（大学生を被験者として用いる実験）に焦点を当てて、グループ内での人々の意思決定と行動パターンを紐解いた。

　本書ではまた、実験事例に合わせてミクロ経済学やゲーム理論の基本的な考え方も学んだが、それらの理論を詳細にまとめた書籍は数多く存在する。深く系統的に学びたい読者には、例えば、奥野（著）『ミクロ経済学』（2008、東京大学出版会）、神取（著）『ミクロ経済学の力』（2014、日本評論社）がある。また、ゲーム理論の上級を厳密に学びたい読者には、グレーヴァ（著）『非協力ゲーム理論』（2011、知泉書館）などの良書がある。

　本書では焦点を当てなかったが、個人の意思決定とそれに関連する行動経済学の考え方を題材とした多くの書籍がある。例えば、室岡（著）『行動経済学』（2023、日本評論社）、和田（著）『実験経済学・行動経済学 15 講』（2020、新世社）を読むことで、興味ある読者はその理論と応用を体系的に学ぶことができるだろう。最後に、伊藤・小林・宮原（著）『組織の経済学』（2019、有斐閣）は、本書 10 章で扱った組織の経済学に関する包括的な書籍であり、企業組織に関する経済現象に対してゲーム理論を用いた数学的分析を詳細に学びたい読者に応えるものだろう。

　経済学は情報化や技術進歩、また世の中の出来事に影響を受けて発展していく。実験手法もその範疇にある。例えば、2020 年に新型コロナ危機が世界中に広がり、世界の各大学の経済実験室は一時的に閉鎖され、コンピュータールームで行う実験研究が停止する事態になった。それを受けたデータの収集方法における模索、改善と変化の動きは早かった。世界的パンデミックという外的ショックに誘発されて、実験者と被験者をインターネットを通じて遠隔で繋ぎ実験を行う方法や、オンラインを基に（実験室内実験よりも）大人数を相手に行うサーベイ実験が急速に広がった。本書では紙数に限りがあるため扱えなかったものの、これらの新しい方法はコロナ禍の終焉後も有効なものであり、伝統的な実験室内実験やその他のフィールド実験と補完し合いながら、経済学の実証手段として使用されることだろう。

　ChatGPT など AI 技術の登場は、実験手法やデータの分析方法を大きく変えつつある。例えば、人々のコミュニケーションを含む実験では AI によるリアルタイムな内容分析が可能になるだろう。AI をインタビューなどで使用して回答などの質的データを分類する方法論の研究も始まっている。AI の深化が労働市場や経済成長に与える影響、また効率的な AI の活用を探る研究も既に多くされているが、AI

あとがき　●　*301*

と人間の関わりや、AI と人間の競争に関する実験研究も活発化するだろう。例えば、人は互恵性など社会的選好をもつため、取引相手が人間かロボットかで対応を変えると知られているが、AI がより人間に近づいた場合、人は AI にどのように接するようになるだろうか？　10 年先、20 年先と、実験経済学も時代の変化に合わせ大きく変容していることが推測され、将来の姿を想像するのも面白い。

　本書で扱わなかった分野のうちで知的好奇心をくすぐるものに、20 歳前後の学生以外を被験者として用いる実験がある。例えば、人は教育を通じて選好、慣習、信念や文化などを学ぶが、教育を受ける前・途中の小学生や中学生などを対象にした実験や、その他に様々な学生以外の被験者（例：高齢者、途上国の農家や村民）も実験には使われる。大学生を基にした実験から他のサンプルに適用できる普遍的な行動特性が多数検出されているが、適用できない場合も多い。性別、年齢など個人属性と人々の行動特性の間の様々な興味深い関係も検出されている。サンプルの違いと行動効果の関係や、実験室内実験以外の新しい実験方法も、将来に機会があれば執筆したいと思う。

参 考 文 献

Ackert, L., Charupat, N., Church, B., Deaves, R. (2006) Margin, Short Selling, and Lotteries in Experimental Asset Markets. *South. Econ. J.* 73: 419–436.

Ahn, T., Ostrom, E., Schmidt, D., Shupp, R., Walker, J. (2001) Cooperation in PD Games: Fear, Greed, and History of Play. *Public Choice* 106: 137–155.

Akerlof, G. (1982) Labor Contracts as Partial Gift Exchange. *Q. J. Econ.* 97: 543–569.

Alchian, A., Demsetz, H. (1972) Production, Information Costs, and Economic Organization. *Am. Econ. Rev.* 62: 777–795.

Alekseev, A., Charness, G., Gneezy, U. (2017) Experimental methods: when and why contextual instructions are important. *J. Econ. Behav. Organ.* 134: 48–59.

Andersen, S., Ertaç, S., Gneezy, U., Hoffman, M., List, J. (2011) Stakes Matter in Ultimatum Games. *Am. Econ. Rev.* 101: 3427–3439.

Anderson, C., Putterman, L. (2006) Do Non-strategic Sanctions Obey the Law of Demand? The Demand for Punishment in the Voluntary Contribution Mechanism. *Games Econ. Behav.* 54: 1–24.

Andrade, E., Odean, T., Lin, S. (2016) Bubbling with Excitement: An Experiment. *Rev. Financ.* 20: 447–466.

Andreoni, J. (1988) Why Free Ride? Strategies and Learning in Public Goods Experiments. *J. Public Econ.* 37: 291–304.

Andreoni, J., Miller, J. (1993) Rational Cooperation in the Finitely Repeated Prisoner's Dilemma: Experimental Evidence. *Econ. J.* 103: 570–585.

Andreoni, J., Petrie, R. (2004) Public Goods Experiments without Confidentiality: a Glimpse into Fund-raising. *J. Public Econ.* 88: 1605–1623.

Andreoni, J., Gee, L. (2012) Gun for Hire. *J. Public Econ.* 96: 1036–1046.

Baghestanian, S., Walker, T. (2015) Anchoring in Experimental Asset Markets. *J. Econ. Behav. Organ.* 116: 15–25.

Baldassarri, D., Grossman, G. (2011) Centralized Sanctioning and Legitimate Authority. *Proc. Natl. Acad. Sci.* 108: 11023–11027.

Basu, K. (1994) The Traveler's Dilemma: Paradoxes of Rationality in Game Theory. *Am. Econ. Rev.* 84: 391–395.

Battalio, R., Samuelson, L., Van Huyck, J. (2001) Optimization Incentives and Coordination Failure in Laboratory Stag Hunt Games. *Econometrica* 69: 749–764.

Bellemare, C., Shearer, B. (2009) Gift Giving and Worker Productivity. *Games Econ. Behav.* 67: 233–244.

Berg, J., Dickhaut, J., McCabe, K. (1995) Trust, Reciprocity, and Social History. *Games Econ. Behav.* 10: 122–142.

Berninghaus, S., Ehrhart, K.-M. (2001) Coordination and Information: Recent Experimental Evidence. *Econ. Lett.* 73: 345–351.

Blume, A., Ortmann, A. (2007) The Effects of Costless Pre-play Communication: Experimental Evidence from Games with Pareto-ranked Equilibria. *J. Econ. Theory* 13: 274–290.

Bochet, O., Page, T., Putterman, L. (2006) Communication and Punishment in Voluntary Contribution Experiments. *J. Econ. Behav. Organ.* 60: 11–26.

Bohnet, I., Greig, F., Herrmann, B., Zeckhauser, R. (2008) Betrayal Aversion: Evidence from Brazil, China, Oman, Switzerland, Turkey, and the United States. *Am. Econ. Rev.* 98: 294–310.

Bolton, G., Ockenfels, A. (2000) ERC: A Theory of Equity, Reciprocity, and Competition. *Am. Econ. Rev.*, 90: 166–193.

Bolton, B., Katok, E., Ockenfels, A. (2004) How Effective Are Electronic Reputation Mechanisms? An Experimental Investigation. *Manag. Sci.* 50: 1587–1602.

Bolton, G., Katok, E., Ockenfels, A. (2005) Cooperation among Strangers with Limited Information about Reputation. *J. Public Econ.* 89: 1457–1468.

Bornstein, G., Gneezy, U., Nagel, R. (2002) The Effect of Intergroup Competition on Group Coordination: An Experimental Study. *Games Econ. Behav.* 41: 1–25.

Bosch-Domènech, A., Montalvo, J., Nagel, R., Satorra, A. (2002) One, Two, (Three), Infinity, ... : Newspaper and Lab Beauty-Contest Experiments. *Am. Econ. Rev.* 92: 1687–1701.

Bosch-Rosa, C., Meissner, T., Bosch-Domènech, A. (2018) Cognitive Bubbles. *Exp. Econ.* 21: 132–153.

Bowles, S., Gintis, H. (2005) Prosocial Emotions. In *The Economy As a Complex Evolving System III: Essays in Honor of Kenneth Arrow* (eds.: Blume, L., Durlauf, S.), 337–367. Oxford Univ. Pr.

Brandts, J., Cooper, D. (2004) A Change Would Do You Good .... An Experimental Study on How to Overcome Coordination Failure in Organizations. *Am. Econ. Rev.* 96: 669–693.

Brandts, J., Cooper, D. (2006) Observability and Overcoming Coordination Failure in Organizations: An Experimental Study. *Exp. Econ.* 9: 407–423.

Brandts, J., Cooper, D. (2007) It's What You Say, Not What You Pay: An Experimental Study of Manager-Employee Relationships in Overcoming Coordination Failure. *J. Eur. Econ. Assoc.* 5: 1223–1268.

Brandts, J., Cooper, D., Weber, R. (2015) Legitimacy, Communication, and Leadership in the Turnaround Game. *Manage. Sci.* 61: 2627–2645.

Brosig, J., Weimann, J., Ockenfels, A. (2003) The Effect of Communication Media on Cooperation. *Ger. Econ. Rev.* 4: 217–241.

Brown, A., Imai, I., Vieider, F., Camerer, C. (2024) Meta-analysis of Empirical Estimates of Loss Aversion. *J. Econ. Lit.* 62: 485–516.

Brown, J., Rosentha, R. (1990) Testing the Minimax Hypothesis: A Re-Examination of O'Neill's Game Experiment. *Econometrica* 58: 1065–1081.

Brown, M., Falk, A., Fehr, E. (2004) Relational Contracts and the Nature of Market Interactions. *Econometrica* 72: 747–780.

Bull, C., Schotter, A., Weigelt, K. (1987) Tournaments and Piece Rates: An Experimental Study. *J. Pol. Econ.* 95: 1–33.

Camerer, C. (2003) *Behavioral Game Theory: Experiments in Strategic Interaction (The Roundtable Series in Behavioral Economics)*, Princeton Univ. Pr.

Camerer, C., Weigelt, K. (1988) Experimental Tests of a Sequential Equilibrium Reputation Model. *Econometrica* 56: 1–36.

Capra, M., Goeree, J., Gomez, R., Holt, C. (1999) Anomalous Behavior in a Traveler's Dilemma? *Am. Econ. Rev.* 89: 678–690.

Carlsson, H., van Damme, E. (1993) Equilibrium Selection in Stag Hunt Games. In *Frontiers of Game Theory* (eds.: Binmore, K., Kirman, A.), 237–254. MIT Press.

Carpenter, J., Matthews, P., Schirm, J. (2010) Tournaments and Office Politics: Evidence from a Real Effort Experiment. *Am. Econ. Rev.* 100: 504–517.

Cartwright, E., Gillet, J., Van Vugt, M. (2013) Leadership by Example in the Weak-Link Game. *Econ. Inq.* 51: 2028–2043.

Cason, T., Mui, V.-L. (1997) A Laboratory Study of Group Polarisation in the Team Dictator Game. *Econ. J.* 107: 1465–1483.

Chamberlin, E. (1948) An Experimental Imperfect Market. *J. Polit. Econ.* 56: 95–108.

Charness, G., Cobo-Reyes, R., Jiménez, N. (2014) Identities, Selection, and Contributions in a Public-goods Game. *Games Econ. Behav.* 87: 322–338.

Charness, G., Rabin, M. (2002) Understanding Social Preferences with Simple Tests. *Q. J. Econ.* 117: 817–869.

Charness, G., Rigotti, L., Rustichini, A. (2016) Social surplus determines cooperation rates in the one-shot Prisoner's Dilemma. *Games Econ. Behav.* 100: 113–124.

Chaudhuri, A., Schotter, A., Sopher, B. (2009) Talking Ourselves to Efficiency: Coordination in Inter-generational Minimum Effort Games with Private, Almost Common and Common Knowledge of Advice. *Econ. J.* 119: 91–122.

Chen, J., Kamei, K. (2018) Disapproval Aversion or Inflated Inequity Acceptance? The Impact of Expressing Emotions in Ultimatum Bargaining. *Exp. Econ.* 21: 836–857.

Clark, K., Kay, S., Sefton, M. (2001) When are Nash Equilibria Self-enforcing? An Experimental Analysis. *Int. J. Game Theory* 29: 495–515.

Cooper, D., Kagel, J. (2003) The Impact of Meaningful Context on Strategic Play in Signaling Games, *J. Econ. Behav. Organ.* 50: 311–337.

Cooper, R., DeJong, D., Forsythe, R., Ross, W. (1990) Selection Criteria in Coordination Games: Some Experimental Results. *Am. Econ. Rev.* 80: 218–233.

Cooper, R., DeJong, D., Forsythe, R., Ross, T. (1996) Cooperation without Reputation: Experimental Evidence from Prisoner's Dilemma Games. *Games Econ. Behav.* 12: 187–218.

Cox, J. (2004) How to identify trust and reciprocity. *Games Econ. Behav.* 46: 260–281.

Croson, R., Marks, M. (2000) Step Returns in Threshold Public Goods. *Exp. Econ.* 2: 239–259.

Dal Bó, P., Foster, A., Putterman, L. (2010) Institutions and Behavior. *Am. Econ. Rev.* 100: 2205–2229.

Dal Bó, P., Foster, A., Kamei, K. (2024) The Democracy Effect: a weights-based estimation strategy. *J. Econ. Behav. Organ.* 220: 31–45.

Dal Bó, P., Fréchette, G. (2018) On the Determinants of Cooperation in Infinitely Repeated Games: A Survey. *J. Econ. Lit.* 56: 60–114.

Dal Bó, P., Fréchette, G., Kim, J. (2021) The Determinants of Efficient Behavior in Coordination Games. *Games Econ. Behav.* 130: 352–368.

Darwin, C. (1874) *The Descent of Man, and Selection in Relation to Sex.* John Murray.

Davis, D., Holt, C. (1993) Experimental Economics: Methods, Problems and Promise. *Estudios Económicos* 8: 179–212.

Dechenauxm, E., Kovenock, D., Sheremeta, R. (2015) A Survey of Experimental Research on Contests, All-pay Auctions and Tournaments. *Exp. Econ.* 18: 609–669.

Deck, C., Nikiforakis, N. (2012) Perfect and Imperfect Real-Time Monitoring in a Minimum-Effort Game. *Exp. Econ.* 15: 71–88.

Denant-Boèmont, L., Masclet, D., Noussair, C. (2007) Punishment, Counterpunishment and Sanction Enforcement in a Social Dilemma Experiment. *Econ. Theory* 33: 145–167.

Devetag, G. (2005) Precedent Transfer in Coordination Games: An Experiment. *Econ. Lett.* 89: 227–232.

Diederich, J., Goeschl, T., Waichman, I. (2016) Group Size and the (In)efficiency of Pure Public Good Provision. *Eur. Econ. Rev.* 85: 272–287.

Duffy, J., Feltovich, N. (2002) Do Actions Speak Louder Than Words? An Experimental Comparison of Observation and Cheap Talk. *Games Econ. Behav.* 39: 1–27.

Duffy, J., Nagel, R. (1997) On the Robustness of Behaviour in Experimental `Beauty Contest' Games. *Econ. J.* 107: 1684–1700.

Duffy, J., Ünver, U. (2006) Asset Price Bubbles and Crashes with Near-zero intelligence traders. *Econ. Theory* 27: 537–463.

Dufwenberg, M., Lindqvist, T., Moore, E. (2005) Bubbles and Experience: An Experiment. *Am. Econ. Rev.* 95: 1731–1737.

Dugar, S. (2013) Non-Monetary Incentives And Opportunistic Behavior: Evidence From A Laboratory Public Good Game. *Econ. Inq.* 51: 1374–1388.

Eckel, C. (2004) Vernon Smith: Economics as a Laboratory Science. *J. Socio-Econ.* 33: 15–28.

Eckel, C., Füllbrunn, S. (2015) Thar SHE Blows? Gender, Competition, and Bubbles in Experimental Asset Markets. *Am. Econ. Rev.* 105: 906–920.

Embrey, M., Fréchette, G., Yuksel, S. (2018) Cooperation in the Finitely Repeated Prisoner's Dilemma. *Q. J. Econ.* 133: 509–551.

Engelmann, D., Normann, H. (2010) Maximum Effort in the Minimum-effort Game. *Exp. Econ.* 13: 249–259.

Esteves-Sorenson, C. (2017) Gift Exchange in the Workplace. *Manag. Sci.* 64: 4365–4388.

Eriksson, T., Villeval, M. (2008) Performance-pay, Sorting and Social Motivation. *J. Econ. Behav. Organ.* 68: 412–421.

Eriksson, T., Teyssier, S., Villeval, M.-C. (2009) Self-selection and Efficiency of Tournaments. *Econ. Inq.* 47: 530–548.

Falk, A. (2007) Gift Exchange in the Field. *Econometrica* 75: 1501–1511.

Falk, A., Ichino, A. (2006) Clean Evidence on Peer Effects. *J. Labor Econ.* 24: 39–57.

Falkinger, J. (1996) Efficient Private Provision of Public Goods by Rewarding Deviations from Average. *J. Public Econ.* 62: 413–422.

Falkinger, J., Fehr, E., Gächter, S., Winter-Ember, R. (2000) A Simple Mechanism for the Efficient Provision of Public Goods. *Am. Econ. Rev.* 90: 247–264.

Fehr, E., Falk, A. (1999) Wage Rigidity in a Competitive Incomplete Contract Market. *J. Polit. Econ.* 107: 106–134.

Fehr, E., Fischbacher, U. (2004) Third-party Punishment and Social Norms. *Evol. Hum. Behav.* 25: 63–87.

Fehr, E., Gächter, S. (2000) Cooperation and Punishment in Public Goods Experiments. *Am. Econ. Rev.* 90: 980–994.

Fehr, E., Gächter, S. (2002) Altruistic Punishment in Humans. *Nature* 415: 137–140.

Fehr, E., Gächter, S., Kirchsteiger, G. (1997) Reciprocity as a Contract Enforcement Device: Experimental Evidence. *Econometrica* 65: 833–860.

Fehr, E., Kirchler, E., Weichbold, A., Gächter, S. (1998) When Social Norms Overpower Competition: Gift Exchange in Experimental Labor Markets. *J. Labor Econ.* 16: 324–351.

Fehr, E., Kirchsteiger, G., Riedl, A. (1993) Does fairness prevent market clearing? An experimental investigation. *Q. J. Econ.* 108: 437–459.

Fehr, E., Klein, A., Schmidt, K. (2007) Fairness and Contract Design. *Econometrica* 75: 121–154.

Fehr, E., Schmidt, K. (1999) A Theory of Fairness, Competition, and Cooperation. *Q. J. Econ.* 114: 817–868.

Feltovich, N., Iwasaki, A., Oda, S. (2012) Payoff Levels, Loss Avoidance, and Equilibrium Selection in Games with Multiple Equilibria: An Experimental Study. *Econ. Inq.* 50: 932–952

Finan, F., Schechter, L. (2012) Vote-Buying and Reciprocity. *Econometrica* 80: 863–881.

Fischbacher, U., Gächter, S. (2010) Social Preferences, Beliefs, and the Dynamics of Free Riding in Public Goods Experiments. *Am. Econ. Rev.* 100: 541–556.

Fischbacher, U., Gächter, S., Fehr, E. (2001) Are People Conditionally Cooperative? Evidence from a Public Goods Experiment. *Econ. Lett.* 71: 397–404.

Forsythe, R., Horowitz, J., Savin, N., Sefton, M. (1994) Fairness in Simple Bargaining Experiments. *Games Econ. Behav.* 6: 347–369.

Frederick, S. (2005) Cognitive Reflection and Decision Making. *J. Econ. Perspect.* 19: 25–42.

Frohlich, N., Oppenheimer, J. (1998) Some Consequences of E-mail vs. Face-to-face Communication in Experiment. *J. Econ. Behav. Organ.* 35: 389–403.

Fu, T., Ji, Y., Kamei, K., Putterman, L. (2018) Punishment can Support Cooperation even when Punishable. *Econ. Lett.* 154: 84–87.

Gächter, S., Huang, L., Sefton, M. (2016) Combining "Real Effort" with Induced Effort Costs: the Ball-Catching Task. *Exp. Econ.* 19: 687–712.

Gächter, S., Renner, E., Sefton, M. (2008) The Long-run Benefits of Punishment. *Science* 322: 1510.

Gächter, S., Thöni, C. (2005) Social Learning and Voluntary Cooperation Among Like-Minded People. *J. Eur. Econ. Assoc.* 3: 303–314.

Gneezy, U., List, J. (2006) Putting Behavioral Economics to Work. *Econometrica* 74: 1365–1384.

Gneezy, U., Rustichini, A. (2000) Pay Enough or Don't Pay at All. *Q. J. Econ.* 115: 791–810.

Gode, D., Sunder, S. (1993) Allocative Efficiency of Markets with Zero-Intelligence Traders: Market as a Partial Substitute for Individual Rationality. *J. Polit. Econ.* 101: 119–137.

Goeree, J., Holt, C. (2005) An Experimental Study of Costly Coordination. *Games Econ. Behav.* 51: 349–364.

Gul, F., Pesendorfer, W. (2001) Temptation and Self-Control. *Econometrica* 69: 1403–1435.

Gunnthorsdottir, A., Houser, D., McCabe, K. (2007) Disposition, History and Contributions in Public Goods Experiments. *J. Econ. Behav. Organ.* 62: 304–315.

Güth, W., Schmittberger, R., Schwarze, B. (1982) An Experimental Analysis of Ultimatum Bargaining. *J. Econ. Behav. Organ.* 3: 367–388.

Harbring, C., Irlenbusch, B. (2011) Sabotage in Tournaments. *Manag. Sci.* 57: 611–627.

Harrison, G., List, J. (2004) Field Experiments. *J. Econ. Lit.* 42: 1009–1055.

Harsanyi, J. (1961) On the Rationality Postulates underlying the Theory of Cooperative Games. *J. Conflict Resolut.* 5: 179–196.

Harsanyi, J., Selten, R. (1988) *A General Theory of Equilibrium Selection in Game.* MIT Pr.

Haruvy, E., Noussair, C. (2006) The Effect of Short Selling on Bubbles and Crashes in Experimental Spot Asset Markets. *J. Finance* LXI: 1119–1157.

Henrich, J., Boyd, R., Bowles, S., Camerer, C., Fehr, E., Gintis, H., McElreath, R., Alvard, M., Barr, A., Ensminger, J., Henrich, N.S., Hill, K., Gil-White, F., Gurven, M., Marlowe, F.W., Patton, J.Q., Tracer, D. (2005) "Economic man" in Cross-cultural Perspective: Behavioral Experiments in 15 Small-Scale Societies. *Behav. Brain. Sci.* 28: 795–815.

Herrmann, B., Thöni, C. (2009) Measuring conditional cooperation: a replication study in Russia. *Exp. Econ.* 12: 87–92.

Herrmann, B., Thöni, C., Gächter, S. (2008) Antisocial Punishment Across Societies. *Science* 319: 1362–1367.

Ho, T.-H., Camerer, C., Weigelt, K. (1998) Iterated Dominance and Iterated Best Response in Experimental "p-Beauty Contests." *Am. Econ. Rev.* 88: 947–969.

Holt, C., Langan, L., Villamil, A. (1986) Market Power in Oral Double Auctions. *Econ. Inq.* 24: 107–123.

Holt, C., Laury, S. (2002) Risk Aversion and Incentive Effects. *Am. Econ. Rev.* 92: 1644–1655.

Hussam, R., Porter, D., Smith, V. (2008) Thar She Blows: Can Bubbles Be Rekindled with Experienced Subjects? *Am.*

Econ. Rev. 98: 924–937.

Isaac, M., Ramey, V., Williams, A. (1984) The Effects of Market Organization on Conspiracies in Restraint of Trade. *J. Econ. Behav. Organ.* 5: 191–222.

Isaac, M., Walker, J. (1988) Group Size Effects in Public Goods Provision: The Voluntary Contributions Mechanism. *Q. J. Econ.* 103: 179–199.

Isaac, M., Walker, J. (1998) Nash as an Organizing Principle in the Voluntary Provision of Public Goods: Experimental Evidence. *Exp. Econ.* 1: 191–206.

Isaac, M., Walker, J., Williams, A. (1994) Group Size and the Voluntary Provision of Public Goods. *J. Public Econ.* 54: 1–36.

Jervis, R. (1978) Cooperation Under the Security Dilemma. *World Polit.* 30: 167–214.

Johnson, N., Mislin, A. (2011) Trust Games: A Meta-analysis. *J. Econ. Psychol.* 32: 865–889.

Jones, G. (2008) Are Smarter Groups More Cooperative? Evidence from Prisoner's Dilemma Experiments, 1959–2003. *J. Econ. Behav. Organ.* 68: 489–497.

Kahneman, D., Tversky, A. (1979) Prospect Theory, *Econometrica* 47: 263–292.

Kamei, K. (2012) From Locality to Continent: A Comment on the Generalization of An Experimental Study. *J. Socio-Econ.* 41: 207–210.

Kamei, K. (2014) Conditional Punishment. *Econ. Lett.* 124: 199–202.

Kamei, K. (2016) Democracy and Resilient Pro-social Behavioral Change: An Experimental Study. *Soc. Choice Welfare* 47: 359–378.

Kamei, K. (2017) Conditional Punishment in England. *Econ. Bull.* 37: 837–845.

Kamei, K. (2018) The Role of Visibility on Third Party Punishment Actions for the Enforcement of Social Norms. *Econ. Lett.* 171: 193–197

Kamei, K. (2019) The Power of Joint Decision-making in a Finitely-repeated Dilemma. *Oxf. Econ. Pap.* 71: 600–622.

Kamei, K. (2020a) Group Size Effect and Over-Punishment in the Case of Third Party Enforcement of Social Norms. *J. Econ Behav. Organ.* 175: 395–412.

Kamei, K. (2020b) Voluntary Disclosure of Information and Cooperation in Simultaneous-move Economic Interactions. *J. Econ Behav. Organ.* 171: 234–246.

Kamei, K. (2021) Incomplete Political Contracts with Secret Ballots. *J. Law Econ. Organ.* 37: 392–439.

Kamei, K. (2024) Self-Regulatory Resources and Institutional Formation. *J. Econ. Behav. Organ.*, 222: 354–374.

Kamei, K., Ashworth, J. (2022) Peer Learning in Teams and Work Performance: Evidence from a Randomized Field Experiment. *J. Econ Behav. Organ.* 207: 413–432.

Kamei, K., Markussen, T. (2023) Free Riding and Workplace Democracy — Heterogeneous Task Preferences and Sorting. *Manage. Sci.* 69: 3759–4361.

Kamei, K., Nesterov, A. (2024) Endogenous Monitoring through Voluntary Reporting in an Infinitely Repeated Prisoner's Dilemma Game. *Economica*, 91: 1553–1577.

Kamei, K., Putterman, L. (2015) In Broad Daylight: Fuller Information and Higher-order Punishment Opportunities Can Promote Cooperation. *J. Econ Behav. Organ.* 120: 145–159.

Kamei, K., Putterman, L. (2017) Play It Again: Partner Choice, Reputation Building and Learning From Finitely repeated Dilemma Games. *Econ. J.* 127: 1069–1095.

Kamei, K., Putterman, L. (2018) Reputation Transmission without Benefit to the Reporter: a Behavioral Underpinning of Markets in Experimental Focus. *Econ. Inq.* 56: 158–172.

Kamei, K., Putterman, L., Tyran, J.R. (2015) State or nature? Endogenous Formal versus Informal Sanctions in the Voluntary Provision of Public Goods. *Exp. Econ.* 18: 38–65.

Kamei, K., Putterman, L., Tyran, J.R. (2023a) Civic Engagement, the Leverage Effect and the Accountable State. *Eur. Econ. Rev.* 156: 104466.

Kamei, K., Sharma, S., Walker, M. (2023b) Collective Sanction Enforcement: New Experimental Evidence from Two Societies. Keio-IES Discussion Paper DP2023-014.

Kamei, K., Tabero, K. (2024) Free riding, democracy, and sacrifice in the workplace: Evidence from a real-effort experiment. *J. Econ. Manag. Strategy.*, in press (https://doi.org/10.1111/jems.12570)

Keser, C. (1996) Voluntary Contributions to a Public Good when Partial Contribution is a Dominant Strategy. *Econ. Lett.* 50: 359–366.

Keynes, J.M. (1936) *The General Theory of Employment, Interest and Money.* Palgrave Macmillan.

King, R., Smith, V., Williams, A., Van Boening, M. (1993) The Robustness of Bubbles and Crashes in Experimental

Stock Markets. In *Nonlinear Dynamics and Evolutionary Economics* (eds.: Prigogine, I., Day, R., Chen, P.). Oxford Univ. Pr.

Kirchler, M., Huber, J., Stöckl, T. (2012) Thar She Bursts: Reducing Confusion Reduces Bubbles. *Am. Econ. Rev.* 102: 865–883.

Kocher, M., Cherry, T., Kroll, S., Netzer, R., Sutter, M. (2008) Conditional Cooperation on Three Continents. *Econ. Lett.* 101: 175–178.

Kocher, M., Sutter, M. (2005) The Decision Maker Matters: Individual versus Group Behaviour in Experimental Beauty Contest Games, *Econ. J.* 115: 200–223.

Kocher, M., Strauß, S., Sutter, M. (2006) Individual or Team Decision-making—Causes and Consequences of Self-selection. *Games Econ. Behav.* 56: 259–270.

Kosfeld, M., Okada, A., Riedl, A. (2009) Institution Formation in Public Goods Games. *Am. Econ. Rev.* 99: 1335–1355.

Kreps, D. (1990) Corporate Culture and Economic Theory. In *Perspectives on Positive Political Economy* (eds.: Alt, J., Shepsle, K.), 90–143. Cambridge Univ. Pr.

Kreps, D., Milgrom, P. Roberts, J., Wilson, R. (1982) Rational cooperation in the finitely repeated prisoners' dilemma. *J. Econ. Theory* 27: 245–252.

Kroszner, R., Putterman, L. (2009) *The Economic Nature of the Firm*. Cambridge Univ. Pr.

Kube, S., Puppe, C., Maréchal, M. (2012) The Currency of Reciprocity: Gift Exchange in the Workplace. *Am. Econ. Rev.* 102: 1644–1662.

Kube, S., Puppe, C., Maréchal, M. (2013) Do Wage Cuts Damage Work Morale? Evidence from a Natural Field Experiment. *J. Eur. Econ. Assoc.* 11: 853–870.

Laury, S., Holt, C. (2008) Voluntary Provision of Public Goods: Experimental Results with Interior Nash Equilibria. Chapter 84 in *Handb. Exp. Econ. Results* 1. Elsevier B.V.

Lazear, E. (1989) Pay Equality and Industrial Politics. *J. Polit. Econ.* 97: 561–580.

Lei, V., Noussair, C., Plott, C. (2001) Nonspeculative Bubbles in Experimental Asset Markets: Lack of Common Knowledge of Rationality vs. Actual Irrationality. *Econometrica* 69: 831–859.

Levine, D. (1998) Modeling Altruism and Spitefulness in Experiments. *Rev. Econ. Dyn.*, 1: 593–622.

Levitt, S., List, J., Reiley, D. (2010) What Happens in the Field Stays in the Field: Exploring Whether Professionals Play Minimax in Laboratory Experiments. *Econometrica* 78: 1413–1434.

Levitt, S., List, J., Sadoff, S. (2011) Checkmate: Exploring Backward Induction among Chess Players. *Am. Econ. Rev.* 101: 975–990.

Luhan, W., Kocher, M., Sutter, M. (2009) Group Polarization in the Team Dictator Game Reconsidered. *Exp. Econ.* 12: 26–41.

Luce, R., Raiffa, H. (1957) *Games and Decisions*. John Wiley and Sons.

Martinsson, P., Pham-Khanh, N., Villegas-Palacio, C. (2013) Conditional Cooperation and Disclosure in Developing Countries. *J. Econ. Psychol.* 34: 148–155.

Martinsson, P., Villegas-Palacio, C., Wollbrant, C. (2015) Cooperation and social classes: evidence from Colombia. *Soc. Choice. Welf.* 45: 829–848.

Masclet, D., Noussair, C., Tucker, S., Villeval, M.-C. (2003) Monetary and Nonmonetary Punishment in the Voluntary Contributions Mechanism. *Am. Econ. Rev.* 93: 366–380.

Maximiano, S., Sloof, R., Sonnemans, J. (2007) Gift Exchange in a Multi-worker Firm. *Econ. J.* 117: 1025–1050.

McKelvey, R., Palfrey, T. (1992) An Experimental Study of the Centipede Game. *Econometrica* 60, 803–836.

Mehta, J., Starmer, C., Sugden, R. (1994a) The Nature of Salience: An Experimental Investigation of Pure Coordination Games. *Am. Econ. Rev.* 84: 658–673.

Mehta, J., Starmer, C., Sugden, R. (1994b) Focal Points in Pure Coordination Games: An Experimental Investigation. *Theor. Decis.* 36: 163–185.

Moulin, H. (1986) *Game Theory for the Social Sciences*. New York Univ. Pr.

Nagel, R. (1995) Unraveling in Guessing Games: An Experimental Study. *Am. Econ. Rev.* 85: 1313–1326.

Nalbantian, H., Schotter, A. (1997) Productivity under group incentives: and experimental study. *Am. Econ. Rev.* 87: 314–341.

Nash, J. (1950) Equilibrium Points in *n*-person Games. *Proc. Natl. Acad. Sci. U.S.A.* 36: 48–49.

Nicklisch, A., Grechenig, K., Thöni, C. (2016) Information-sensitive Leviathans. *J. Public Econ.* 144: 1–13.

Niederle, M., Vesterlund, L. (2007) Do Women Shy Away from Competition? *Q. J. Econ.* 122: 1067–1101.

Nikiforakis, N. (2008) Punishment and Counter-punishment in Public Good Games: Can We Really Govern Ourselves? *J. Public Econ.* 92: 91–112.

Nikiforakis, N., Normann, H.-T. (2008) A Comparative Statics Analysis of Punishment in Public-Good Experiments. *Exp. Econ.* 11: 358–369.

North, D. (1990) Institutions, *Institutional Change and Economic Performance*. Cambridge Univ. Pr.

North, D. (1991) Institutions. *J. Econ. Perspect.* 5: 97–112.

Nosenzo, D., Quercia, S., Sefton, M. (2015) Cooperation in Small Groups: the Effect of Group Size. *Exp. Econ.* 18: 4–14.

Noussair, C., Tucker, S. (2006) Futures Markets and Bubble Formation in Experimental Asset Markets. *Pac. Econ. Rev.* 2: 67–84.

Nowak, M., Sigmund, K. (1998) Evolution of Indirect Reciprocity by Image Scoring. *Nature* 393: 573–577.

Ochs, J. (1995) Games with Unique, Mixed Strategy Equilibria: An Experimental Study. *Games Econ. Behav.* 10: 202–217.

Olson, M. (1965) *The Logic of Collective Action. Public Goods and the Theory of Groups*. Harvard Univ. Pr.

O'Neill, B. (1987) Nonmetric Test of the Minimax Theory of Two-Person Zerosum Games. *Proc. Natl. Acad. Sci. U.S.A.* 84: 2106–2109.

Oosterbeek, H., Sloof, R., van de Kuilen, G. (2004) Cultural Differences in Ultimatum Game Experiments: Evidence from a Meta-Analysis. *Exp. Econ.* 7: 171–188.

Ostrom, E. (1998) A Behavioral Approach to the Rational Choice Theory of Collective Action: Presidential Address. *Am. Polit. Sci. Rev.* 92: 1–22.

Page, T., Putterman, L., Unel, B. (2005) Voluntary Association in Public Goods Experiments: Reciprocity, Mimicry and Efficiency. *Econ. J.* 115: 1032–1053.

Palacios-Huerta, I. (2003a) Professionals Play Minimax. *Rev. Econ. Stud.* 70: 395–415.

Palacios-Huerta, I. (2003b) Learning to Open Monty Hall's Doors. *Exp. Econ.* 6: 235–251.

Palacios-Huerta, I., Volij, O. (2008) Experientia Docet: Professionals Play Minimax in Laboratory Experiments. *Econometrica* 76: 71–115.

Palacios-Huerta, I., Volij, O. (2009) Field Centipedes. *Am. Econ. Rev.* 99: 1619–1635.

Peterson, S. (1993) Forecasting Dynamics and Convergence to Market Fundamentals. *J. Econ. Behav. Organ.* 22: 269–284.

Plott, C. (1986) Laboratory Experiments in Economics: The Implications of Posted-Price Institutions. *Science* 232: 732–738.

Porter, D., Smith, V. (1995) Futures Contracting and Dividend Uncertainty in Experimental Asset Markets. *J. Bus.* 68: 509–541.

Putterman, L., Tyran, J.R., Kamei, K. (2011) Public Goods and Voting on Formal Sanction Schemes. *J. Public Econ.* 95: 1213–1222.

Rabin, M. (1993) Incorporating Fairness into Game Theory and Economics. *Am. Econ. Rev.* 83: 1281–1302.

Raven, J. (2000) The Raven's Progressive Matrices: Change and Stability over Culture and Time. *Cogn. Psychol.* 41: 1–48.

Riedl, A., Rohde, I., Strobel, M. (2016) Efficient Coordination in Weakest-Link Games. *Rev. Econ. Stud.* 83: 737–767.

Rosenthal, R. (1981) Games of Perfect Information, Predatory Pricing and the Chain-Store Paradox. *J. Econ. Theory* 25: 92–100.

Roth, A., Murnighan, K. (1978) Equilibrium Behavior and Repeated Play of the Prisoner's Dilemma. *J. Math. Psychol.* 17: 189–198.

Rydval, O., Ortmann, A. (2005) Loss Avoidance as Selection Principle: Evidence from Simple Stag-hunt Games. *Econ. Lett.* 88: 101–107.

Rubinstein, A. (2006) A Sceptic's Comment on the Study of Economics, *Econ. J.* 116: C1–C9.

Rubinstein, A., Tversky, A., Heller, D. (1997) Naive Strategies in Competitive Games. In *Understanding Strategic Interaction: Essays in honor of Reinhard Selten* (eds.: Alberts, W., *et al.*), 394–402. Springer-Verlag.

Samuelson, P. (1994) The Pure Theory of Public Expenditure. *Rev. Econ. Stat.* 36: 387–389.

Samuelson, P. (1995) Diagrammatic Exposition of a Theory of Public Expenditure. *Rev. Econ. Stat.* 37: 350–356.

Schelling, T. (1960) *The Strategy of Conflict*. Harvard Univ. Pr.

Schmidt, D., Shupp, R., Walker, J., Ostrom, E. (2003) Playing Safe in Coordination Games: the Roles of Risk Dominance, Payoff Dominance, and History of Play. *Games Econ. Behav.* 42: 281–299.

Schotter, A., Weigelt, K. (1992) Asymmetric Tournaments, Equal Opportunity Laws and Affirmative Action: Some Experimental Results. *Q. J. Econ.* 107: 511–539.
Sefton, M., Shupp, R., Walker, J. (2007) The Effect Of Rewards And Sanctions In Provision Of Public Goods, *Econ. Inq.* 45: 671–690.
Sefton, M., Steinberg, R. (1996) Reward Structures in Public Good Experiments. *J. Public Econ.* 61: 263–287.
Seinen, I., Schram, A. (2006) Social Status and Group Norms: Indirect Reciprocity in a Repeated Helping Experiment. *Eur. Econ. Rev.* 50: 581–602.
Skyrms, B. (2001) The Stag Hunt. *Proceedings and Addresses of the American Philosophical Association.* 75: 31–41.
Smith, V. (1962) An Experimental Study of Competitive Market Behavior. *J. Polit. Econ.* 70: 111–137.
Smith, V. (1976) Experimental Economics: Induced Value Theory. *Am. Econ. Rev.* 66: 274–279.
Smith, V. (1991) *Papers in Experimental Economics.* Cambridge Univ. Pr.
Smith, V., Suchanek, G., Williams, A. (1988) Bubbles, Crashes, and Endogenous Expectations in Experimental Spot Asset Markets. *Econometrica* 56: 1119–1151.
Smith, V., Williams, A. (1990) The Boundaries of Competitive Price Theory: Convergence, Expectations, and Transaction Costs. In *Advances in Behavioral Economics Vol.2* (eds.: Green, L., Kagel, J.): 31–53. Cambridge Univ. Pr.
Smith, V., Williams, A., Bratton, K., Vannoni, M. (1982) Competitive Market Institutions: Double Auctions vs. Sealed Bid-Offer Auctions. *Am. Econ. Rev.* 72: 58–77.
Straub, P. (1995) Risk Dominance and Coordination Failures in Static Games. *Q. Rev. Econ. Finance* 35: 339–363.
Sunstein, C. (2007) *Republic.com 2.0*, Princeton Univ. Pr.
Sutter, M., Haigner, S., Kocher, M. (2010) Choosing the Carrot or the Stick? Endogenous Institutional Choice in Social Dilemma Situations. *Rev. Econ. Stud.* 77: 1540–1566.
Thöni, C., Volk, S. (2018) Conditional Cooperation: Review and Refinement. *Econ. Lett.* 171: 37–40.
Tversky, A., Wakker, P. (1995) Risk Attitudes and Decision Weights. *Econometrica* 63: 1255–1280.
Tyran, J.R., Feld, L. (2006) Achieving Compliance When Legal Sanctions Are Non-Deterrent. *Scan. J. Econ.* 108: 135–156.
Van Huyck, J., Battalio, R., Beil, R. (1990) Tacit Coordination Games, Strategic Uncertainty, and Coordination Failure. *Am. Econ. Rev.* 80: 234–248.
Van Huyck, J., Battalio, R., Beil, R. (1991) Strategic Uncertainty, Equilibrium Selection, and Coordination Failure in Average Opinion Games. *Q. J. Econ.* 106: 885–911.
Varian, H. (2010) *Intermediate Microeconomics (8th edition).* W.W.Norton & Company.
Vollan, B., Landmann, A., Zhou, Y., Hu, B., Herrmann-Pillath, C. (2017) Cooperation and authoritarian values: An experimental study in China. *Eur. Econ. Rev.* 93: 90–105.
Walker, M., Wooders, J. (2001) Minimax Play at Wimbledon. *Am. Econ. Rev.* 91: 1521–1538.
Weber, R. (2006) Managing Growth to Achieve Efficient Coordination in Large Groups. *Am. Econ. Rev.* 96: 114–126.
Weimann, J., Brosig-Koch, J., Heinrich, T., Hennig-Schmidt, H., Keser, C. (2019) Public Good Provision by Large Groups — the Logic of Collective Action Revisited. *Eur. Econ. Rev.* 118: 348–363.
Williams, A., Smith, V. (1984) Cyclical Double-Auction Markets With and Without Speculators. *J. Bus.* 57: 1–33.
Williamson, O., Wachter, M., Harris, J. (1975) Understanding the Employment Relation. *Bell J. Econ.* 6: 250–278.
Xiao, E., Houser, D. (2005) Emotion Expression in Human Punishment Behavior. *Proc. Natl. Acad. Sci. U.S.A.* 102: 7398–7401.
Ye, M., Zheng, J., Nikolov, P., Asher, S. (2019) One Step at a Time: Does Gradualism Build Coordination? *Manage. Sci.* 66: 113–129.
Zelmer, J. (2003) Linear Public Goods Experiments: A Meta-Analysis. *Exp. Econ.* 6: 299–310.

索　引

数字・英字

0 を数えるタスク	240
1/N 問題	242
1 次の情報	211
1 次罰則	147
2 次の情報	211
2 次のフリーライダー	149
AD 戦略	180
GT 戦略	180
hroot	22
Moblab	50
MPCR	117
ORSEE	22
oTree	21, 124
TFT 戦略	120, 183
z-Tree	21, 124

ア 行

アンケート調査	5
意地の悪さ	233
意図に基づく選好モデル	226
インセンティブ・コンパティブル	7
インフォームド・コンセント	21
ウィーク・リンク・ゲーム	171
受入意思額	2, 27
嘘は禁止	16
裏切られるのを嫌う選好	209
裏切り	86
エージェント	238
援助ゲーム	210, 211
応答者	197, 205
送り手	205

カ 行

外生変数	13
外的妥当性	8
外発的動機付け	241
価格バブル現象	49
確実性等価	48
確認問題	16, 21, 158
確率加重関数	188
課　税	274
価値関数	185

価値誘導法	14
神の見えざる手	30
空売り	58
空買い	59
感じ取る優しさ関数	227
間接互恵性	210
完全競争	24
完全情報	193
完備情報	63
基準化した恐怖	87
基準化した貪欲	87
期待効用	47
期待値	45
ギフト	254
ギフト・エクスチェンジ	253
ギフト・エクスチェンジゲーム	257
ギフトにこもった気持ち	263
吸引域	167
供給曲線	27
強支配される戦略の逐次消去	66
強支配戦略	3, 64
強支配戦略均衡	65
強支配により可解	66
競争均衡	28
協調ゲーム	160
協調問題	160
恐　怖	87
共有資源	115
共有知識	63, 64
協　力	86
くじコンテスト	266
クラブ財	115
クリアリングハウス	40
繰り返し囚人のジレンマゲーム	99
グループサイズ効果	114, 135
経験トレーダー	52
経済実験室	3, 4
ケインズの美人投票ゲーム	68
結果ベースの選好	219
血族主義	96
ゲームの木	190
限界所得イールド	245
限界生産物の価値	244
限界代替率	156

限界変形率	156	支払意思額	25
顕著性	15	社会的承認	153, 203
公共財	114	社会的ジレンマ	114
公共財ゲーム	97, 114	社会的選好	218
後行者	205	社会的不承認	153, 203
高次罰則	147	弱支配戦略	64
公的会計	117	弱支配により可解	66
行動波及効果	17	じゃんけん	82, 101, 105
公平均衡	229	集合知	77
公平性	202	囚人のジレンマ	3, 65, 86, 225, 228
公平的利得	228	集団極性化効果	77
効率性賃金	255	集団行動	114
合理的	62	需要曲線	25
合理的協力	130	準公共財	115
互恵性	226, 254	順序効果	17
こぶ状貢献者	132	純粋協調ゲーム	161, 179
コミュニケーション	151, 169, 176, 177	純粋戦略	82
コール市場	40	純粋戦略ナッシュ均衡	82, 83
混合戦略	82, 101	条件付貢献者	132
混合戦略ナッシュ均衡	102	条件付貢献スケジュール	132
混乱	126	条件付貢献性向	121, 131
		条件付貢献戦略	120
サ 行		条件付罰則スケジュール	145
		条件付罰則性向	144
再現性	7	情報集合	191
最後通牒ゲーム	197, 200	職務階梯	264
最適反応	82, 83, 101	所得の不平等を嫌う選好	219
先物取引	59	序列トーナメント	266, 272
サーブ	100, 112	人為的フィールド実験	9, 113
サボタージュ	270	シングルトン	192
サミュエルソン条件	157	真実は勝つ効果	77
三角形貢献者	132	信念	19
閾値のある公共財ゲーム	183	信憑性のない脅し	193
シグナリング効果	292	新聞実験	73
市場	23	信用性	204
自制能力	289	信頼	204
自然フィールド実験	9, 262	信頼ゲーム	204
実験室内実験	3, 9	推測ゲーム	68
実験者需要効果	15, 148	数を数える共同タスク	252
実験説明書	21, 158	スクリプト	21
実験通貨単位	116	スタグ・ハント・ゲーム	65, 161, 251
実験の事前登録	22	ステージゲーム	180
しっぺ返し戦略	120	ストラテジー法	17
私的会計	117	ストレンジャー・マッチング	18, 130
私的財	115	制御	13
支配	15	正式な罰則	285
支配可解ゲーム	66	静的繰り返し	35
自発的供給メカニズム	116	制度	274
自発的参加	21	ゼロ・インテリジェンス	41
支払い	14		

ゼロサムゲーム	105	トラスティー	205
全員負担オークション	266	トリートメント	14
線形公共財ゲーム	116	トリートメント効果	14
先行者	205	トレーダー	49
漸進的成長	175	貪欲	87

ナ 行

選択バイアス	292	内生的ソーティング	154
センティピードゲーム	213, 214	内生変数	13
戦略	63	内的妥当性	7
戦略集合	63	内発的動機付け	241, 292
戦略プロファイル	63	ナッジ	235
相対的リスク回避度	61	ナッシュ積	165
相対取引ルール	33	ニュートラル・フレーミング	16
ソーティング	153	認知反射テスト	56, 97
損失回避	168, 185	ノード	190

夕 行

ハ 行

第 1 世代モデル	138	ハイド・アンド・シークゲーム	109
第 2 世代モデル	147	パイロット実験	22
大学での専攻	19	波及効果	295
第三者による罰則	92, 223	罰則制度	280
代表民主制	296	罰則ポイント	93, 139
足し算タスク	240	パートナー・マッチング	18, 130
他者に配慮する選好	218	パーフェクト・ストレンジャー・マッチング	18
タスク選好	250	反撃	147
ダブル・オークション	34	反社会的罰則	143, 288
ターミナルノード	190	ピア効果	242
男女の争いゲーム	161	ピア・ツー・ピアの罰則	114, 138
単調性	14	ピア・ツー・ピアの褒賞	152
チェスプレイヤー	215, 217	ピア評価	271
逐次手番ゲーム	63	非競合性	115
逐次手番のスタグ・ハント・ゲーム	192	被験者	19
チーム生産	243	被験者間計画	17
直接応答法	17	被験者内計画	17
直接効果	295	非公式な罰則	285
直接互恵性	210	非線形公共財ゲーム	126
通報	90	非排除性	115
提案者	197	非飽和性	14
ディクテイターゲーム	78, 202, 221	標準形	63
展開形	63, 189	票の買収	297
同意書	21	評判	210, 211
投資家	205	ファンダメンタル値	44
投資ゲーム	204	フェア・ベット	47
同時手番ゲーム	63	フォーカルポイント	178
投票	280	フォーキンガーのメカニズム	275
投票無効化手続き	293	不完全条件付貢献者	132
独立なサンプルサイズ	18	不完全条件付罰則者	145
ドナー	211	不完全情報	193
トーナメント	248, 265		
トラスター	205		

不平等回避	219	**ラ 行**	
部分ゲーム	193	ランダム・アサインメント	7
部分ゲーム完全（ナッシュ）均衡	120, 193	ランダム化のツール	108
プライス・テイカー	2, 24	ランダム継続確率	182
プライバシー	15	ランダム継続ルール	182
ブランチ	190	ランダム・マッチング	18
不利な不平等の回避	219	リアル・エフォートタスク	238
フリーライダー	132	リスク愛好的	46, 47
フリーライド	95, 116, 243	リスク回避的	46, 47
プリンシパル	238	リスク支配均衡	164
プレイヤー	63	リスク支配性	160
フレーミング	16, 109	リスク選好	45, 59
フレームド・フィールド実験	9	リスク中立的	46, 47
プロスペクト理論	13, 185	リスクプレミアム	48
ペナルティキック	100, 103, 110	リスタート効果	130
便宜供与の約束	297	利 得	63
褒 賞	152	利得支配均衡	164
保証ゲーム	161	利得支配性	160
補助金	274	利得表	64
ポステッド・オファー	40	旅行者ジレンマ	78
ボール・キャッチゲーム	249	倫理審査	21
本実験	22	倫理審査委員会	21
		類似性	15
マ 行		レーヴン漸進的マトリックス	56
間違い	126	レシピエント	211
マッチング・ゲーム	161	レベニュー・シェア	243, 272
マッチング・ペニー	65, 85, 100	レベル k 推論	71
未経験トレーダー	52	練 習	16
ミディアン・エフォート・ゲーム	178		
ミニマム・エフォート・ゲーム	171	**ワ 行**	
民主主義	292	割引因子	45, 180
民主主義プレミアム	292		
ムカデゲーム	213	**人 名**	
無限期間繰り返し囚人のジレンマ	181	アカロフ，ジョージ	253
モニタリング	176, 246, 248	ヴァン-ハイク，ジョン	171
		オストロム，エリナー	290
ヤ 行		カーネマン，ダニエル	12
優しさ関数	227	スミス，バーノン	12, 14, 31, 34
雇われた銃メカニズム	277	チェンバリン，エドワード	31
誘因両立	7	ナッシュ，ジョン	101
有限回繰り返しの公共財ゲーム	118	ノース，ダグラス	284
有利な不平等の回避	219	フェア，アーンスト	257
緩やかな制裁	295	ロス，アルヴィン	11

〈著者略歴〉
亀井憲樹（かめい　けんじゅ）
慶應義塾大学経済学部教授
　2000年東京大学工学部卒業、2002年東京大学大学院工学系研究科修士課程修了。2011年米ブラウン大学経済学博士課程修了（経済学PhD）。経済産業省職員、米デロイトTax LLPエコノミスト、米ボーリング・グリーン州立大学経済学部助教授、英ダラム大学ビジネススクール助教授・准教授（経済学）・実験研究センター長などを歴任。2022年より現職。
　2006年の渡米以後2022年まで海外の機関に所属し、フロンティアで実験・行動経済学研究を精力的に行い、日本に帰国後も継続して実験研究活動を実施している。研究成果は、The Economic Journal, Management Science, European Economic Review, Journal of Law, Economics, & Organization, Journal of Economic Behavior & Organization, Experimental Economics など、国際ジャーナルに多数公刊。

- 本書の内容に関する質問は、オーム社ホームページの「サポート」から、「お問合せ」の「書籍に関するお問合せ」をご参照いただくか、または書状にてオーム社編集局宛にお願いします。お受けできる質問は本書で紹介した内容に限らせていただきます。なお、電話での質問にはお答えできませんので、あらかじめご了承ください。
- 万一、落丁・乱丁の場合は、送料当社負担でお取替えいたします。当社販売課宛にお送りください。
- 本書の一部の複写複製を希望される場合は、本書扉裏を参照してください。
  [JCOPY]＜出版者著作権管理機構　委託出版物＞

はじめての実験経済学
―やさしくわかる意思決定の特徴―

2024年11月30日　第1版第1刷発行

著　者　亀井憲樹
発行者　村上和夫
発行所　株式会社　オーム社
　　　　郵便番号　101-8460
　　　　東京都千代田区神田錦町3-1
　　　　電話　03(3233)0641（代表）
　　　　URL　https://www.ohmsha.co.jp/

© 亀井憲樹 2024

組版　新生社　印刷・製本　壮光舎印刷
ISBN978-4-274-23285-5　Printed in Japan

本書の感想募集　https://www.ohmsha.co.jp/kansou/
本書をお読みになった感想を上記サイトまでお寄せください。
お寄せいただいた方には、抽選でプレゼントを差し上げます。